공로명과 나

남기고 싶은 외교비화들

공로명 장관 구순기념문집 편찬위원회

이 책은 동아시아재단의 지원으로 출판했습니다.

■ 제자(題字) 캘리 : 윤서영

공로명과 나

남기고 싶은 외교비화들

도서출판 월인

공로명 장관 구순기념문집에 부쳐

외교계의 큰 나무 밑에 작은 벤치를 놓는 마음으로

도리불언 하자성혜(桃李不言 下自成蹊)

복숭아와 자두는 꽃이 곱고 열매가 맛있다. 그래서 누가 오라고 하지 않아도 찾아오는 사람이 많아 그 나무 밑에는 길이 저절로 생긴다는 뜻이다.

2021년 초 유명환 전 외교통상부 장관, 정구종 동서대 일본연구센터 고문, 신각수 전 주일대사, 심규선 전 동아일보 대기자 등 네 사람이 만나 올해로 구순을 맞은 공로명 장관을 위해 지인들이 쓴 글로 기념문집을 만들어 드리면 어떻겠느냐는 아이디어를 냈을 때 이 말을 떠올렸다. 물론 우리 넷 모두 '저절로 생긴 길'을 따라 종종 공 장관을 찾아뵙는 사람들이어서 그런 생각을 하게 된 것이다. 나중에 김성환 동아시아재단 이사장(전 외교통상부 장관)과 하코다 데쓰야(箱田哲也) 아사히신문 논설위원도 기념문집을 만드는 작업에 합류했다.

기념문집은 공 장관을 위한 것이기도 하지만 후학들을 위한 것이기도 하다. 공로명이라는 외교계의 큰 나무가 어떻게 뿌리내리고, 어떻게 성장하고, 어떤 비바람을 견디고, 어떤 열매를 맺었는지를 기록으로 남기는 것은 그 자체로 훌륭한 교과서가 될 수 있다고 믿기 때문이다.

그래서 편찬위원을 자처한 우리는 지난 4월, 글을 쓸 분들에게 외람되지만 다음과 같은 '엄격한' 집필기준을 제시했다. 책 제목은 일찌감치 《공로명과 나 – 남기고 싶은 외교비화들》로 결정했다.

"《공로명과 나》는 개인에게 헌정하는 책이기도 하지만, 현대사에서 중요한 역할을 했던 공로명 전 장관과 관련된 회고담을 통해 알려지지 않거나 기록되지 못한 일을 소개하려는 목적도 있습니다. 즉 나중에 연구자가 안심하고 인용할 수 있는 '제3의 사료'나 후배 외교관이 읽고 참고로 할 수 있는 '제3의 텍스트'가 되었으면 하는 것이 편찬의 취지입니다.

따라서 공 장관에 대한 개인적인 소감이나 상하관계를 쓰기보다는 외교상의 어떤 프로젝트 또는 업무, 사건 등과 관련해 공 장관과 자신이 관여했거나 목격했던 생생한 에피소드에 초점을 두실 것을 권하며, 나중을 위해 꼭 기록하거나 알리고 싶은 비화를 중심으로 집필해 주시면 고맙겠습니다. 그러기 위해서는 일시, 장소, 관련 인물 등의 '팩트'는 기억에만 의존하지 마시고, 관련 자료를 다시 한 번 꼭 확인해 주시기 바랍니다."

이런 기준 때문에 집필에 부담을 느꼈다는 분들도 적지 않았지만, 그래도 나름 의미있는 책을 내게 됐다고 자평하고 있다. 그게 가능했던 것은 두 가지 연유에서일 것이다.

하나는 공로명 장관 본인이 매우 다양한 일을, 때로는 원칙적으로 때로는 창의적으로, 아주 오랫동안 해왔기 때문에 소위 '스토리텔링'이 가능한 분이라는 것이다.

공로명 장관은 지난 60년간 우리 외교사에서 중요한 고비마다 현장을 지켰다. 한국전쟁이 끝나고 얼마 지나지 않은 1958년 외교부에 들어간 이후 1964년부터 한일회담에 관여했고, 중견 외교관 시절에는 일본 담당 동북아과장, 아주국장 등 가장 중요한 실무포스트에서 일했다. 그 후 정무차관보, 브라질 대사, 뉴욕 총영사, 초대 소련 및 러시아 대사, 외교안보연구원장, 남북핵통제공동위원장, 주일 대사, 외교부 장관 등 말 그대로 주요 보직을 두루 거쳤다.

공 장관은 퇴임 이후에 오히려 더 활발하게 활동하고 있다. 그는 동국대, 한림대, 동서대에서 일본학연구소장과 석좌교수, 특임교수 등을 지냈고, 2002년에는 평창동계올림픽유치위원장을 맡아 또다시 세계를 누볐다. 또 세종재단과 동아시아재단 이사장도 지냈고, 2012년까지 10년간 한일포럼 한국 측 회장으로서 한일관계 개선에 크게 기여했다. 그래서 그는 어느 때, 어느 장면에서나 얘깃거리를 갖고 있다. 하지만 더 극적인 것은 그의 활약이 현재진행형이라는 것이다.

책을 충실하게 만든 또 다른 요인은 집필자들이 보여준 '디테일'이다. 이 책에 기고한 사람은 외교관 26명, 지인 16명 등 한국인 42명과 일본 지인 9명 등 모두 51명이다. 이들이 쓴 글은 요식적, 의례적인 글이 아니라 경험에 바탕을 둔 생생한 에피소드가 많다. 그래서 현장감이 살아있다. 이는 '제3의 사료'나 '제3의 텍스트'를 만들고 싶다는 편찬위원들의 욕심을 충족시켜주는 것이었다. 지면을 빌려 집필자 여러분에게 정중하게 감사를 드린다. 또 이 책을 만드는 데 재정 지원을 해준 동아시아재단과 김성환 이사장에게도 감사를 드린다.

끝으로 집필자와 독자들에게 한 가지 양해를 구하고 싶은 것이 있다. 글쓰기의 원칙에 관한 것이다. 처음 받아본 글은 공 장관을 대부분 '공로명 장관님'으로 호칭했고, 문장도 모두가 '하시었다' 체였다. 이런 문장은 내용이 아무리 좋아도 특정인을 위한 '용비어천가'라는 오해를 받기 쉽다. 그래서 이를 놓고 고민하던 차에 공 장관 본인이 먼저 경칭과 존칭 문제를 제기해 모두 삭제하거나 수정했다. 다만, '뵌', '모시고', '선생님', '분' 정도는 때에 따라 그대로 뒀다.

또 하나. 집필자마다 글 마지막에서 공 장관에게 감사를 표시하고, 건강과 건투를 기원했다. 이것도 대부분 삭제했다. 이 책을 발간하는 취지를 살리려면 이 책에 게재한 글이 너무 개인적인 인연에 기초하고 있다는 인상을 주지 않는 것이 필요했기 때문이다.

누구나 쉽게 책을 내는 시대다. 그런 시대에 책을 낸다는 것은 걱정을 동반한다. 그러나 공로명 장관은 저절로 오솔길이 생기기 전에 이미 본인이 큰길을 개척한 한국 외교의 산증인이다. 그러니 세속의 바람을 걱정할 이유가 없다.

집필자들이 정성껏 썼으나 삭제한 마지막 문장에 담은 뜻을 편찬위원들이 모아 전달한다.

공로명 장관의 건강을 빌며, 변함없는 활약을 기대한다.

2021년 11월

공로명 장관 구순기념문집 편찬위원회
유명환(위원장), 정구종, 김성환,
신각수, 심규선, 하코다 데쓰야

목차

2장

3장

4장 특별기고

3 · 4장의 일본인 글에 대하여

- 심규선 편찬위원이 번역했다.
- 아이우에오 순으로 게재했다.
- 공로명 '씨'라고 쓴 것은 장관, 대사 등으로 바꾸었다.
- 본인이 제목을 붙인 경우도, 그렇지 않은 경우도 있다. 원문에는 그대로 실었으나 한글판에서는 제목을 바꾸거나 새로 달았다. 글 마지막의 덕담도 원문에는 그대로 두었으나, 한글판에서는 한국인이 쓴 글과 마찬가지로 생략했다.
- 색인은 한글판만을 기준으로 했다.

공로명(孔魯明) 장관 약력

출생

1932.2.25. 함경북도 명천

학력

1951	경기고등학교 졸업
1961	서울대학교 법학과 졸업
1961	런던대 정치경제대학원(LSE) 연수

경력

1953	육군 대위 예편
1958	외무부 입부
1962	주 미국 대사관 3등서기관
1964	외무부 동북아과
1966	주 일본 대사관 2등서기관
1969	외무부 교민과장
1970	외무부 동북아과장
1972	주 호주 대사관 참사관
1974	외무부 아주국 심의관
1977	외무부 아주국장
1979	주 카이로 총영사
1981	정무차관보(제1차관보)
1983	주 브라질 대사
1986	주 뉴욕 총영사
1990	주 소련 영사처장
1990	주 소련 및 러시아 초대 대사
1992~93	제17대 외교안보연구원장
1992	남북핵통제공동위원장 및 남북고위급회담 대변인
1993~94	주 일본 대사
1994~96	외무부 장관
1997~04	동국대 석좌교수 겸 일본학연구소장

1997~98 통일고문회의 고문
2002~10 평창동계올림픽유치위원장
2003~05 아사히신문 아시아네트(AAN) 회장
2003~12 한일포럼 한국 측 회장
2004~07 한림대 국제대학원 특임교수 겸 일본학연구소장
2004 함경북도 행정자문위원
2007~17 동서대 국제관계학부 석좌교수
2008~11 세종재단 이사장
2010~11 국가보훈처 안중근의사유해발굴추진단 자문위원회 위원장
2010~20 동아시아재단 이사장

저서

1997 《위기 극복의 국가학》
2001 《일본의 갈 길을 생각한다》
2010 《時論 말과 글》
2014 《나의 외교 노트: 안에서 듣고 보고 겪은 한국외교 50년》
2019 《한국 외교와 외교관 – 대일외교 · 북방정책 · 북핵협상》
(오랄히스토리 · 국립외교원)

수훈 및 수상

1981 홍조근정훈장
1986 브라질 남십자성 대훈장
1992 홍조근정훈장
1994 일본 욱일대수장
1997 청조근정훈장
2011 제21회 자랑스러운 서울대인(서울대학교)
2016 제24회 자랑스러운 서울법대인(서울대학교 법과대학 동창회)
2019 제4회 한일포럼상(한일포럼)

1983년 5월 중공여객기 피랍사건을 해결하고 선투(沈圖) 중공 대표와 합의문서를 교환하는 공로명 정무차관보(왼쪽). 이 사건으로 외교관 공로명의 이름이 국내외로 널리 알려졌다. (이하 다른 제공자의 이름을 명기하지 않으면 공로명 전 장관 제공)

1978년 4월 국회 외무위원회에서 박동진 장관과 답변을 숙의하는 공로명 아주국장.

1982년 6월 이범석 외무부 장관의 미국 방문을 수행한 공로명 정무차
관보가 이 장관의 소개로 부시 부통령과 악수하고 있다.

1990년 10월 27일 공로명 초대 주소련 대사(뒷줄 오른쪽에서 두 번째)가 유엔에서 한소수교 각서에 서명하는 최호중 장관과 셰바르드나제 소련 외상을 뒤에서 지켜보고 있다.

1992년 남북핵통제공동위원회에서 만난 임동원 통일부 차관과 공로명 위원장, 북측의 김영철 소장과 최우진 위원장. (왼쪽부터 시계 방향으로)

1993년 1월 25일 남북핵통제공동위원회의 마지막 회의가 된 제14차 회의. 판문점 평화의 집에서 마주 앉은 공로명 위원장과 최우진 북한 대표.

고노 요헤이 일본 외상과의 한일 외상회담.

1994년 8월 7일 주일 대사 시절 쓰시마를 방문해 조선과의 성신지교(誠信之交)를 주장하고, 조선통신사를 두 차례나 에도로 안내한 아메노모리 호슈(雨森芳洲) 현창비 앞에서. 오른쪽은 공로명 대사의 부인인 한명숙 여사. (1994년 8월 7일)

공로명 장관이 1995년 2월 6일 미국 국방장관실을 방문해 페리 장관
이 지켜보는 가운데 방명록에 서명하고 있다.

1995년 3월 21일 김영삼 대통령의 프랑스 방문 당시 공항환영식에서
미테랑 대통령과 악수하는 공로명 장관.

1995년 9월 28일 제50차 유엔총회 일반토의에서 북한 인권문제를 제기하고 있는 공로명 장관. 한국 정부로서는 처음 있는 일이었다. 북한은 강하게 반발했고, 남북 유엔 대표는 두 차례씩 답변권을 행사하며 30여 분 동안 설전을 주고받았다. 이날 연설은 북한 인권문제에 대해 국제사회의 관심을 촉발하는 계기를 마련했다는 점에서 의미가 크다. (유엔 아카이브 영상 캡처)

1996년 4월 16일 한국을 방문한 클린턴 미 대통령을 공항에서 영접하는 공로명 장관 내외. 왼쪽은 박건우 주미대사 부부.

1996년 4월 29~30일 남아프리카공화국을 공식방문했을 당시 넬슨 만델라 대통령과 공동기자회견을 하는 공로명 장관.

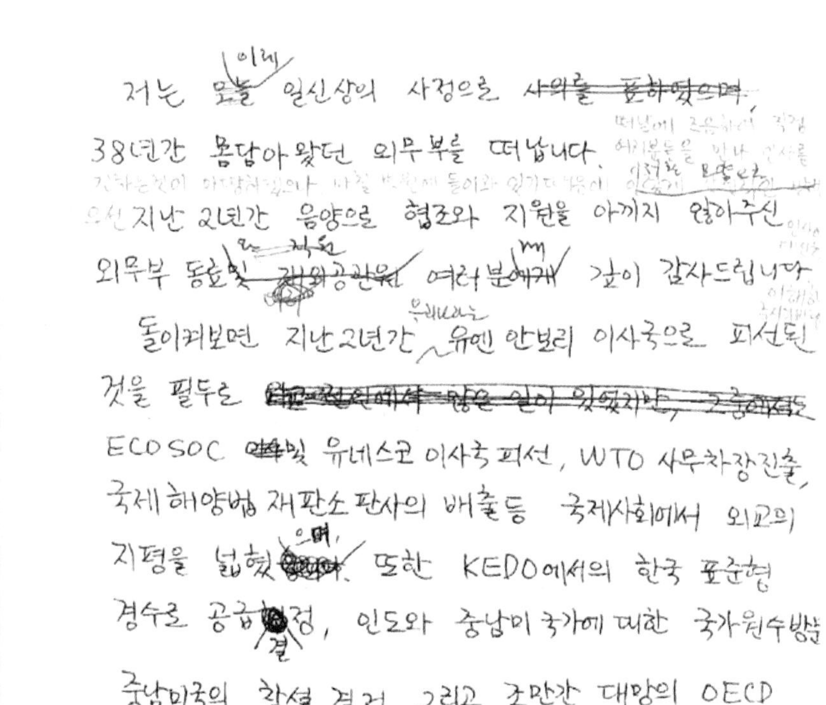

저는 이제 일신상의 사정으로
38년간 몸담아왔던 외무부를 떠납니다.
지난 2년간 음양으로 협조와 지원을 아끼지 않아주신
외무부 동료 및 여러분께 깊이 감사드립니다.
돌이켜보면 지난 2년간 유엔 안보리 이사국으로 피선된
것을 필두로
ECOSOC 및 유네스코 이사국 피선, WTO 사무차장 진출,
국제해양법 재판소 판사의 배출 등 국제사회에서 외교의
지평을 넓혔으며, 또한 KEDO에서의 한국 표준형
경수로 공급 결정, 인도와 중남미 국가에 대한 국가원수 방문
중남미국의 창설 결정, 그리고 조만간 대망의 OECD
회원국으로의 가입 등을 보람으로 생각합니다.
저는 지금 도연명의 귀거래사에서 "지나간 일은
고칠 수 없음을 깨달았고, 앞으로 오는 인생을 좇아야
함을 알았다"는 심경으로 표표히 떠나고자 합니다.
여러분의 건승과 대한민국 외교의 무궁한 발전을
밖에서나마 기원하겠습니다.
끝

1996년 11월 7일 장관직을 물러날 때 이기주 차관이 대독한 이임사의 초고. 도연명의 귀거래사를 인용해서 표표히 떠난다는 문구 때문에 인구에 회자됐다. 비서관으로 일하던 김숙 전 유엔 대사가 큰 글씨로 기안한 것을 공 장관이 작은 글씨로 퇴고했다. (김숙 전 유엔 대사 제공)

115 IOC SESSION
PRAGUE 2003

2003년 7월 체코 프라하에서 열린 제115차 IOC총회에서 2010년 동계 올림픽의 평창 개최를 호소하는 공로명 유치위원장(사진 왼쪽 페이지)과 김진선 강원도지사, 황영조 씨 등 일행(사진 위), 평창은 이때 1차 투표에서 1위를 하고도 결선에서 캐나다 밴쿠버에게 뼈아픈 역전패를 당했다. 그 후 2전 3기로 2018년 개최권을 따낸다. (김진선 전 강원도지사 제공)

공로명 장관은 2003년부터 2012년까지 10년간 한일포럼 한국 측 회장으로 한일관계 개선에 노력했다. 사진은 공 장관이 회장으로서 마지막으로 주재했던 2012년 12월 도쿄에서 열린 제20차 한일포럼. (한국국제교류재단 제공)

2010년 일본 하코네(箱根)에서 열렸던 한일원로간담회. 앞줄 왼쪽부터 야마모토 다다시 일본국제교류센터 이사장, 김재순 전 국회의장, 이홍구 전 총리. 뒷줄 왼쪽부터 이상우 한일문화교류기금 이사장, 최병렬 한나라당 상임고문, 공로명 전 외무부 장관, 김대중 조선일보 고문, 후나바시 요이치 전 아사히신문 주필, 김수웅 한일문화교류기금 상임이사, 와카미야 요시부미 전 아사히신문 주필. (이상우 한일문화교류기금 이사장 제공)

2013년 11월 일본 니가타에서 열린 한중일문화교류포럼에서 일본 어린이합창단이 '우리는 미래'라는 동요를 부르자 3국의 참석자들이 따라 부르고 있다. 공로명 전 장관(가운데)과 권병현 전 주중대사(왼쪽), 정구종 한일문화교류회의 위원장(오른쪽)의 모습이 보인다. (정구종 한일문화교류회의 위원장 제공)

2018년 1월에 열린 방촌독도연구회 발족 국제심포지엄에서. 방촌(方寸)은 독도연구의 최고권위자였던 최서면 국제한국연구원장(2020년 5월 작고)의 아호이다. 두 사람은 외교와 학문의 세계에서만이 아니라 인생의 동반자이기도 했다. 앞줄 왼쪽에서 네 번째가 공로명 장관, 다섯 번째가 최서면 원장이다. (박준우 전 세종연구소 이사장 제공)

2019년 2월에 지인들이 마련한 조촐한 미수연이 프레스센터에서 열렸다. 최서면 국제한국연구원장, 반기문 전 유엔사무총장, 유명환 전 외교통상부 장관, 남시욱 전 문화일보 사장, 정구종 한일문화교류회의 위원장, 유재건 전 국회의원, 나가미네 야스마사 주한 일본대사의 얼굴이 보인다. (박준우 전 세종연구소 이사장 제공)

제4회 한일포럼상을 수상하고. 왼쪽은 오코노기 마사오 한일포럼 일본 측 회장, 오른쪽은 유명환 한일포럼 한국 측 회장. (2019년 8월 22일, 한국국제교류재단 제공)

2019년 가을 공 장관의 외교부 후배들과 언론사 간부들도 서울 무교동의 남포면옥에서 공 장관의 미수연을 열고 기념패를 증정했다. (이우탁 연합뉴스 편집국 에디터 제공)

1장

대지진 고베에 신속하게 식수를 공수하라

김 건

주 영국대사

어린 시절 일본 전국(戰國)시대를 무대로 한 역사소설을 재미있게 읽었다. 영주들은 어린 무사들을 경호원 겸 비서 역할을 하는 시동(侍童)으로 두고 있었다. 그래서 이 시동들에 대한 이야기가 소설에 많이 나온다. 왜냐하면 시동 출신들이 나중에 유력 인사로 성장하는 경우가 많기 때문이다. 나도 그때는 나이가 어렸기 때문에 같은 또래인 시동 이야기에 무척 관심이 갔다.

지도자의 곁에서 일거수일투족을 지켜보면서 자연스럽게 학습할 수 있는 것은 행운이다. 나는 그런 남다른 축복을 공로명 장관의 수행비서관으로 일하면서 누릴 수 있었다. 그런데 일본 영주의 시동 무사나 우리의 장관 수행비서관이나 가장 중요한 덕목은 경험한 일을 무덤까지 갖고 가는 무거운 입이다.

그래서 공 장관의 구순기념문집에 글을 써 달라는 서한을 받았을 때 많이 망설였다. 더군다나 알려지지 않았거나 기록되지 않은 일을 소개하려는 목적도 있으니 비화 중심으로 써 달라는 주문에 더욱 부담을 느꼈다. 하지만 얼마 전 공 장관을 뵙고 이야기를 나누던 중 기고 요청을 받았는지 물어서, 나도 모르게 "예, 요청을 받고 열심히 구상하고 있습니다"라고 대답을 하고 말았다.

그런데 다음은 무엇을 쓸 것인가가 문제였다. 그 많은 이야기 중 무엇을 쓸지 고민이 밀려왔다. 고작 원고지 20매에 공 장관이 했던 그 많은 일 중 어떤 것을 담아야 할지 막막했다. 결국 최근에 내가 업무를 보면서 공 장관이 한 일을 기억하고 전범으로 삼았던 경우를 몇 가지 소개하고자 한다.

공 장관이 1994년 말 장관으로 부임한 지 얼마 지나지 않은 1995년 1월, 일본 고베와 오사카를 중심으로 관서지역에 대지진이 발생했다. 수천 명이 사망한 대재난이었다. 이 지역에는 우리 동포도 많이 거주하고 있어 언론의 관심도 지대했다. 당시 외무부와 공관은 상황파악만으로도 정신이 없었다. 공 장관은 인도적 지원을 하기로 신속하게 결정하고 이를 밀어붙였다. 요즘은 재난이 발생하면 해외에 긴급지원을 하는 것이 흔한 일이다. 하지만 당시에는 긴급지원 자체도 드문 일이었고 더구나 일본을 지원한다는 것은 처음 있는 일이라 모두가 갈팡질팡했다.

공 장관의 지침은 명확했다. "비상상황에서 무엇이 필요하냐고 묻는 것조차 상대방을 힘들게 하는 것이다. 대지진사태에서 가장 필요한 것은 마실 물이다. 모든 역량을 동원하여 신속하게 식수를 공급하라." 그래서 생수를 가득 실은 대한항공 점보화물기를 급히 간사이 공항으로 보냈다. 이 생수 공수작업은 일본의 모든 방송사가 취재를 나올 정도로 큰 관심을 끌었다. 당시 우리 언론과 인터뷰를 한 고베시 주민은 식수가 부족해 많은 사람이 고통을 겪고 있다고 말했다. 다음 정부에서 신시대를 선언하며 한일관계가 순항할 수 있던 데에는 많은 일본 국민이 관서대지진을 계기로 한국을 새롭게 인식했던 것도 일조한 것이 아닐까 생각해 본다. 이후 나는 다른 나라가 재난에 처할 때면 언제나 이때의 일을 떠올리며 스스로 묻곤 한다. 우리가 긴급하게 도울 방법은 없을까? 비상상황인데도 평상시처럼 절차에 얽매여 있는 것은 아닐까? 돕기 어렵다는 것을 행동하지 않을 핑계로 삼는 것은 아닐까?

공 장관의 장관 취임은 제네바 합의의 국내정치적 여진과 관련이 있다. 1994년 말 북미 간 제네바 합의에 대해 당시 국내 일각에서는 상당한 거부감이 있었다. 공 장관은 취임 후 한미 양국의 긴밀한 공조를 통해 한국형 경수로와 한국의 중심적 역할을 거부하는 북한을 설득해 제네바 합의 이행을 궤도에 안착시켜야 하는 외교적 과제에 직면해 있었다. 그러나 그에 못지않게 국내 반대여론을 설득하는 것도 큰 숙제였다.

미국과 공조하고 북한을 설득하는 어려운 과제를 어떻게 달성해 냈는지는 아마 다른 필진이 자세히 쓸 것 같다. 그리고 북핵 문제를 연구하는 많은 연구자도 이를 정리하고 있다. 그렇지만, '외교는 국내에서 시작한다(Diplomacy begins at home)'는 말이 있듯, 나는 공 장관이 제네바 합의를 이행하려고 국내의 지지를 끌어내기 위해 어떻게 노력했는지를 언급하고자 한다. 왜냐하면, 공 장관의 아웃리치 현장에 내가 항상 수행비서관으로 따라다니면서 느낀 바가 적지 않기 때문이다. 이를 통해 외교관은 외교에 앞서 국내 소통에 노력해야 한다는 교훈을 얻기도 했다.

공 장관이 소통하는 특징은 소탈, 경청, 공감 그리고 진솔한 설득이다. 공 장관의 점심과 저녁 일정은 늘 여론을 주도하는 언론계, 학계, 정계 인사들로 빼곡히 차 있었다. 연설이나 토론의 기회도 마다하지 않았다. 이러한 만남을 통해 먼저 상대방이 가지고 있는 생각을 가감 없이 듣고 공감하고자 노력했다. 그러한 기초 위에서 우리 정부의 입장을 진솔하게 설명하고 이해를 구했다. 세상일이 우리 마음대로 될 수 없는 국제정치의 현실적 제약을 가감 없이 토로하고, 국익을 위한 최선의 방도를 고민하는 장관의 모습이 결국 국내에서 이해와 지지를 끌어내는 기초가 되었던 기억이 선명하다.

첨언하자면, 공 장관은 기분 나쁜 이야기를 할 때 오히려 목소리를 부드럽게 하고 표현은 더욱 정중하게 한다. 그래서 나를 찾을 때 공 장관의 목소리가 부드럽고 정중하게 느껴지면 더욱 긴장하곤 했다. 공 장관의 이런 태도는 오랜 외교관 생활을 통해 단련해 온 것으로 느껴졌고, 이는 의견이 다른 사람과의 대화가 가시 돋친 설전으로 비화하는 것을 막아줬다. 상대방은 자기 생각을 마음껏 피력할 수 있고, 충분히 존중받는다는 느낌을 받았다. 그러면서 상대방은 결국 공 장관의 말에 귀를 기울여 줬다. 요샛말로 하면 이미 쌍방향 소통의 요령을 체득하고 있던 것 같다. 나도 이를 따라 하려고 그동안 무던히 노력해 왔다. 하지만, 아직도 한참 멀었음을 느낀다.

내가 공 장관의 수행비서관으로 일했던 1995년은 WTO(국제무역기구)가 출범한 해이기도 하고, 한미 간 수입농산물 검사검역제도나 식품유통기한 문제 등 어려운 통상현안이 대두한 해였다. 당시 나는 장관을 수행하여 매주 2개의 관계부처 장관회의를 다녀오곤 했다. 하나는 청와대와 외교부, 국방부, 통일부, 국정원 등 외교안보부처 장관들이 모이는 '외교안보조정회의'였고, 또 하나는 경제부총리 주재로 경제부처장관들이 모이는 '대외경제장관회의'였다.

밖에서 느끼는 두 회의의 분위기는 너무나 대조적이었다. 외교안보조정회의는 숨소리도 들리지 않을 정도로 항상 고요했다. 안에서 무슨 얘기가 오가고 있는지, 회의를 하고 있는지조차 알 길이 없었다. 그러나 경제장관회의는 항상 왁자지껄했다. 간간이 고성도 들리고 가끔은 난장판처럼 느껴지기도 했다. 긴급한 메모를 넣기 위해 회의장에 들어가 보면 어느 부처 장관이 "이렇게 하시면 저는 오늘 남태령 고개를 넘어갈 수가 없습니다" 하고 얼굴을 붉히고 있는 경우도 많았다.

공 장관은 상대방에게 이야기했을 때 겉으로는 아닐지라도 속으로는 '한국 입장에서 또는 외무부 입장에서 그럴 수 있겠구나'라고 상대방이 납득할 정도가 되기를 원했다. 그래서 항상 남을 설득할 수 있을 만큼의 논리와 내용을 갖추기 위해 노력했다. 조태열 전 주유엔대사의 회고록《자존과 원칙의 힘》에 내가 느꼈던 것과 똑같은 내용이 있어 소개한다.

> "공 장관은 그해(1995년 - 필자) 11월 오사카에서 열린 APEC 정상회의에서 미국의 요청으로 열린 미키 캔터 미 무역대표와의 회담에서 식품유통기한 문제처럼 아주 기술적인 통상현안에 대해서까지 막힘 없이 술술 우리 입장을 설명하는 모습을 보여 미국 인사들을 놀라게 했다."

공 장관의 이런 모습은 이후 여러 협의나 협상에서 내가 지향하는 기준점이 되었다. 물론 항상 부족했지만…. 내가 말이 되는 이야기를 하더라도 상대방은 자기의 입장 때문에 겉으로 동의하거나 당장 맞장구칠 리가 만무하다. 하지만, 노력하다 보면 언젠가는, 또 어떤 시점이 되면 서로의 입장이 포개지고 타협으로 나아가는 것을 경험하게 된다. 그 순간이 외교의 힘을 느끼는 찰나이기도 하다. 말이 되는 이야기를 하는 사람, 이것이 공 장관이 내게 심어준 외교관상이었다.

여성 외교관은 험한 길인데, 들어오면 잘 하겠어요?

김경임

전 튀니지 대사

처음 이 글을 제안받았을 때 당연히 글 한 꼭지 정도는 쓸 수 있다고 생각해서 수락했다. 하지만, 막상 글을 시작하려니 좀 난감했다. 공로명 장관과는 그리 가까운 사이는 아니었기 때문이다. 개인적으로 골프를 함께 치거나 동료로서 외교현안을 놓고 토론을 벌인 적도 기억에 없다. 그럼에도 공 장관과 나는 특별한 인연이 있다는 생각은 확실하다. 그것은 1978년 외무부 입부 면접시험에서 당시 아주국장이었던 공 장관이 나의 면접관이었기 때문이다. 그래서 지금 곁불 쬐는 심정으로 공로명 장관에 관해 소소한 글 한 줄을 보태고자 한다.

당시 나는 여성 최초로 외무고시 1, 2차 시험을 패스하고 면접 결과에 따라 우리나라 최초의 고시 합격 여성 외교관이 되느냐 마느냐의 기로에 서 있었다. 나는 '소박한' 집안 출신이라 내 주위에 외교관은 물론이고 고위 공직자조차 한 명이 없었다. 내가 생애에서 처음 본 외교관은 면접에서 만난 공로명 장관이었다. 1978년 6월 어느 날, 테이블 맞은편의 면접관을 올려다보니 깔끔한 중년의 멋쟁이 신사가 눈에 들어왔다. 번쩍번쩍하는 대머리에 (전설적인 공 장관의 대머리를 언급하는 것은 너무나 진부하지만) 날카로운 눈빛으로 카리스마가 넘쳤는데 세기의 명배우 율 브리너를 연상시켰다. 나는 그때 그가 던진 냉엄한 시선도 기억하지만, 부드러운 음성과 따스한 미소 또한 확실히 기억한다.

"그래, 여성으로서 어려운 일이 많을 텐데 열심히 하겠어요?"

"아, 그럼요. 물론입니다."

나는 쉰 목소리로 허겁지겁 답했다. 그 당시 젊은 여성들의 사회진출 욕구가 얼마나 강한 것인지 차분히 설명하려던 나의 면접전략은 머릿속에서 산산이 흩어지고 오직 면접관의 예리한 시선에서 벗어나기만을 바랐다.

외무부에 들어와서 곧 알게 됐지만, 당시 외교부는 80% 이상이 서울대 출신으로 고시를 거친 엘리트 외교관들이 주류였고 서울대 중에서도 외교학과, 법대, 상대 출신들이 'creme de la creme'(핵심 중의 핵심)이었다. 그런데 내가 합격하고 4년 후인 1982년 사법고시 면접에서 장애인 4명을 모두 불합격 처리한 일이 있었다. 장애인에 대한 편견과 인권침해에 항의하는 여론이 들끓자 사법부는 다음 해 탈락시켰던 전원을 합격시켜야 했다. 당시 불합격 판정을 한 면접관은 대법관이었는데, "나라를 위해 더 많은 일을 할 수 있는 사람을 뽑기 위한 불가피한 결정이었다."는 것이 그의 변이었다.

일반상식과 유리된 고위 공직자들의 마인드가 편협한 애국주의의 보호를 받고 있던 시절, 외무고시에서 최초의 여성이 합격한 사실은 파격적이었고 이것은 외무부가 사법부보다 덜 후지고 덜 보수적이라는 증거일지 모른다. 그러나 곧 반전이 일어난다. 내가 입부하고도 8, 9년이 지난 어느 해, 외무고시 2차 시험에 합격한 유일한 여성이 면접에서 탈락한 것이다. "내가 탈락시켰지"라고 거리낌 없이 무공을 자랑하던 면접관은 별 탈 없이 승진했고, 그 여성도 다음 해 다시 2차 시험과 면접에 합격해 사건은 유야무야 잊혀졌다. 그 여성은 지금도 외교부 고위간부로 활약 중이다.

사회적 약자에 대해 비우호적인 공직사회의 전반적 분위기와 소년급제자를 선호하는 외교부에서 나는 막 30대에 접어든 적지 않은 나이의 여성이었고 공직사회에서는 '듣보잡'이라 할 미학(美學)을 전공으로 했으니 국가를 위해 많은 일을 할 수 있을 것인지를 따지는 자의적 애국 테스트를 넘지 못할 가능성이 컸다. 최종 합격자 발표를 앞두고 불안한 며칠을 보내면서도 나는 언뜻 느꼈던 면접관의 부드러운 음성과 미소에 모든 희망을 걸었다. 그리고 그런 기대는 빗나가지 않았다.

드디어 합격통지를 받고 첫 출근한 날, 배정을 받은 의전과를 찾아가니 의전과장이 앉으라는 말도 없이 내 면전에 대고 "여성은 받을 수 없는 형편"이라며 총무과에 가서 따지겠다고 문을 박차고 나가버렸다. 참담한 심정으로 총무과를 찾아가니 아주국 동북아1과(일본담당관실)로 재배정했다고 알려줬다. 공로명 아주국장이 나를 구해준 것이 틀림없었다. 그때부터 외무부 내에서 가장 바쁘고 중차대한 일을 하는 핵심부서의 하나인 일본과(동북아1과)에서 근무하게 되었고 다음 해에는 그때 막 시작한 일본연수 과정에 뽑혀 게이오대(慶應大)로 유학을 가는 행운을 얻었다. 누구나 선망했던 이 특별한 행운 또한 공로명 아주국장의 후속타였다고 확신한다. 나는 일본담당관실 근무에 이어 게이오대 연수를 거쳐 주 일본대사관에 근무하면서 일본의 역사와 문화를 깊이 공부할 수 있었고, 퇴임 후에는 일본 관련 책도 출간했다. 그래서 요즘도 공 장관의 일본 관련 글과 논평을 찾아보면서 끊임없이 마음속의 대화를 이어가고 있다. 나는 지금의 나를 소개할 때 "배운 것이 도둑질이라고 일본관계 저술을 하고 있다"고 자랑스럽게 말한다.

외무부의 첫인상은 미국과 서구국가들의 언어, 국제관행, 의전을 지상의 모델로 삼는 서구 지향적 분위기가 팽배했다. 그러한 외무부 내에 공자의 후손이라는 소문 속에 달필의 한문으로 메모를 남기고 약간의 북한 억양이 섞인 달변으로 일본 역사와 고전을 얘기하던 공 장관은 동양적인 풍모에 어딘가 이국적인 분위기가 물씬했다. 지금 돌이켜 보면 'bigger than life' 인물이 풍기는 불가해한 면모였던 것 같다. 이 글을 쓰기 위해 1983년 중국 민항기 불시착 사건을 찾아보니 65세의 중국민항국장 선투(沈圖)와 악수하는 사진 속 51세의 한국 대표 공로명 제1차관보는 중국인 선투보다 더 중국적인 대인의 풍모였다.

주일대사관 근무를 마친 나는 뉴욕총영사관에서 근무하며 1986년 공 장관을 직속상관으로 모시는 또 한 번의 행운을 누렸다. 당치도 않은 이 모든 행운은 애초에 나를 외무부에 합격시킨 공 장관의 배려가 이어진 것이라고 확신한다. 1986년 12월 얼어붙은 맨해튼 브로드웨이 한인거리에서 24시간 영업하는 '뉴욕곰탕'에 총영사관 직원들과 뉴욕 한인회 간부들이 모였다. 그날 밤 부임하는 공로명 총영사를 맞이하기 위해서였다. 자정이 지난 늦은 밤, 검은 펠트 모자를 깊숙이 눌러쓴 공로명 총영사가 들어섰다. 공자의 후손이 완벽한 뉴요커의 모습으로 맨해튼에 나타난 것이다. 평생을 미국에서 산 뉴요커보다 더 미국적인 분위기의 공 장관은 역시 율 브리너다운 중후한 명배우의 카리스마를 풍겼다.

당시 뉴욕의 분위기는 서울의 '6월 항쟁'의 반향으로 총영사관 앞은 연일 인권과 민주항쟁을 외치는 교민들의 데모로 소란스러웠고, 뉴욕 곳곳에 흘러넘치는 한국인 불법 체류자들의 문제 또한 총영사관의 부끄러운 고민거리였다. 외교부를 비롯해 교육부, 문화부, 관세청, 경찰청 등 여러 부서에서 파견한 총영사관 직원들은 종종 모여 우리나라는 확실히 문제가 있는 나라라고 결론지으며 나라의 장래를 비관적으로 바라보곤 했다. 그렇지만 1987년에는 한국의 대미 무역흑자가 1백억 달러에 육박해서 미국을 달래려고 정부가 뉴욕에 수입촉진단을 파견할 정도였다.

경제발전과 민주화가 교차하며 길항하는 시대여서 교민과 유학생 사회의 동요도 감지됐다. 특히 본국의 정치상황에 민감한 뉴욕 한인 사회는 틈만 보이면 노골적으로 총영사관의 기를 꺾으려고 했고, 그 화살의 끝은 늘 총영사관의 정점인 공 총영사로 향했다. 한번은 총영사가 금연을 시작했다는 소식을 듣고 총영사관을 방문한 한인회 간부들이 총영사 앞에서 담배를 피우면서 "금연 후 금단현상은 건강에 매우 해로우니 건강을 위해서라도 딱 한 번 피워보시라"고 권하기도 했다. 이런 유치한 도전이 백전노장에게 먹혀들어갈 리가 없었음은 물론이다. 당시는 제5공화국이 들어서고 외무부 예산 절감정책에 따라 보스턴 총영사관을 폐쇄했을 때였다. 고립된 보스턴 지역의 학생들을 위해 공 장관은 여러 차례 보스턴을 방문했는데, 나는 우리 학생들에 대한 영사서비스 차원에서 몇 번 총영사를 수행한 적이 있다. 똘똘한 학생과 저명한 교수들이 던지는 곤란한 질문들을 예의 그 부드러운 미소와 유창한 영어로 답하던 공 장관은 어렵고 혼란스러웠던 그 시대에 한국을 감싼 명 대변인이었다.

공로명 장관과 함께 근무했던 뉴욕총영사관 시절 많은 일화가 있지만 특히 기억에 남는 것은 공 장관과 옛 친구들의 아름다운 교유이다. 공 장관은 후버연구소 연구원을 거쳐 펜실베이니아에서 컴퓨터 회사를 경영하던 박형웅 박사, 보스턴에 거주하며 《순교자》를 쓴 소설가 김은국 씨와 뉴욕이나 보스턴에서 거의 정기적으로 만났다. 그 만남과 그들의 고차원적인 대화는 주위에 있는 사람들의 부러움과 호기심의 대상이었다. 뉴욕총영사관에 최신형 컴퓨터를 놓아주었던 박형웅 박사는 후에 펜실베이니아 교육위원으로 선출돼 재미 한인사회에 봉사했고, 한국계 미국문학의 토대를 닦은 김은국 씨는 2009년 보스턴에서 작고했다.

또 하나 기억에 생생한 일화가 있다. 당시 한국여성단체협의회 회장이던 홍숙자 박사는 1987년 한국의 첫 대통령 직접선거에 출마할 준비를 하며 종종 뉴욕을 방문했다. 홍 박사는 1960년대 외무부에 들어와 뉴욕의 주 유엔대표부에도 근무했던 여성 외교관 제1호였다. 홍 박사의 외교관 여권은 지금 외교박물관에 있다. 홍 박사는 외무부에서 공 장관과 함께 근무한 인연으로 뉴욕에 오면 총영사관을 방문해 공 장관과 국내외 상황에 관해 기탄없이 대화를 나누곤 했다. 홍 박사는 언제나 나에게 "좋은 상관을 둔 네가 부럽다"는 말로 시작해 "라떼는 말이야"를 쏟아냈다. 1960년대 초창기 외무부에서 겪은 남성 동료들의 몰인정하고 차별적이며 비인간적 태도에 대한 분노가 식지 않았던 것이다. "그때 소리 없는 권총이 있었다면 모두 쏴버렸을 것이야. 공로명 씨만 빼고. 그분은 달랐어." 홍 박사는 사회민주당 대통령 후보로 선출되면서 대한민국 최초의 여성대통령 후보가 되었지만 군소정당 후보여서 대중의 주목을 받지 못했다. 결국 김영삼 후보 지지를 선언하며 대통령 후보를 사퇴했고, 이후 사회활동을 접었다.

마지막으로 뉴욕총영사관 시절의 잊지 못할 기억은 노태우 대통령의 1988년 유엔 방문이다. 1991년 남북한 동시 유엔가입을 앞두고, 또한 한국의 대통령으로서는 첫 유엔 데뷔였던 만큼 전 세계 언론이 주목했다. 그런데 이 행사의 하이라이트인 노 대통령 유엔연설의 통역이 공로명 총영사였다. 대통령 통역담당은 관례적으로 청와대 의전수석이나 외교부 중견 간부가 맡는데, 노 대통령과 동년배이자 중량급 외교관인 공 장관을 통역으로 결정한 것은 이례적이었다. 영어실력이 당대 제일이기 때문이라는 소문도 무성했지만 분명 고차원적 정치방정식이 개재된 결정으로 보였다. 내막을 모르는 내 느낌과 분위기만으로 이해한다면 세계적 스포트라이트를 받는 자리에 일층 감동을 더할 극적인 연출이 필요했기 때문은 아니었을까. 88서울올림픽을 성공리에 마친, 떠오르는 한국의 대통령 뒤에 매력 만점의 중후한 한국의 율 브리너를 세운다면 대통령의 유엔 데뷔가 시각적으로, 시쳇말로 비주얼적으로 끝내주지 않을까 하는 문화외교적 발상에서 나온 결정은 아니었을까.

1990년 초 뉴욕에서 모스크바 영사처장으로 부임하는 공 장관에게 '어째서 대사에서 총영사로, 총영사에서 영사처장으로 점점 낮은 곳으로 임하시는가' 하는 우스갯소리로 위로를 드리며 그와 작별했다. 그날 총영사관 직원들, 특히 공 장관의 배려에 감동했던 현지 직원들은 눈물로 공 장관을 배웅했다. 수년에서 십수 년 총영사관에서 근무했던 총영사관의 현지 직원들은 공로명 총영사 때 식사 초대를 받아 처음으로 총영사 관저를 구경했다고 한다.

나는 1995년 파리 유네스코 근무에 이어 곧장 주 인도대사관으로 발령을 받았는데 당시 외무부 장관이었던 공 장관으로부터 "어려운 임지에서 건투하라"는 사신(私信)을 받았다. 험지로 가는 위로가 그것만으로는 부족하다고 여긴 듯, 1995년 9월 베이징에서 개최한 유엔여

성대회 때는 "여러 사정상 파견하지 못하니 다음 기회를 기다리라"는 사신을 보냈다. 끝까지, 그리고 확실하게 격려를 해준 데 대해 내가 크게 감격했음은 물론이다.

돌이켜 보면 유능한 외교관이 되어 그러한 격려에 응답하지 못한 내 자신이 부끄럽고 후회막심하지만 이제는 다 흘러간 일이다. 내가 외교부에 발을 들여놓을 수 있었고, 또 대사까지 지낸 것만으로도 만족하면서 애초에 그러한 기회를 준 공 장관에게 무한히 감사할 뿐이다. 지금이야 여성이라는 이유로 면접에 탈락하는 일이 있을 수 없지만, 면접자 재량으로 탈락시킬 수 있었던 그 시절, 파격적인 결정으로 시대를 앞당긴 공 장관의 용단은 오늘날 외교부의 수많은 여성외교관 인재들의 활약을 통해 그 결실을 맺어가고 있다.

외무부 시절을 회상할 때마다 내가 항상 품어왔던 의문은 '그렇다면 공 장관은 페미니스트였는가'이다. 그때만 해도 페미니즘이라는 용어 자체가 낯설고, 그러한 태도나 자의식은 극히 진보적이고 포스트 모더니즘적인 일부 인사들의 전유물이었음을 상기할 때, 공 장관이 그러한 최신 기류의 첨단을 달리고 있었다고는 생각지 않는다. 기억해 보면 1994년 김영삼 대통령이 공로명을 외무부 장관으로 임명했을 때 공 장관은 모 일간지 인터뷰의 첫머리에서 이렇게 말한다. "나는 현실주의자입니다." 그렇다. 그는 시대와 현실을 제대로 읽고 행동하는, 냉철한 현실주의자라고 나는 믿는다.

중공민항기 납치사건 당당하게 해결, 한중 수교의 길 닦다

김석우

북한인권시민연합 이사장
(전 통일부 차관)

19 83년 5월 5일 어린이날 공휴일. 일본 담당의 동북아1과장이던 나를 포함해 직원들이 중앙청 4층 사무실에서 특별근무를 했다. 곧 다가올 한일무역회담 준비를 위해서였다. 점심시간 조금 지나서 주한 일본대사관 야나이 슌지(柳井俊二 · 후에 일본 외무성 사무차관, 주미대사) 정무공사가 전화를 해왔다. 지금 텔레비전에서 중국 민항기가 춘천 미군기지에 불시착한 상황을 보도하고 있는데, 승객 중에 일본인 3, 4명이 있어서 영사를 파견하겠으니 필요한 지원을 해달라고 요청했다.

즉각 윤해중 중국과장, 김병연 아주국장, 공로명 차관보, 노재원 차관에게 연락을 취했다. 모친 병문안 등으로 모두가 멀리 지방에 가 있어 저녁에야 사무실에 도착했다. 당시에는 일반전화밖에 없어서 긴급연락이 매우 어려웠다. 외무부 간부들은 이 사태를 처리한 다음 '삐삐'라는 호출기를 차기로 했다.

중국 측은 국제민간항공기구(ICAO)를 담당하는 우리 교통부 항공국장에게 민항국장 선투(沈圖)를 단장으로 하는 대표단을 파견할 터이니 받아달라는 텔렉스를 보내왔다. 이런 급박한 상황에서 비상연락조치의 센터 역할이 동북아1과에 떨어진 것이다.

한밤중에 중국 업무 라인도 정상화되었고, 이틀 후 중국대표단이 도착했다. 도착하자마자, 공로명 제1차관보와 선투 민항국장을 수석대표로 하는 양국 회담을 신라호텔 영빈관에서 시작했다. 동북아2과(중국과)가 중심이 되었지만, 인원은 적은데 업무는 방대해서 동북아1과나 국제법규과, 국제기구과 등도 지원을 해야 했다.

동북아1과는 신라호텔 본관에 종합상황실을 설치했다. 바로 옆방에서 노재원 차관이 종합 지휘했다. 회담 진행 상황을 빈틈없이 파악해 주요기관, 즉, 청와대, 국회, 총리실, 안기부, 주한미국대사관, 일본대사관 등에 대략 30분 간격으로 전파했다. 필요한 지시나 협조 사항을 받아 회담장에 메시지로 전달하는 역할도 담당했다.

공로명 차관보는 과연 원숙한 외교관(seasoned diplomat)이었다. 상대방의 요구를 경청하면서도 국제법과 국제규범에 따라 한국의 입장을 관철하는 노련함과 침착함을 보여줬다. 우리는 ICAO의 항공기 납치 방지협약에 따르겠다는 기본원칙을 밝혔다. 이에 따라 승무원, 일반 승객과 항공기 기체는 중국으로 돌려보내기로 했다. 중국 측이 탁장인(卓長仁) 등 6명의 납치범까지 인도해달라고 요구했으나, 상공에서의 해적행위를 한 납치범들에 대해서는 한국이 재판관할권을 행사하겠다고 해서 결국 그렇게 합의했다. 또, 앞으로 유사한 사건이 발생했을 때는 상호주의원칙에 따르기로 했다. 비상연락 채널로는 홍콩주재 한국총영사관과 신화사 지사를 이용하기로 했다.

양국 간 외교관계가 없는 바람에 합의 내용을 문서로 작성하는 것도 문제였다. 중국 측이 난색을 표했으나, 끝까지 원칙을 관철시켰다. 양국의 공식 명칭과 수석대표의 공식 직명을 명기하고, 형식은 외교문서가 아닌 영사문서로 해서 고무도장(rubber seal)을 날인하는 방법을 썼다.

양국 간 회담을 진행하는 동안 우리 당국은 승객들을 워커힐 호텔에 편안하게 머물게 하면서 서울 시가지와 남산타워, 수원의 삼성전자 등 산업시설도 견학시켜줬다. 그들은 한국이 거지들의 나라가 아니고 중국보다 훨씬 앞서 있는 현장을 눈과 입으로 경험하고 귀국한 후 주위에 전파했다고 한다.

민항기사건 처리가 끝난 후 이범석 장관은 협상 책임자였던 공로명 차관보에게 특별지시를 했다. '남 · 북한과 미 · 일 · 중 · 러 4대국과의 관계를 계량적으로 분석하고, 향후 대한민국의 외교정책을 수립해서 10일 안에 보고하라'는 것이었다. 공로명 차관보의 지시에 따라 외교부 각국(各局)의 주무과를 포함해 10여 명의 과장으로 특별반(Task Force)을 구성해서 작업을 추진했다. 동북아1과장이 간사가 됐다.

각과의 캐비닛에 들어있는 문서들을 밤새도록 뒤져서 주요 통계자료를 모으고, 도표로 종합했다. 이를 분석한 결과, 유엔 등 주요 다자관계에서 미 · 일 · 소 3국은 자국 개최 행사에 국제관례에 따라 한국의 참가를 허용하였으나 중국은 한국의 참가를 허용하지 않고 있었다.

양자 관계에서 북한과 일본은 매년 연간 5억 달러의 교역과 연간 1천 명 내외의 상호 방문을 하고 있었다. 북한 노동당의 현준극 국제부장이 비공식 직함을 달기는 했지만, 두 번이나 일본을 방문할 정도였다. 일본을 빼고는 미 · 북 간, 한 · 소 간, 한 · 중 간에는 실질적 교류가 거의 없었다. 한 · 중 간에는 홍콩을 경유한 간접교역이 연간 1억 달러 정도로 늘고 있었으나, 북한대사관이 중국외교부에 항의하면 광저우 항에 입항한 한국 선박에 대해 수십만 달러의 벌금을 부과하는 사태가 계속되고 있었다.

이러한 계량적 분석을 기초로 정책건의서를 작성했다. 한국의 외교전략은 한반도의 평화통일을 최종목표로 삼아야 하는데, 그 전 단계는 남북한에 대한 교차승인을 이루는 것이고, 이 목표를 현실화하는 데도 시간이 걸리므로 그에 앞서 남 · 북한과 미 · 일, 중 · 소와도 상호 균형 있게 교차 접근을 추진해야 한다는 결론을 내렸다.

이범석 장관은 이 정책건의서를 기초로 이장춘 국제기구국장에게 6월 29일 국방대학원 특강 원고를 준비하도록 했다. 그 연설에서 중국과 소련을 포함한 공산권과의 '북방외교'를 적극 추진하겠다고 밝혔다. 실질적인 북방외교정책의 천명이었다.

1969년 닉슨 독트린, 빌리 브란트의 동방정책, 동서독 기본조약체결, 1971년 중국의 유엔대표권 인정, 1972년 닉슨의 중국방문 등 데탕트 분위기 속에서 1972년 박정희 대통령은 남북 간의 평화공존을 지향하는 '7 · 4남북공동성명'을 발표했다.

북한이 1972년을 외교의 해로 정하고 수많은 비동맹국가와 수교하고 1973년 5월 GATT(관세 및 무역에 관한 일반협정), UNCTAD(유엔무역개발회의)에 가입하자, 박정희 대통령은 '6 · 23평화통일 외교선언'을 발표해 할슈타인 원칙을 포기하고, 공산권을 포함해 북한과 수교한 국가와도 관계개선을 하겠다고 선언했다. 최초의 북방정책이라고 할 수 있다. 1988년 노태우 대통령은 취임사에서 대공산권 정책으로 북방정책을 전개하겠다고 천명했다.

중국민항기 사건을 처리하고 이범석 장관이 북방정책을 선언한 후 얼마 되지 않아 UNDP(유엔개발계획)가 중국에서 천해저(淺海底)자원개발에 관한 전문가회의를 개최하는데, 중국 정부가 한국 전문가에게 사증을 발급해주지 않아 참석이 어렵게 되었다. 괘씸한 일이었다. 이장춘 국제기구국장이 집요하게 문제 해결을 시도하고, 우리 유엔대표부도 노력했지만 잘 풀리지 않았다. 이 국장은 유엔기구가 주관하는 회의에 유엔 옵서버국가인 대한민국의 관계자를 참가시키지 않는다면, 중국의 개최권을 박탈해야 한다는 입장을 강하게 밀어붙였다. 박수길 유엔 공사가 강한 훈령에 따라 더 노력한 결과 유엔 측이 움직였고, 중국도 결국 비자를 발급했다. 초기 한중관계의 한 사례이지만, 외교현장에서 중국이 원칙과 규범에 따르도록 만든 매우 교훈적인 사례였다.

1985년 3월 21일에는 중국 어뢰정 사건이 발생했다. 칭다오 해군기지의 고속어뢰정 편대 6척이 훈련 후 귀항하던 중 어뢰정 한 척에서 하급병사가 지휘관을 살상하는 해상반란이 일어났다. 통제를 상실한 어뢰정이 소흑산군도로 표류해왔다. 우리 해양경찰이 이를 부안군 하왕등도 근처로 예인 정박시켰다. 중국의 군함 3척이 한국의 영해를 침범해 양국 해군 간에 일촉즉발의 상황이 전개되었다. 미국과 일본이 외교경로를 통해 긴급 메시지를 전달해 전쟁위기를 피하고, 어뢰정 문제를 처리해야 했다.

한국의 사회 분위기와 외교부 관련 부서의 의견은 어뢰정을 대만으로 보내자는 쪽이었다. 나는 동북아1과장이었지만, 국제해양법 전문가로서 영국 중심으로 발전한 일반원칙이 주권면제를 인정하는 군함의 지위를 절대적으로 만들었다는 점을 숙지하고 있었다. 그래서 어뢰정을 기국(旗國)인 중국으로 보내야 하고 이는 북방정책을 선언한 외교정책에도 부합한다는 두 페이지짜리 보고서를 집에서 직접 타자해서 작성했다. 이를 김병연 국장을 거쳐 이원경 장관에게 제출했다. 이원경 장관은 이를 전두환 대통령에게 보고해 재가를 받았다. 그래서 3월 28일 오전 11시 서해의 북위 36도 동경 124도 지점에서 중국 측에 어뢰정을 인도했다.

그에 앞선 3월 26일 중국은 자국 군함이 한국 영해를 침범한 사건에 대해 공식 사과하는 각서를 한국 정부에 전달했다. 이 각서는 '중화인민공화국 외교부의 명을 받은(Authorized by)' 신화통신 홍콩지사 부사장이 우리의 주 홍콩 부총영사 앞으로 보낸 것이었다. 사과의 가장 높은 단계인 'Apology'라는 용어를 사용했다.

한 달 후에 덩샤오핑 지도자는 첸지천(錢其琛) 외교차관을 비롯한 간부들에게 "한국과 수교하면, 중국물건도 팔 수 있고 대만도 견제할 수 있다"는 가이드라인을 줬다. 동시에 덩샤오핑은 전두환 대통령에게 차이나 로비스트인 안나 쉐놀트(Anna Chenault) 여사를 비밀 특사로 보내 사의(謝意)를 표명했다. 그 후 중국은 86년 아세안게임, 88년 서울올림픽에 참가했다. 중국 외교부 등 관계기관의 담당자들이 익명으로 한국을 직접 방문해서 사전 탐사를 했다는 사실을 나중에 실토했다.

드디어 1992년 8월 24일 한중수교가 이루어졌다. 북방외교의 마지막 관문이었다. 동아시아의 외교 지형이 바뀌었다. 중국도 경제대국화의 길로 매진했고, 한국은 외교와 통상영역을 대륙으로 넓혔다.

김영삼 대통령은 정통성을 갖춘 문민정부라는 자부심이 컸고 외교적으로도 약점이 없다는 생각이었다. 그래서 주요국 대사에 군 출신이나 정치인 대신에 원칙적으로 직업외교관을 보내야 한다는 철학이었다. 나도 바로 옆에서 일할 때였기 때문에 잘 익은 포도주 같은 베테랑 외교관들을 말씀드렸고, 공로명 장관을 주일대사와 외무장관으로 낙점하는 것도 상대적으로 수월했을 것이다.

한반도 통일은 아직 이루지 못했지만, 유엔 동시 가입은 이뤘다. 북한 정권의 독재와 폐쇄정책 때문에 남북 간 경제력 격차는 2020년 기준으로 56대 1이 되었고, 통일을 위한 주도권은 확실하게 대한민국으로 넘어왔다. 통일의 꿈을 꿀 때면, 83년 5월 미수교 적대국이던 중국의 정부 대표를 상대로 사태 해결과 함께 한중 수교의 긴 포석을 깔았던 외교관 공로명을 가장 먼저 떠올릴 수밖에 없다.

소련 보수파 쿠데타의 실패를 홀로 예견한 판단력

김성환

동아시아재단 이사장
(전 외교통상부 장관)

우리는 세상을 살아가는 동안 여러 사람과 교류를 하고 인연을 맺는다. 나도 그동안 많은 분으로부터 도움과 격려를 받았다. 그분들 중 공로명 장관은 내가 외교부 생활을 하는 동안 롤 모델로 생각하고 항상 많은 것을 배우고 따라 하고자 했던 분이다. 지금도 같은 사무실에서 일주일에 두서너 번씩 뵈면서 항상 변치 않는 지적 탐구심과 명석한 판단, 그리고 또렷한 기억력을 보며 나 자신을 채근하곤 한다.

내가 공 장관을 처음 모시고 일을 하게 된 것은 1990년 9월의 한소 수교가 계기가 됐다. 모스크바에 주재하는 우리 공관이 영사처에서 대사관으로 승격하면서 공관 인력을 증원할 때 러시아어 연수를 마치고 주 인도대사관에 근무하던 나는 소련대사관 근무를 자원했다. 그래서 공 대사가 외교안보연구원장으로 영전할 때까지 약 1년 3개월을 함께 일했고, 그 후 장관으로 재임할 때 1년여 동안 보좌관으로 일하는 각별한 인연을 맺게 됐다.

모스크바에서 일한 기간은 소련과 수교한 초기 상황이라 공 대사는 소련의 많은 인사와 만났다. 나는 대사관 정무과장으로 주요 인사를 면담할 때 자주 배석하면서 면담내용을 정리해 외교부 본부에 보고하는 역할을 했다. 당시 북한 핵 시설에 관한 러시아 측의 정보 제공 등 여러 가지 주요 사안이 많이 있었지만 대사의 판단이 가장 빛을 발한 본부 보고는 1991년 8월에 일어나 3일천하로 끝난 소련 보수파의 쿠데타에 관한 전문(電文)으로 기억한다.

모스크바에 주재하는 대부분의 공관이 돌아가는 상황조차 제대로 파악하지 못하고 있을 때 대사는 소련 측 인사들과의 면담내용과 모스크바에서 벌어지고 있던 여러 상황을 종합적으로 판단해서 쿠데타 발생 이틀 후에 '이번 쿠데타는 성공하지 못할 것으로 본다'는 전문을 과감하게 본부에 보냈다. 서방언론과 공관에서도 쿠데타의 실패를 전혀 예견하지 못하고 있는 상황에서 이 보고에 놀란 본부와 청와대가 좀 더 신중하게 상황을 주시하라는 연락을 해오는 촌극이 벌어지기도 했다. 그러나 바로 다음 날 쿠데타가 끝나면서 대사의 판단이 정확했음을 증명해 주었다. 오랜 기간 외교관으로 활동하면서 쌓아온 경험과 판단이 없었다면 도저히 할 수 없는 일을 한 것이다.

1991년 6월 소련공산당의 견제와 압박 속에서 투쟁해 온 옐친이 소련 연방을 구성하는 여러 공화국 중 가장 크고 중요한 러시아공화국의 직선 대통령으로 선출된 이후 소련 국내 정세는 급격한 변화의 물결에 휩싸였다. 옐친 대통령은 당선 직후 러시아공화국의 모든 국가기관에서 공산당을 포함한 모든 정당과 대중운동단체의 활동을 금지시켜 러시아공화국의 공산당 활동에 치명적인 타격을 주었고, 명칭에서 '사회주의'를 삭제한 새로운 연방조약 체결을 주도하며 러시아 정치의 중심에 섰다. 또 대통령 당선 직후 미국을 방문해 부시 대통령과 회담하는 등 서방세계에서도 고르바초프 대통령과 동등한 대접을 받는 지도자로 부상했다. 고르바초프 대통령은 당초 옐친 대통령과 대립하는 입장이었으나 옐친이 러시아공화국 대통령에 당선한 이후 자신의 지위를 유지하기 위해서는 옐친 대통령과 협력할 수밖에 없다는 것을 인식하고 옐친 대통령과의 협력관계를 강화했다.

옐친의 부상과 고르바초프 대통령과의 협력 강화로 공산당이 추진하는 여러 정책에 제동이 걸리게 되자 공산당 내 보수세력은 새로운 연방조약체결을 하루 앞두고 쿠데타를 일으켰다. 1991년 8월 19일 새벽 보수파들은 휴가 중인 고르바초프 대통령을 흑해 연안의 포로스 섬 별장에 전격 감금하고 야나예프 부통령을 위원장으로 하는 국가비상위원회를 최고 통치기관으로 공표한 것이다.

쿠데타 당일 나는 마침 모스크바의 우리 집에 와 계시던 모친이 밖에서 탱크 같은 게 움직이는 소리가 난다며 나를 깨우는 바람에 아침 일찍 눈을 떴다. 처음에는 무슨 말씀을 하시나 싶어 의아해했으나 라디오에서 장송곡 같은 무거운 음악이 나오는 것을 들으면서 무언가 이상하다는 느낌이 들어 대사께 전화를 드리고 바로 사무실로 출근했다. 대사는 직원들에게 미국과 일본대사관 등을 접촉해 상황을 파악하라고 지시한 후 직접 바깥 동향을 살펴보겠다고 해서 나는 대사를 모시고 크레믈린과 인근의 관공서 주변으로 나갔다. 크레믈린과 인근의 관공서 주변에는 탱크와 병력들이 배치되어 있었으나 병사들의 표정에서는 전혀 긴장한 모습을 발견할 수 없었고 체인(궤도)이 고장 난 탱크도 보였다. 또 한 할머니가 탱크에 앉아 있는 병사들에게 국민의 군대가 왜 국민을 향해 총구를 겨누고 있느냐고 야단치는 모습도 목격했다. 전반적으로 거리의 상황에서는 별다른 긴장을 느낄 수 없었다. 그러나 옐친 대통령 사무실 인근의 상황을 살피러 나갔던 직원들은 그곳에서 옐친 대통령을 지지하는 젊은이들이 그 주변을 에워싸고 있으며 주변의 얘기를 들어보니 아프가니스탄에 참전했던 사람들이 주류를 이루고 있는 것 같다고 했다.

이날 오후에는 쿠데타를 주도한 야나예프 부통령과 파블로프 수상이 국가비상위원회를 설치하게 된 배경을 설명하기 위해 기자회견을 열었는데 두 사람 모두 회견 내내 불안한 모습을 보여 본인들도 쿠데타 성공에 대해 확신하지 못하는 의외의 모습을 노정했다. 또 옐친 대통령의 사무실을 점거하라고 보낸 기갑부대 장교가 옐친 대통령을 지지한다며 항명을 하는 바람에 그가 몰고 온 탱크 위에서 옐친 대통령이 연설하는 모습이 CNN 등 해외뉴스에 방영되는 등 비상위원회 측의 조치가 치밀하지 못하다는 인상을 지울 수 없었다.

대사는 우선 우리가 그날 관찰한 내용을 중심으로 본부에 보고하라고 지시하고, 그날 저녁에 소련 교육위원회 위원장이 모스크바를 방문한 우리나라의 윤형섭 교육부 장관을 위해 마련한 리셉션에서 소련 측 고위 인사들을 만나 얘기를 들어보고 종합적으로 판단하자고 했다.

다음날 공관에 출근한 대사는 어제 리셉션에 참석한 소련의 많은 고위급 인사가 쿠데타를 비난했다고 하면서 특히 장관급인 야거딘 교육위원장이 강한 어조로 쿠데타를 비난하는 것이 매우 인상적이었다고 했다. 그러면서 어제 관찰한 내용과 리셉션에서 나온 소련 인사들의 발언에 비춰볼 때 이번 쿠데타는 소련 관리들과 국민의 지지를 받지 못해 성공할 것 같지 않다고 하면서 이러한 공관의 의견을 본부에 보고하라고 했다. 당시 외신에서도 쿠데타의 실패 가능성을 언급하는 곳은 없었고 일본대사관은 성공한 쿠데타로 보고 자국민을 소개할 준비를 하는 상황이라 나는 쿠데타가 실패할 것이라는 보고는 다소 이르다고 생각했다. 그러나 대사의 확신에 찬 정세 분석을 들으면서 나 또한 그러한 생각에 공감하고 '쿠데타가 성공하지 못할 것 같다'는 공관의 의견을 본부에 보고했다. 그러자 본부에서는 곧바로, 좀 더 신중하게 상황을 관찰하라는 연락을 해와 우리를 실망시켰다. 우리는 대사 이하 전 직원이 직접 발로 뛰고 사람들을 만나서 얻은 정보들을 종합적으로 분석해서 보고한 것인데, 본부가 그 점을 인정하지 않는 것 같아 한편으로는 당혹스럽고 한편으로는 크게 실망했다.

그러나 바로 다음 날인 8월 21일 새벽 쿠데타를 지지하는 일부 병력이 옐친 대통령의 지휘부가 있는 러시아공화국 청사에 진입하려 했으나 옐친을 지지하는 군중들의 저지로 실패하면서 민간인 3명이 사망하는 사태가 발생했다. 이 사건은 사태를 관망하던 시민들의 민심이 옐친 대통령 쪽으로 돌아서는 결정적인 계기가 되었다. 결국 그날 오전 옐친 대통령이 국가비상위원들이 도피 중이라고 언급해 쿠데타의 실패를 최초로 확인해 줬고, 오후에는 포로스 섬에 감금됐던 고르바초프 대통령도 모스크바로 귀환해 발생 초기부터 엉성했던 보수파의 쿠데타는 사흘 만에 막을 내리고 말았다.

평상시 외교관에게 주재국의 정세 분석이 얼마나 중요한지를 직접 가르쳐 준 공 대사의 진가가 소련의 해체에 이르는 결정적인 계기가 됐던 소련공산당 보수파의 쿠데타라는 역사적 국면에서 정확한 분석과 보고를 통해 발휘된 것이다.

열 받은 북한 대표에게 우황청심환 내밀며 "쓸데없이 열 오르는 데 효과"

김 숙

전 유엔대사

공로명 장관은 외교가에서는 미 · 일 · 중 · 러 주변 4대 강국 외교에 모두 능통하다고 알려져 있고 그중에서도 대일외교 면에서는 오랫동안 타의 추종을 불허하는 권위와 명성을 쌓았다. 나는 아쉽게도 외교부 경력 중 일본과의 인연이 별로 없고 주로 미국 업무에 종사한 때문인지 공 장관과의 인연도 미국과 관련된 것들뿐이다. 그런 내 시각에서 볼 때 공 장관의 미국과의 관계도 일본을 능가할 만큼 중요하다는 생각이 든다.

내가 공 장관을 처음 뵌 것은 1979년 6월 지미 카터 미국 대통령의 방한 때였다(정확히 말하면 직접 만난 것은 아니고 화면을 통해서였지만). 동맹국의 인권 문제를 거론하고 주한 미군의 철수를 주장해서 박정희 대통령과 심각한 긴장 관계에 있던 지미 카터 미국 대통령이 방한했을 때 당시 아중동국 초임 사무관이었던 나는 청와대 국빈만찬의 KBS 생중계를 보고 있었는데 박 대통령의 만찬사 통역을 담당국장인 미주국장이 아닌 공로명 아주국장이 하는 것을 보고 고개를 갸우뚱한 적이 있다(당시 회담 통역은 최광수 의전수석이, 공식 행사 통역은 공로명 아주국장이 하는 것으로 업무분장이 되었다는 얘기를 최근에야 공 장관으로부터 들어 의문이 풀렸다).

그 후 나는 워싱턴 근무 후 1995년 3월 북미1과장의 보직을 받고 비로소 공 장관을 가까이서 만날 기회가 생겼고 다음 해 6월 장관보좌관으로 일하게 되면서 가까이에서 모시게 되었다. 예나 지금이나 일반적으로 과장이 장관을 만날 기회는 그리 많지 않다. 그러나 당시의 사정은 지금처럼 중국의 비중이 크지 않았고 일본 관계도 비교적 원만해서 많은 외교업무가 북한과 한미동맹에 집중되어 있었으며 자연히 임성준 미주국장(이어서 유명환 국장)과 북미1과장의 장관 보고가 빈번했다. 내가 과장업무를 맡은 후 얼마 지나지 않아 가장 큰 현안인 대북 한국형 경수로 제공과 관련해 장관에게 보고를 하게 됐는데 장관이 불쑥 내 이름이 마지막 주한 대만 대사였던 진수지(金樹基)의 한국 발음인 '김수기'와 비슷하다고 했다. 장관은 진 대사가 1992년 단교의 마지막 순간에 판단이 명석하지 않아 대만 정부를 오도했고 그 후 한국과 대만 관계가 더욱 어려워지게 되었다고 말씀하셨다(나는 속으로 그런 잘못된 판단은 하지 말라는 뜻으로 받아들이며 약간 쫄았던 기억이 있다).

1992년 그해는 공 장관이 외교안보연구원장으로 재직하며 남북핵통제공동위원회 남측대표로 활동하던 시기였다. 그와 관련해 당시 국방부 측 대표였던 안광찬 국방부 군비전략조정관(당시 육군 준장)으로부터 나중에 들었던 에피소드가 있다. 북한의 수석대표인 최우진이 느닷없이 6 · 25는 북침이라는 도발적 발언을 하자 우리 측 공로명 수석대표는 "갑자기 자다가 무슨 봉창 뜯는 소리를 하는 거요"라고 면박을 줬다. 그러자 최우진이 증거가 있다면서 옛날 일본의 작은 지방지에 단신으로 실렸던 기사를 내놓았다. 공로명 대표는 허허 웃으며 "그런 엉터리 자료는 최 대표나 참고하시오"라고 여유 있게 받아넘겼다고 한다. 안광찬 장군은 약이 오른 최우진이 목에 핏줄을 세우며 횡설수설 열을 올리는 모습을 옆에서 지켜보면서 '승패는 이미 갈렸구나'라고 생각하고 있었는데, 그 순간 공로명 대표가 주머니에서 무엇인가를 꺼내 최우진에게 주며 먹어보라고 권했다는 것이다. "이게 뭐요" 하는 최우진에게 공로명 대표가 "이게 남쪽에서 만든 우황청심환인데 쓸데없이 열 오르는 데 약효가 있다"고 하자 최우진은 어이가 없다는 듯 "일 없시요" 하고 더욱 약이 오른 모습을 보였다는 것이다. 당시 회담 장소가 북측 통일각이었는데도 거침없고 자신만만하게 북측 대표를 다루는 모습에 현역 장성으로서 감탄했다고 회고했다.

공 장관이 주일대사에서 외무장관으로 임명받은 1994년 12월에는 이미 미북 간 핵문제 해결을 위한 제네바 합의(AG; Agreed Framework)에 서명한 지 3개월이 지난 시점으로, 합의 내용 중 2000메가와트 규모의 경수로 제공에 관한 중요한 협상이 남아 있던 상황이었다. 제네바 교섭 당시 장관은 주일대사로서 교섭 상황에 관한 현지 대표단의 보고서 사본을 받아볼 수 있는 소수의 재외공관장 중의 한 분이었다. 그때도 미국의 유약한 대북 태도와 본부의 수동적 입장에 대해 때로는 강한 의견을 동경발로 보내곤 하셔서 주미대사관 1등서기관으로 제네바에 출장 중이었던 나도 그 속 시원한 질타에 고무된 기억이 있다. 그런데 이제는 장관으로서 자신의 소신과 판단을 정책에 직접 적용할 수 있는 위치에 있게 된 것이다.

1995년 상반기는 북한에 제공하는 경수로의 명칭을 어떻게 할 것이냐를 놓고 미북과 한미 간에 삼각협상을 하고 있었다. 공 장관은 당연히 한국형 경수로(Korean Standard)라는 용어를 사용해야 한다고 지휘했으나 북한의 반대에 직면한 미국은 '미국을 원산지로 하는 디자인 중 신형'이라는 우회적 표현을 희망했다. 결국 중간 타협으로서 이중구조의 합의안을 마련했다. 미북 간에는 '두 개의 냉각 루프가 달린 2기의 가압 경수로'로 합의하고, KEDO(한반도에너지개발기구)와 한국 간에는 '한국형 원전 모델'이라는 용어로 합의하게 되었다. 이 과정에서 공로명 장관은 한미동맹의 강력한 신봉자로서 미국의 지나치게 유약한 태도를 지적했다. 1995년 6월 이 문제를 협의하기 위해 방한한 윈스턴 로드 국무부 동아태 차관보와 로버트 갈루치 정치군사 차관보의 면전에서 미국은 북한과의 합의에만 매달리는 바람에 동맹인 한국의 입장을 배려하는 데 소홀했다며 강한 거부감을 표명해 이들이 진땀을 흘리게 만들면서 동시에 존경도 얻었다. 공 장관은 미국과 협의할 때 외교 언사로는 직설적이라 할 수 있는 '팔 비틀기'(arm twisting), '함부로 다룬다'(manhandle)라는 용어를 의도적으로 사용했다.

이런 가운데에서도 북한의 무장 도발은 간단없이 이어졌다. 특히 1994년부터는 잠수함을 통한 간첩 침투가 있더니 급기야 1996년 9월 18일 강릉에 침투한 28명의 무장공비가 발각되면서 수색작전으로 사살하거나 검거하는 사건이 발생했다. 이로 인해 남북관계는 극도로 경색되고 미국은 한국의 일방적인 보복 조치를 우려하면서 비필수 민간인의 한국 철수 가능성을 언론에 흘려 우리 정부를 곤혹스럽게 만들었다. 특히 김영삼 대통령은 미국의 태도가 국민을 불안케 한다며 불쾌하게 여겼다.

공 장관은 제임스 레이니 대사를 초치해 면담하던 중 레이니 대사가 민간인 철수 계획을 거론하자 “내 앞에서는 철수 계획에 관해서 말하지 말라”고 언성을 높이며 일침을 가했다. 그러자 마음씨 좋은 레이니 대사(한국에서 군 복무도 했고, 연세대 교수도 지낼 만큼 한국과 인연이 깊다. 주한대사 부임 직전에 에모리대 총장을 지냈다)가 한참을 멍하니 있다가 “이런 문제를 외무장관께 말하지 않으면 누구에게 얘기해야 합니까” 하고 천진난만한 표정으로(죄송한 표현이지만) 되묻는 바람에 결국 두 분 사이에 박장대소가 터지기도 했다. 며칠 후 방한한 존 도이치 CIA국장은 공 장관의 집무실을 예방한 자리에서 군사분계선 상에서 대북 군사조치를 할 때는 미국과 사전에 협의해달라고 강조했으나 북한의 도발 행위와 적화야욕에 관한 공 장관의 긴 설명과 북한에 대한 단호한 태도 표명이 중요하다는 말에 나중에는 북한의 철면피한 행각에 대한 한국 측 입장에 동조하게 되었다(도이치 국장은 북한의 행각을 히브리어인 chutzpah(후안무치)라고 표현했다).

공 장관이 1996년 11월 5일 사직서를 제출하고 국군수도병원에 입원하게 되면서 나는 심윤조 보좌관, 김성환 인사기획관과 함께 장관실과 입원실을 오가며 장관의 퇴임을 실무적으로 준비했다. 너무도 갑작스러운 상황이어서 ‘건강상의 이유’라는 표면적 설명을 믿는 언론은 없었다. 그해 여름, 작은 정부 원칙을 거스르고 대통령을 직접 설득해 중남미국을 창설함으로써 청와대 고위보좌진들의 반발을 산 이후 외무부가 대북정책을 독점한다고 안보부처 내에서 시샘을 받고 있다는 얘기가 공공연히 돌고 있어 신경이 쓰였다. 그밖에도 공 장관을 밀어내려 한다는 이런저런 음모성 얘기에 관해 나는 외무부의 열혈 정의파 동료들(?)과 함께 사적인 자리에서 두고두고 떠들어 대곤 했다. 나는 공 장관 사임 후 이기주 차관의 걱정 어린 만류에도 불구하고 장관 보좌관직을 그만두고 해외공관 발령을 받았다. 너무 가슴이 아팠다. 그래서 공 장관으로부터 지시받고 기안했던 퇴임사 원본을 아직도 애틋한 마음으로 간직하고 있다.

지난 10여 년간 우리 외교의 발자취를 되돌아볼 때 예전에 비해 외교부 조직과 전문성 있는 외교관들이 배척당하는 모습을 본다. 그럴수록 25년 전에 봤던 공 장관의 탄탄한 실력과 경륜, 여유와 자신감, 뚜렷한 국가관과 철학, 미국과 일본 측 인사들의 존경, 조직 장악력이 그립고 아쉽다.

사족

1995년 말 한남동 장관 공관에서 출입기자단과의 송년 만찬에서 사회를 봤던 기억. 장관이 기자단의 성화에 못 이겨 마이크를 잡고 노래 한 곡조를 했다. 제목은 최희준의 〈진고개 신사〉. "미련 없이 내뿜는 담배 연기 속에~"로 시작하는 1절에 이어 2절까지 내쳐 부르는데, 2절 첫 소절인 "헝클어진 머리를 쓸어 올리며~" 대목에서 휑한 이마를 천연덕스럽게(또 죄송!) 쓸어 올려 장내를 웃음바다로 만들었던 모습은 오랜 세월이 지난 지금도 미소를 자아내게 한다.

미국과 중국 모두 공 장관을 메신저로 활용하다

김하중

전 중국 대사(전 통일부 장관)

1994년 12월 말 공로명 주일대사가 외무부 장관으로 임명됐다. 그리고 열흘 정도가 지난 1995년 1월 초 나를 아시아태평양국장으로 임명했으니 즉시 귀국하라는 지시를 받고 중국대사관 공사에서 본부로 돌아와 1월 16일부터 공 장관을 모시고 업무를 시작했다. 그 당시 아태국이 관장하는 나라는 일본, 중국, 동남아시아(아세안) 10개국, 서남아시아(인도, 파키스탄 등) 8개국, 태평양지역(호주, 뉴질랜드 등) 4개국과 남태평양 도서국가들로서 업무량이 방대했다. 그중에서도 공 장관이 깊은 관심을 갖고 관계 강화를 위해 노력한 나라는 일본과 중국이다.

한·일 관계 악화를 막기 위한 노력

1995년은 광복 50주년인 동시에 한일 국교정상화 30주년이 되는 해였다. 때문에 공 장관은 어떻게 해서든지 한일관계를 미래지향적인 관계로 나아가게 하고 싶다는 의욕을 갖고 있었다. 그러나 한일 간에는 민감한 현안들이 많았다. 먼저 과거사와 관련된 문제로 역사인식 문제, 일본군 위안부 문제, 재일한국인 참정권 문제, 사할린 한인 문제 등이 있었고, 그밖에도 북일 관계, 어업, 동해 표기, 독도 문제 등이 있었다. 그중에서도 가장 민감한 현안은 역사인식 문제와 일본군 위안부 문제 그리고 북일 문제였다. 이러한 문제들을 협의하기 위해 양국 아주국장은 빈번하게 회담과 접촉을 했지만, 역시 중요한 것은 양국 외무장관 간의 접촉과 정상회담이었다.

공 장관은 2월 초 취임 인사차 미국을 방문한 다음, 2월 11일 일본을 방문했다. 나는 도쿄에 미리 가서 기다리다 장관과 합류해 그 날 저녁 고노 요헤이(河野洋平) 외상과의 외무장관회담에 참석했다. 회담은 일본 외무성의 이쿠라(飯倉)공관에서 열었는데, 두 장관은 먼저 양측 아주국장만 배석한 가운데 단독회담을 가졌다. 공 장관이 방미 결과를 설명하고, 북한 핵문제를 둘러싼 미북 관계에 대해 설명했다. 두 장관은 북한에 대한 경수로 제공 문제를 협의했고, 고노 외상은 일북 관계에 대해 설명했다. 이어 만찬을 겸한 확대회담에서 두 장관은 그 해가 한일 국교정상화 30주년인 만큼, 한 차원 높은 관계 발전을 위해 긴밀히 협력하기로 했다. 공 장관이 외무장관으로 임명되기 직전 주일대사로 근무했을 때 고노 외상과 친분이 깊었기 때문에 회담은 아주 우호적 분위기 속에서 진행됐다.

8월 초 브루나이에서 열린 아세안 확대장관회의(PMC) 기간 중 공 장관과 고노 외상은 조찬을 겸한 회담을 했다. 마침 공 장관은 7월 말 김영삼 대통령을 수행하여 미국을 방문한 다음 브루나이로 와서 PMC에 참석했기 때문에, 고노 외상에게 한미 정상회담 결과를 설명했고, 최근 긴장 국면의 미중 관계 회복을 위한 한국의 역할도 설명했다. 고노 외상은 북한에 대한 쌀 제공에 따른 일북 수교교섭 재개를 위한 분위기 조성을 설명했다. 공 장관은 "올해가 한일 국교정상화 30주년인 만큼, 일본에서 한국 여론을 자극하는 발언이 나오지 않도록 해 달라"고 요청했다.

그러나 일본에서는 일부 정치인들이(대부분이 자민당의 우익 성향 정치인) 계속 역사를 왜곡하는 발언을 했고, 이에 따라 양국 관계는 경색될 수밖에 없었다. 8월 중순 우리 정부는 관계부처 회의를 열고 일본 측의 무성의한 과거 청산과 계속되는 일본 정치인들의 망언 등으로 악화한 국민감정을 고려해, 한일 수교 30주년을 맞아 8 · 15 이후에 진행하려던 수교 30주년기념 한일공동사업을 전면 백지화하기로 결정했다.

9월 5일 후쿠다 다케오(福田赳夫) 전 총리 장례식 참석차 일본을 방문한 공 장관은 무라야마 도미이치(村山富市) 총리를 예방했다. 공 장관은 무라야마 총리가 전후 50주년을 계기로 8 · 15담화를 통해 분명한 역사인식을 표명하고 김영삼 대통령에게 친서를 보낸 것을 평가하고,

앞으로 일본 일부 정치가들의 역사 왜곡 발언으로 역사의 시곗바늘을 역행시키는 일이 없기를 요망했다. 이에 대해 무라야마 총리는 과거를 직시하면서 앞으로 나아갈 것이라고 말했다. 공 장관은 또 고노 외상과 외무장관회담을 했다. 고노 외상은 무라야마 담화가 총리 개인의 담화가 아니라, 각의에서 각료 전원의 찬성을 얻은 공식 입장임을 강조했다. 두 장관은 과거사 문제들을 조속하고 원만하게 해결하기 위해 앞으로 긴밀하게 협의를 계속해 나가기로 했다.

11월 초 일본의 에토 다카미(江藤隆美) 총무청 장관이 기자들과의 비공개 간담회에서 "한일합방으로 일본은 한국에 좋은 일도 했다"고 한 발언이 보도되었다. 일본 정부는 유감을 표명했고, 에토 장관도 자신의 발언을 취소했다. 하지만 한국에서 비난 여론이 비등하자 에토 장관은 자진 사임했다. 에토 장관이 사임한 13일 오후 중국의 장쩌민(江澤民) 국가주석이 서울에 도착했다. 14일 청와대에서 한중 정상회담을 열고, 정상회담 직후 두 정상은 기자회견에 참석했다. 이 자리에서 김영삼 대통령의 "일본의 버르장머리를 고치겠다"는 발언이 나왔다.

김영삼 대통령의 '버르장머리' 발언으로 양국 관계가 경색한 상황에서 공 장관은 APEC(아시아태평양경제협력체) 정상회의에 앞서 11월 15일 오사카에 도착해 고노 외상과 회담했다. 고노 외상은 양국 관계가 과거사 문제를 둘러싸고 어려운 상황에 빠지게 된 데에 깊은 유감과 우려를 표시하고, 에토 장관의 망언에 따른 일본 정부의 조치를 설명했다. 이에 대해 공 장관은 일본 측이 망언과 취소를 반복하는 것에 한국 국민이 분노하고 있다고 하면서 우리의 입장을 강력하게 전달했다. 그 날 고노 외상은 진지하고 솔직하게 발언함으로써 한국 측에 신뢰를 줬다. 당시 외무장관회담은 정상회담을 앞두고 경색한 양국 관계를 수습하는 쪽으로 정지 작업을 했다는 점에서 중요한 의미가 있었다.

다음날 열린 한일 정상회담은 회담 내내 팽팽한 긴장감이 흘렀다.

무라야마 총리는 먼저 친서에서 얘기한 대로 과거 역사에 대한 확실한 인식하에서 솔직히 반성하고 사죄하는 것이 당연하며, 역사 문제에 대해 잘못된 일이 없도록 최선을 다하겠다고 말했다. 이에 대해 김 대통령은 일본이 역사를 직시하지 않는다면 이는 일본에 불행이며 일본이 가까운 이웃인 한국과 잘 못 지낸다면 세계로부터 존경을 받지 못할 것이라는 요지로 아주 강하고 직접적으로 발언했다. 극도로 악화한 양국 관계가 일단 외무장관회담과 정상회담을 통해 다시 정상화의 방향으로 나아가게 됐지만 전망은 밝지 않았다. 왜냐하면 김영삼 대통령의 '버르장머리' 발언에 대해 많은 일본인의 감정이 상했고, 또한 일본 정국에 여러 변화가 생겼기 때문이었다.

1996년 1월 초 무라야마 총리가 퇴진하면서 자민당, 사회당, 신당 사키가케의 연립여당은 자민당 총재인 하시모토 류타로(橋本龍太郎) 통산상을 후임 총리로 선출하기로 합의했다. 이에 따라 2년 반 만에 다시 자민당이 정권을 되찾았다. 그런데 하시모토 총리는 침략전쟁을 정당화하는 일본(전몰자)유족회 회장을 맡은 적이 있고, 야스쿠니 신사도 거리낌 없이 참배한 우익 정치인이었다. 때문에 과거사에 대해 솔직한 사죄와 반성을 표시했던 호소카와 모리히로(細川護熙) 내각이나 무라야마 내각과는 차이가 있을 것으로 예상됐다.

그해 2월 초 태국 푸켓에서는 아시아유럽정상회의(ASEM) 준비를 위한 아시아 10개국 외무장관(아세안 7개국+한국, 일본, 중국) 회의가 열렸다. 공로명 장관과 일본의 신임 이케다 유키히코(池田行彦) 외상도 참석했으며, 양국 외무장관은 오찬을 겸한 회담을 했다. 두 장관은 먼저 양측 아주국장만 배석한 가운데 단독회담을 했다. 이케다 외상은 한반도 문제, 북한 문제 및 과거사 문제에 있어 하시모토 내각은 무라야마 내각의 방침을 계승하고 있고, 특히 공통의 역사 인식에 기초해서 미래지향적 관계를 발전시켜 나가는 것은 당연하다고 말했다. 이어서 두 장관은 대표단 전원이 참석한 가운데 오찬을 하면서 회담을 계속했다. 이케다 외상은 한일 양국이 자유민주주의와 시장경제라는 가치관을 공유하고 있고, 안보상 이해 측면에서도 공통부분이 많기 때문에, 한국과의 관계는 일본 외교에 있어서 가장 중요하다고 강조했다. 이케다 외상은 대북한 문제를 비롯한 여러 가지 문제에 관해 무라야마 정권 때와 같이 확고한 입장을 보여줬기 때문에 회담은 좋은 분위기 속에서 진행되었다. 그러나 태국에서 돌아온 다음, 독도 문제가 표면화하기 시작했다.

2월 초 국내 신문이 독도 접안시설공사를 보도한 이후, 이케다 외상은 기자회견을 통해 "다케시마는 역사적으로나 국제법상의 관점에서나 일본 고유의 영토이며, 한국 측의 행동은 지극히 유감이라고 항의하고 부두시설 착공의 중단을 요청했다"고 주장했다. 그동안 일본은 연례적으로 일 년에 한 번씩 독도가 일본 영토라고 하는 외교 공한을 우리에게 보내왔지만, 총리나 외상이 전면에 나서서 공개적으로 독도가 일본 땅이라고 주장한 적은 없었다. 이에 대해 외무부와 청와대에서는 대변인 논평을 통해 강력하게 대응하고, 청와대는 12일로 예정한 일본 연립여당 대표단의 대통령 면담을 취소했다. 그러면서도 양국의 외교 당국은 배타적경제수역 선포 방침을 발표한 직후부터 방콕 ASEM에서 한일 정상회담이 성공할 수 있도록 물밑접촉을 진행했다.

김영삼 대통령은 2월 24일부터 27일까지 인도를 방문하고, 27일부터 싱가포르를 방문한 다음, 29일 오후 방콕에 도착했다. 그리고 3월 1일 제1차 ASEM 정상회의 개막식에 참석했다. 회의는 한국이 2000년 제3차 ASEM 회의를 서울에서 개최하는 것으로 결정했다. 그리고 3월 2일 열린 김영삼 대통령과 하시모토 총리의 정상회담은 성공적으로 끝났다. 그러나 두 정상은 민감한 문제를 다뤄야 한다는 중압감 때문인지 정상회담은 전체적으로 무거운 분위기였고, 특히 독도 문제에 관해 의견을 나눌 때는 팽팽한 긴장감이 흘렀다. 앞으로의 한일

관계가 지금까지와 달라질 것은 분명했다. 독도 문제에 관해 지금까지 공개적인 발언을 자제하면서 조용히 접근해 온 일본이 돌연 독도 문제를 양국 정상회담에서 제기함으로써 그동안 한국이 견지해 온 "독도는 한일 간 협의의 대상이 될 수 없다"고 한 원칙이 깨졌다. 앞으로 일본이 독도를 계속 분쟁지역으로 몰고 갈 가능성이 커진 것이다. 그리고 이 모든 과정은 국내적으로 총선을 앞두고 보수층 표를 의식한 하시모토 총리와 자민당의 보수 의원들이 주도했을 가능성이 컸다.

6월 22일 하시모토 총리가 김영삼 대통령의 초청으로 제주도 서귀포에 도착했다. 그리고 김 대통령이 주최하는 환영 만찬에 참석했다. 만찬이 끝난 다음, 대통령과 총리는 예정에 없이 둘이서만 술을 마시면서 북한 문제를 비롯한 여러 가지 문제에 관하여 의견을 나눴다. 다음 날 아침 김 대통령과 하시모토 총리는 양국 아주국장만 배석한 가운데 조찬을 하면서 단독 정상회담을 했다(이때 양국 외무장관들은 별도로 만나 협의했다). 두 정상은 주로 북한 문제에 관해 의견을 교환했다. 대통령은 4자회담에 관한 북한의 반응 등을 설명했고, 총리는 4자회담 지지를 재확인했다. 이어진 확대정상회담에서 두 정상은 월드컵 공동 개최의 성공을 위해 양국이 정부 간 연락체제를 긴밀히 유지해 나가기로 하는 등 많은 문제에 대하여 합의했다. 정상회담에 이어 공동 기자회견에 참석한 다음, 하시모토 총리 일행은 일본으로 돌아갔다. 제주도 정상회담을 통해 양국은 일단 미래지향적인 협력 관계 구축을 위한 의지를 확인했다. 그러나 언론들은 월드컵을 띄우기 위해 민감한 현안을 묻어 둔 회의라고 평가했고, 특히 기자회견에서 보인 하시모토 총리의 과거사에 대한 발언이 형식과 내용에 있어 마지못한 사과라고 부정적으로 평가하기도 했다.

7월 말 공 장관과 이케다 외상은 인도네시아에서 열린 ARF(아세안지역안보포럼)와 아세안 PMC에 참석했는데, 그 기회에 외무장관회담을 했다. 두 장관은 일북 관계에 관해 의견을 교환했다. 그리고 이케다 외상은 일본군 위안부 문제와 관련해 아시아여성기금 이사회에서 3가지 해결 방안을 결정했는데, 피해자들의 이해를 얻을 수 있도록 한국 정부가 협조해 달라고 요청했다. 공 장관은 한국 정부는 그런 문제에 관여할 수 있는 입장이 아니며, 일본 측이 피해자들과 관련 단체를 잘 이해시켜 나가기 바란다고 설명했다. 그 후 두 장관은 9월 중순 유엔에서 다시 만나 회담을 했다.

9월 말 자민당은 독도를 비롯한 센카쿠 열도(중국명 댜오위다오)와 북방영토(러시아명 쿠릴열도) 문제를 10월 말로 예정된 총선의 공약으로 채택하고, 총리와 각료의 야스쿠니 신사 공식 참배도 공약했다. 일본의 정당이 영토문제와 야스쿠니신사 참배를 공약한 것은 처음 있는 일이었다. 사실 자민당은 사회당, 신당 사키가케와 연립정권을 구성한 이후에는 연립정권이라는 성격 탓에 독자적인 보수 색채를 드러내기가 어려웠다. 이 때문에 우익 세력은 계속 센카쿠 열도 문제를 둘러싸고 "정치권이 지나치게 신중하다"고 비난해 왔다. 이러한 우익 세력의 요구에 부응하고, 나아가 총선에서 승리해 연립정권이 아닌 자민당 단독 정권을 만들기 위해서는 보수층 유권자들의 표심을 자극하여 표를 얻어야 했다. 그러나 그 목적을 실현할 마땅한 정책이 없기 때문에 독도 영유권 문제를 이용한 것으로 보인다. 하시모토 정권이 출범하면서 자민당은 독도 문제를 총선에 이용하기로 마음먹었을 것이고, 그러기 위해서 그때까지 과거 자민당 정권들이 자제해왔던 독도 문제를 공개적으로 쟁점화시킬 필요가 있었을 것이다. 10월 말 중의원 선거에서 자민당은 원내 과반수 확보에는 실패했지만, 선거 전의 의석을 크게 상회하는 239석(총 500석 중)을 얻어 사실상 승리함으로써 하시모토 총리가 연임하면서 하시모토 제2기 내각이 출범했고, 이케다 외상은 유임했다.

사실 공로명 장관은 일본어가 능통한 데다 과거 동북아과장, 아주국장과 차관보, 주일대사 등으로 근무하면서 일본에 대한 풍부한 경험을 가지고 있었기 때문에 한일 관계를 발전시킬 수 있는 최고 적임자였다. 그러나 첫해에는 수교 30주년을 맞아 미래지향적인 관계로 나아가야 하는데도 내내 과거사와 북일 관계에 매달려 지냈고, 그다음 해에는 하시모토 정권이 등장하고 독도 문제와 과거사와 관련된 문제 등이 부상하면서 한일 관계를 발전시키기보다는 양국 관계가 악화하는 것을 막느라 자신의 능력을 충분히 발휘할 수 없던 것이 안타깝다.

한중 관계 강화에 미친 긍정적 역할

공로명 장관 재임 기간 중 한일관계는 과거사 문제와 독도 문제, 그리고 일북 관계로 긴장의 연속이던 것에 비해, 한중 관계는 양국 고위 인사들의 빈번한 접촉과 상호 방문으로 모든 방면에서 깊어졌다. 특히 양국 외무장관의 빈번한 접촉과 회담을 통해, 한반도문제에 관한 긴밀한 협의가 이루어졌고, 국제무대에서도 양국 간의 협력이 강화됐다.

1995년 8월 초 브루나이에서 개최한 아세안지역안보포럼(ARF) 각료회의와 아세안 확대외무장관회의(PMC)에 참석한 공로명 장관과 중국의 첸지천(錢其琛) 외교부장은 외무장관 회담을 가졌다. 공 장관으로서는 장관 취임 후 첸치천 외교부장과 갖는 첫 번째 외무장관 회담이었기 때문에 상견례를 겸한 회담이었다. 그런데 공 장관은 외무부 차관보로 재직하던 1983년 5월 중공 민항기가 춘천에 불시착했을 때, 한국 대표로서 중공 대표단과의 협상을 통해 비행기와 승객들을 신속히 중국으로 송환시킴으로써, 한중 관계 발전의 중요한 전기를 마련한 당사자였으며, 중국 측은 공 장관에 대해 우호적인 감정을 가지고 있었다. 두 장관은 한반도 문제와 장쩌민 주석의 방한 문제 등을 비롯한 현안 문제를 협의했다. 그런데 당시 타이완의 리덩후이(李登輝) 총통의 미국 방문을 둘러싸고 미중 관계가 극도로 악화해 중국은 주미 중국대사를 본국으로 소환한 상황이었다. 이런 상황에서 김영삼 대통령은 7월 말 미국을 방문해 클린턴 대통령과의 정상회담에서 미중 관계에 관해 많은 이야기를 나눴다. 마침 김 대통령을 수행해서 한미 정상회담에 배석했던 공 장관은 미중 관계에 대한 미국 측의 두 가지 요청을 첸 부장에게 전달했으며, 첸 부장은 공 장관에게 감사를 표했다.

그해 11월 13~17일 장쩌민 국가주석이 한국을 국빈방문했다. 장 주석의 방한은 중국의 국가원수로서는 사상 처음이라는 점에서도 의미가 컸지만, 국가주석 취임 이래 북한보다 먼저 한국을 방문했다는 점에서도 중요했다. 장 주석의 방한은 수교 이후 무역과 경제협력 중심으로 발전해 온 한중 관계가 정치와 안보, 나아가 문화 등 모든 분야에서 전면적이고 균형적이며 다차원적인 우호협력 관계로 발전하는 계기가 되었다는 점에서도 의미가 컸다. 또 장 주석의 방한을 통해 한반도 평화와 안정을 위한 양국의 협력 기반이 더욱 공고해지고, 국제무대에서 양국의 역할을 증대시킴으로써 한국 외교의 선택의 폭을 넓히는데 기여할 것으로 전망됐다.

1996년 2월 초 태국 푸켓에서 아시아유럽정상회의(ASEM) 준비를 위한 아시아 10개국 외무장관(아세안 7개국+한국, 일본, 중국) 회의가 열렸고, 이 회의에 참석한 공로명 장관과 첸지천 외교부장은 별도로 양자 회담을 했다. 두 장관은 장 주석의 방한 성과와 현재의 한중 관계를 평가하고 앞으로 양국 관계를 한층 더 발전시켜 나가기로 합의하고, 남북 관계와 유엔 인권위에서의 중국 인권결의안 제출에 관해 협의했다.

그로부터 한 달 후인 3월 초 방콕에서 제1차 ASEM 정상회의에 참석한 김영삼 대통령과 리펑(李鵬) 총리는 별도로 양자 회담을 했다. 김 대통령과 리 총리는 양국이 수교 이래 상호 세 번째 교역대상국이 되고, 중국이 한국의 첫 번째 투자대상국으로 부상했다는 사실에 만족을 표시했다. 김 대통령은 한반도 정세와 남북 관계 개선에 대한 우리의 입장을 설명하고 한반도 긴장 완화를 위한 중국의 측면 지원을 요청했다. 회담 분위기는 아주 우호적이었으며, 양측 대표단 모두 회담 결과에 만족했다.

공 장관은 3월 20~24일 중국을 처음으로 공식 방문했다. 공 장관은 먼저 첸지천 외교부장과 양측 대표단 전원이 참석한 회담에서 양국 관계, 한반도 평화문제, 북한 문제 등에 관해 협의했다. 그리고 자리를 옮겨 양국 아주국장만 배석한 별도 회담을 했다. 첸 부장은 최근의 양안 관계와 미중 관계를 설명하면서 중국의 입장을 설명한 다음, 중국 방문에 이어 곧 미국을 방문할 공 장관이 미국 측과 협의할 때 중국의 입장을 전달해 주기 바란다고 요청했다. 이에 대해 공 장관은 미국 측도 주미 한국대사를 통해 이번 본인의 방중 때 중국 지도자들에게 미국의 입장을 전달해 줄 것을 요청해 왔다고 설명하고, 자신이 미국에 가면 중국 측이 요청한 메시지를 전달하겠다고 약속했다. 당시 양안 관계를 둘러싸고 미중 관계가 긴장국면으로 가는 상황에서, 미국과 중국 모두가 한국에 상대방에게 보내는 메시지를 전달해 달라고 요청한 것은 다소 놀라운 일이었다. 특히 중국이 한국에 그런 요청을 한 것은 처음 있는 일로서 당시 중국이 그만큼 한국을 신뢰하고 있다는 것을 의미했다. 이는 앞으로 우리가 어떻게 하느냐에 따라서 미국과 중국 사이에서 중간자적인 역할을 수행할 수 있다는 것을 깨닫게 만든 중요한 경험이었다.

공 장관은 그 후 리펑 총리와 장쩌민 주석을 각각 예방했다. 특히 중난하이(中南海)에 가서 장쩌민 주석을 예방했을 때, 장 주석은 공 장관과 악수를 하고 자리에 앉자마자 "공 장관이 공자의 후손이라고 들었는데 사실이냐?"고 물었다. 공 장관이 "그렇다"고 하면서 "공자의 79대 손"이라 대답하자 장 주석은 "그렇다면 옛날 같으면 나는 공 장관을 만날 수 없었을 것"이라고 농담을 했다. 장 주석과 공 장관은 한반도 문제, 타이완 문제, 일본 문제에 관해 깊이 있는 이야기를 나눴는데, 장 주석은 그날 기분이 좋은지 많은 이야기를 했다. 그러다 보니 당초 30분으로 예정했던 면담 시간이 1시간 15분으로 늘어났다. 공 장관은 중국 방문을 끝내고 일본에서 비행기를 갈아타고 바로 미국으로 가서 중국 측의 요청을 미국 측에 전달했다.

7월 하순 인도네시아 자카르타에서 ARF와 아세안 PMC가 열렸고, 이 회의에 참석한 공 장관과 첸지천 외교부장은 조찬 겸 외무장관회담을 했다. 그 날 회담의 가장 중요한 의제는 4자회담이었다. 공 장관은 첸 부장에게 4자회담에 관한 그동안의 경과를 상세히 설명하고 "북한이 4자회담에 응하도록 중국이 더욱 노력해 달라"고 요청했다. 첸 부장은 "중국은 4자회담이 조속히 이루어질 수 있도록 건설적인 역할을 하겠다"고 하면서 "회담 성사를 위해서도 남북대화가 필요한 만큼 조속히 대화가 진행되기를 희망한다"고 말했다.

그해(1996년) 9월 18일 새벽 북한 잠수함이 강릉에 침투하는 사건이 발생했다. 우리 정부는 유엔 안보리에 북한의 무장간첩 침투 사건을 상정하여 결의안 또는 의장성명 채택을 추진하기로 했다. 그런데 공 장관을 수행해서 뉴욕에 도착해 보니, 안보리에서 중국이 이 사건에 관한 결의안이나 의장성명 채택을 계속 반대하고 있었기 때문에 어떻게 중국을 설득하느냐가 관건이었다. 그런 의미에서 다음 날로 예정된 중국의 첸치천 외교부장과의 회담이 매우 중요했다. 25일 유엔본부 사무실에서 한중 외무장관회담을 열었다. 공 장관이 먼저 북한 무장간첩 침투 사건을 설명하면서 "이 건에 관해 유엔 안보리에서 결의안을 채택하는 것이 필요하니 중국이 도와 달라"고 요청했다. 이에 대해 첸 부장은 예상했던 대로 "그것은 곤란하다"고 대답했다. 장관이 다시 "그렇다면 의장성명이라도 채택하고자 하니 중국이 도와 달라"고 했지만 "그것도 곤란하다"는 답이 돌아왔다. 그런데 공 장관이 "의장성명 채택을 도와 달라"고 재차 요청하자, 첸 부장은 빙긋이 웃으면서 "그렇게 하자"고 대답하는 것이었다. 지난 2년간 기회가 있을 때마다 외무장관회담을 했고, 특히 지난 3월 공 장관이 중국을 공식 방문했을 때 미중 관계 악화로 어려움에 처한 상황에서 공 장관에게 자신들의 입장을 미국에 전해 달라고 부탁한 첸 부장으로서는 공 장관의 요청을 계속 거절하기가 어려웠던 것으로 보인다.

그 후 뉴욕에서 한국과 중국은 의장성명 내용을 조율하는 협상을 시작했다. 예상대로 협상은 힘들어 몇 번이나 결렬 위기까지 갔지만 공 장관의 강력한 지시로 우리 대표단은 끝까지 인내심을 갖고 중국 측과 협상을 계속했다. 중국 측과 협상을 시작한 지 19일 만에 의장성명 문안에 합의했다. 그때까지 한반도 문제와 관련해 유엔 안보리가 취한 조치가 몇 가지 있었지만 그것은 모두 미국이나 국제원자력기구(IAEA)의 요청에 따라 이뤄진 것이었다. 그러니 안보리가 한국의 요청을 받아들여 북한이 관련된 사건에 대해 문서 형식의 의장성명을 채택한 것은 이때가 처음이다. 이것은 당시 한국이 유엔 안보리 이사국이었기 때문에 가능했던 중요한 성과였으며, 외무부 본부는 물론 뉴욕과 베이징을 통한 전면적인 외교 노력의 결과였다. 그 배경에는 공 장관과 첸치천 외교부장과의 개인적인 신뢰 관계, 그리고 공 장관의 강력한 리더십이 있었다.

공 장관이 장관으로 재임한 23개월 동안, 중국 장쩌민 주석의 방한을 비롯해 양국 고위 인사들의 교류가 활발했고, 한중관계는 다방면에서 커다란 발전을 이룩했다. 특히 공 장관은 첸치천 외교부장과 빈번한 접촉을 통해 한반도 관련 문제에서 중국 측의 일정한 이해와 동의를 확보할 수 있었다. 한편 양안 관계로 중국과 미국 관계가 긴장했던 시기에 공 장관이 미국과 중국 사이에서 메신저 역할을 함으로써 한중 관계에도 긍정적인 영향을 미쳤을 것으로 보인다. 이에 따라 중국은 한반도 문제와 관련해 4자회담을 지지하고, 한반도 평화체제와 관련해 북한 입장보다는 한국 입장을 좀 더 분명히 지지했다. 또 북한

잠수함 동해안 침투사건에 관한 유엔 안보리 의장성명 채택에 동의함으로써 과거 남북한 사이에서 등거리 정책을 견지하던 기조에서 한국의 입장을 좀 더 이해하고 수용하는 태도를 보여줬다. 국제무대에서는 활발한 상호 협력을 했는데 중국은 한국의 월드컵 유치, 제3차 ASEM정상회의 서울 개최 등에서 한국을 지지했고, 한국은 중국에 관한 유엔 인권결의안에 대해 미국의 강력한 요청에도 불구하고 기권을 함으로써 중국에 대해 최대한의 성의를 표시했다.

모스크바에 한국 교육부 인가받은 초등학교 설립

박노벽

전 러시아 대사

19 90년 북방외교의 성과였던 한소 수교 이후 한소관계, 한러관계가 정상궤도에 오르기까지 공로명 장관은 주 소련 및 러시아 대사로서 정치 · 경제 · 문화 · 영사 등 다양한 분야에서 중요한 결정들을 주도해 양국 관계 발전의 기초를 닦았다. 다음은 그중 몇 가지 사례에 대한 얘기다.

한소 수교 이후 두 나라는 상호 교류협력사업들을 다양하게 추진했다. 그중의 하나가 80여 년간 단절됐던 재소(在蘇) 한인동포와 모국의 교류를 지원하는 사업과 모스크바에 새로 주재하게 된 한국 지사와 상사, 특파원, 공관원들의 자녀가 다닐 학교를 건립하는 문제였다.

우선 재소 동포, 즉 고려인들에 대한 지원책의 하나로 공 대사는 교육원설립 필요성을 강조하면서 1991년 소련 정부 내 교육위원회와 우리 교육부의 협의를 시작하도록 했다. 그해 6월경 공 대사가 면담한 소련 샤드리코프 교육위원장대행은 소련은 개방정책의 일환으로 소수민족의 모국어교육을 장려하고 있다면서 공 대사가 제시한 재소 동포 교육을 위한 다양한 협력 제안을 환영한다고 했다. 당시 윤형섭 교육부 장관의 모스크바방문을 계기로 교육원설립은 속도가 붙어 그해 8월 알마아타교육원을 개원할 수 있었다. 당시 중앙아시아에는 재소 한인동포의 60% 이상이 모여 살고 있었기 때문에 알마아타교육원은 중앙아시아지역에 대사관을 설치하기에 앞서 우리 교육과 문화를 널리 전파하는 선도적 역할을 했다.

한소 수교 당시 우리 정부가 제공하기로 합의한 30억 달러의 경제협력차관은 우리 기업의 소련 진출을 돕는 마중물역할을 했다. 미지의 나라였던 러시아로 진출하면서 협력사업들을 발굴하기 위한 우리의 상사와 국영기업, 특파원과 공관원이 점차 늘어났다. 이로 인해 생겨난 문제가 바로 자녀 교육과 학교 문제였다.

당시 소련의 개혁정책과 이를 계승한 러시아의 개방정책으로 미국, 일본과 유럽 등에서도 많은 외국인이 모스크바로 몰려오기 시작했다.

상주 외국인이 급증하자 자녀들을 보낼 만한 국제학교의 빈자리가 턱없이 부족해졌다. 그래서 모스크바에 부임하는 우리의 상사 주재원이나 공관원들은 가족동반을 못 하거나 자녀와 함께 왔더라도 국제영어학교의 대기자명단에 이름을 올려놓고 무작정 기다리는 시간이 길어졌다.

당시 공로명 대사는 외국에서 살더라도 한국인으로서의 뿌리를 알고 민족적 긍지를 느낄 수 있도록 자녀들을 모국어로 가르칠 수 있는 한국 학교의 중요성을 잘 알고 있었다. 공 장관은 이집트주재 공관장으로 있을 때도 자녀교육 여건을 개선할 필요가 있다며 교육 문제에 큰 관심을 기울였다. 카이로에 주재하는 한국인 자녀교육을 위해 당시 공관 건물 내 유휴 공간을 사용하도록 허락하기도 했다.

1991년 7월 공 대사는 당시 정화태 총영사와 영사였던 나를 불러 모스크바에 체류하는 한국주재원을 비롯한 한국인 자녀들이 학교에 가지 못하는 문제점을 지적했다. 이어 한국어로 가르치는 초등교육이 필요하다고 강조하면서 교육비 부담을 덜어주기 위해서라도 한국 교육부가 인가하는 정규 초등학교를 세워보라고 지시했다. 특히 정부 인가를 받아야 모스크바에서 교육을 받은 자녀들이 한국으로 돌아가서도 공백 없이 바로 전학할 수 있으므로 한국 자녀들에게 큰 혜택이 될 것이라고 강조했다.

한국 가정을 상대로 설문조사를 해보니 예상대로 한국 정부가 정식 인가한 학교가 생긴다면 자녀를 보내겠다고 적극적으로 호응했다. 외국에서 한국의 정식인가를 받은 한국학교를 설립한다는 당시 공 대사의 아이디어는 공관 직원들도 신선하게 받아들였다. 하지만 수교한 지 1년도 채 되지 않은 사회주의 체제 전환 국가에서 인가를 받은 한국학교를 세우겠다는 꿈은 서울에서 볼 때는 상상하기 어려웠던 것 같다. 여러 난관이 있었지만 공 대사가 학교 설립의 필요성과 중요성을 담은 강력한 건의서를 교육부에 보내자 교육부도 적극적으로 움직이기 시작했다. 아직 교육관이 부임하기 전이었지만 대사관은 서둘러 학교 설립작업에 착수했다.

우선 시설확보를 위한 소련당국의 허가를 받아야 했다. 당시 한국학교 건물은 현지 러시아유치원 건물의 일부를 임차했고, 알마아타교육원에 파견 나온 교사들의 도움을 받으며 보조 교사들도 임시 고용했다. 또 교사자격증이 있는 공관원 또는 주재관의 부인까지도 교사로 총동원해 1991년 10월 7일 일단 학교 문을 열었다.

그런데 우리 교육부 지침에 따르면 외국에 있는 학교가 인가를 받으려면 학생 수가 최소 50명 이상이 돼야 했다. 모스크바에 주재하는 한국인 가정에 일일이 연락해서 희망 학생을 조사했으나 30명대 후반에 불과했다. 인원수를 늘리기 위해 결국 입학연령을 6세까지 낮추고 다음 해 입학하는 학생까지 모아서 50명을 채울 수 있었다. 교육부도 어려운 초기 상황을 감안해 1992년 3월 정식인가를 내주면서 교장선생님과 교사 한 분씩을 보내 주어서 6월에 개교식을 하게 됐다.

한국학교는 그 후 30년이 지나면서 현재는 6개 학년에 60여 명을 유지하고 있고, 병설유치원도 만들어 운영하고 있다. 모스크바에 사는 한국인 부모들이 한국학교의 한국어 교육과정에 대해 신뢰를 보내면서 그 중요성을 긍정적으로 평가한 결과이다. 모스크바 한국학교는 유럽에서 유일하게 한국 정부가 인가한 초등 교육기관으로 출발한 이래, 공 장관의 창립 취지와 뜻을 잘 계승하면서 명실상부하게 한러관계의 발전에 기여하는 인재를 키워오고 있다. 앞으로 더욱 발전할 수 있도록 많은 관심과 아낌없는 지원을 기대한다.

공로명 대사는 연해주에 거주하는 고려인의 재정착 사업과 관련해 경제협력 특별구역을 만드는 기초도 닦았다. 당시 중앙아시아로 강제 이주했던 고려인들이 소련이 붕괴하자 특히 블라디보스토크 인근 연해주로 귀환하려는 움직임이 있었다. 그러자 고려인 단체장들과 한국 기업대표는 이들의 귀환과 정착을 돕기 위해 한국 경제특구를 설치해야 한다고 양국 정부에 건의했고, 일부에서는 고려인자치주를 설치해야 한다고도 주장했다.

그러나 자치주 요구는 정치적으로 매우 민감한 사안이었다. 공 대사는 우선 소련을 계승한 러시아 정부의 호응도 얻고 현지인들도 참여하는 경제적 지역개발에 초점을 맞춰야 한다고 강조했다. 그러면서 강제이주의 피해를 입은 고려인들은 현지시민으로서 배려받도록 접근하는 것이 좋겠다는 취지로 본부에 건의했다. 우리 정부는 이처럼 균형감 있는 접근방식을 정책에 반영했고, 1992년 정상 간 합의에 따라 극동 나홋카에 한국기업공단 설립을 러시아 측과 추진한 바 있다. 또 같은 기조에 따라 2020년 이후 연해주에 한국기업전용 산업공단 설치를 추진하고 있다. 공 장관이 제시한 건전한 양국 협력은 지금도 그 맥을 이어가고 있는 것이다.

미국의 시장개방 압력에 시장개방 홍보로 맞서다

박상기

전 제네바 대사

19 86년 9월 공로명 주브라질 대사가 주 뉴욕 총영사로 부임했다. 당시 나는 뉴욕총영사관에서 경제 담당 영사를 맡고 있었고 그 이후 2년 반 동안 공로명 총영사를 모시고 일하게 된다.

1980년대 후반 한국의 대미 무역흑자 규모가 늘어나면서 미국의 시장개방 압력이 거세지기 시작했으며, 내가 공로명 총영사를 모시고 일한 기간은 한미 통상마찰이 최고조에 달한 시기였다. 1986년에 이른바 소급 보호를 인정한 최초의 굴욕적 통상협정이라는 오명을 남긴 한미 지적재산권 협정을 체결했으며 1987년에는 한미 지적재산권 협정의 이행과 관련한 분쟁이 발생한다. 1988년에는 미 의회에서 소위 '슈퍼 301조'라고 부르는 종합무역법(Omnibus Trade and Competitiveness Act of 1988)을 통과시켰고, 1989년 5월에 한미 슈퍼 301조 협상을 타결한다.

당시 우리 정부 입장에서 한미 통상마찰은 단순한 통상 문제가 아니라 한미 관계의 근간을 흔들 수 있는 중요 사안이었기에 통상마찰을 원만히 해결하는 것이 중대한 대외 정책 과제 중 하나였다. 안보 관계의 중요성은 말할 나위도 없고, 경제적인 측면에서도 당시 미국은 우리나라 전체 수출의 40%를 차지하는 최대의 수출시장이어서 한미 통상 관계를 원만하게 유지하는 것은 대단히 중요한 문제였다.

이러한 상황에서 뉴욕총영사관의 경제 업무는 주로 한국의 시장 개방 정책을 뉴욕주를 비롯한 관할지역 주 정부, 업계, 학계 등에 홍보하는 일이었다. 당시에는 주 보스톤총영사관이 다시 문을 열기 전이어서 뉴욕총영사관의 관할 지역은 뉴욕주를 비롯해 뉴저지, 펜실베이니아, 코네티컷, 로드아일랜드, 매사추세츠, 뉴햄프셔, 버몬트, 메인주 등 미 동북부의 모든 주를 망라하고 있었다.

뉴욕총영사관은 공로명 총영사를 단장으로 하고 코트라(KOTRA), 무역협회, 현지 지 · 상사 대표를 단원으로 하는 경제사절단을 조직해 미 동북부 지역 순회 활동을 적극적으로 전개했다. 주지사와 경제계 인사 등 각계 주요 인사 예방, 대학 강연회, 업체 상담회 등을 통해 한미관계의 중요성과 우리 정부의 시장 개방정책을 미국 주요 인사들에게 알려주기 위해 노력했다.

나는 사절단 일정 주선 외에 연설문, 대화 요점(Talking Points) 작성 등 문서 작업도 했는데, 공로명 총영사는 실무진이 준비한 자료의 핵심 요지를 적절히 활용하면서도 한미관계 전반에 대한 자신의 관점을 바탕으로 연설 후 질의응답에 매끄럽게 대응했다. 대표단 활동 과정에서 공 총영사의 다방면에 걸친 해박한 지식과 수준 높은 영어 구사 능력은 미국 측 인사들의 한국에 대한 인식 개선에 큰 도움이 되었고 단원들도 크게 고무됐던 것으로 기억한다.

한편, 미 의회에서 종합무역법안을 논의하고 한국에 대한 통상 압력이 날로 거세지자, 한국 정부는 미국의 통상 압력을 완화하는 방편으로 미국에 대규모 구매사절단(Buying Mission)을 파견하기로 결정한다. 1987년 4월 나웅배 상공부 장관을 단장으로, 남덕우 무역협회 회장을 고문으로, 기업 대표 70여 명을 단원으로 하는 구매사절단이 뉴욕을 방문했다.

사절단은 뉴욕, 매사추세츠주 등 미 동북부 주요 지역을 방문해 구매상담회 등을 개최했는데, 공로명 총영사는 구매사절단과 전 일정을 함께 하며 사절단이 소기의 성과를 거둘 수 있도록 세심하게 배려했다. 뉴욕총영사관은 현지 코트라, 무역협회와 함께 공동으로 태스크포스를 조직해 구매사절단의 미국 동북부 방문 행사를 지원했다.

당시 나웅배 상공부 장관은 뉴욕에 이어 워싱턴을 방문해 말콤 볼드리지 미 상무장관과의 회담에서 미국산 수입 컴퓨터 일부 부품에 대한 조기 자유화, 관세 인하와 미국 기업의 한국 내 비즈니스 애로사항 해소 등을 약속했다. 미국 측은 한국의 자동차, 반도체, 공작기계 등 주요 품목의 대미 수출이 원활하게 이뤄질 수 있도록 필요한 협조를 제공할 것과 한국 중소기업 제품에 대한 특혜관세 보장 등을 약속했다.

그 이후 한미 양국은 상호 무역이 늘어나면서 통상마찰이 불가피한 측면도 있었으나, 무역의 확대 균형을 추구하면서 줄 것은 주고 받을 것은 받는다는 호혜 원칙에 따라 건전한 통상 관계를 발전시켜 왔다.

돌이켜 보면 나는 1975년 외무부에 들어온 후 주미대사관 정무과, 본부 국제연합과 등 10여 년간 줄곧 정무 분야에서만 일하다가 1986년 뉴욕총영사관 근무 이후 2012년 주 제네바 대사를 마지막으로 퇴임하기까지 소위 통상전문가의 길을 걸어왔다. 공로명 총영사를 모시고 일했던 뉴욕총영사관 시절이 나의 외교 경력에 있어 중요한 변곡점이 된 셈이다.

내가 공로명 총영사를 모시고 일하면서 배운 점은 하나둘이 아니지만 무엇보다 그의 실력을 바탕으로 한 온화한 리더십, 새로운 지식에 대한 끊임없는 탐구열, 공직자가 취해야 할 자세, 몸담고 있는 조직에 대한 헌신 등을 들 수 있을 것 같다.

나는 뉴욕총영사관에 근무하면서 뉴욕시티 유니버시티(New York City University)에서 국제관계 석사 학위를 취득했는데, 당시 미국의 저명한 소련 · 동아시아 전문가 자고리아(Zagoria) 교수의 강의를 들을 수 있었던 것은 큰 행운이었다. 업무에 지장을 줄 수 있는데도 공부하는 후배 외교관을 마음껏 격려해 준 공로명 장관께 깊이 감사드린다. 나의 석사 학위 논문 소책자「Arms control on the Korean Peninsula」를 보며 격려해 주던 모습이 눈에 선하다.

공 총영사는 부임하자마자 본부와의 교섭을 통해 예산을 확보해서 총영사관 민원실을 확장하고 리노베이션도 했다. 총영사관을 찾는 우리 국민과 교민들이 쾌적한 공간에서 일을 볼 수 있게 되고, 민원실에서 일하는 현지 직원들의 근무 환경도 크게 개선됐다.

공 총영사는 직원들의 불법 주차 문제도 일거에 해결했다. 총영사관에는 주차 공간이 없어 직원들은 맨해튼 길거리에 불법으로 주차하는 일이 많았다. 그러다 보니 뉴욕시에 지불해야 할 범칙금은 계속

쌓여가고 한국총영사관의 위신은 형편없이 떨어지고 있었다. 공 총영사는 오랫동안 해결하지 못한 이 문제도 예산을 확보해 인근의 주차시설을 장기 임대하는 방법으로 깨끗이 해결했다. 나는 이때 외교관은 국익을 확보하기 위한 정교한 논리 개발 등 소프트웨어를 단련해야 하지만, 해외공관장은 여기에 더해 하드웨어적인 인프라 개선도 게을리해서는 안 된다는 사실을 깨달았다.

나는 주 상하이 총영사로 재직할 때인 2004년, 상하이 총영사관을 신축해 이전했다. 이때 미국, 유럽 등 선진국에 있는 유수의 한국 공관과 비교해도 손색이 없을 정도의 공관을 만들기 위해 나름대로 열심히 노력했다. 상하이 총영사관 개관식에 중국 측 주요 인사와 외교단이 참석해 부러움을 표시하는 것을 보고 외교공관은 국격을 상징하는 장소라는 사실을 새삼 실감했다.

2010~2012년 주 제네바 대사 때는 대표부 건물의 냉방시설이 약한데다 창문도 없어 특히 여름에 직원들이 찜통더위로 고생이 심하다는 것을 알게 됐다(공관을 신축할 때 예산이 모자라 창문을 내지 못했다고 한다). 나는 본부 및 예산 당국과 교섭해 어렵게 예산을 확보하고 1년여의 공사 끝에 대표부의 모든 사무실에 창문을 낼 수 있었다. 직원들은 환호했다.

내가 공관장이 된 후 이처럼 해외공관의 근무 환경에 관심을 갖게 된 것은 공로명 총영사에게서 배운 공직자의 자세가 큰 영향을 줬다고 생각한다.

나는 1989년 3월 뉴욕총영사관 근무를 마치고 본부에 들어가 통상1과장으로서 한미 슈퍼 301조 협상, 통신 협상, 조선 협상, 항공 협상, 전략물자수출통제 협의 등 한미 간 주요 통상협상에 직간접으로 참여했고, 이어 1992년 봄에 주 EC(유럽공동체) 대표부 참사관으로 가게 된다.

1994년 최초의 한-EC 정상회의에 참석하기 위해 김영삼 대통령이 벨기에 브뤼셀을 방문하는 기간 중, 나는 대통령을 수행한 공로명 외무장관에게 정상회의에 관해 보고할 기회가 있었다. 뉴욕에서 총영사로 모시던 분을 외무장관으로서 브뤼셀에서 다시 만나게 되니 나로서는 남다른 감회를 느끼지 않을 수 없었다.

그 당시 한-EC 양측에서 정상회의의 최대 성과물로 '한-EC 초고속 정보통신망 구축 사업'을 대대적으로 홍보했는데, 사실 이 공동협력사업은 우리 측이 먼저 제안했고, 우리 측 제안은 나의 구상과 건의에서 시작했음을 밝혀 둔다.

본부로부터 정상회의 성과사업(안)을 보고하라는 지시를 받고 경제부처에서 파견 나온 주재관들과도 협의했으나 이렇다 할 의견 제시가 없던 차에 나는 당시 미국, 유럽, 일본 등 선진국이 추진하고 있던 초고속 정보통신망 구축 사업을 한-EC 간 협력사업으로 추진해 보면 어떨까 하는 구상을 하게 되었다. 나는 이 사업의 타당성을 대표부 과학관을 통해 과기부에 비공식 타진했는데, 긍정적인 반응이 나오자 곧바로 본부에 공식 건의했다.

EC 측이 우리 측 제의에 동의해서 '한-EC 초고속 정보통신망 사업'을 정상회의에서 공동협력 사업으로 공식 채택했으며, 이것을 모델로 해 그 후 김대중 대통령의 프랑스 국빈 방문 때도 한-불 양국 간 공동협력 사업으로 채택한 바 있다.

과거의 일에 공을 내세우려는 것이 아니다. 외교관이 경제전문가는 아니지만 창의적이고 전략적인 사고로 얼마든지 국가 차원의 외교어젠다 발굴에 기여할 수 있음을 강조하고 싶을 뿐이다.

영웅, 영웅숭배, 그리고 역사 속의 영웅

박용민

전 르완다 대사

1996년이었다. 국민학교가 초등학교로 바뀌고, '서태지와 아이들'이 해체를 선언했다. 외무부 입부 5년 차인 나는, 교육과 연수를 제하면 2년 남짓의 실무경험만을 가진 상태로 장관 수행비서가 됐다. 내가 입부한 1991년 외무고시 합격자는 50명으로 예년의 배가 넘었다. 냉전 종식으로 대한민국 외교의 지평이 갑자기 넓어진 때문이었다. 베를린 장벽 붕괴(1989), 소련 해체(1991), 한중 수교(1992) 등 일련의 사건은 냉전시대가 끝났음을 알렸다. 동시에 북한 핵문제가 국제적 현안으로 부상했다.

당시에는 분명치 않았지만, 우리가 유엔 회원국이 된 1991년부터 외환위기로 고통을 받던 1997년까지의 5~6년은 엄중한 전환의 시간이었다. 냉전의 관성이 사라지던 '끝의 시작'과 남북관계, 주변국 외교, 다자무대에서 대한민국이 새로운 존재방식을 찾아내야 했던 '시작의 끝'이 맞물리던 무렵이었다. 공로명 장관은 이 거대한 변화의 시기에 주 소련 · 러시아 대사, 남북핵통제공동위원회 대표, 주 일본대사, 외무부 장관으로서 대한민국호의 항해를 가장 앞자리에서 이끌고 간 고위공직자였다.

내가 장관을 수행했던 1996년은 그의 긴 공직생활의 마지막 해가 되었다. 돌이켜보면, 그해만도 한 시대가 저물고 있다는 힌트는 적지 않았다. 8월의 한총련 연세대 사태는 점거농성형 시위의 피날레가 되었고, 9월의 북한 잠수함 침투 사건은 우리 국민이 기억하는 마지막 공비 침투 사건이 되었다. 검찰은 군 출신 두 전직 대통령에게 사형과 무기징역을 구형했다.

이런 묵직한 시대의 변화보다 내게 더 문제가 된 것은 2년 차 장관의 두 번째 수행비서가 되었다는 사실이었다. 수행비서는 비서관보다 더 장시간, 더 가까운 거리에서 장관을 보좌한다. 신임 장관과 그의 첫 비서는 장관으로서의 행동 방식과 반복적 일상(루틴)을 함께 만들고 익힌다. 반면, 나 같은 두 번째 비서는 비서가 할 일을 비서 본인보다 잘 아는 장관을 보좌하는 막막한 상황을 마주한다.

어느덧 정년이 가시권에 들어온 지금도 내게 가장 자랑스러운 경력은 초임 시절 공 장관을 곁에서 보좌했다는 것이다. 연설 경험이 적잖이 쌓인 지금조차, 공 장관 앞에만 서면 버벅거리며 혀가 굳는다. 그 8할은 장관을 향한 내 존경심이 압도적으로 큰 탓이겠지만, 부하로서 모셨던 자리가 워낙 어려운 자리였던 탓도 있겠다. 이번에 '공로명과 나'라는 주제로 원고청탁을 받았을 때, 나는 적절한 필자가 아니라고 생각했다. 하지만 "장관님이 직접 필자로 지명하셨으니 꼭 집필해주기 바란다"는 편찬위원의 전언이 있었다.

가까이서 뵌 공 장관은 언제나 인자하고 사려 깊은, 내가 본 가장 어른스러운 어른이었다. 언성을 높이시는 모습을 본 적도 없고, 두주불사의 술자리를 파한 후에도 몸가짐이 흐트러지는 법이 없었다. 회갑을 넘긴 연세였는데도 장관의 호기심은 왕성했다. 인터넷이랬자 모뎀으로 유니텔에 연결하는 피씨통신을 가리키던 시절이었으므로, 검색창 역할은 내 몫이었다. 동네 이름에 쓰는 한자, 한강 다리의 개수, 앞서가는 차에 쓰인 낯선 문구에서부터 업무와 관련된 소소한 사실관계에 이르기까지, 눈앞에 보이거나 문득 떠오르는 것을 궁금해하는 법을 나는 장관이 차 뒷좌석에서 불쑥 던지는 질문을 받으며 배웠다. 직답은 언제나 "확인해서 말씀드리겠습니다"였지만, 나는 제법 부지런한 검색엔진이었다. 동승한 차내에서 옅게 느껴지던 던힐 에디션의 향기가 오늘도 코끝에 선하다.

짬짬이 독서를 하시는 장관의 부탁으로 종종 서점에도 갔다. 목표물은 주로 현안과 정세를 깊이 있게 다룬 책이나 인문학 서적들이었다. 이미 고전이거나 시간이 흐르면 고전이 될 만한 책들이었고, 처세나 실용서적 코너를 뒤져야 했던 적은 없었다. 기억에 남는 한 권을 꼽자면, 토머스 칼라일의 《On Heroes, Hero-Worship, and The Heroic in History》이다. 이 책은 아직도 내겐 너무 어렵지만, 칼라일이 말하는 영웅이 인격적 성실성과 도덕적 통찰력을 갖춘 위대한 인간을 의미한다는 점에서도, 공 장관을 생각하면 가장 먼저 떠오른다.

장관직을 마치고 장관 공관을 비우던 날, 사모님은 볼멘소리를 하셨다. "저 양반은 책장은 손수 정리한다고 남이 손을 못 대게 하시고서는, 한 권 빼 들고 읽고 내려놓고 또 한 권 빼 들고, 이러고 계시니 도대체 이사를 언제 마치나"라고 불평하며 웃으셨다. 그 바쁜 장관직을 수행하면서도 단행본 서적들을 읽어치우는 비결은 저 수불석권(手不釋卷)의 습관 덕이었을 터였다. 공 장관의 높은 품격과 마찬가지로, 그의 깊은 식견은 섣불리 흉내 내거나 급조할 수 있는 류의 그것이 아니었다.

공 장관의 임기 첫해인 1995년에는 행사도 사건도 많았다. 임기 2년 차에 신임 수행비서로 인사를 드렸을 때, 공 장관은 이미 장관으로서 한반도에너지개발기구(KEDO) 설립, 대통령 유럽 순방, 안보리 이사국 선출, APEC(아시아태평양경제협력체) 정상회의, 고베 대지진, 최승진 공문서 조작사건 등 산전수전을 겪어낸 베테랑 각료였다. 1996년에도 대통령 인도 방문과 ASEM(아시아유럽정상회의) 수행, 장관 본인의 중남미 순방 등 외교행사가 적지 않았지만 해외 출장에서 장관을 보좌하는 일은 내 몫이 아니었다. 비서진 중 가장 비숙련 막내였던 탓도 있고, 수행비서의 역할은 장관 업무의 실질내용(substance)과는 무관한 탓이기도 했다. 장관이 다루는 민감한 업무는 보안상 꼭 알아야 할 사람에게만 접근을 허용한다. 이른바 'on a need to know basis'라서 보좌관조차 그 전모를 아는 건 아니다. 하물며 수행비서라면 꼭 알아야 할 실질내용은 사실상 없다고 봐야 한다.

한 해가 거의 흘러 10월이 되어서야 처음으로 장관의 해외출장을 수행할 기회가 왔다. 대한민국의 OECD(경제협력개발기구) 가입 절차를 매듭짓기 위한 프랑스, 벨기에 출장이었다. 그전에 몇 달간 나름 열심히 장관을 수행했지만, 비로소 진짜 비서가 된 기분이었다. 비서실에서는 나 혼자 수행했다. 나는 장관의 지시를 공관에 전달하는 메신저이자 각종 문건을 간추리고 보고하는 1인 보좌진이었다. 10월 25일 파리의 OECD 본부에서 공로명 장관과 도널드 존스턴 사무총장은 우리나라의 OECD 가입 문서에 서명했다. 장관 앞에서 프랑스어 실력을 뽐낼 기회도 있었고, 제법 실수 없이 출장 보좌를 수행했다. 귀국하면 보좌관들과 비서관에게 소소한 무용담을 쏟아낼 생각이었는데, 나의 들뜬 첫 출장은 장관의 마지막 출장이 되고 말았다.

국적기를 타고 귀국했는데 공항에 마중 나온 보좌관의 표정이 어두웠다. 장관 공관에 주요 간부들이 모두 모였다. 어떤 말씀이 오고 갔는지는 알지 못한다. 장관은 나만을 대동하고 총리공관으로 가셨다. 들어갔다가 나오시는데 이수성 총리께서 현관 밖으로 따라 나오시며 "이러지 마시고 다시 생각해 보시라"고 했다. 사표를 낸 거였다. 총리께 미소 지으며 "아니요, 아닙니다. 들어가십시오" 하시던 순간 내가 장관의 표정에서 본 것은 회한의 그림자가 아니라 정중한 결연함이었다. 그 길로 공 장관은 국군수도병원에 입원했고, 나의 1인 보좌역할은 병실로 이어졌다. 장관이 입원한 상태로, 본부에서는 장관 없는 장관퇴임식이 열렸다.

사건의 전모를 알지는 못하지만 내가 보고 들은 것은 안다. 장관이 해외 출장으로 자리를 비운 사이에 언론사들을 향해 모종의 조직적인 음해가 있었다는 점. 이후 김영삼 대통령이 회고록에서 그것을 가리켜 "우리 사회의 고질병인 모함이었다"고 안타까움을 표한 점. 공 장관은 그런 상황을 벗어나려 구차하게 애쓰는 모습을 보이는 일 없이 초개와 같이 직을 떠났다는 점. 그 모든 과정에서 말씀을 아꼈다는 점.

외무장관에 대한 공격이 공개적인 비판과 논박이 아니라 '음해'의 모양새를 취했다는 사실이 서른 살의 나에게는 충격이었다. 조선 후기를 배경으로 한 조악한 타임슬립 사극 속으로 들어간 것 같았다. 어쩌면 우리 정치문화는 김영삼 대통령의 말처럼 '고질병' 같은 면을 지닌 것일까. 공직생활을 하다 보니 나 또한 어려운 국면을 맞은 적이 있다. 퇴임한 후 10년 가까이 흐르도록, 생각만큼 자주 인사를 드리지도 못한 터였는데, 공 장관께서 친필 편지를 보내주었다. 도연명의 고사를 들어, "쌀 다섯 말에 허리를 꺾을 필요 없다"는 말이 들어있었다. 오늘까지도 가슴에 새기고 있는, 크나큰 격려 말씀이다. 그러고 보면 1996년 당신의 퇴임사에서도, 공 장관은 도연명을 인용했다.

무릇 공직자는, 특히 국민의 생명과 안위가 걸린 외교 안보를 담당하는 고위공직자라면 더더욱, 사사로운 자존감의 덫이나 영욕에 빠지지 않고, 직을 걸고 일해야 마땅함을 공 장관으로부터 배웠다. 공 장관의 인품이나 식견보다 더 큰 감화를 받은 부분은 그분의 자애로운 표정 뒤편의 결기와 기개다. 나에게 공로명 장관은, 정말 중요한 주장은 말로 하는 것이 아니라 삶으로 하는 법이라는 사실을 가르쳐준 나의 영웅이다.

덧글

공 장관을 처음 뵌 것은 1992년이었다. 첫 부서로 외교안보연구원 외국어교육과로 발령을 받았는데, 당시 신임 기관장이 공로명 외교안보연구원장이었다. 소속 기관장이로되, 직원들의 교육과정을 담당하는 신입사무관이 남북대화 대표를 겸하고 있는 원장을 대면할 기회는 좀처럼 없었다. 과장을 보좌해 연구원에 외교사료실을 만드는 업무를 맡았는데, 과장의 현황브리핑 자리에서 처음 원장을 가까이서 뵈었다. 그해 송년 회식 자리에 짧은 여흥 시간이 있었다. 차례가 왔을 때 나는 가곡 '명태'를 불렀다. 노래를 마치자 공로명 원장이 그 노래의 작곡자가 외교부 선배인 변훈 대사임을 아느냐고 물었다. 그리고, "명태라는 생선 이름이 어떻게 붙었는지 아는가? 옛날 명천 살던 어부 태씨가 잡아서 그런 이름을 붙였다는 얘기가 있네." 공 장관의 출생지가 함북 명천이라는 걸 알게 된 건 한참 후의 일이다. 나를 수행비서로 택했을 때, 4년 전 불렀던 노래를 기억하고 있었는지 가끔 궁금한데, 그런 싱거운 질문을 여쭤볼 기회는 아직 없었다.

현직 때의 롤모델이
은퇴 후에도 롤모델로

박준우

전 벨기에 겸 EU대사

공로명 장관을 처음 뵌 지 올해로 40년이 된다. 연배로도, 외무부 입부로도 20년 이상 차이가 나는 대선배지만 외무부 내에서 가까이 뵙고, 때로는 해외공관에서 대사로 모시고 일할 수 있었다. 특히 내가 서울 용산으로 이사 온 20년 전부터는 1970년대 초부터 역시 용산에서 살아온 장관을 이웃처럼 모시고 공사 간에 자주 가르침을 받고 있다.

공로명 장관을 처음으로 가까이서 뵌 것은 1982년 유엔과에서 사무관으로 근무할 때였다. 제5공화국 정권 초기 노신영, 이범석 외무장관을 거치면서 유엔 등 국제무대에서 북한과 본격적으로 표 대결이 벌어졌다. 유엔은 남북한이 모두 가입이 안 된 상태여서 우리가 특별히 불리할 이유가 없었지만 비동맹에는 북한만이 가입해 있어 회의만 열리면 남한을 비난하는 결의를 채택하는 일이 잦았다. 정통성에 문제가 있던 5공 정부로서는 비동맹 국제회의에서 나오는 비난 결의를 그대로 방치할 수 없었다. 그래서 비동맹 정상회의, 외상회의 등을 개최할 때마다 동남아와 아프리카, 중남미의 비동맹 회원국들을 상대로 지지 교섭 캠페인을 벌였다. 유엔을 담당하는 유엔과가 비동맹 업무도 담당했는데 마침 1982년 9월 이라크 바그다드에서 비동맹 정상회의가 열릴 예정이어서 몇 달 전부터 지지 교섭 캠페인을 준비하고 있었다. 이란-이라크 전쟁이 확대되면서 바그다드 정상회의는 그해 여름 취소하고 6개월 후인 1983년 3월 인도의 뉴델리에서 개최하는 것으로 바뀌었다.

지지 교섭 캠페인은 그야말로 외교력을 총동원해서 몇 달씩 전개하는 업무이다. 이때 공 장관은 정무차관보로서 이시영 국제기구국장-반기문 유엔과장 라인을 진두지휘했다. 전 세계의 재외공관을 지휘하며 캠페인을 하다 보니 밤을 새우는 날이 많았고 직원 대부분이 과로에 쓰러지고 치아가 내려앉는 등 병원 신세를 안진 사람이 없을 정도로 격무였다. 타자할 문서가 너무 많아 타자수를 증원했는데도 타자수들이 다 쓰러져 신문에 난 적도 있다. 공관에서 들어오는 전문 보고가 하루에도 수백 건씩 되다 보니 차관보 앞 전문을 분류해 중요한 내용 순으로 보고하는 일도 유엔과에서 맡아 했다. 당시 선배인 과 3석 서기관이 이 일을 하다가 너무 바빠지자 내게로 넘겨서 5, 6개월간 하루에도 3, 4차례씩 공 장관에게 보고를 드린 기억이 있다.

공 장관을 직접 모시고 매일같이 업무를 보고하고 지시를 받은 것은 12년 후 주일 대사관에서였다. 1993년 2월 김영삼 정권이 출범하자 장관은 주일대사로 부임했다. 나는 그사이 주미대사관 서기관과 주 핀란드 대사관 참사관을 거쳐 1994년 2월 도쿄대사관에 부임해 영사과장을 거쳐 정무과장으로서 대사를 직접 보필하게 되었다.

우리나라가 민주화되고 김영삼 대통령이 군 출신이 아닌 최초의 문민대통령으로 취임하면서 한국 외교관들도 더 이상 '한국적 민주주의' '북한의 위협에 직면한 불가피성' 운운하며 권위주의 통치를 옹색하게 설명할 필요 없이 민주국가 외교관으로서 당당하게 어깨를 펴고 일할 수 있게 되었다. 일본에서도 일본군 위안부 문제를 비롯하여 강제 징용, 원폭 피해자 문제 등 과거사 문제에 대해 우리가 도덕적 우위에 서서 일본의 사죄를 요구하는 목소리를 높일 수 있었다. 동시에 일본 내에서도 보수 우익을 중심으로 과거 식민지배를 옹호하는 발언도 많이 나왔다. 1986년 후지오 마사유키(藤尾正行) 문부대신이 한일병합 관련 망언으로 나카소네 야스히로(中曾根康弘) 총리에게 파면당한 이후로 한동안 잠잠하던 우익의 도발은 한국의 문민정부 출범 후 다시 고개를 들었다. 1994년 5월 나가노 시게토(永野茂門) 법무대신이 "위안부는 공창이었다"는 발언으로 우리 정부의 강력한 항의를 받고 사임했고 8월에는 사쿠라이 신(桜井新) 환경청 장관이 태평양 전쟁 미화 발언으로 결국 사임했다.

이때 우리 정부의 대응은 거의 정형화되어 있었다. 도쿄특파원이 일본 정치인과 각료의 발언을 국내 언론에 보도하며 망언이라고 규탄하고, 외교부가 주한 일본대사(때로는 공사)를 불러 공개리에 강력하게 항의하면, 일본 정부는 한일관계를 고려하여 해당 각료를 사임시키는 식이다. 일본 보수 우익은 일본 정부의 이런 조치에 당연히 불만이 있었고, 자신들의 정체성을 훼손할 수는 없다고 결의라도 한 듯 중진 정치인들의 망언이 이어졌다. 1994년 10월 하시모토 류타로(橋本龍太郎) 통산상, 1995년 5월 오쿠노 세이스케(奥野誠亮) 전 법무대신, 6월 와타나베 미치오(渡邊美智雄) 전 부총리 겸 외무대신, 8월 시마무라 요시노부(島村宣伸) 문부대신, 10월 에토 다카미(江藤隆美) 총무청 장관 등의 과거사 미화 발언이 대표적이다. 이 중 에토 장관은 "식민지 시대에 일본이 한국에 좋은 일도 했다. 한일합방을 무효라고 말하기 시작하면 국제협정은 성립하지 않는다"고 했다. 우리 정부는 외교부 대변인 성명, 주한 일본대사 초치, 주일 대사의 외무성 사무차관 항의 방문 등으로 강경하게 대응하고, 11월 18일 오사카 APEC 정상회의 불참 가능성까지 시사했다. 일본 정부는 그러지 않아도 미국의 클린턴 대통령이 불참하고 고어 부통령이 참석하기로 하면서 회의 성공에 노심초사하고 있던 차라 11월 13일 에토 장관을 사임시켜 위기를 넘겼다. 하지만 한일관계에 남긴 후유증은 컸다.

이후 일본은 공공연한 독도 영유권 주장, 우리 어선 나포, 신한일어업협정 교섭에서의 양보 거부와 협정 파기 등으로 강하게 나왔다. 이는 망언-항의-사임으로 정형화한 우리의 강경 대응과 1995년 11월 장쩌민(江澤民) 국가주석이 방한해 공동기자회견을 열었을 때 김영삼 대통령이 "일본의 버르장머리를 고쳐놓겠다"고 한 발언에 대한 반발이었다. 일본의 망언 처리 과정에서 우리 외교부 본부가 천편일률적으로 강경대응하는데 대해 공로명 대사는 비외교적 대응이라고 걱정하면서 당시 이러한 대응을 실무적으로 주도한 모 아주국장을 비판하며 "대일외교를 그런 식으로 할 거면 길 가는 사람 아무나 데려다 아주국장 시켜도 할 수 있다"고 말한 것으로 기억하고 있다. 결국 대국적인 한일관계와 우리의 국익을 생각하면서 외교적으로 대응해야 하는데 한일관계를 관리해 나가야 할 외무부가 우리 국민의 반일감정을 부채질하여 일본의 망언을 국내정치에 이용하려는 정치권의 하수인 노릇을 하고 있다고 비판한 것으로 생각한다.

공 장관이 외무부 장관을 끝으로 오랜 공직생활을 마무리 하고 동국대와 한림대에서 한일관계에 관한 연구와 강의를 계속하게 되면서 외무부 재직 때보다 더 자주 뵐 수 있었다. 동북아1과장과 아태국 심의관, 국장 보직을 맡으면서 한일관계가 어려울 때마다 장관에게 가르침을 받기도 하고 도쿄대사관에서 근무할 때의 선배, 동료들과 장관을 모시고 식사를 하면서 지난날을 회고하며 이야기꽃을 피우기도 했다.

2003년 2월 노무현 정부가 출범하면서 전례에 따라 한일포럼 회장도 바뀌게 됐다. 한일포럼은 1993년 김영삼 정부 출범 후 그해 11월 호소카와 모리히로(細川護熙) 총리가 방한해 경주에서 정상회담을 열었을 때 양국 정상이 합의한 두 나라 간 연례 민간대화 채널이다. 배재식 서울대 법대 교수가 초대 회장을 맡았고 1998년 김대중 정부에서는 최광수 전 외무장관이 회장을 맡았다. 신정부가 출범하자 한일포럼을 지원하는 한국국제교류재단의 이인호 이사장으로부터 최광수 회장이 사임하겠다고 해서 운영위원회에서 공로명 장관을 새 회장으로 추대하기로 의견을 모았으니 정부에서 논의해 달라는 연락을 받았다. 서울대 서양사학과 교수에 이어 주 핀란드, 주 러시아 대사를 지내고 국제교류재단 이사장을 맡고 있던 이인호 이사장은 대학 시절 개인적으로 러시아어를 배운 스승과 제자의 인연으로 자주 연락을 드리는 사이였다. 한일포럼 회장 교체 건을 신정승 아태국장과 상의한 후 장관에게 건의를 했지만 두 달이 지나도록 아무런 반응이 없었다. 나중에 안 일이지만 신 정부 청와대에서는 포럼 회장에 다른 인사를 생각했던 것 같다. 이런 움직임도 모르고 이인호 이사장으로부터 몇 번 독촉을 받은 나는 5월 말 대통령 방일 준비 협의 차 일본 출장 중인 신 국장을 대리해 청와대의 반기문 외교보좌관에게 노무현 대통령 방일 준비현황을 보고하러 간 김에 이 문제도 말씀을 드렸다. 공 장관의 한일포럼 회장 선임이 두 달이 넘도록 안 되고 있다고 하자 반 보좌관은 처음 듣는 얘기라고 하면서 노 대통령께 말씀드려 보겠다고 했다. 다음 날 반 보좌관이 대통령께 보고드렸더니 좋다고 하셨다고 알려줘서 기쁜 마음으로 바로 이인호 이사장과 공 장관에게 연락을 드린 기억이 있다.

우여곡절은 있었지만 공로명 장관이 한일포럼 회장에 취임하면서 오와다 히사시(小和田恆) 일본 측 회장과는 주일대사 시절의 친분으로 협력이 잘 되었다고 한다. 2011년 내가 EU대사를 끝으로 외교부에서 퇴임하자 공 장관은 바로 한일포럼에 참석하라고 해서 2016년까지 매년 참가했다. 내게 한일포럼은 한일관계를 맡고 있는 각계 각층 인사들을 만날 수 있는 귀중한 경험이 되었다. 한일포럼 이외에도 동서사랑방(동서대 일본연구소 월례포럼), 방촌(고 최서면 국제한국연구원장)연구회, 독도연구회 등에 참여하면서 그때마다 공 장관이 늘 젊은 사람들과 진지하게 토론하는 모습을 보고 자극을 받았다. 공 장관은 매일 일어는 물론이고 영문 자료(언론 보도, 논문 등)까지 섭렵하면서, 과거의 역사적 사실을 넘어 새로운 관점을 제시해서 참석자들에게 큰 자극을 주곤 한다. 인간의 수명이 길어져 은퇴 후에도 20~30년 이상을 더 살아야 하는 시대에 공 장관은 우리 후배 외교관들에게 가장 이상적인 롤 모델이다.

평양 쪽만 보지 말고 내 얼굴을 보고 이야기하라

반기문

제8대 유엔사무총장

공로명 장관과 나의 인연은 내가 외무부 국제기구 조약국의 유엔과장 시절부터 시작한다. 1970년 제3회 외무고시에 합격해 외교부에 들어간 나는 대부분의 초임 외교관들이 그러했듯이 외무부 여권과에서 처음 일을 배우기 시작했다. 나는 이미 군 복무를 마쳤기 때문에 여권과와 동남아1과 근무에 이어서 1972년 바로 주 뉴델리 총영사관(1973년 12월 주 인도대사관으로 승격) 부영사로 해외 근무를 나갔다.

그 후 해외와 국내 근무를 오가다 1980년 유엔과장에 임명됐다. 외무부에 입부해 유엔과장이 되기까지 10년이 걸린 셈이다. 그 10년 동안 외교업무를 하면서 많은 국내외 인사들과 만나고 교류했다. 또 외교정책 수립 과정에서 보다 높은 차원의 정책을 만들어 보고자 노력하기도 했다. 이런 과정 속에서 항상 마음속으로 생각했던 것이 좀 더 폭넓은 지적 토대를 갖추어야겠다는 것이었다. 당시에는 지금과 달리 해외 연수 기회가 별로 없어서 나는 해외 연수를 가는 동료들이 부럽기만 했다.

1960년대 나의 대학 시절은 계속되는 학생데모 등 여러 사정으로 학업에 전념하기가 어려웠다. 더욱이 나는 군대를 마치고 복학했기 때문에 학업에 단절이 생기면서 학문적인 면에서 늘 부족함을 느끼고 있었다.

이런 아쉬움을 느끼던 차에 당시 공로명 차관보에게 개인적인 고민을 말씀드리고 해외 연수를 갈 수 있으면 좋겠다고 상의를 드렸다. 공 차관보는 흔쾌히 동의하면서 격려의 말씀과 함께, 해외 연수를 갈 수 있도록 도와주었다. 그 도움으로 나는 1982년 꿈에도 그리던 미국 하버드대의 케네디스쿨에서 2년 동안 공부할 수 있었다.

케네디스쿨은 내가 1962년 고등학교 시절 한국적십자사의 학생대표로 미국을 방문했을 적에 직접 만났던 케네디 대통령을 기념하기 위해 만든 기관이어서 나로서는 더욱 의미가 컸다. 또 세계 각국에서 온 많은 인재와 교류할 수 있었고, 세계적으로 저명한 교수진들의 가르침과 대화를 통해 깊은 성찰과 발전의 기회를 얻었다.

특히, 1982년 당시 케네디스쿨의 학장은《예정된 전쟁(Destined for War)》의 저자로 잘 알려진 세계적 석학 그레이엄 앨리슨 교수였다. 또 조셉 나이, 에즈라 보걸 등 세계적인 석학들과도 자주 만났는데, 지금 생각하면 나에게는 일종의 인생 황금기였다고 할 수 있다. 이러한 지적인 분위기 속에서 나는 많은 성장을 했다고 느꼈으며, 누구하고도 토론할 자신이 생기면서 일종의 지적 오만(intellectual arrogance)마저도 가지게 됐다.

케네디스쿨에서의 경험은 내가 2017년 유엔사무총장을 마치고 약 3개월 동안 스페셜 펠로우십(special fellowship) 교수로 갈 수 있는 인연까지 만들어줬으며, 많은 하버드 학생들과 대화할 수 있는 기회도 얻었다. 또, 그레이엄 앨리슨 교수, 조셉 나이 교수 등과 재회하는 기회도 마련해 줬다. 이러한 점에서 공로명 장관의 도움은 나의 인생에서 큰 획을 긋는 계기를 마련해 준 셈이다.

하버드대 연수가 끝나고 세월이 흘러 1990년 나는 외무부 미주국장에 임명됐고, 역사상 최초로 개최한 남북 비핵화 공동선언 교섭대표의 일원으로 활동했다. 또 1992년 남북핵통제공동위원회를 구성했을 때는 공로명 장관과 다시 인연을 이어가게 됐다.

당시 한반도 정세는 매우 긴박했다. 1991년 12월 31일 남북한은 전격적으로 '한반도 비핵화공동선언'을 했고, 1992년 1월에는 북한이 NPT(핵확산금지조약)에 가입하고도 거의 6년 가까이 미뤄왔던 IAEA(국제원자력기구) 핵안전조치를 조인하면서 IAEA 핵 사찰을 받아들이겠다고 선언했다. 이어서 1992년 2월 19일에는 '한반도 비핵화공동선언'이 발효됐다. 한 달 뒤인 3월 19일 공동선언을 이행하기 위해 남북핵통제공동위원회(JNCC)를 발족했는데, 한국 측 위원장은 공로명 당시 외교안보연구원장이었으며 나는 부위원장으로서 공로명 위원장을 보좌하게 된 것이다.

핵통제위원회 첫 회의는 상호 강제사찰(challenge inspection)을 수용하자는 우리 측의 입장과 상호 합의한 장소와 절차에 따라 사찰하자는 북측의 입장이 맞서면서 대립하기 시작했다. 위원회는 결국 여러 가지 쟁점 사안들에 대해 합의를 보지 못한 채 1992년 12월 끝나고 말았다.

비핵화 공동선언 이행이 지지부진해지면서, 나는 1992년 9월 주미 대사관 정무공사로 자리를 옮기게 됐다. 공로명 위원장을 끝까지 보좌하지 못했지만 함께 일하는 동안 공로명 위원장의 유연하면서도 사려 깊은 통찰력, 그리고 단호한 태도 등은 향후 나의 외교관 생활 과정에서 중요한 가르침이 됐다.

북한과의 협상은 전 세계 어떤 나라와의 협상과도 비교하기 어려울 정도로 어려웠다. 북측 수석대표는 자신들의 안위가 걱정되는지 평양이 들으라는 듯 판에 박힌 말만 되풀이했다. 참다못한 공로명 위원장은 "평양 쪽을 바라보지 말고 내 얼굴을 보고 이야기하라"고 북측 대표단을 다그치기도 했다.

남북한 비핵화 공동선언 협상과 관련해 한 가지 특기할 사항은 김영철 북한 통일전선부장이다. 그는 당시 북한 인민군 소장(우리의 준장) 계급장을 달고 참석했다. 그는 북한 대표단 내에서 서열이 낮았음에도 불구하고 회의 중에 우리 측 대표들을 향해 도전적인 발언을 하는 등 무례하고 거리낌 없이 행동했다.

공로명 장관은 그 후 1994년 12월 외무장관이 됐으며 1995년 2월 주미 공사로 재직 중이던 나를 외교정책실장으로 발탁해 줬다. 나는 외교정책실장 재직 시에 공로명 장관을 모시고 APEC SOM(Senior Officers Meeting)의 우리 측 대표로 활동했는데, 그 당시 우리 정부가 당면한 가장 큰 현안은 농산물시장 개방의 저지였다. 지금으로서는 이해하기 어려울 수 있으나 당시 김영삼 대통령은 "대통령직을 걸고서라도 쌀 개방을 막겠다"는 유명한 말을 남기면서 확고한 의지를 보였다.

그러나 시대의 대세는 이미 농산물 시장개방이었고, 우루과이라운드는 1993년 12월 쌀 개방에 대해 원칙적으로 합의했다. 이에 김영삼 대통령은 대국민 담화를 통해 쌀 개방을 저지하지 못한 데 대해 유감의 뜻을 표명하기에 이르렀다.

나는 오사카 정상회의 준비를 위한 고위급 회담 격인 APEC SOM의 한국 측 대표로서 끈질긴 노력 끝에 그 당시 우리의 목표였던 쌀 개방의 속도와 폭을 조절할 수 있는 유예조치에 성공했다. 이 과정에서 공 장관은 나를 전폭적으로 신임하면서 고비마다 지혜를 주었다.

공 장관은 또 1996년 1월 나를 차관보로 발탁하고, 나는 ASEM (Asia-Europe Meeting) SOM 한국 측 대표로 활동했다. 공로명 장관은 2000년 제3차 ASEM 정상회의를 한국이 유치하기로 결정하고 나에게 그 임무를 맡겼다. 나는 관련국들과 협의하는 등 외교적 노력 끝에 ASEM 정상회의를 유치할 수 있었다.

한국이 유치한 2000년 제3차 ASEM 정상회의는 아시아와 유럽 26개국의 정상들이 참석한 대규모 국제회의로서 이전까지는 3명 이상의 정상이 한국에서 회의를 한 적이 없었기 때문에 '단군 이래 최대의 외교 행사'였으며 대한민국의 외교적 위상을 크게 높여 줬다.

공 장관은 1996년 11월 어느 일요일 나에게 한남동 외무장관 공관에서 만나자는 연락을 줬다. 나는 당시 대통령 의전수석비서관으로 일하고 있었는데, 공 장관은 나에게 외무장관을 그만두게 되었고 내일 국군수도병원에 입원한다고 했다.

한국전쟁 당시 18세의 나이로 인민군에 징집당해 탈출하고 한국군에 입대해서 육군 대위로 제대했는데도 인민군에 징집됐다는 이유로 외무장관으로서 하자가 있다는 내용의 언론 보도가 나올 예정이며 그렇게 되면 대통령에게 누가 될 가능성이 있으니 외무장관직에서 사퇴하라는 압력을 받았다는 것이다.

사실 이 내용은 장관 임명 전에도 대통령에게 보고가 되고 사정 기관에서도 별문제가 없다고 결론을 낸 사안이었으나 모 기관에서 정치적인 이유로 다시 문제를 제기했다고 한다. 장관직을 훌륭하게 수행 중이고, 사전에 클리어된 사안임에도 이를 빙자해 사퇴하라고 압력을 행사하는 것은 부당하다고 생각했다. 나는 청와대 내에서 이를 저지하기 위해 노력했으나 힘이 모자랐다. 결국 공 장관은 퇴임식에도 참석 못 한 채 이기주 차관이 퇴임사를 대독했고, 이 차관은 대독하면서 눈물을 보였다고 한다. 나로서도 매우 안타까운 일이었다.

“고르바초프, 노태우 대통령과 6월 4일 샌프란시스코에서 첫 정상회담” 초특종 전보

서현섭

전 교황청 대사

19 88년 3월 말 주일대사관 발령으로 러시아와 전혀 인연이 없던 문외한이 러시아와 관계를 맺게 됐다. 당시 대사관 경제과에 근무하던 나는 그해 6월, 일본 요코하마에 본부를 둔 국제열대목재기구(ITTO) 이사회에 참석했다. 커피 타임에 도쿄 주재 소련 노보스티 통신(Novosti Press Agency) 특파원과 인사를 나눈 게 러시아인과의 첫 만남이었다. 유감스럽게도 그의 명함은 분실하고 말았다. 노보스티 특파원과는 그 후 몇 차례 만나 식사를 같이했는데 나를 정보기관원으로 간주하고 있던 것 같다.

당시 주일대사관은 소련을 비롯한 동구권 외교관들과 꾸준히 접촉하면서 이들의 서울올림픽 참가 여부를 타진하고 그들의 반응을 주시하고 있었다. 다행스럽게도 서울올림픽은 동서 양 진영이 모두 참석해 세계적인 평화와 화합의 제전이 됐다. 그 결과 우리나라는 '세계 속의 한국으로' 부상했으며, 특히 소련 등 사회주의 국가들은 한국의 웅비(雄飛)에 경탄했다. 서울올림픽이 성공리에 끝나고 1988년 11월 10일에 개최한 소련공산당 정치국 회의는 한국과의 관계를 처음으로 진지하게 검토하면서 오랫동안 적대국으로 간주해온 한국을 우호적으로 인식하기 시작했다고 한다.

1989년 3월 주일대사관 경제과에서 정무과로 옮긴 이후 소련대사관 빅토르 리준(Victor N. Lizun) 총영사, 바실리 도브로볼스키(Vassli N. Dobrovolski) 정무참사관 등과 정기적으로 접촉하는 한편, 소련 통상대표부 칼미체크, 타스통신의 코우츠코 지국장 등과도 수시로 만나 한반도 정세, 특히 앞으로의 한소 관계발전 방안에 관해 의견을 나누곤 했다. 통상대표부의 칼미체크가 본국 발령을 받고 귀국할 때는 아카사카 한식집에서 송별저녁을 내기도 했다. 헤어질 무렵 그가 서울의 우리 집 주소를 가르쳐 달라길래 불러줬더니 메모지에 한글로 받아적지 않는가. 그는 한국어가 능통한 정보기관원이었던 것이다.

1988년 말 대한무역투자진흥공사(KOTRA)와 소련상공회의소가 사무소의 상호 개설 문제를 협의하는 과정에서 소련은 코트라와 상공회의소에 영사기능을 주자고 했으나 우리는 영사기능을 비정부기관에 위임할 수 없다는 입장을 견지했다. 결국 1989년 11월 17일 싱가포르에서 양국 외무 당국이 협의한 결과 '양국의 외무공무원에 한하여 영사업무를 수행할 수 있다'는 등의 내용으로 영사처 설치에 관한 합의의정서에 서명했다. 나는 12월 8일 오전 10시, 도쿄의 프린스호텔 3층 봉주르 레스토랑 별실에서 소련대사관 리준 총영사와 한소 영사관계 발효에 관한 노트(note)를 교환했다.

외교부에서는 모스크바 영사처 창설을 서둘러 12월 25일 영사처장으로 공로명 뉴욕 총영사를 내정하고 선발대 요원을 검토하기 시작했다. 1990년 1월 초, 서울에서 내가 모스크바 영사처 창설 요원으로 갈지도 모른다는 '복도통신'이 나돈 후, 나는 전격적으로 발령을 받았다. 두 달 정도의 준비 기간을 거쳐 임지로 부임하는 것이 관례지만, 1월 30일까지 모스크바에 부임하라는 발령이어서 도둑놈 소 몰 듯 부랴부랴 보따리를 챙겼다. 조선일보, 중앙일보 등은 1990년 1월 26자 기사로 "정부는 소련영사처 개설을 위해 서현섭 주일 참사관 등 2명을 오는 29일 모스크바로 파견한다"고 짤막하게 보도했다.

1990년 1월 30일 오후 5시 30분, 백주현 서기관과 아에로플로트 SU-576편으로 모스크바 세르메체보 국제공항에 첫발을 디뎠다. 이범진 주 러시아 초대 공사가 1911년 1월 13일 망국의 한을 품고 순국한 지 79년 만에 한국 외교관으로는 처음으로 다시 찾은 모스크바에서 참으로 감개가 무량했다.

1990년 3월 2일 공로명 대사가 영사처장으로 부임한 지 한 달쯤 지난 4월 초, 대머리에다 몸집이 좋은 신사가 영사처로 나를 찾아왔다. 그는 내가 자신에 대해 알고 있을 것이라는 태도로 두나예프(Vladislav I. Dunaev) 소련 노보스티 통신 도쿄특파원이라는 명함을 건네면서 노재봉 대통령 비서실장과 김종휘 외교안보수석의 명함도 보여줬다. 두

나예프는 급한 용무로 서울에 가야 하니 모스크바~서울 왕복 1등 항공권 2장을 마련해달라는 것이었다.

나중에 안 얘기지만 1988년 '7 · 7 특별선언' 이후 박철언 정무장관은 극비리에 소련을 수차례 왕래하면서 소련의 대표적인 국책연구기관 책임자들과 접촉하며 양국관계 개선 방안 등을 협의하고 있었으며, 두나예프를 비밀창구로 지정해뒀다고 한다. 그러나 영사처로서는 그런 사정을 전혀 알 수 없었다. 두나예프는 고르바초프 서기장의 비서실장인 체르니예프의 심복으로 서기장과도 가까운 사이였다고 한다.

내 보고를 받은 공로명 대사는 뭔가 짚이는 데가 있어서인지 '그렇게 하시오'라고 지시해서 나를 놀라게 했다. 공 대사가 1990년 3월 2일 부임해 1992년 1월 30일 귀국할 때까지 약 2년간 모시면서 내가 느낀 것은 사안을 대국적인 관점에서 판단하고 사소한 사항에는 구애받지 않는다는 것이었다.

나는 항공권을 두나예프에게 건네면서 돌아오는 대로 연락해 달라고 당부했다. 3주쯤 지난 5월 4일 오후에 두나예프가 전화로 모스크바로 돌아왔다고 알려 왔다. 자세한 내용을 들어보기 위해 외무성 근처의 '엘리나'라는 레스토랑으로 그를 초청했다.

식사를 하면서 여행 결과를 물어보자 그는 손가락으로 천장을 가리킨 뒤 입을 막는 시늉을 한다. 도청당할 우려가 있다는 제스처였다. 나는 'KGB도 도청을 무서워하는군' 하고 속으로 중얼거렸다. 우리는 식사를 서둘러 마치고 밖으로 나와 천천히 걸었다. 그는 약간 흥분해서 "이 사실이 밖으로 알려지면 세상이 깜짝 놀랄 것"이라고 운을 뗀 뒤 또박또박 "6월 4일 샌프란시스코"라고 말하고 서울에 지급으로 보고해 달라고 했다. 나는 혹시 내가 잘못 들은 것이 아닌가 하여 "6월 4일 샌프란시스코?"라고 재차 확인했더니 그는 고개를 끄덕거렸다.

공 대사에게 보고했더니 빨리 전보를 기안해서 가져오라고 했다. 나는 '상부 추진 건 6월 4일 샌프란시스코'라고 요지만 간략하게 쓴 전보를 기안하여 결재를 받아 지급전보로 타진했다. 당시 노태우 대통령의 지시를 받은 정부가 '태백산'이란 암호명으로 극비리에 한소 정상회담을 추진하고 있었음이 2021년 기밀을 해제한 1990년도 외교문서를 통해 확인됐지만 당시 영사처로서는 이에 대해서도 전혀 들은 바가 없었다.

사실 서울에서는 두나예프가 모스크바로 돌아가는 대로 영사처에 나와 있는 안기부 직원을 통해서 소식을 전해 올 것으로 기대한 모양이다. 영사처로부터 초특종 전보를 받은 최호중 외무장관은 김종휘 외교안보수석을 경유해 대통령에게 보고했다. 결과적으로 안기부는 이 건이 패싱을 당한 셈이어서 굉장히 화를 냈다고 한다.

한편 소련 측은 1990년 5월 22일 미하일 고르바초프 대통령의 외교고문 아나톨리 도브리닌(Anatoly F. Dobrynin)이 서울에서 개최한 전직 국가수반회의 참석 차 방한해 6월 4일 샌프란시스코에서 한소 정상회담을 연다는 사실을 정식 통보했다.

나의 추측이지만, 두나예프는 처음부터 나를 안기부 직원으로 단정하고 있던 것으로 생각된다. 두나예프는 1991년 4월 19일 제주도에서 개최한 제3차 한소 정상회담 때는 소련 측 수행원 명단에도 없었는데 대통령 특별기편으로 입국해서는 밤늦게 내 호텔 방으로 전화를 걸어와 나를 놀라게 했다. 특별한 말은 하지 않고 '히히' 하고 기분 나쁜 웃음소리를 남기고 사라졌다.

'6월 4일 샌프란시스코'라는 전문을 보내고 이틀인가 지나서 본부로부터 공로명 처장에게 일시귀국하라는 전문이 도착했다. 공 대사는 귀국하면서 "만약 (대통령이) 샌프란시스코로 가는 게 (한소) 정상회담 때문이라면 '무사히 도착했다'는 내용의 서비스 전문을 보내겠다"고 했는데 아니나 다를까 "무사히 서울에 도착했다"는 짤막한 전문이 날아왔다. 그 전보를 받고 우리 모두 박수를 치고 만세를 외쳤다.

이렇게 하여 마침내 1990년 6월 4일 샌프란시스코의 페어몬트 호텔에서 노태우 대통령과 고르바초프 대통령의 역사적인 한소 정상회담이 열렸다. 정상회담에서 그해 9월 30일 대사급 외교관계 수립에 합의하고, 12월 13일 노태우 대통령의 소련 공식방문으로 양국관계는 급진전했다.

그해 12월 말 나는 정부로부터 '홍조근정훈장'을 받으며, 재주는 곰이 넘고 돈은 왕 서방이 챙긴다는 속담처럼 한소 수교의 막후 주역인 박철언 장관과 두나예프 특파원의 공을 가로챈 것은 아닌지 하는 기분이 들었다.

“북에 줄 경수로는 반드시 한국형으로”
결국은 통한 뚝심

신각수

세토포럼 이사장(전 주일대사)

누구에게나 삶을 살아가는 데 있어 멘토(조언자)가 있다. 36년간 외교관 생활과 은퇴 후 10년 생활에서 여러 분의 멘토들이 인생의 길라잡이를 해줬지만, 공로명 장관만큼 삶의 자세와 지혜 등 여러 면에서 큰 영향을 준 분은 없다. 사실 공 장관은 돌아가신 선친보다 네 살밖에 적지 않으니 나와는 나이 차이도 많이 난다. 그러다 보니 장관을 직접 모시고 일하게 된 것은 장관의 외교관 생활 중 마지막 시기이다.

1977년 내가 청운의 꿈을 품고 외교관으로서 첫발을 내디뎠을 때 장관은 이미 아주국장으로서 중후한 외교관의 면모를 보여주고 있었다. 그때 초임 사무관으로서 모시고 일할 기회가 있었지만 아쉽게도 놓쳤다.

외무부에 들어와 지역 업무와 기능 업무 하나씩을 전문 영역으로 꾸준히 하는 게 좋겠다는 생각에 지역 업무로는 아시아를, 기능 업무로는 국제법 · 국제기구를 선택했다. 외교의 출발은 이웃 나라들과의 관계를 잘 관리해야 한다는 생각과, 국제법 덕분에 외교의 세계에 눈을 뜨고 학위까지 받았으니 이 둘을 잘 살려 나가겠다는 취지였다. 그런데 실제 경력에서는 순서가 뒤바뀌어 공 장관을 모시고 일할 기회를 놓쳤다. 외무부에 들어가 거의 10년을 조약국에서 근무하게 되어 아주국에 근무할 기회를 얻지 못했다. 상당히 아쉬운 부분이다. 조약국 근무 당시 영해법 제정 업무를 담당하면서 직선기선 설정과 군함의 사전통고 의무에 관한 일본의 항의를 처리하는 과정에서 몇 번 협조결재를 받으러 간 것 외에는 직접 모시고 일할 기회가 없었다. 당시 아주국에서 근무했더라면 장관으로부터 외교관 생활을 하는데 긴요한 것들을 익힐 기회가 있었을 것이다. 그런 사실은 그 뒤 20년이 흐른 뒤 일본을 담당하는 동북아1과장과 장관보좌관을 하면서 깨닫게 되었다.

사실 공 장관이 우리 국민뿐만 아니라 외교부 후배들이 존경하는 선배로 각인된 가장 큰 계기는 1983년 중국민항기 납치사건이다. 이는 탁장인(卓長仁) 등 납치범 6명이 선양(瀋陽)에서 상하이로 가던 중국 민항기를 한국으로 납치해 춘천 미군기지에 강제로 착륙시킨 사건이다. 공 장관은 당시 차관보로서 우리 수석대표를 맡아 중국 대표인 선투(沈圖) 민항국장과의 교섭을 성공적으로 이끌었다. 미수교 상태이던 한국과 중국이 처음으로 직접 외교교섭을 벌여 사건을 해결함으로써 이 사건은 한중관계의 물꼬를 트는데 마중물 역할을 했다. 외교관의 길을 걸으면서 장차 중국대사가 되고 싶다는 막연한 희망을 가지고 있었기 때문에 공 장관이 묵직한 인상으로 교섭을 잘 마무리한 것이 뇌리에 강하게 남아 있다.

공 장관을 자주 접하게 된 것은 1993년 8월 동북아1과장을 맡으면서부터이고, 주일대사로 있던 장관과 업무적으로 직접 연결되었다. 당시 일본군위안부 문제는 한일 간의 최대 과거사 현안 가운데 하나였다. 1992년 1월 미야자와 기이치(宮澤喜一) 총리의 방한을 계기로 본격화한 이 문제는 1993년 3월 김영삼 대통령이 일본에 대한 도덕적 우위를 확보하겠다는 뜻에서 금전적 보상은 요구하지 않고 철저한 진상규명을 촉구하겠다는 입장을 분명히 하고, 일본 정부도 고노 요헤이(河野洋平) 관방장관 담화를 통해 일본군의 관여와 강제성을 인정하고 사죄와 반성을 분명히 함으로써 외교적으로는 수습 단계에 들어간 시점이었다. 공 장관은 고노 담화의 성안 과정에서 주일대사로서 상당한 역할을 했다.

우리가 김영삼 대통령의 강한 의지를 과거사 해결의 지침으로 계속 견지했더라면 한일관계는 지금과는 아주 다른 길을 걷고 있을 것이다. 역사화해의 길을 꾸준히 추구하는 가운데 건전하고 안정된 한일관계를 구축함으로써 한일관계는 한반도와 동북아, 나아가 동아시아의 평화와 발전을 견인하는 핵심축이 되었을 것이다. 불행히도 일본군 위안부 문제는 그 뒤로도 많은 우여곡절이 있었다. 2015년 12월

28일 어렵게 한일 정부 간에 합의를 했지만, 합의의 핵심인 화해치유재단을 2019년 1월 해산하고 2021년 1월 서울중앙지법이 일본 정부의 배상책임을 인정하면서 여전히 외교현안으로 남아있다.

공 장관이 주일대사로 재직한 기간은 일본에서 자민당이 유일 우월정당으로 독주하던 1955년 체제가 무너지고, 호소카와 모리히로(細川護熙) 총리의 일본신당이 주도한 비 자민 연립정권이 출범한 때였다. 호소카와 정부는 단명으로 끝났지만 자민당 · 사회당 · 신당사키가케 연립정권으로 이어지면서 1990년대 중반은 일본 사회에서 자유주의의 물결이 힘을 얻고 과거사 문제에서 일본 정부의 전향적 자세가 본격화하던 시기였다. 이 시기에 고노 관방장관 담화와 무라야마 총리 담화가 나온 것은 이런 시대적 조류와 무관하지 않다.

이런 분위기 때문에 한일 정상회담이 1993년 11월 호소카와 모리히로 총리 방한, 1994년 3월 김영삼 대통령 방일, 1994년 7월 무라야마 총리 방한으로 이어져, 동북아1과장 재직 1년 반 동안에 세 번의 정상회담을 치렀다. 아마도 국교정상화 이후 56년 역사 가운데 한일관계가 가장 긴밀했던 때라고 생각하는데, 그 중심을 잡아 준 분이 주일대사였던 공 장관이었다. 세 차례의 정상회담 가운데 가장 기억에 남는 것은 호소카와 총리가 방한한 경주회담이었다. 통상 서울에서 개최하는 정상회담을 신라의 고도 경주에서 개최한 것이다. 호소카와 총리는 역대 총리들과는 달리 창씨개명, 일본어 강제사용, 일본군 위안부, 강제동원 등 구체적 사례들을 들어가며 과거사 전반에 대해 상당히 진솔한 사죄와 반성을 표명했으며 한일 지식인들의 교류 플랫폼인 한일포럼의 창설에도 합의한 의미 있는 회담이었다. 한일 정상회담에 일본 측은 늘 북동아과장(한국담당)이 배석하는 반면, 우리는 그런 적이 한 번도 없어서 곤란했다. 개인적으로 이런 불균형을 바꿔보려는 노력이 열매를 맺어 과장으로서 정상회담 현장을 직접 참관할 수 있던 일은 오래 기억에 남는다.

안타깝게도 이런 좋은 분위기는 자민당이 재집권하면서 오래가지 못하고, 과거사문제가 간헐적으로 다시 한일관계의 진전을 가로막는 상황으로 되돌아갔다. 그리고 일본 사회에서 자유주의 기류에 대한 반발로 보수우파들의 결집 현상이 일어나 '강한 일본'을 기치로 한 '일본회의'가 출범하면서 2010년대 2기 아베 정권의 시작과 함께 역사수정주의가 기승을 부리는 기반이 되었다.

1994년 말 공 장관이 주일대사에서 외무부 장관이 되면서 본부에서 직접 모시고 일할 기회가 생겼다. 연말경 인사과에서 과장으로 일한 지 1년 반이 되었으니 과장직을 내놓고 해외 근무를 나가야 한다고 통지했다. 본부에서 좀 더 일하고 싶다는 생각에 장관보좌관 자리로 옮겨 장관을 직접 모시고 일하고 싶다고 했더니 흔쾌히 받아주셔서 1995년 2월부터 1년간 보좌관으로 일했다. 장관실은 외교부에서 최종 의사결정을 하는 곳이다. 외교부가 돌아가는 상황을 지근거리에서 관찰하고, 여러 가지 다양한 상황처리 과정을 보면서 소중한 경험을 쌓고 많은 것을 배웠다는 점에서 보좌관 근무는 의미가 컸다.

보좌관으로 가기 직전인 1월 17일 일본에서 한신 · 아와지(阪神 · 淡路) 대지진이 일어나 우리 교민들이 다수 거주하는 고베시 일대에서 막대한 인명과 재산 피해가 발생했다. 지진 발생 가능성이 낮다는 이유로 내진 대비를 소홀히 했기 때문에 화재를 동반한 지진으로 도심이 큰 피해를 보았다. 친척과 지인의 안부를 묻는 전화가 폭주해 사무실 전화가 모두 불통이 되는 바람에 외부 통화가 힘들 정도였다. 당시에는 드물던 휴대폰 한 대로 외부와 연락을 하면서 겨우 업무를 볼 수 있었다.

김영삼 대통령은 한일관계의 좋은 분위기를 살리고 늘 일본에 뒤져 있던 우리가 일본을 도울 기회라는 점에서 다른 나라보다 먼저 일본을 지원하기를 원했다. 그래서 실무를 맡은 외교부로서도 이런 취지를 살리고자 준비에 최선을 다했다. 우리 정부는 지진 발생 즉시 일본 정부에 지원을 제의했고, 지원물품 준비에 착수했다. 보잉 747 화물기를 가득 채울 생수, 텐트, 인스턴트식품 등 긴급 지원물자를 수배해서 업체별로 물량을 확보하는 일은 쉽지 않았고, 동북아1과 전 직원이 매달려야 했다. 그런데 문제는 일본 정부가 외국의 지원을 받지 않겠다고 발표를 하는 바람에 지원 가능성이 사라질 상황이 된 것이다. 이틀간 열심히 준비했기 때문에 그 발표에 매우 실망했지만, 만에 하나라도 일본 정부가 방침을 바꿀 가능성도 있다는 판단 아래 일단 준비는 계속하기로 했다. 선진국이라는 자존심에서 외부 지원을 거절하고 자체적으로 대응하려 했던 일본 정부가 국내외의 비판에 직면하자 갑자기 방침을 바꿔 외국 지원을 받아들이기로 했다. 이에 따라 우리 손길도 바빠졌고, 빠르게 준비를 마쳐 방침을 바꾼 바로 다음날 지원물품과 복구인력을 실은 우리 비행기가 고베로 향했다. 그리하여 한국이 일본을 지원한 첫 번째 국가가 되었고 일본 여론도 좋은 반응을 보였다. 김 대통령이 매우 흡족해했음은 물론이다. 막 취임한 공 장관에게 수고했다는 격려도 있었다고 한다. 나로서는 동북아1과장 업무의 마지막을 보람 있게 장식한 셈이다.

보좌관의 업무는 주로 장관의 활동과 관련된 정보, 특히 해외공관으로부터 오는 막대한 양의 전보를 걸러 보고를 드리고 장관 지시를 각 부서에 전달하거나 부처의 동향 가운데 장관이 알아야 할 사항을 체크해서 알려드리는 일이다. 보좌 업무다 보니 직접 일을 처리하지는 않지만 외교부 전체의 흐름을 파악할 수 있고, 최고 단계에서 실제로 어떻게 결정을 하는지에 대해 많은 공부를 할 기회였다. 후에 국장, 대사, 차관 업무를 하면서 보좌관 시절의 경험이 좋은 양식이 되었다. 특히 공 장관은 업무의 경중에 따라 상당 부분을 실무진에게 위임하는 반면, 우선순위가 높은 사안에 대해서는 관련 부서의 위에서부터 아래 실무자까지 모두 참여하게 하여 심도 있는 토론을 통해 결론을 냈다. 장관의 열린 귀와 탈권위적 자세가 있었기에 사무관까지도 별 부담 없이 의견을 개진할 수 있었다. 이런 업무 처리방식은 다단계 제대식(梯隊式) 의사결정 과정에서 오는 왜곡현상을 막고 충분한 토론의 결과로 결정을 한다는 점에서 매우 효율적이고 민주적이며, 투명하고 효과적이다.

보좌관으로 일할 때 많은 일이 있었지만 가장 기억에 남는 일은 제네바 합의에 따라 북한에 제공하기로 한 경수로 공급을 위한 협정 체결이었다. 제네바 합의는 우리가 참여하지 않은 가운데 미국과 북한 간에 탈냉전의 와중에 북한의 소멸 가능성을 염두에 두고 만든 것이기에 우리 입장을 반영하지 못한 불완전한 부분이 꽤 있었다. 그래서 제네바 합의에 따라 북한에 제공할 경수로 2기 공급협정에서는 우리 이익을 반영할 수 있도록 더욱 분발하지 않으면 안 되는 상황이었다. 이 교섭도 미국과 북한이 제3의 장소에서 했기 때문에 우리는 미국에 귀동냥을 하면서 우리 입장을 반영시켜야 하는 매우 힘든 상황이었다. 문제는 북한이 늘 그렇듯이 한국을 배제하기 위해 경수로의 노형을 미국형으로 원했고, 실제로 언론이 미국회사 컴버스천 엔지니어링(Combustion Engineering)의 모델인 CE80형을 거론하기도 했다. 한국이 건설비용의 70%를 대고, 독자적인 한국형표준모델(KSNP)을 가진 우리로서는 우리 노형으로 건설하기를 강력하게 희망했고, 이를 합의에 반영하기 위해 외교적 노력을 기울였다. 그렇지만 6개월 내에 협정을 체결하기 위해 서두르는 미국도 우리 입장을 강하게 북한에 제기하지 않는 상황이라 어려움이 많았다. 교섭과정에서 한국의 중심적 역할이 분명하지 않고 우리 노형을 참조한다는 것을 언급하지 않았다는 점에 대해 미국 측에 강하게 이의를 제기했고, 결국 한반도에너지개발기구(KEDO)에서 울진 3 · 4호기를 참조 모델로 한다는 결의를 채택하는 방식을 통해 우리 입장을 관철했다. 이 과정에서 공 장관 주재로 수시로 관련자 회의를 소집해 대책을 숙의하고 이를 적시에 미국 측에 전달함으로써 우리가 원하는 소기의 성과를 거두게 되었다. 북한 핵문제 해결에는 우리가 당사자로서 적극 참여하는 형태의 교섭이 되어야 한다는 교훈을 얻은 소중한 기회이기도 했다.

보좌관 생활은 해외발령으로 인해 1년 만에 끝났다. 공 장관은 중국 근무를 권했지만 유엔 무대에서 경험을 쌓고자 유엔대표부로 나갔는데 그때 중국대사관으로 나갔더라면 가보지 않은 길은 어땠을까 하는 생각을 가끔 한다. 유엔대표부 근무 시절 공 장관이 장관직을 그만두었기 때문에 외교부 현직에서의 인연은 끝났지만, 은퇴한 뒤에도 인생의 멘토로서 이런저런 일로 장관의 가르침을 받으면서 남은 외교관 생활을 했다.

개인적으로 외교관의 덕목은 일체성(Integrity), 적극성(Initiative), 지성(Intelligence)의 '3I'에 있다고 보고 이를 위해 노력해 왔는데, 이를 두루 갖춘 전형이 공 장관이 아닌가 한다. 우리 인생은 영겁의 우주 시간에 비하면 짧은 콤마와도 같은데, 그 여행길에 공 장관과 같은 훌륭한 분을 만나 보람 있는 시간을 공유할 수 있다는 것이 얼마나 행복한 것인가를 늘 느끼고 있다.

리더는 국민감정에 아부하지 않고,
국익에 복무하는 사람

심윤조

전 오스트리아 대사
(전 국회의원)

필자가 공로명 장관을 처음 뵌 것은 1993년 4월 공 장관이 주일본대사로 부임했을 때였다. 돌이켜 보면 이때 공 대사를 모시고 일했던 경험은 필자의 외교관 경력에 있어서 큰 획을 긋는 사건이었다고 해도 과언이 아니다. 1977년 입부한 필자는 당시 이미 15년여의 경력을 가진 외교관이었으나 아직 외교나 외교관에 대해 뚜렷한 의식을 갖추고 있지 못했다. 나라의 비전을 별로 진지하게 고민하지 않으면서 그저 하루하루 주어진 업무를 처리하는 것에 만족했다. 그러던 것이 공 대사를 옆에서 보고 배우며 국가가 무엇인지, 외교란 무엇인지, 외교관은 어때야 하는지를 점차 깨닫게 되었다.

1993년 주일대사관은 북핵과 일본군 위안부 문제로 무척 바쁜 날들을 보냈다. 1980년대 말 이후 탈냉전의 국제정세 속에서 북한은 남북기본합의서 체결 등 남북관계 개선을 통해 체제위기 극복을 꾀하는 한편, 비밀리에 핵개발을 추구하고 있었다. 결국 IAEA(국제원자력기구)가 북한에 특별사찰을 수용하라는 결의안을 채택하자 북한이 1993년 3월 NPT(핵확산금지조약) 탈퇴 성명을 발표하면서 소위 1차 북핵 위기가 발생한다. 당시 우리나라는 중국, 러시아와 수교 초기여서 그들과 전략적 협의가 불충분한 상황이었고, 일북 간에는 별도의 접촉 채널을 가동하고 있었기 때문에 북한 관련 정보 수집과 대책 마련에 있어서 주일대사관이 비중 있는 역할을 했다. 특히 공 대사는 남북핵통제공동위원장도 지냈기 때문에 북핵 문제에 깊은 통찰력을 보여줬다.

한편 일본군 위안부 문제는 당시 한일 간의 가장 큰 외교현안으로 부상해 있었다. 1990년 시민단체들이 정대협(한국정신대문제대책협의회)을 결성하고 1991년 말 발표한 가토 관방장관 담화는 위안소 설치 및 운영에 일본 정부의 관여를 인정하면서도 위안부 모집의 강제성은 빠져있어 비판을 받던 시점이었다. 공 대사는 부임 전부터 정대협을 만나 협의를 하는 등 이 문제의 해결에 진력했다. 우리는 위안부 피해자의 명예회복에 초점을 맞췄고 이를 위해서는 일본 측이 모집의 강제성을 인정하는 것이 긴요하다는 입장이었다. 문제는 강제성을 입증할 문서가 존재하지 않는다는 것이었다. 제2차 세계대전 종전과 함께 일본 측이 관련 문서를 모두 파기했기 때문으로 보였다. 그래서 나온 아이디어가 생존자들의 증언이었다. 공 대사는 해방 당시 일본인들이 문서를 소각하는 장면을 목격한 경험에서 "문서가 없다는 이유로 강제성을 부인하는 것은 부당하며 당사자의 증언청취를 통해 사실관계에 접근해 가자"고 일본 측을 설득했다. 일본 측은 담화 자체는 일본이 발표하는 것이기 때문에 한일 간 협의 대상은 아니지만 한국 측의 협력을 희망한다는 입장 하에서 우리 측 의견을 경청하는 자세를 보였으며 결국 피해자들의 증언청취를 결정하였다. 당시 주일대사관의 정무 라인은 공 대사 - 이재춘 공사 - 유광석 참사관 - 필자로 이어졌고, 일본 측은 외무성의 사이토 구니히코(齋藤邦彦) 사무차관 - 이케다 다다시(池田維) 아시아대양주국장 - 나카무라 시게루(中村滋) 북동아과장, 그리고 총리 관방외정실의 다니노 사쿠타로(谷野作太郎) 실장 - 기무라(木村) 심의관 라인을 가동하고 있었다. 양측 모두 이 문제를 방치하고는 한일관계를 진전시킬 수 없다는 절박한 문제의식을 가지고 해결에 진력했다.

주지하는 바와 같이 일본 측은 1993년 8월 고노 요헤이(河野洋平) 관방장관 명의로 담화를 발표해 위안부 모집의 강제성을 인정하게 된다. 즉, "위안부의 모집, 이송, 관리 등도 감언, 강압에 의하는 등 총체적으로 본인들의 의사에 반하여 행해졌다"라는 문장을 넣은 것이다. 이 문장 중 특히 '총체적으로'(영어로는 in general로 번역)라는 표현이 핵심이다. 일본 측은 이전에는 위안부의 이송 및 관리에 있어서 일본군의 관여는 인정하되, 모집에 있어서는 군이 아니라 업자가 관여했고, 이 과정에서도 사기나 감언은 있었을지언정 강제성이 있다는 증거는 없다는 주장으로 일관해 왔다. 그런데 고노 담화는 지금까지 부정했던 경우까지를 통틀어 본인들의 의사에 반한 것으로 간주함으로써

'총체적으로' 강제성을 인정한 것이었다. 후일 아베 총리가 고노 담화를 수정하려 했으나 결국 손대지 못한 부분이 바로 이 강제성을 인정한 문장이다. 고노 담화는 일본군 위안부 문제에 있어서 기념비적인 의미를 가지는 것이며, 앞으로도 이 이상의 표현은 나오기 어려울 것으로 생각한다.

1994년 초 공관장 회의가 서울에서 열려 일시귀국한 공 대사는 기자간담회에서 "일본 대중문화가 음성적으로 들어오는 상황보다는 양질의 일본 영화와 음악을 정식으로 수입하는 게 좋다"고 일본 대중문화 개방의 필요성을 거론한다. 이는 즉흥적인 발언이 아니라 일시귀국하기 전부터 진지하게 검토한 사안이었다. 이전 정부에서도 일본 대중문화 개방문제를 검토했으나 실현하지 못한 경위가 있다. 그래서 어느 정도 국내의 반발을 예상하면서도 이미 일본 대중문화에 상당히 노출된 국내 상황을 감안하면 이를 정식으로 개방하는 것이 오히려 양질의 일본문화를 접함으로써 양국의 성숙한 관계 발전에 도움을 줄 것이라는 판단에서 제기한 것이었다. 하지만 국내의 반대는 예상보다 격렬했다. 일부 언론에서는 공 대사의 등에 비난의 화살이 박혀있는 삽화를 게재하기도 했다. 그러나 공 대사의 문제제기에 이어 이홍구 총리도 이의 필요성을 거론했으며, 그 후 오래지 않아 1998년 김대중 정부 출범과 함께 일본 문화를 개방하게 된다.

고노 담화와 일본 문화개방 등을 겪으면서 정책 담당자는 때로는 국민감정에 부합하지 않더라도 나라의 앞길에 도움이 되는 방향으로 정책을 만들고 여론을 이끌어 나가야 한다는 것을 깨닫게 되었다. 국민감정에만 휘둘려서는 바람직한 한일관계를 만들어 나갈 수 없다는 것이 당시 공 대사로부터 배운 중요한 덕목 중의 하나이다. 필자는 도쿄에서 1년 반 가까이 공 대사를 모시고 일했는데, 대사관 직원들뿐만 아니라 일본인들도 공 대사의 인품과 실력에 대해 존경심을 표하는 것을 보면서 외교관의 표상이란 이런 것이구나 하고 느낄 때가 한두 번이 아니었다.

1994년 가을 3년 반의 동경 근무를 마치고 서울로 돌아와 청와대 외교비서실에서 근무하던 필자는 1994년 12월 공 대사가 외무부 장관으로 부임하면서 1995년 춘계 인사에서 동북아1과장으로 발령받아 일본 업무를 담당하게 된다. 그리고 그해 6월 북경에서 개최한 1차 남북 쌀회담에 참가했다. 우리 측 대표단은 이석채 재정경제원 차관을 단장으로 하여 청와대, 국정원, 통일부, 외무부 직원들로 구성했는데 당시 일본도 북한에 쌀 지원을 검토하고 있었기 때문에 외무부에서는 공 장관 지시로 일본담당 과장인 필자가 참가하게 된 것이다. 당시 김하중 아태국장이 해외출장 중이어서 보안 유지 차원에서 전보로 알리지 못하고 메모만 남긴 채 출국했던 기억이 새롭다. 북측에서는 전금철 아태평화위원회 고문이 대표단을 이끌었는데 필자로서는 북측 인사와의 접촉 자체가 처음이었던 만큼 새로운 경험이었고 이후 북한 관련 활동에 참고가 되었다.

동북아1과장 시절 일본 관련 주요 외교 사안은 위안부 피해자를 위한 아시아여성기금 설립이었다. 1994년 집권한 사회당의 무라야마 도미이치(村山富市) 총리는 고노 담화의 후속조치로써 1995년 7월 기금 설립을 발표했는데, 이 기금에 일본 정부 예산이 들어갔는데도 불구하고 민간 기금의 성격임을 강조했다. 일본 정부의 배상 책임을 회피하려는 자세로 해석되었고 이에 우리 측은 당초 긍정적 평가를 하려던 입장을 바꿔 기금 수령을 거부했다. 그리고 김영삼 대통령은 앞으로 정부 차원에서는 일본 측에 위안부 피해자의 물질적 보상을 제기하지 않을 것이며 도덕적 우위를 갖고 대일외교에 임한다는 원칙을 확립했다. 이 원칙은 다음 김대중 정부도 계승해 우리 자체의 예산으로 위안부 피해자들에게 금전적 지원을 실시하기에 이르렀다.

1996년 2월 필자는 장관보좌관으로 자리를 옮겨 공 장관을 지근거리에서 보좌하게 됐다. 공 장관은 김영삼 대통령과 매우 특이한 보고

체계를 가졌는데, 출근과 함께 보좌관이 보고한 전문 내용 중 시급한 사항은 대통령께 직접 전화로 보고를 드리는 것이었다. 신속한 보고와 지시가 대통령과 장관 사이에 수시로 이뤄지니 업무의 효율성도 높아지고, 외교 분야에서 외교부의 주도적 위치가 저절로 확립됐다. 그러다 보니 보좌관으로서도 보고사항의 경중과 완급을 가려 효율적으로 보고하는 방법을 모색해야 하므로 긴장을 늦출 수가 없었다. 장관의 산적한 업무 때문에 보고가 지연되는 일이 없도록 별도의 보고서를 만들어 장관 공관으로 전달하곤 했다.

장관의 해외 출장 시 보좌관이 수행하는 경우가 많은데 그중 1996년 4월 러시아 방문이 기억에 남는다. 공 장관은 주 러시아대사를 역임한 만큼 러시아 측이 환대할 법도 했다. 그러나 당시 우리가 주도했던 4자회담에 러시아를 배제했다는 이유로 옐친 대통령을 예방하지 못했고, 외무장관 회담도 어색한 분위기 속에서 열렸다. 당시 프리마코프 외무장관은 러시아가 빠진 4자회담은 지지할 수 없다고 하면서 러시아가 북한에 무기를 공급할 수 있는 나라임을 잊어서는 안 된다고 협박성 발언마저 서슴지 않았다. 러시아 측의 무례함에 공 장관의 표정도 경직되었지만 끝까지 차분하게 우리 입장을 설명해서 언론 발표 때에는 대립상황이 드러나지 않도록 의견을 모으고 회담을 마무리지었다. 러시아가 장차 한반도 문제에 있어서 부(負)의 기능을 할 수도 있겠다는 우려를 품게 한 장면이었다.

보좌관으로서 가장 마음 아팠던 일은 공 장관의 퇴임을 곁에서 지켜본 것이었다. 1996년 11월 공 장관은 건강상의 이유를 들어 갑자기 사의를 표명하고 도연명의 '귀거래사'로 이임사를 대신한 후 국군수도병원에 입원했다. 여러 억측이 나돌았고, 기자들이 병원에 직접 찾아오려고 하여 말렸던 기억이 있다. 후일 김영삼 대통령은 회고록에서 "모함으로 경질했다"고 밝혔는데 외교부나 국가 차원에서도 안타까운 일이 아닐 수 없다.

원로 외교관 증언 처음으로 기록하고,
북한 인권 처음으로 거론하고

오 준

전 유엔대사

공로명 장관은 나의 38년 외교관 생활에 가장 큰 영향을 준 대선배 중의 한 분이다. 생각해 보면 공 장관은 주로 일본과 미국 분야에서 일했고, 나는 유엔 등 다자외교에 치중해서 함께 일할 기회는 많지 않았지만, 공 장관이 외교부에 계실 때나 떠난 후에나, 어디에든 근처에 계셨던 것 같이 느껴진다. 특히, 가까이서 일할 수 있던 공 장관의 외교안보연구원장(1992~93년)과 외무부 장관(1994~96년) 시절에 경험한 일들을 회고해 본다.

외교안보연구원장: 외교기록 보존의 선구자

나는 1978년 외무부 사무관 시작부터 의전실, 장관 수행비서 등으로 일했기 때문에 당시 아주국장과 정무차관보로 있던 공 장관을 업무상 뵐 기회가 있었다. 또 1985년 뉴욕의 유엔대표부에서 첫 해외근무를 할 때는 같은 뉴욕의 공로명 총영사를 자주 뵐 수 있었다. 그러나 직접 상관으로 모시고 일할 기회는 1992년 내가 외교안보연구원(오늘의 국립외교원) 외국어교육과장을 맡게 되면서 찾아왔다. 공로명 주 러시아 대사가 임기를 마치고 귀국해서 차관급인 외교안보연구원장을 맡은 직후였다.

공로명 원장은 남북핵통제공동위원회 위원장을 겸직했기에 외교안보연구원장 역할은 크게 조명받지 않았지만, 이 시기 공 원장이 우리나라의 외교 기록을 보존하는데 큰 기여를 했다고 생각한다. 내가 맡은 외국어교육과장 업무는 주로 우리 외교관들의 해외 연수와 교육이었다. 그런데, 어느 날 공로명 원장이 나를 부르더니 "정부 수립부터 외교관으로 일하신 분들이 이제 연로해서 돌아가시는 분도 나오는데, 더 늦기 전에 우리가 초창기 외교관들의 증언과 경험을 기록하고 그들이 가지고 있는 외교사료들이 소멸하지 않도록 '외교박물관' 같은 것을 만들 필요가 있습니다. 오 과장이 그 일을 좀 맡아주세요"라고 했다. 당시 외교안보연구원은 과가 4개밖에 없는 작은 조직이었다. 그러니 그런 성격의 업무를 담당할 수 있는 부서는 어차피 없었고, 아마도 상대적으로 업무 부담이 적은 나에게 그런 지시를 한 것 같았다. 나는 공 원장의 취지에 전적으로 공감했다. 특히 나의 선친은 1948년 외무부 창설 요원으로 참여해서 제1공화국에서 외교관으로 일했는데, 92년 당시에는 병환으로 거동이 자유롭지 못하실 때라 더욱 공감이 갔다.

나와 담당 직원들은 그로부터 1년 가까이 원로외교관들의 증언을 채록하고 그분들이 개인적으로 소장하고 있는 외교 관련 물품과 자료를 수집하는 작업을 벌였다. 특히 대한민국 정부 수립 후뿐 아니라, 조선시대에도 미국, 영국, 러시아와 수교하는 등 우리 외교가 19세기 말부터 존재했다는 점을 알리기 위해 역사적 문서, 사진, 외교 서신 등을 모았다. 외교박물관은 공 원장이 주일대사로 임명되기 직전인 1993년 2월 외교안보연구원 2층에서 문을 열었다. 외교박물관은 2006년 '외교사료관'으로 이름을 바꾸고 신축한 독립 건물로 옮겼다. 또 강영훈 전 총리 등 외교 원로들의 구술 채록도 했는데, 훗날 책자로 만들어져 우리나라 초기 외교사를 정리하는데 중요한 기초자료가 되고 있다.

외무부 장관: 유엔 안보리 진출과 최초의 북한 인권 연설

1993년 2월 김영삼 대통령 정부가 출범하자 한승주 외무부 장관이 임명되고 공로명 원장은 주일대사로 부임했다. 나는 외교안보연구원 과장을 마치고 그해 여름 장관보좌관으로 자리를 옮겼다. 한승주 장관은 1차 북핵위기 속에서 외무부를 이끌다가 1994년 12월 퇴임하고, 공로명 장관이 뒤를 이었다. 나는 공 장관을 모시고 3개월 간 보좌관 업무를 계속한 후 유엔과장으로 자리를 옮겼다.

유엔과장으로서 나에게 주어진 가장 큰 과제가 우리나라 최초의 유엔 안보리 비상임이사국 진출이었다. 우리나라는 1991년 유엔에 가입했는데, 가입 5년 만인 1996-97년 임기의 안보리 이사국에 진출하겠다는 야심 찬 계획을 세운 것이다. 아시아에 매년 1석만 할당되는 비상임이사국은 전체 회원국 3분의 2 이상의 지지를 얻어야 하기 때문에 진출이 쉽지 않은 자리다. 오늘날까지도 유엔 회원국의 33%인 63개국이 아직 한 번도 안보리에 진출하지 못했다.

공 장관이 취임하고 내가 유엔과장으로 옮기면서 교섭을 본격화했다. 아시아 1석을 놓고 우리와 경합을 벌인 국가는 스리랑카였다. 결국에는 1995년 4월 스리랑카가 후보를 철회함으로써 그해 가을 투표에서 우리가 선출됐다. 여기에는 여러 요소가 작용했겠지만, 1995년 2월 공 장관이 뉴욕에서 스리랑카 외무장관을 면담하고 한-스리랑카 경제협력에 관해 집중 협의한 것이 큰 영향을 주었다고 생각한다. 공 장관은 우리가 안보리 이사국 진출에 성공하자 크게 기뻐했다. 과거 우리나라가 토의와 처분의 대상이 되었던 유엔 안보리에서 이사국 역할을 할 수 있게 됐다는 것은 원로 외교관들에게는 가슴 벅찬 일이었다. 내가 그해 12월 안보리 신임 이사국에 대한 유엔 브리핑에 1주일간 참석하고 돌아와 공 장관에게 보고하자, 장관은 그 내용을 외무부 간부 전체에게 설명하라고 했다. 사실 안보리 이사국 2년 임기 동안 공 장관은 모든 외교 업무에 이사국 활동을 고려하도록 했고, 이러한 특별 지침은 다른 지역담당 부서들의 질시를 받기도 했다.

1995년 9월에는 김영삼 대통령이 유엔창설 50주년기념 특별정상회의에 참석했다. 나는 유엔과장 자격으로 행사를 준비하고 수행했다. 공 장관은 김 대통령의 유엔 방문을 수행한 후 외무부장관 자격으로 유엔 총회에서 기조연설을 했다. 이 연설은 한국대표로는 최초로 북한인권 문제를 제기한 연설로 역사에 남아있다. 공 장관은 "북한인권 상황에 대해 우리 정부의 깊은 우려를 표명한다. 북한 주민이 같은 동포로서 누구나 누릴 권리가 있는 보편적 인권을 향유해야 한다"고 말했다. 인권보호에 대한 북한 당국의 호응과 이산가족 문제 해결도 촉구했다. 이에 대하여 북한이 답변권(right of reply)을 행사해, 남북한 참사관 사이에 2시간 가깝게 인권 공방을 벌이는 기록을 세우기도 했다.

북한인권 문제는 1994년 김일성 사망 후 북한 내에서 경제난으로 '고난의 행군'이 시작되자 많은 탈북자가 나옴으로써 세계에 알려지게 됐다. 따라서 1995년 유엔 연설에서 공 장관이 이 문제를 제기한 것은 2003년 북한인권 문제가 유엔 의제로 상정되기 전에 국제적 논의의 효시가 된 것이라 할 수 있다. 사실 유엔 총회 연설을 준비하는 과정에서 아직 국제적으로 논의의 초기 단계에 있던 북한 인권을 거론하는 것이 좋을지에 대해서 정부 내에서도 갑론을박이 있었다. 그 결과 북한과 특수한 관계에 있는 우리가 이 문제에 관한 입장을 분명히 할 필요가 있고, 특히 민주화를 중시해 온 문민정부가 인권 문제에 침묵할 수 없다는 결론에 도달했다. 이후, 우리나라는 2013~14년 두 번째로 안보리 이사국을 맡았는데, 2014년 12월 임기 마지막 회의에서 북한 인권 문제를 안보리에 최초로 상정했다. 나는 그때 유엔대사로서 북한 인권에 관한 연설을 하면서 19년 전 공 장관의 북한 인권 연설이 떠올라 마음이 벅찼다.

단상

공 장관은 공적인 업무뿐 아니라 개인적으로도 후배들에게 귀감이 되는 분이라서 기억나는 에피소드가 많은데, 두 가지만 소개하고 싶다.

공로명 장관의 취임 직후 새해를 맞아 나는 보좌관으로서 장관 공관에 신년인사를 하러 갔다. 마침 간부들이 한 차례 다녀갔는지 장관은 공관의 개인 사무실로 들어오라고 했다. 나와 대화를 나누는 내내 장관은 커다란 볼펜 통에 담긴 수십 개의 볼펜을 하나씩 써보고 있었다. 무얼 하시냐고 묻자, 장관은 "볼펜들을 모아 놓기만 하고 정리를 안 해서 잘 안 써지는 볼펜은 버리려고…" 하면서 계속 똑같은 일을 반복했다. 남들이 이미 사용한 볼펜은 그냥 버려도 될 법한데, 볼펜이 나오는지를 확인하기 위해서 장관은 계속 종이에 쓰고 또 썼다. 그 자리에서 목격한 공 장관의 검소함과 철저함은 그 후 내가 무엇을 할 때든 잊지 못할 마음의 경종이 되었다.

공 장관이 1996년 11월 장관직에서 퇴임한 후 나도 다음 해 말레이시아로 해외 근무를 나갔다가, 1999년 다시 외교부 심의관으로 돌아왔다. 그때는 공 장관이 동국대 일본학연구소장으로 있을 때여서 가끔 가서 뵈었다. 공 장관은 미국 대통령 연설문 같은 자료가 필요하면, 내가 사무실에 올 때 갖다 달라고 부탁했다. 그때는 이미 인터넷 시대가 시작되었는데, 공 장관은 아직 인터넷을 사용하지 않아서 불편을 겪고 있음을 깨달았다. 책방에서 《알기 쉬운 인터넷 사용》이라는 책을 한 권 사서 동국대 사무실에 가서 설명을 해 드리고, 이메일 주소도 만들어 드렸다. 이미 60대 후반의 연세였지만, 특유의 집중력으로 인터넷과 이메일 사용을 쉽게 터득했다. 공 장관은 "인터넷에서 클릭하면 지구 반대편에서 누군가 올린 문서로 순식간에 넘어가는 게 이해가 잘 안 된단 말야…"라고 했다. 나는 "저도 잘 안 되지만, 그냥 사용하죠 ㅎㅎ"라고 했다. 무엇에나 관심과 집중력을 잃지 않는 영원한 청춘, 공로명 장관의 새로운 모습을 내일도 기대해 본다.

‘고노 담화’가 나오기까지, 숨 가빴던 막전막후

유광석

전 싱가포르 대사

공로명 장관과 필자의 인연은 상당히 늦게 시작되었다. 장관이 외무부 아주국 심의관이던 1974년, 신입 사무관으로 미주국에 근무하던 필자가 협조결재를 받으러 가서 처음 만났다. 그 후 1983년 5월 중국 민항기 불시착 사건 때 정무차관보로서 한국 측 대표를 맡아 중국과 협상할 때 청와대 외교비서관실에 파견 근무를 하던 필자가 밤새워 모니터하면서 상부에 보고한 일과 당시 협상에 대한 청와대 내의 평가가 매우 좋았던 것이 기억에 남아있다.

필자는 본부에서 안보과장을 지내고 뒤늦게 자원한 일본 연수를 마친 후 1992년부터 주일대사관에서 참사관으로 근무를 시작했다. 공 장관은 외교안보연구원장 시절 도쿄에 두어 차례 출장을 왔는데, 1993년 3월 12일의 일이 생생하다. 당일 아침 비행기가 서울을 출발한 뒤에 북한이 핵확산금지조약(NPT) 탈퇴 성명을 발표한 것이다. 외무부 본부에서는 당시 남북핵통제공동위원회 위원장을 맡고 있던 공 원장이 즉시 되돌아오도록 하라는 지시를 대사관에 보냈고, 필자는 귀국 항공편을 긴급 수배한 후 공항으로 나갔다. 도착 후 사태를 보고받은 공 원장은 공항에서 오와다 히사시(小和田恆) 외무성 사무차관에게 전화로 양해를 구한 후 곧바로 귀국했는데 1주일간 예정의 여러 공식일정을 취소해야 하는 당혹스러운 사건이었다.

1993년 4월 28일 주일대사로 도쿄에 부임하면서 비로소 필자는 함께 근무할 기회가 있었다. 정무참사관이던 필자는 각종 행사나 면담 배석 등으로 가까이서 보좌할 기회가 많았는데, 온화한 인품과 유창한 일본어로 일본 지도층 인사들을 매료시키는 것을 보고 '준비된 대사'라는 인상을 강하게 받았다.

주일대사 재임 기간 중 가장 특기할 일은 당시 한일 간 최대 현안이었던 위안부 문제에 관해 1993년 8월 4일 발표한 '고노담화'일 것이다. 1991년부터 표면화한 이 문제에 대한 우리 정부의 철저한 진상규명 요구에 따라 조사를 진행한 일본 정부는 1992년 7월 가토 고이치

(可藤紘一) 관방장관이 정부의 관여 사실을 인정하고 피해자들의 고통에 대해 사죄하는 중간결과를 발표했다. 그 이후에도 일본 정부는 사실관계를 뒷받침할 문서 등의 조사를 계속하면서 발표할 조사 내용과 일본이 취할 조치를 중심으로 문제를 마무리 하는 방안에 대해 고심을 하고 있었다.

우리 정부는 기본적으로 이 문제의 진상규명은 일본이 책임을 지고 처리해야 한다는 입장을 견지했다. 특히 신정부 출범 직후인 1993년 3월 김영삼 대통령이 일본에 물질적 보상을 요구하지 않는다는 입장을 표명한 것은 우리 측에는 도덕적 우위를, 일본 측에는 엄청난 부담감을 안기는 효과를 가져왔다. 우리 측은 일본에 구체적인 요구를 하거나 교섭을 하는 대신 원론적 입장만 표명했는데, 그 원론적 입장이란 ① 피해자들의 명예를 지키기 위한 동원의 강제성 인정 ② 일본군과 정부의 역할 인정(민간업자들만의 행위가 아닌) ③ 우리 국민을 납득시킬 수 있는 후속 조치 등으로, 이것들이 문제 해결의 불가결한 요소라는 것이었다.

일본 정부의 조사 업무는 여러 부처와 관련이 있어서 내각 외정심의실이 총괄하고 있었는데, 공 대사는 부임 직후부터 고노 요헤이(河野洋平) 관방장관, 이시하라 노부오(石原信雄) 관방 부장관, 외무성의 오와다 히사시(小和田恆) 사무차관(나중에 사이토 구니히코 · 齋藤邦彦 사무차관) 등과 접촉할 때마다 우리의 입장을 전달했다. 대정부 활동과 병행해 언론관계자나 정당 지도자들을 만날 때도 이 문제에 대한 여론을 환기하기 위해 노력했다. 이재춘 정무공사는 다니노 사쿠타로(谷野作太郎) 내각 외정심의실장, 이케다 다다시(池田維) 외무성 아주국장 등을 담당했고, 필자는 외정심의실의 기무라(木村) 심의관(후생성 소속)과 주로 접촉했는데, 외정심의실장과 심의관들의 주말 하이킹 모임에도 참석하면서 긴밀한 관계를 유지했다. 외무성 아주국의 카운터파트였던 다케우치(竹內) 심의관이나 다카노(高野) 참사관과도 수시로 협의했으나 외무성이 이 문제에 깊이 관여하려는 것 같지는 않았다.

당시 일본의 담당자들은 일본 내 관련 문서보관소들을 조사한 결과 위안소의 설치, 유영 등에 대한 군의 관여는 일부 확인이 되나 강제연행을 뒷받침할 문서는 발견되지 않는다며 어려움을 토로했다. 그러면서 자신들도 정말 그런 증거가 나와 깔끔하게 정리할 수 있기를 원한다고 말하곤 했는데 필자는 그것이 그들의 진심이라고 느꼈다. 이들이 피해자 할머니들의 증언에 무게를 둔 것도 강제성 인정의 근거를 찾기 위한 나름의 고육지책이었을 것이다. 필자는 위안부 강제동원 행위는 당시 일본의 법률에도 반하는 위법한 것으로서 문서로 남겼을 가능성이 적고 설사 있었다 하더라도 패전 직후에 파기했을 것이라고 강조했다.

2014년 아베 정권하에서 고노 담화 작성 경위를 검증하면서 그 내용을 뒷받침할 만한 사실관계가 없는 데도 한국과 부당하게 교섭해서 나온 산물이라고 몰아가 담화의 신뢰성을 훼손하려 한 일이 있었다. 그러나 전술한 바와 같이 당시 우리 측 입장은 시종일관 일본이 책임을 지고 할 일이지 교섭의 대상은 아니라는 것이었다.

이와 관련한 에피소드를 소개하면, 발표가 임박한 시점에 일본 외무성의 실무선에서 문안에 대한 협의 요청이 있었는데 본부에서는 절대로 응하지 말라는 지침이 내려왔다. 그러나 대사관에서는 만약 발표를 전적으로 일본 측에 맡기게 되면 우리가 수용할 수 없는 내용이 나오더라도 사후에 이를 고치기 어렵고 오히려 사태를 악화시킬 것이라고 강조하면서 최소한의 의견 개진은 필요하다고 전문으로 강력하게 건의했다. 이에 따라 대사관과 본부 사이에 도출한 절충안은 우리가 대안을 제시하지는 않고 일본 측 문안에 대한 가부 의견만을 전하자는 것이었다. 이에 따라 발표 전 실무자들 사이에서 일본이 검토중인 문안에 대한 몇 차례 의견 제시를 했던 것으로 기억한다.

일본 측이 마지막으로 제시해온 문안의 강제성 부분은 "총체적으로 본인의 의사에 반하여"라고 되어 있었는데, 본부에서는 이마저도 부족하다고 생각한다는 전달이 왔다. 필자는 유병우 아주국장에게 전화를 걸어 더 이상의 확실한 표현은 기대하기 어렵고 이번의 기회를 놓쳐서도 안 된다는 것이 대사관의 판단임을 전달하고 이 선에서 타결할 것을 건의했다. 또 이 발표문에 대한 우리 언론의 평가가 우려된다면 서울의 외교부 출입기자단이 아닌 도쿄특파원단이 기사를 쓰도록 대사관이 먼저 브리핑하는 방안을 제안했다. 유 국장이 상부 보고 후 그렇게 하자고 동의해 필자는 공 대사에게 즉시 보고해 승인을 받았고, 잠시 후 장관도 승인했다는 연락이 왔다.

고노 관방장관의 발표 시점에 맞춰 대사관에서 특파원단을 대상으로 설명회를 열었는데, 기대한 대로 이들의 평가는 긍정적이었으며 이는 국내 언론의 호의적인 보도로 이어졌다. 당시 유수한 언론인들이 많았던 도쿄특파원단은 한일관계에 대한 이해도가 높기도 했지만, 공 대사를 위시한 대사관 직원들과의 상호신뢰와 우호적인 관계도 영향을 줬을 것으로 생각한다.

고노 담화를 발표하게 된 배경으로 고노 장관의 진보적 성향만 부각하고 있으나, 필자는 미야자와 기이치(宮澤喜一) 총리의 역할도 적지 않았으리라 추측한다. 미야자와 총리는 1992년 1월 방한 때 위안부 문제에 대한 한국의 강한 여론에 직접 부딪히면서 수행했던 외무성 간부들에게 일본이 겸허히 반성하지 않으면 안 된다는 심경을 피력했다고 전해 들은 바 있다. 정권이 끝나기 바로 전날 극적으로 성명을 발표한 데는 미야자와 총리의 결단이 크게 작용했을 것이다.

공 대사의 재임 기간은 일본 정치권의 격변기이기도 했다. 1993년 7월 18일 실시한 중의원 선거에서 내부적으로 분열되었던 자민당이 과반의석 확보에 실패함으로써 1955년 이래 38년간 유지해온 집권 여당의 지위를 상실한 것이다. 이에 따라 8월 6일 국회에서 미야자와 내각의 불신임안을 가결하고, 8월 9일 비자민 7개당과 1회파로 구성한 호소카와 모리히로(細川護熙) 연립정권이 탄생하였으나, 이 또한 오래가지는 못했다. 1994년 6월에 자민당이 사회당 및 신당 사키가케와 연립정권을 구성해 여당으로 복귀했으나 총리직은 사회당에 양보함으로써 무라야마 도미이치(村山富市) 정권이 출범하게 된다.

일본의 이러한 정세 변동에 맞춰 공 대사도 여러 정당 지도자들을 만나 폭넓은 외교활동을 전개했다. 그중에서도 필자의 기억에 남는 일은 호소카와 총리가 대사 초청으로 관저 만찬에 참석한 것인데, 이는 외교 관례상 매우 이례적인 일이었다. 총리 자신의 소박한 성품과 이웃국가와의 관계를 중시한 데 따른 것인 동시에, 당시 외무성에서 파견 근무 중이던 마키타(槇田) 총리비서관의 역할이 컸다. 또 일본 역사상 유일한 여성 중의원 의장이었던 도이 다카코(土井たか子) 의장이 대사를 초청한 1994년 3월 만찬에 의장비서관과 배석한 기억도 생생한데, 공 대사와 대작하던 여장부의 모습이 인상적이었다.

일본사회당과의 관계 재정립도 이 시기에 이뤄졌다. 사회당은 전통적으로 북한에 편향된 정강정책을 표방해 우리 정부와 소원했으나 냉전 종식 후 새로운 관계수립을 희망하고 있었다. 필자는 1993년 2월 대사관과의 대화 채널 구축에 관심을 보인 야마하나 사다오(山花貞夫) 사회당 위원장을 언론계 인사의 소개로 비공식적으로 만나 '관계개선을 위해서는 사회당의 운동방침 개정 등 분명한 자세전환이 필요하다'는 정부의 입장을 설명해줬다. 이후 부임한 공 대사는 사회당에 대해 조금 더 유연한 자세로 접근하는 게 좋겠다는 의견을 냈고, 야마하나 위원장과 수차례 만난 뒤 1993년 8월 위원장의 방한을 성사시켰다. 이를 계기로 사회당은 종래의 대한(對韓) 정책에 대해 유감을 표시하고 정책전환을 표명했다.

1994년 12월 개각에서 외무부 장관으로 임명된 공 대사는 크리스마스 날 도쿄를 떠났다. 필자도 대사관 근무 3년이 가까워 서울 귀임을 기다리고 있는데, 신년 초 장관이 전화를 주셨다. 본부의 아시아태평양국장 보직을 바로 주기는 어려울 것 같으니 우선 공보관을 맡으라고 하였다. 생각지 못한 보직이라 다소 의외였고, 술도 못 마시는 필자가 적임은 아닌 것 같다고 사양하였으나, 공 장관은 잘 할 것으로 믿는다고 하였다. 아마 필자가 도쿄특파원단과 매달 비공식 공부 모임도 가지며 원만한 관계를 유지해온 것을 염두에 둔 듯했다.

1995년 1월 말 귀국해 공보관을 맡게 된 필자는 언론이 외교정책을 제대로 이해하고 정확한 보도를 돕는 데 역점을 두려 했으나, 도무지 공보관실로 오는 정보가 없고 타 실국에서 만들어주는 보도자료를 배포하는 일뿐이었다. 공 장관에게 이러한 애로를 호소하자 장관특보실로 오는 전문을 받아볼 수 있도록 전례 없는 조치를 해주었다. 대변인이 제대로 역할을 할 수 있도록 크게 배려한 것인데, 조금 지나 스스로 반납할 수밖에 없었다. 폭주하는 업무에 산적한 서류를 볼 여유도 적었던 데다, 가끔 기밀사항이 언론에 유출될 때마다 의심을 받는 것이 더 견디기 어려웠기 때문이었다.

당시 공보관실의 현실은 필자의 기대와 달리 출입기자단의 뒷바라지와 환심 사기가 주 업무가 된 듯했다. 반년 후 심신이 지쳐갈 무렵 보직 변경으로 보람을 느끼지 못하던 일에서 벗어나기는 하였으나, 장관의 기대에 부응하지 못한 죄송함이 크다. 하지만 이때의 대변인 경험은 이후에 국장으로서 황장엽 서기 망명 등 큰 사건 처리부터 공직생활 기간 중 언론대응에 이르기까지 많은 도움이 되어 감사하게 생각하고 있다.

이 기간에 가장 인상에 남는 것은 아이러니하게도 외교 사안이 아니라 외무부와 민주당이 맞고소까지 갔던 외교문서 유출 및 변조사건(소위 최승진 사건)이다. 1995년 6월 첫 동시지방선거를 앞두고 민주당이 외무부가 지방자치선거를 연기하기 위해 3월 23일 자 전문으로 해외자료 수집을 지시했다는 한 외신관의 양심선언을 접수했다고 발표한 것이다. 민주당이 이런 터무니없는 주장을 정말 믿었는지는 의

문이나, 공 장관은 민주당의 정치공세에 많이 시달리면서도 의연하게 대처하였다. 필자도 대변인으로서 당시 민주당 박지원 대변인과 연일 성명전을 벌였던 기억이 새롭다.

공보관을 그만둘 때 공 장관은 반기문 실장 산하 정책기획실 제1심의관을 제의했는데, 아마 선임 자리라고 배려한 듯했으나 필자는 북한 문제를 담당하는 제3심의관을 희망하여 1995년 7월 발령을 받았다. 이후 심의관이 장관실을 찾을 일은 별로 없었으나, 두 가지가 기억난다.

당시 북한은 이른바 '고난의 행군' 시기로서 1994년부터 탈북자들이 크게 늘기 시작했고 중국을 경유해 홍콩으로 넘어온 탈북자들이 상당수 있었다. 홍콩정청은 우리가 데려가기를 바랐으나 관계기관들은 소극적인 입장이었는데, 본부 정책기획실에서 주홍콩총영사관의 보고를 기초로 이들을 수용해야 한다는 건의를 장관에게 올렸다. 1995년 10월 안기부의 서울 내곡동 신청사 준공 행사에 초대받아 간 공 장관이 권영해 부장에게 이 문제를 제기했고, '선물로' 안기부의 동의를 받아왔다. 이에 따라 필자는 11월 중순 안기부를 포함한 관계부처 대표단을 인솔해 홍콩으로 출장을 갔다. 홍콩정청과 회담을 하고 탈북자들이 홍콩까지 와서 한국으로 망명을 신청하면 비공개로 송환에 협조하기로 약정했다. 홍콩정청에서는 우리 대표단을 크게 반기면서 불법입경자 수용시설로 안내해 대륙에서 몰려오는 중국인들 문제로 겪고 있는 애로를 보여주려 했고, 신공항 건설현장 헬기 시찰과 경무처 차장 주최 만찬 등으로 환대를 해주었다. 이때 심사해서 데려온 탈북자 중에는 나중에 북한인권 문제 활동으로 주목받는 이들도 보여 보람을 느끼고 있다.

또 식량난을 겪고 있던 북한에 쌀을 지원하는 문제를 협의하기 위해 1996년 6월부터 베이징에서 회담을 개최했는데, 필자는 장관의 지시로 7월과 9월에 개최한 제2, 3차 회담에 대표단으로 참여했다. 또 소위 우성호의 인공기 사건 해결을 위한 북한과의 막후접촉을 현장에서 지켜본 것도 매우 소중한 경험이었다.

이제 나도 80이 넘었으니
주변 정리 좀 해야지~

유명환

전 외교통상부 장관

2012년 봄날 갑자기 공로명 장관으로부터 전화를 받고, 문득 공 장관이 1996년 겨울 공직에서 은퇴한 지 벌써 16년 가까이 세월이 흘러갔음을 실감한 적이 있다. 공 장관은 공직에서 은퇴한 이후에도 늘 활발하게 활동했기 때문에 항상 현직에 계신 것처럼 '착각'하고 있던 것 같다. 나만 하더라도 공 장관이 현직에 있을 때보다 은퇴를 하고 나서 더 자주 뵙고 대화를 나눴으니 그렇게 생각한 것도 무리가 아니다.

공 장관은 "이제 나이 80이 넘었으니 주변 정리 좀 해야겠다"면서, "한일관계와 관련해 지금까지 내가 맡아왔던 일 몇 개를 모두 당신에게 넘길 테니 맡아서 잘 해달라"고 했다. 공 장관은 특히 한일관계에 대해 늘 관심을 가지고 음으로 양으로 많은 활약을 해온 것을 나는 잘 알고 있다. 나에게 물려주겠다는 직책들은 그런 공 장관의 땀이 배어 있는 소중한 일들이다. 공 장관의 '분부'는 나에 대한 깊은 배려에서 나온 것이니 다른 말을 할 수는 없고, 그저 고맙다는 생각뿐이었다.

내가 물려받은 일 중에서 가장 역사가 긴 것은 1984년 설립한 '한일문화교류기금'이라는 비영리법인의 이사 직책이다. 이 기금의 일본 측 카운터파트인 일한문화교류기금은 외무성 산하의 별도기구로서 도쿄의 번화가에 큰 사무실을 두고 있다. 충분한 예산 지원을 받아 매우 활발하게 한일 친선 활동을 하면서 정기간행물도 발간하고 있다. 반면 한국 측 기금은 과거 전경련 등 민간에서 모금한 기금을 바탕으로 운영해 왔으나 지금은 예산상의 제약으로 당초 구상한 만큼의 활발한 활동은 하지 못하고 있다. 초대 회장은 구자경 럭키금성그룹 회장이었고, 이사장은 이한기 서울대 법대 교수(전 감사원장, 국무총리)였다.

더 큰 의미가 있는 직책은 한일포럼 의장이다. 한일포럼은 1993년 김영삼 대통령과 호소카와 모리히로(細川護熙) 일본 총리가 경주에서 정상회담을 했을 때 양국 지식인의 의견을 폭넓게 수렴하기 위해 만들기로 합의한 민간 레벨의 토론의 장이다. 내가 2011년부터 매년 한일포럼의 고정 멤버로 참석하게 된 것도 공 장관의 배려 덕분이다. 나는 한일포럼에 참석하면서 공 장관의 일본에 대한 깊은 이해와 통찰력을 배울 수 있었다.

2002년 한일월드컵 공동 개최는 1995년 한일포럼이 공동개최를 제안했고, 이후 외무부 장관이던 공로명 장관이 전 세계 공관을 적극적으로 지휘해 성사를 도왔다고 한다. 한일포럼은 별도 사무국은 갖고 있지 않으나 정상들이 합의한 포럼이라는 점에서 한국은 한국국제교류재단(Korea Foundation)이, 일본은 일본국제교류센터(JCIE)라는 공신력 있는 기관이 매년 물적, 인적 지원을 하고 있다. 한일포럼은 해마다 한국과 일본에서 번갈아 열리는데 각각 30명 내외의 학계, 언론계, 경제계, 정계 및 관료 출신 인사들이 참석한다. 이들은 보통 2박 3일 동안 한일 간의 모든 현안을 채텀하우스 룰에 따라 허심탄회하게 논의하고 그 결과를 공동성명 또는 의장성명으로 발표함으로써 언론과 여론을 통한 한일 관계 개선을 위해 노력해왔다.

내가 외교부에 재직하면서 공 장관을 직접 모시고 일하게 된 것은 25년 전의 일이다. 나는 1996년 봄 청와대 외교비서관에서 외교부 미주국장 발령을 받고 본부로 복귀했다. 그리고 그해 11월 초 공 장관이 퇴임할 때까지 만 1년도 안 되는 기간이었지만 매일 가깝게 모시고 배울 수 있는 기회를 얻었다.

외교부 본부로 복귀하기 전에 나는 1995년 봄부터 유종하 청와대 외교안보수석 밑에서 외교비서관으로 일하면서 공 장관을 자주 볼 수 있었다. 나는 매주 개최하는 외교안보조정회의에 실무 보좌를 하기 위해 배석했기 때문이다. 당시 외교안보조정회의는 국가정보원장, 외교부 장관, 국방부 장관, 통일부 장관, 외교안보수석이 참석하는 정기 회의로서 청와대 외교안보수석실이 사무국 역할을 했다. 나는 회의록을 만들고 이를 요약해서 대통령에게 올리는 보고서를 작성했기 때문에 당시의 기억이 아직도 생생하다.

당시 외교안보조정회의의 가장 중요한 의제는 1994년 제네바 합의 이행을 위한 KEDO(한반도에너지개발기구) 예산 확보와 북한에 한국형 경수로를 제공하는 문제였다. 북한은 KEDO가 건설하는 경수로를 '한국형'으로 표기하는 것을 거부했기 때문에 한국으로서는 어려운 정치적 문제에 봉착했다. 한국 정부의 입장에서는 경수로 건설 비용의 대부분을 지불하면서 한국형이 아닌 다른 국가의 경수로로 건설하는 것은 전혀 명분이 서지 않는 일이었다. 더구나 한국형 경수로는 미국이 기술과 안전을 공인한 것이기 때문에 당시 외교부는 배수진을 치고 미국을 설득했다. 결국은 한국형이라는 용어 대신 한국형만이 가지고 있는 경수로의 제원을 표시하기로 한미 간에 합의했고, 북한도 이를 수용해 원만하게 해결했다. 당시 조정회의 좌장은 부총리 격인 통일부 장관이 맡았지만 사실상 공로명 외교부 장관이 카리스마를 가지고 회의를 주도한 것이 기억에 새롭다.

나는 외교부로 복귀한 이후에도 공 장관을 수행해 안보조정회의에 계속 배석할 수 있었다. 당시 토의 의제로 새롭게 부상한 것은 1996년 4월 클린턴 대통령이 제주도에 들러 김영삼 대통령과 정상회담을 한 뒤 발표한 4자회담 구상이었다. 한반도 신뢰구축과 평화체제 수립을 논의하기 위해 남북한과 미국, 중국이 4자회담을 열자는 제안이다. 당시 북한이 제네바 합의를 통해 비핵화를 약속했지만 한반도의 안보 상황은 별로 나아지지 않고 있었다. 경수로 건설처럼 장기간에 걸친 복잡하고 어려운 프로젝트를 성공적으로 마무리 짓기 위해서는 미중과 남북 간에 어느 정도의 신뢰구축이 필요했다. 4자회담 구상은 제주도에서 정상회담을 열기 전에 앤소니 레이크(Anthony Lake) 백악관 안보보좌관이 제주도를 비밀리에 방문해 유종하 외교안보수석과 2박 3일간 집중적으로 논의해서 구체화한 것이었다.

4자회담 구상은 중국과도 사전 협의를 했고, 북한에도 인도네시아 정부를 경유해 미리 통보했다. 당시 청와대 외교비서관인 나는 레이크 보좌관을 김포공항에서 영접한 후 기자의 눈을 피해 시내로 이동하지 않고 공항에서 곧바로 제주도로 안내해 롯데호텔에 투숙시켰다. 회의를 끝내고 서울로 돌아오기 전에 레이크 보좌관과 한라산 중턱까지 등산을 하기도 했다.

북한은 4자회담 제의에 소극적이었지만 미국과 직접 양자 대화도 할 수 있다는 점에서 관심을 보였다. 그렇다고 북한만의 입장을 배려해 4자회담이 미북 협상장으로 변질해서는 곤란하기 때문에 남북간 접촉도 병행하기로 했다. 어떤 경우에는 남북미 3자 회담을 하고 미국이 퇴장하면 남북한 대표가 회의를 이어가기도 했다. 중국대표단은 4자회담에 참여는 계속했으나 별로 적극적이지는 않았다. 중국은 미국대표단에게 항상 북한과 직접 대화를 하라고 하면서도 막상 미국과 북한이 가까워지는 것은 부담스러워했다.

외교부에 들어온 지 얼마 되지 않는 1977년 내가 도쿄의 주일 대사관 3등 서기관으로 근무할 당시 공 장관은 본부에서 일본을 담당하는 아주국장이었다. 그래서 공 장관의 명성은 잘 알고는 있었으나 내가 본부로 귀임해 동북아1과(일본과)에서 근무하게 된 1979년 봄에는 주카이로 총영사로 부임했기 때문에 아쉽게도 직접 모시고 일할 기회는 놓치고 말았다.

공 장관이 주 뉴욕 총영사로 일할 때 북미과장으로서 뉴욕을 방문한 적이 있다. 그때 공 총영사가 내게 베풀어 준 따뜻한 환대는 아직도 잘 기억하고 있다. 당시 나는 미국에 근무한 경험이 없는 상태에서 미국을 담당하는 과장직을 맡았다. 그런 외교부 인사는 전무후무한 일이었다고 생각한다. 그 때문에 나로서는 미국의 수도 워싱턴은 물론 세계의 중심인 뉴욕 거리의 모든 것이 신기하고 새로웠다.

1993년 내가 공보관 재직 때는 기자들과 함께 사전 예고도 없이 동부이촌동의 공 장관 자택으로 몰려간 적도 있다. 김영삼 정부 초대 외무장관으로 내정됐다는 소문을 확인하기 위한 것이었으나 낭패하고 말았다. 죄송하게도 커피만 얻어 마시고 돌아왔으나, 그날 겸연쩍은 상황에서도 웃으면서 정말 아니라고 부인하던 너그러운 모습이 지금도 생각난다. 당시 외교안보 연구원장이던 공 장관은 1993년 봄 주일대사로 부임했고, 그 후 도쿄에서 근무한 지 2년도 채 되지 않은 1994년 12월 외무부 장관으로 임명돼 귀국했다. 한승주 고려대 교수에 이어 김영삼 정부의 두 번째 외무부 장관으로 발탁된 것이다.

내가 1996년 미주국장으로 발령을 받자마자 공 장관을 수행해 그 해 3월 하순 미국을 방문한 일과, 같은 해 9월 김영삼 대통령의 중남미 순방 도중에 있던 에피소드는 아직도 엊그제 일처럼 생생하다.

1996년 3월 공 장관의 미국 방문은 먼저 뉴욕에서 시작해 워싱턴으로 입성하는 일정이었다. 당시에는 서울~워싱턴 간에 직항편이 없어서 그랬기도 하지만, 뉴욕에서의 일정도 중요하고 시차 적응도 나름대로 의미가 있었다. 공 장관은 주 소련 영사처장으로 가기 전에 주뉴욕 총영사로 근무한 적이 있어 뉴욕의 중요성을 누구보다 잘 알고 있는 듯했다. 공 장관은 방미 직전에 중국을 공식 방문하고 베이징에서 도쿄를 거쳐 뉴욕으로 갔다. 그래서 나는 그 전날 뉴욕 존 에프 케네디(JFK) 공항으로 먼저 가서 그다음 날 뉴저지 뉴워크(Newark) 공항으로 마중 나간 기억이 난다.

뉴욕 일정은 UN 총회가 폐회 중이기 때문에 코리아 소사이어티(Korea Society)에서의 연설과 월 스트리트 저널(WSJ) 편집진과의 면담, 동행 기자와의 대담 등이었다. 미국 언론인들의 질문은 매우 날카롭고 답변이 어려운 것이 대부분이었다. 그러나 공 장관의 응답은 간단하면서도 핵심을 찔렀다. 무엇보다도 내가 감명을 받은 것은 공 장관의 훌륭한 영어 구사 능력이었다. 공 장관의 영어는 알아듣기 쉽고, 자연스러우며, 편안하면서도 매우 품격있는 화법을 구사했다. 미국에 유학해서 학부를 마친 사람보다 훨씬 경지가 높아 보였다.

당시 언론의 주요 관심사는 1994년 제네바 합의 이후 북한의 동향 등 한반도 정세를 비롯해 대만에 대한 중국의 무력시위와 이에 대한 미국의 대응 등이었다. 대만의 리덩후이(李登輝) 총통의 미국 방문에 거세게 반발한 중국은 대만해협에서 무력시위를 감행했고, 미국은 이에 맞서 항공모함을 파견하는 등 동중국해에서 긴장이 크게 고조됐기 때문이다. 미국 언론은 북한과 동북아시아 지역정세에 대한 한국정부의 분석과 입장에 대해 송곳 같은 질문을 했다. 한 가지 곤혹스러웠던 장면은 WSJ 편집진이 한국 정치를 거론하며 전두환, 노태우 두 전직 대통령의 구속과 재판에 대해 질문한 것이었다. 공 장관은 국내정치 분위기를 설명한 후, "off the record"를 전제로 "구속돼 있는 것이 신변 안전을 위해 차라리 더 나을 것 같은 상황"이라고 첨언한 것이 기억난다.

뉴욕에서 하루 시차를 극복하고 워싱턴으로 간 공 장관은 무척 분주한 일정을 소화했다. 돌이켜보면 90년대 중반 미국에서 차지하는 한국의 위상은 지금보다 오히려 더 높았던 것 같다. 물론 국력이야 지금이 월등하게 크지만 한미동맹에 대한 양국 고위 관리들의 자세와 상호 신뢰 수준은 그 당시가 지금 보다 훨씬 더 강하다는 의미이다. 당시에는 한국전쟁과 월남전에서 함께 피를 흘린 혈맹이라는 유대감을 공유했다.

공 장관이 만나는 인사는 매우 다양했고, 토의 주제도 솔직함과 신뢰를 바탕으로 한 전략적인 내용이었다. 공 장관은 워터게이트호텔에 여장을 풀고 다음 날인 3월 26일 아침부터 공식 업무에 들어갔다. 한미 외무장관 회담을 앞두고 먼저 윈스턴 로드(Winston Lord) 차관보와 조찬을 하며 솔직한 대화를 나눴는데, 이 조찬모임은 그 후에도 한미 협의에 중요한 관례가 된 것으로 기억한다. 조찬에는 양측의 실무자가 배석해 서로 격의 없이 의견을 나누기 때문에 어느 면에서는 국무장관과의 공식회담보다 상대방의 진의를 파악하는 데는 더 중요할 수도 있다. 토론 의제는 KEDO 예산 등 제네바 합의 이행, 대북(對北) 식량지원, 중국과 대만 문제 등이었다. 그중에서도 미중 관계에 대해 심도 있게 의견 교환을 했다.

이어 공 장관은 백악관으로 들어가 앤소니 레이크 안보보좌관을 만나 한미 현안에 대해 폭넓게 의견을 교환했다. 이 자리에서 중국이 공 장관을 통해 미국에 전달하는 메시지도 설명했다. 그 내용은 대만 문제 및 미국과의 관계에 관한 중국 정부의 기본 입장에 관한 것이었다. 당시 한국은 1992년 중국과 수교한 이후 매우 긴밀한 관계를 유지하고 있었다. 국가주석 취임 후 북한을 먼저 방문하는 관행을 깨고 1995년 한국을 먼저 찾은 장쩌민(江澤民) 주석의 방한을 계기로 한국과 중국은 북한의 비핵화와 동북아 안보상황에 대해 깊은 이야기를 나눌 수 있는 관계를 수립한 것이다.

앞서 언급한 대로 공 장관은 방미에 앞서 3월 20일 베이징을 공식방문해 첸지천(錢其琛) 외교부장과 회담하고 리펑(李鵬) 총리와 장쩌민 주석도 각각 예방했다. 공 장관은 그 기회에 주한 미국 대사관을 통해 전달받은 미국 측 메시지도 중국에 전달했다. 대만 문제와 인권에 대한 미국 정부의 입장과 관련한 것이었다. 중국 측이 공 장관을 통해 미국 측에 전달한 메시지는 이에 대한 답신이기도 하다.

이처럼 미중 관계가 매우 긴장됐을 때 두 강대국이 상대방에게 보내는 메시지를 한국이 전달하는 역할을 한 것은 우리 외교에서 매우 중요한 의미가 있다. 이는 한반도를 포함한 동북아 정세에 직접적인 영향을 미치는 두 강대국이 상호 오해를 불식하고 관계를 강화하는데 한국이 외교적으로 긍정적 역할을 한 것이기 때문이다. 나는 이러한 우리 외교와 공 장관의 역할에 대해 자부심을 느낀다.

중국의 입장에서 보면, 한국은 미국의 전통적 동맹국으로서 한미 간에는 강한 신뢰가 있으므로 미국에 보내는 메시지의 메신저로 공 장관을 택한 것 같다. 한국이 미국은 물론이고 중국으로부터 신뢰를 얻고 그에 상응하는 역할을 하기 위해서는 한미동맹은 깨질 수 없는 확고한 관계라는 사실을 미국은 물론이고 중국도 잘 인식하도록 해야 한다는 교훈을 얻을 수 있다.

공로명 장관은 이어 워런 크리스토퍼(Warren Christopher) 국무장관과 만나 한미가 비밀리에 추진하고 있던 4자회담 구상에 대한 중국의 반응을 논의하고 북한이 회담에 나오도록 유도하는 방안을 협의했다. 남북미중이 참여하는 4자회담 구상은 그 다음 달인 4월 16일 제주도에서 열리는 김영삼 대통령과 클린턴 대통령의 정상회담에서 발표할 예정이었다. 당시 중국은 4자회담에는 나가겠지만 북한 입장을 고려해 공개적으로 지지 입장을 발표하지는 않겠다고 했다. 북한은 한반도 안보문제는 기본적으로 미국과 협상하려고 하기 때문에 2+2 형식의 4자회담에는 호응하기가 쉽지 않을 것이라는 게 중국 측의 판단이었다.

한미 외교장관 회담은 단독회담 이후 오찬을 겸한 확대회의로 이어졌다. 확대회의에서는 대만 문제를 먼저 다루고, 유엔에서의 비동맹 활동, 한국의 바세나르 체제(Wassenaar Arrangement · 무기와 전략물자, 기술 수출을 통제하기 위해 만든 국제조직), 한국의 OECD(경제협력개발기구) 가입 문제 등 여러 가지 의제를 토의했다. 공 장관은 이어 국방부를 방문해 윌리엄 페리(William J. Perry) 장관을 예방하고 서태평양에서의 미국의 안보이익과 중국 문제, 그리고 SOFA(주한미군 지위협정) 개정에 대해 의견을 교환했다.

다음 날인 3월 27일에는 워싱턴 포스트 편집인과의 조찬으로 공식 일정을 시작했다. 이어 상원 외교위원회를 방문해 리처드 루거(Richard Luger), 제시 헬름스(Jesse Helms), 크리스 도드(Chris Dodd), 크레이그 토마스(Craig Thomas) 등 거물급 상원의원들과 질의 응답을 통해 제네바 합의 이행에 따른 미 의회의 협조와 예산 배정을 촉구했다. 또 하원 외무위원회를 방문해 더그 베로이터(Doug Bereuter), 리 해밀턴(Lee Hamilton), 벤자민 길먼(Benjamin Gilman), 스티브 샤봇(Steve Chabot) 의원들과도 한미방위공약 및 북한 정세에 관해 열띤 토론을 벌였다.

90년도 중반의 한미관계는 우리가 생각하는 것보다 신뢰가 훨씬 더 깊었다. 미국 정부와는 물론이고, 의회나 언론과도 폭넓은 의사소통이 가능했다. 공 장관의 방미 일정을 보면 미국으로부터 받을 만한 대접을 받았다고 자신 있게 말할 수 있다.

하나 더 이야기하고 싶은 에피소드는 공 장관이 어떻게 해서 중남미국(局)을 신설하게 됐는지에 관한 것이다. 김영삼 대통령은 1996년 9월 1일부터 약 2주 동안 중남미 5개국을 순방했다. 당시는 외교부 미주국이 북미(미국, 캐나다)는 물론이고, 중미와 남미 국가들까지 모두 관할하고 있었기 때문에 미주국장인 나도 공식수행원으로 대통령을 보좌했다.

김 대통령은 9월 4일 과테말라에 도착해 주변 엘살바도르, 온두라스, 코스타리카, 니카라과 등 4개국 대통령도 함께 초청해 합동 및 개별 정상회담을 했다. 이어 칠레(6일), 아르헨티나(9일), 브라질(10일), 페루(14일)를 각각 국빈 방문했다. 이를 계기로 중미 5개국과 다자협의체를 구성했고, 한국기업이 이들 지역으로 진출할 수 있는 기반도 마련했다. 당시 한국 기업들은 현지에서 주로 봉제공장을 운명하며 그곳에서 생산한 봉제품을 미국으로 수출하는 사업을 하고 있었다. 한국 봉제공장이 중남미에 많았던 것은 당시 미국이 중남미 국가에서 들어오는 봉제품에 대해 관세면제 혜택을 주었기 때문이다.

우리나라 국가 원수가 처음으로 중남미를 순방한 것은 한국 외교의 지평을 넓히는데 크게 기여했다. 이 순방에는 기업인 40여 명도 동행하여 현지 국가 경제인들과 개별상담을 벌이는 등 지속적인 경제협력의 발판을 마련하는 데 주력했다. 당시 미국과 유럽의 백색가전 시장은 포화 상태로 한국이 더 이상 수출하기가 어려운 실정이었다. 이 때문에 삼성전자와 LG전자도 제3의 시장을 개척하지 못하면 백색가전사업을 접어야 할 만큼 절박한 상황이었다고 한다. 그때 한국산 가전제품의 새로운 시장으로 급부상한 곳이 바로 멕시코를 중심으로 한 중남미 국가였다. 이런 연유로 한국의 많은 전자제품공장이 멕시코에 진출했고, 이어서 브라질과 아르헨티나 등 남미국가로 시장이 늘어났다.

중남미 순방 후 귀국할 때의 중간 기착지는 미국 샌프란시스코였다. 중남미에서 한국으로 직행하는 것은 무리여서 불가피하게 샌프란시스코에서 하룻밤을 묵게 된 것이다. 샌프란시스코 공항에 도착한 일행은 도심의 유서 깊은 페어몬트(Fairmont) 호텔에 투숙했다. 1990년 6월 4일 노태우 대통령과 고르바초프 소련 대통령이 수교 이전에 처음으로 한소 정상회담을 개최한 역사적인 장소이기도 하다. 김영삼 대통령은 만찬에 앞서 동행기자들과 순방 결과를 마무리하는 기자간담회를 가질 예정이어서 주무국장인 나로서는 긴장을 많이 했다. 기자간담회에 필요한 '말씀 자료'는 미리 준비해서 청와대 외교비서실에 넘겨주고, 그곳에서 챙기도록 했기 때문에 나로서는 순방이 무사히 끝난 것에 일단 안도하고 있었다.

그런데 갑자기 공 장관이 내게 "자료를 하나 더 빨리 만들어 오라"고 했다. 공 장관은 "이번 기회에 미주국을 쪼개 중남미지역을 담당하는 국(局)을 하나 더 만들어야 하겠다"면서 그 필요성을 간단히 적어달라는 것이었다. 대통령이 기자간담회에서 직접 보면서 말씀할 수 있도록 큰 활자체로 한 두 페이지 정도로 만들어 보라고 했다. 실무직원들은 대통령이 읽는 보고서의 글씨 크기를 "눈깔(눈알) 사탕"이라고 불렀다. 김영삼 대통령이 큰 글씨를 좋아하기 때문에 읽기 쉽게 큼지막한 글씨로 쓰게 되면서 그런 별칭이 붙었다.

기자간담회 때 배석자의 맨 끝에 앉아 있던 나는 일이 어떻게 전개될지 몰라 초조했다. 중남미 국가는 33개국인데 쿠바를 제외하고는 유엔에서 모두 한국을 적극적으로 지지해주는 전통의 우방국들이었다. 따라서 유엔 외교의 중요성을 고려하면 '중남미국'을 신설해야 한다는 논의와 시도는 여러 번 있었다. 그러나 총무처와 예산부처의 반대로 번번이 실패했다. 대신에 심의관 한 명을 별도로 두어 중남미 지역을 전담토록 하고 있었다.

김 대통령은 모두 발언 말미에 "중남미 국가들이 이처럼 경제적 잠재력이 크고 외교적으로도 중요한 국가들인데도 불구하고 외교부가 지금까지 업무를 소홀히 한 것 같다"고 하면서, 담당국장인 나를 손으로 가리키며 질책했다. 그리고는 "이번 순방의 후속 조치의 하나로 중남미 국가를 전담하는 국을 하나 신설하라"고 지시했다.

김 대통령의 간담회 내용은 기사화되어 곧바로 서울에 알려졌다. 다음 날 아침, 서울에서는 조그만 소동이 벌어졌다고 한다. 외교부가 조직을 늘리려고 관계부처와 사전 협의 없이 해외 순방 중인 대통령이 기자 간담회에서 먼저 발표하도록 유도했다는 것이다. 당시 이원종 정무수석이 공 장관에게 강하게 항의 전화를 한 것으로 알고 있다. 김영삼 대통령은 항상 '작은 정부'를 지향한다고 약속했는데 외교부가 이 약속을 깨버렸다는 것이다. 그러나 이미 엎질러진 물을 다시 주워 담을 수는 없다. 이로 인해 외교부 내에서 공로명 장관과 나는 "자청해서 욕을 먹으면서까지" 중남미국을 신설한 사람으로 기억되고 있다.

생생한 기억력과 꼼꼼한 팩트체크로
완성한 오랄 히스토리

윤덕민

한국외대 석좌교수
(전 국립외교원장)

공로명 장관을 처음 뵙게 된 것은 그가 초대 주소련 · 러시아 대사를 마치고 외교안보연구원장으로 부임한 1992년이다. 차관보 시절 중국 민항기 사건의 교섭을 통해 이미 그는 한국을 대표하는 스타 외교관이자 협상가가 되어있었다. 당시 외교안보연구원장은 남북고위급회담 대표와 핵 협상 대표를 겸했다. 공 장관의 협상력을 고려한 인사였다고 본다.

공 원장은 조교수였던 나에게 북한과의 협상과정에 참여할 수 있는 기회를 주었다. 책상머리에서 벗어나 현실세계가 돌아가는 상황을 알 수 있는 소중한 기회였고, 무엇보다도 북한이라는 까탈스러운 존재를 생생하게 체득할 수 있는 기회였다. 북한은 같은 민족이고 포용해야 할 대상으로 생각하던 내 생각은 여지없이 깨졌다. 주고받기의 협상이 아닌, 공산주의 특유의 받고 또 받기의 협상전술을 관찰할 수 있었다.

30년 전이지만 북핵문제는 지금과 마찬가지로 남북관계의 최대 현안이었다. 핵 협상은 미국과 북한이 아니라 남북이 하고 있었다. 중재자도 방관자도 아니고 대한민국이 핵 협상의 당사자였던 시기였다. 노태우 정부는 냉전붕괴의 역사적 전환기에 북방외교를 통해 남북관계를 주도할 기회를 만들어 냈다. 요즘 우리 정부가 북핵 협상에서 완전히 배제돼 참가도 못 하고 중재자 운운하고 있는 상황을 보면, 격세지감을 느낀다.

공 원장은 협상가의 중요한 덕목인 배짱을 유감없이 발휘하였다. 원장의 카운터파트인 북측 대표는 최우진이라는 외무성 부부장이었는데, 회담장에서는 특유의 고약한 면모를 보였다. 협상이라고 하지만, 당시 협상 분위기는 북한의 일방적 선전장이었다. 회담이 열리면 무조건 회담의 절반 이상은 최우진 부부장이 위대한 수령 김일성 운운 하며 체제 우월성 발언으로 시작해 정치적으로는 자기네들이 한반도에서 적자이고 남조선은 얼마나 미국의 괴뢰인가를 주장하는 내용을 줄줄이 써와 한자도 틀리지 않게 읽는다. 협상할 내용이 산더미처럼 쌓여있는데도 이 절차를 생략하는 법은 없었다.

어느 날 판문점에서 남북핵통제위원회가 열렸고 예전과 똑같은 절차가 진행됐다. 최 부부장이 원고를 읽기 시작했다. 6 · 25전쟁이 미제국주의와 남조선 괴뢰의 북침으로 시작했다는 대목을 읽고 있을 때였다. 공 원장은 갑자기 6 · 25전쟁을 김일성과 스탈린이 모의해서 일으킨 증거가 있다고 하면서 최 부부장에게 사진 한 장을 건넸다. 최 부부장이 그것을 받자마자 보지도 않고 박박 찢기 시작했다. 그러자 공 원장이 "아이고, 수령님 얼굴을 막 찢어도 되나"라고 하자, 깜짝 놀란 최우진이 스탈린과 김일성이 같이 찍힌 사진에서 김일성만 잘 도려내려고 쩔쩔맸다.

북한과의 회담을 철저히 준비하는 과정과 실제 회담장에서 보여준 공 원장의 퍼포먼스는 좋은 배움의 기회였다. 민감한 자료들도 모두 볼 수 있게 배려해주었고 아마추어 수준의 내 제언도 경청해 주었다. 공 원장이 오면서 각 부처에서 모인 협상팀이 하나로 똘똘 뭉쳐가는 과정을 목격했다. 회담을 준비하는 일은 고되었지만, 항상 밑의 직원들을 배려해준 덕택에 스트레스가 아닌 즐거운 일이 되었다. 공 장관을 모시고 국제회의를 가면 유창한 어학실력에다 발군의 콘텐츠로 좌중을 압도하기 때문에 항상 뿌듯했다.

26년간 연구원 생활을 하며 20여 명의 원장을 모셨지만, 공 원장은 교수들에게도 가장 존경받고 인기 있는 분이었다고 기억한다. 당시 연구원 교수의 급료는 국립대 교수보다 적어서 불만을 샀다. 원장 중에 유일하게 공 원장만 교수들의 급료문제를 인식하고 이를 해결하기 위해 관련부처를 직접 찾아다녔다. 비록 월급 인상에는 실패했지만, 원장은 교수들에게 직접 상황을 설명해 주고 세미나발표, 칼럼기고, 방송출연 등 외부활동을 장려했다. 연구원에만 머물지 말고 외부활동을 많이 하는 것이 교수 본인은 물론, 크게 보면 연구원의 명성도 올리고 국가정책을 국민에게 알릴 좋은 기회라는 것이었다. 물론 외부 활동을 통해 부족한 급료를 채우라는 숨은 배려도 있었다.

김영삼 정부가 들어서면서 공 원장님은 장관 1순위로 꼽히고 있었다. 원장 경질을 예상했는지, 다음 정부와 후임에게 전달할 북핵협상 경위와 전략을 정리해보라는 지시를 받고 북핵문제의 당사자로서 한국이 취해야 할 전략을 정리했다. 공 원장은 의외로 외무장관이 아니라 주일대사로 나갔다. 공 원장은 작성했던 문서를 신임 장관에게 브리핑했다.

30년이 지나도 풀리지 않고 점점 더 심각해지는 북핵상황을 보면서 만약 김영삼 신정부가 공 원장을 먼저 장관으로 기용하고 한승주 교수를 다음 장관으로 썼다면 어떠했을까 하는 생각을 한다. 신정부는 북한의 NPT탈퇴라는 몽니 앞에 너무도 쉽게 북핵협상 당사자에서 비껴서며 미북 협상을 용인했다. 노태우 정부가 힘겹게 구축한 '한반도 당사자 해결원칙'을 아주 가볍게 포기했다. '당사자 해결'이란 한반도 정치군사문제는 한국이 주도한다는 원칙이었다. 물론 NPT탈퇴라는 위기상황에서 한 번만 미북협상을 용인한다는 것이었지만, 그 이후 한국은 북핵협상의 당사자에서 제3자의 지위로 전락했다. 한국인들이 북핵문제를 우리 문제가 아닌 미북 사이의 문제로 인식하는 계기가 된 셈이다. 만약 북한의 협상전술과 몽니방법을 모두 꿰뚫고 있던 공로명 원장이 장관이 되었다면 상황은 바뀌지 않았을까. 그렇게 쉽게 당사자 지위를 포기하지는 않았을 것이다. 그랬다면 북핵문제의 심각성을 국민이나 정부가 인식하고 좀 더 적극적으로 당사자 입장에서 해결하려고 전력을 기울이지 않았을까. 복기해 보면 매우 아쉬운 순간이다.

장관을 마치고 공 장관은 동국대 일본학연구소장 겸 석좌교수로 있었다. 그 기간 중 장관을 도와 국제회의도 몇 차례 열고 '일본의 길을 묻는다'라는 시리즈를 출간하기도 했다. 또 장관은 한일포럼 회장을 맡아서 한일관계 발전을 위해 애썼다. 한일관계가 악화해 정부 간 협상이 점점 어려워지는 상황을 보면서, 한일수교 50주년을 기회로 한일의 원로들이 현인회의를 구성해 박근혜 대통령과 아베 총리에게 직접 한일관계 개선의 필요성을 제기해 관계회복의 실마리를 얻는 방안을 생각하게 되었다. 공로명 장관은 유명환 전 장관과 함께 직접 일본을 방문해 한일현인회의의 산파 역할을 했다. 이홍구 전 총리와 모리 요시로(森喜朗) 전 총리를 좌장으로 하는 한일현인회의를 구성해 한일관계 회복을 박 대통령과 아베 총리에게 직접 촉구했다. 이를 계기로 한일 정부 간 협상을 진행해 어렵사리 한일 위안부합의를 하기에 이른다.

30년 이상 공로명 장관을 보면서 그가 대한민국을 대표하는 가장 이상적인 외교관이라고 생각한다. 외교관은 가장 학자적인 직업이라고 생각하는데, 공 장관은 학자 이상의 지식과 콘텐츠를 구사한다. 그리고 주변의 모두를 편하게 만드는 인품과 그 인품으로 인한 협상력은 아무나 범접할 수 없다. 외국 외교관들은 공 장관을 평가할 때 '군계일학(群鷄一鶴)'이라는 표현을 쓴다. 처음 들었을 때는 그 말의 의미를 실감하지 못했는데, 시간이 지나면서 정확한 지적이라고 생각하게 됐다. 공 장관은 후배들이 가장 배워야 할 모범적 외교관이라고 생각한다.

국립외교원장 재직 시절 공 장관을 석좌교수로 모실 수 있었다. 공 장관은 신임외교관들에게 항상 열정적으로 강의를 해주었다. 그들에게 좋은 귀감이 되었을 것으로 생각한다. 그리고 공 장관의 오랄히스토리를 국립외교원 외교사료센터에서 진행할 수 있었다. 공로명 장관은 대한민국 외교의 산 역사이다. 1958년 외교부에 입부한 이래, 한일 국교정상화 협상, 외교관 석방을 위한 3자 베트남 비밀협상, 중국 민항기 사건 교섭, 주소련 대사관 개설, 남북 핵협상에 이르는 굵직한 외교역사의 현장에서, 브라질, 러시아, 일본의 대사로서, 그리고 대한민국 외교수장으로서 겪은 생생한 기억을 구술로 남기는 일은 지난한 작업이었다. 공 장관은 혼신을 다하여 자신의 기억과 외교 전문 등 1차 자료를 비교하면서 팩트체크를 하는 철저함을 보여줬다. 생생한 기억력과 꼼꼼하고 철저함에 경의를 표하지 않을 수 없다. 공로명 장관의 구술사는 후학들은 물론이고 대한민국 외교관이라면 반드시 정독할 가치가 있다고 생각한다. 공로명 장관의 구술사 작업에 면담자로 참여하게 된 것은 공 장관과의 남다른 인연을 생각할 때 각별한 의미가 있다. 그리고 국립외교원에서의 마지막 내 일이 존경하는 장관의 구술사 면담이었던 점을 자랑스럽게 생각한다.

2002월드컵 한일 공동개최를 향한 장관의 집념

이용준

전 이탈리아 대사

내가 외교부에서 공로명 장관과 함께한 인연은 매우 짧다. 그래서 이 책의 한구석에 내 글을 남기는 것이 영광스럽기에 앞서 송구스러울 뿐이다. 공 장관을 직속 상관으로 모시고 근무한 건 장관보좌관 6개월과 북미1과장 시절 2개월 남짓한 기간이 전부다. 그런데도 장관도 나도 은퇴한 이후까지 오랫동안 만남을 유지해온 것은 아마도 내가 공 장관을 인간적으로 무척 좋아하기 때문일 것이다.

공로명 장관은 상황을 파악하는 혜안이 예리하고 주관이 뚜렷하며 이를 관철할 용기도 겸비한 훌륭한 장관이었다. 공직자라기보다는 올곧은 선비에 가까운 성품을 지닌 분이었다. 우리나라 고위직 인사의 행태에 비추어 볼 때 그런 성품의 공직자가 장관에까지 오를 수 있었다는 것 자체가 상당히 이례적이다.

외교부에 38년간 근무하는 동안 21명의 장관을 겪었다. 그러나 애국심이나, 전문지식이나, 상황판단력이나, 인품이나, 하다못해 영어 실력까지 공 장관에 필적할 만한 장관은 보지 못했다. 비록 기간은 짧았으나, 잠시나마 그런 훌륭한 장관을 가까이서 모실 수 있었다는 것은 내게 큰 행운이었다. 공 장관이 과거 1990년대 초 주 러시아 대사와 남북핵통제공동위원장을 역임할 때 먼발치에서 잠시 뵐 기회는 있었으나, 직접 모시고 일하게 된 것은 1996년 2월 장관보좌관에 임명되었을 때가 처음이었다.

당시 외교부 장관 보좌관실은 두 명의 보좌관이 업무를 지역별, 현안별로 나눠 맡고 있었다. 나는 지역으로는 미주와 유럽 대륙을, 현안으로는 북핵 문제와 월드컵유치 업무를 맡고 있었다. 보좌관 일은 매일 재외공관과 외무부 각 부서 및 타 부처에서 오는 중요 보고서를 장관에게 요약 브리핑하고, 장관의 모든 회의와 면담에 배석하는 일이다. 거의 하루종일 장관과 함께 지내는데도 외교 장관이라는 자리가 워낙 바빠서 하루에 보고시간 10~20분을 만들어 내는 것도 여간 힘들지 않았다. 장관이 직접 읽는 보고문서는 일주일에 한두 건 정도였고 상당히 중요한 보고서도 20~30초 이내에 핵심만 브리핑해야 했다. 그나마도 시간이 없을 때는 2, 3일 동안 아무 보고도 못 하는 때가 비일비재해 그로 인해 큰 차질이 생기지 않기를 기도할 수밖에 없는 상황이었다.

주미 대사관에서 귀국하자마자 바로 다음 날부터 장관보좌관실 근무를 시작했는데 첫날부터 난감한 일이 발생했다. 며칠 후 서울에서 개최할 올브라이트 미국 국무장관과의 회담에 대비해 북미국에서 두께가 3, 4센티는 족히 되어 보이는 방대한 회담자료를 보내왔는데 장관은 접수를 거부한 것이다. 장관은 "내가 그렇게 두꺼운 걸 언제 읽느냐?"면서 "시간 있으면 자네나 읽으라"는 것이었다. 당시까지만 해도 그렇게 두꺼운 자료에 영문 번역문까지 첨부해 올려야 장관들이 좋아하고 점수를 따는 것이 외교부의 오랜 관행이었고 그래서 실무직원들이 장기간 야근을 하곤 했는데, 공 장관은 정반대였다.

북미국 직원들이 그 자료를 만드느라 무척 고생했을 텐데 성의를 봐서 일단 접수라도 하시라고 다음날 조심스럽게 말씀드렸으나, 공 장관은 "내가 읽기를 원한다면 자료를 2페이지 이내로 새로 만들어오라고 전하라"고 했다. 결국 새 자료는 안 왔고 장관도 두꺼운 회담자료 접수를 끝내 거부해서, 아무 사전자료 없이 한미 외교장관회담을 하게 됐다. 하지만 굳이 자료를 볼 필요도 없을 만큼 장관 본인이 모든 핵심현안에 관해 해박한 지식과 주관을 가지고 있었다.

보좌관으로 근무한 6개월 동안 장관의 핵심 관심사는 2002년 월드컵 유치, 북핵 제네바합의 이행, 한반도 평화체제에 관한 4자회담 추진 3가지였다. 그중 4자회담 추진 문제는 청와대 외교안보수석실의 핵심 관심사였으나 공 장관은 그 문제에 그리 큰 관심이 없었고, 북한 당국 역시 4자회담을 희망하는 한미 양국의 입장을 이용해 식량지원 등 잇속을 차리는 데만 관심이 있었다. 공 장관의 가장 큰 관심사는 2002년 월드컵 유치와 제네바 핵합의 이행문제였다. 이 두 문제에 관해서는 공 장관이 마치 실무책임자라도 되는 듯 항상 직접 챙기고 고심하고 지시를 내리곤 했다. 아마도 공 장관은 그 두 가지 사안이 국내적으로 민감한 정치적 사안이라고 생각했던 것 같다.

공 장관은 바쁜 와중에도 외교부 조직이 별로 관심을 기울이지 않던 일본과의 2002년 월드컵 공동유치를 성사시키기 위해 각국의 FIFA(국제축구연맹) 위원들 개개인에 대한 교섭을 직접 재외공관장들에게 지시하는 등 고군분투했다. 개최지 표결을 이틀 앞둔 시점이 되자, 일본의 단독개최를 막으려면 한 표가 모자란다면서 난감해하기도 했다. 당시 분위기로는 월드컵 개최지 표결에서 패할 경우 외교부 장관직을 내놓아야 할지도 모르는 상황이었다. 당시 국제적 지지가 열세임에도 불구하고 공 장관이 끝까지 희망을 걸었던 것은 일본이 표 대결의 긴장과 불확실성을 견디지 못하고 마지막 순간에 한일 공동개최에 동의할 가능성이었다. 장관의 판단은 옳았고, 승부는 결국 표 싸움이 아닌 기 싸움으로 판가름 났다. 만에 하나 패배가 두려웠던 일본은 표결을 강행하지 못하고 표결 직전인 1996년 6월 1일 한일 공동개최를 수락했다.

제네바합의 이행 문제는 당시 대북 경수로 지원사업이 극히 복잡하게 진행되고 있었음에도 불구하고 공 장관은 내용을 거의 모두 파악하고 직접 지시를 내리곤 했다. 나 자신이 불과 몇 달 전까지 주미대사관에서 그 업무를 담당하다 왔지만, 공 장관은 나의 어떤 조언도 필요하지 않을 정도로 해박한 지식을 바탕으로 정확한 협상 지시를 하달하곤 했다. 당시 경수로 문제는 가장 중요한 특권면제의정서와 통행통신의정서 문안을 만들기 위해 매우 기술적이고 복잡한 협상을 수개월 간 뉴욕에서 진행하고 있었다. 공 장관은 통일부 산하 경수로 기획단이 파견한 협상팀이 북한 측과 적당히 타협하려 할 때면 어김없이 장관 명의 친전으로 외교부 출신 수석대표에게 엄중한 훈령을 내리곤 했다. 나로서는 뉴욕협상의 진행 상황을 주요 고비마다 장관에게 정확히 보고만 하면 됐고, 장관의 지시는 항상 나의 생각과 같거나 오히려 더 강경했다.

공 장관은 내가 보좌관으로 있는 동안 단 한 번 제네바합의에 대한 개인적 견해를 내비친 적이 있다. 당정 협의를 위해 여당 당사로 가는 차 안에서 내가 제네바합의 얘기를 꺼내자, 공 장관은 "제네바합의에 관여한 사람들은 모두 그 결과에 대해 개인적으로 책임을 져야 한다"고 했다. 이는 제네바합의와 그 형성과정에 대한 공 장관의 깊은 반감을 의미하는 말이었다. 공 장관은 실제로 외교부 인사 때마다 제네바합의 관련자들을 철저히 소외시켰다.

이런 생각은 유종하 외교안보수석도 마찬가지였다. 보좌관 취임 직후 유종하 수석에게 인사차 들렀을 때, 그는 제네바합의에 관여했던 외교부 관계자들을 지칭하면서 "윗사람에게 아부만 하고 국익은 안중에도 없던 사람들"이라고 강도 높게 비난했다. 이런 분위기로 인해, 당시 한국 정부는 비록 한미 역학관계 상 제네바합의를 기정사실로 인정하기는 했으나 이행 과정에서는 같은 실수를 되풀이하지 않겠다는 결의가 확고했다. 이 같은 분위기가 제네바합의에 따른 북한 신포 경수로 건설공사가 장기간 지연된 원인이기도 했다.

공 장관은 중요한 외교 사항이 있을 때마다 김영삼 대통령에게 수시로, 어떤 때는 하루에도 서너 차례씩 전화를 걸어 상황을 보고하곤 했다. 이러한 대통령 접촉 빈도는 다른 어느 장관보다도 월등히 많은 것이었다. 이 때문에 일각에서는 공 장관이 곧 통일부총리나 안기부장으로 영전하리라는 소문까지 나돌았고, 아마 장관 자신도 이를 거의 의심하지 않았으리라 생각한다. 훗날 의문의 사건으로 공 장관이 중도사퇴하게 되리라고는 누구도 상상조차 하지 못했다.

내가 장관실에서 근무한 지 5개월 정도 지난 1996년 7월, 청와대에서 개각을 거론하기 시작했고 공 장관은 김 대통령의 신임이 높아 통일부총리 또는 안기부장에 기용되리라는 소문이 다시 나돌았다. 그러던 어느 날 공 장관은 기획관리실장, 인사과장, 장관보좌관, 비서관들과 저녁 식사 자리에서 기획관리실장에게 부내 인사 관련 지시를 하면서 돌연 나를 북미1과장에 발령을 내라고 지시했다.

그것은 분명 영전 인사이기는 했으나, 그런 얘기가 사전에 전혀 없었고 보좌관 근무를 시작한 지 겨우 5개월밖에 안 된 상황이라 나는 깜짝 놀랐고 서운하다는 생각까지 들었다. 그래서 장관께 단도직입적으로 "반년밖에 안 되었는데 왜 저를 벌써 쫓아내십니까?"하고 반문했다. 장관은 한동안 나를 물끄러미 바라보더니, 다소 멋쩍은 표정으로 "내가 인사안에 서명할 힘이 있을 때 보내야지"라고 했다. 그때는 그저 공 장관이 이미 1년 반 동안 장관으로 재직했으므로 언제 경질될지 몰라 그러는구나 생각했는데, 불과 두 달 후 그 말의 진정한 의미를 깨닫게 되었다. 공 장관은 이미 그때부터 자신에게 다가오는 위기를 감지하고 주변 정리를 시작했던 듯하다.

그 후 1996년 8월 초부터 북미1과장 일을 시작하고 2개월여가 지난 10월 말, 안기부(국정원의 전신)는 외교부의 제반 행태를 신랄히 비판하는 보고서를 김영삼 대통령에게 제출했다. 이는 외교부 직원들의 개인 비리까지 과장해 열거한 노골적이고 악의적인 보고서였다. 이 보고서로 인해 해묵은 이슈였던 공 장관의 과거 '인민군 경력'이 다시 청와대에서 문제가 되자, 공 장관은 실망한 나머지 사표를 던지고 국군수도병원에 입원해 버렸다. 청와대는 마치 기다렸다는 듯이 사표 제출 사실을 발표하고는 사흘 후 사표를 수리했다.

명백히 공 장관을 겨냥한 고의적이고 조직적인 음해로 추정되는 그 사건의 전말과 배경에 관해 청와대와 주한 미국대사관으로부터 여러 말들이 흘러나왔다. 공 장관을 대단히 신뢰하고 존경했던 미국 정부는 경악을 금치 못했고, 한국 외교부의 거듭된 요청에도 불구하고 후임 외교부 장관에 대한 의례적 취임 축하 서한 발송을 끝내 거부했다. 그로부터 한두 해가 지난 후 나는 공 장관과 단둘이 만난 기회에 사건

전모에 관해 그 당시 청와대의 지인들로부터 파악한 바를 조심스럽게 말씀드렸다. 공 장관께서는 레이니 주한 미국대사에게 일찌감치 전모를 제보받아 알고 있었다고 담담하게 얘기했다.

그럼에도 불구하고 공 장관은 그 사건에 관해 주변 사람들에게 단 한 번도 억울함을 해명하거나 불만을 표한 적이 없었고, 그저 숙명으로 받아들이는 기색이었다. 이러한 성숙하고 절제된 인품은 공 장관에 대한 부하직원들의 사랑과 존경심을 더욱 배가시키는 요인이 되었고, 이는 내가 지금도 공 장관을 각별하게 생각하는 이유 중 하나이기도 하다.

김영삼 대통령
"고베 지진 지원, 김대중 대표에게 미리 설명하세요"
김대중 대표
"김영삼 대통령이 잘 하는 일도 있구먼"

이재춘

전 러시아 대사

공로명 장관은 내가 1968년 외무부에 들어갔을 때 교민과장이었는데 그 얼마 후에 동북아과장이 되었고, 가끔 그 과에 있는 친구들을 만나러 들르면 언제나 부드러운 얼굴로 대해주곤 했던 기억이 난다.

내가 일본 삿포로 총영사관 근무를 마치고 동북아1과의 우문기 과장 밑에서 차석으로 일하고 있을 때 아주국의 공로명 심의관에게 자주 결재도 받고 일도 배우고 했는데 그때부터 공 심의관은 직장의 상사이기 이전에 친형님 같은 존재였다. 내가 동북아과장으로 일하던 시절에는 정무차관보로 일본과의 교섭을 총괄하면서 나에게 많은 부분을 일임해주어서 나는 공 장관을 더욱 신뢰하고 따르게 되었다. 그는 아무리 어려운 상황에 처하더라도 가장 합리적인 해결책을 강구해서 문제를 해결하는 특유의 수완을 가지고 있었고 부하들에게는 언제나 너그럽고 자상한 선배였다.

그는 동북아과장, 아주국장, 차관보, 브라질대사, 뉴욕총영사 그리고 소련과 러시아대사 등을 거쳐 1993년엔 주일대사로 부임했는데 나는 그때 마침 도쿄 대사관의 차석으로 있었기 때문에 신임대사를 모시고 다시 일하게 된 것은 나에게는 커다란 행운이었다.

1993년 말 11년간의 마지막 일본근무를 마치고 외교안보연구원 교수부장으로 발령을 받고 귀국할 때 대사관저에서 300명 규모의 이임 리셉션을 베풀어 줬는데 대사관 개설 이후 차석에게 리셉션을 베풀어 준 것은 처음이었고 지금도 각별한 고마움을 간직하고 있다.

공 장관을 모시고 일본 관련 업무를 수행하는 과정에서 다룬 큼직한 일 중에는 1974년 문세광 사건, 1981년 일본교과서 왜곡문제, 1983년 100억불 한일 안보경협, 1993년 일본군 위안부 문제(고노 관방장관 담화) 등을 들 수 있다.

일본 문제에 관한 한 공로명 대사는 지식에 있어서나 경륜에 있어서나 타의 추종을 불허하는 전문가인데 훌륭한 인품까지 갖췄으므로 어디를 가도 일본 내의 지도층들로부터 환영을 받을 수밖에 없었다. 그의 일본어 수준은 일본인들도 경탄하는 경지에 있었다. 나는 마음속으로 김영삼 대통령이 주일대사 인사는 제대로 했구나 하고 생각하곤 했다. 대사관 내의 모든 직원이 공 장관을 신뢰하고 열심히 일하고 있는 모습이 보기 좋았고, 나도 공 대사의 전적인 신임을 받으면서 차석으로서 최선을 다했다.

하루는 공 대사가 지나가는 말로 이야기했다. "이 공사, 여기 너무 오래 있을 생각 마라. 본부에 들어가서 제대로 일을 해야지. 외시 1기가 차관보 될 때가 되었잖아.." 나는 어떻게 대답해야 할지 몰라 어정쩡한 표정을 지을 수밖에 없었지만 마음속으로 고맙게 생각했다.

내가 귀국해서 외교안보연구원 교수부장으로 근무한 지 만 1년이 된 1994년 말 공로명 대사가 한승주 장관 후임으로 외무장관에 임명됐다. 공 장관은 곧바로 나를 1차관보로 발탁했다. 도쿄에서 했던 말을 실천에 옮긴 것이다. 만감이 교차하면서 각오를 새롭게 했다.

그러나 내가 감당해야 할 책임을 생각하면 어깨가 무거운 것도 사실이었다. 무엇보다도 한승주 장관 시절에 맺은 미북 간 제네바합의(Agreed Framework)의 이행문제를 두고 미북과 한미 간에 팽팽한 교섭과 절충을 시작한 시점이라 긴장할 수밖에 없었다. 당시의 외교부 G7은 공로명 장관을 정점으로 이시영 차관, 박수길 외교안보연구원장, 김항경 기획관리실장, 선준영 2차관보, 반기문 외교정책실장, 문동석 의전장 그리고 나 이렇게 7인이었다.

지역국은 김하중 아주국장, 임성준 미주국장, 한태규 구주국장, 김명배 아중동국장이 나를 보좌해 주었고 모두가 일당백의 역할을 해주었기 때문에 일하는 분위기는 언제나 활기가 넘쳤다.

1995년 1월 17일 새벽 일본 고베에 대지진이 발생해 6000여 명의 사망자를 내면서 1923년 관동 대지진 이래 최대의 참사로 기록됐다. 나는 아침 7시 반에 출근했는데 공 장관은 청와대 국무회의를 마치고 돌아오자마자 나를 찾았다. 대통령의 특별지시로 고베지진 피해를 입은 주민들과 우리 동포들에게 5백만 달러 상당의 긴급 구호품을 전달키로 하고 그 책임자를 1차관보로 지명했으니 3일 이내에 구호품을 조달해서 현지로 호송까지 하라는 주문이었다. 김영삼 대통령은 취임 이래 한일 관계는 '가깝고도 먼 나라'라는 고정관념을 초월해 명실공히 '가깝고도 가까운 나라'로 거듭나야 한다는 소신을 가지고 있었다. 아마도 공로명 장관의 설득과 논리를 김 대통령이 그대로 수용한 것으로 보인다. 오늘날의 한일 관계와 그 시절을 비교하면 입이 있어도 할 말이 없어진다.

나는 김하중 국장을 반장으로 하는 구호대책반을 만들고 재무부, 보건복지부, 대한적십자사 그리고 대한항공 등 관계기관을 독려하여 구호품을 실은 화물기가 적시에 출발할 수 있도록 일을 서둘렀다. 문민정부의 구호품 지원 결정에 대해 야당과 일부 언론이 비판적인 태도를 보여 정계와 언론을 설득할 필요도 있었는데, 공 장관은 정계 대표들에 대한 설명도 내게 일임했다. 나는 민자당의 김종필 총재와 아태평화재단의 김대중 대표를 각각 방문해 취지를 설명하고 이해를 구했다. 실은 김대중 대표에게 직접 설명하라는 것이 김영삼 대통령의 특별지시였다.

김대중 대표는 내 설명을 들은 후 "김 대통령이 잘하는 일도 있구먼…" 하고 반응하면서 "외무부 차관보의 브리핑을 들었다"고 기자들에게 알려 줄 것을 박지원 대변인에게 지시했다.

내가 김대중 씨와 직접 대면해서 브리핑할 수 있던 것도 인연이라면 인연일 텐데, 그 후 몇 달이 지나지 않아 이것이 최승진의 외교문서 위변조 사건 때문에 악연으로 꼬일 줄은 상상하지도 못했다. 여하튼 대한항공 727 화물기에 구호품을 꽉 채워 싣고 고베 현지로 날아갔다. 효고현과 시 당국자들 그리고 피난민과 우리 동포들을 폭넓게 만나 이웃이 어려울 때 이렇게나마 도울 수 있어 다행이라고 설명했던 일은 지금 생각해도 보람 있는 순간이었다.

그해 1월 하순 북핵 문제로 탈보트 미 국무부 부장관과 윈스턴 로드 동아태 차관보가 서울로 와서 공 장관과 회담을 했다. 그 자리에서 제네바합의 이행과 북한문제 전반에 대해 깊이 있는 의견교환을 하기 위해 한미 간에 차관보를 단장으로 하는 '고위급협의회'를 만들어 서울과 워싱턴을 교차로 방문해 협의하기로 합의했다. 1차 협의회를 2월 23, 24일 서울에서 개최했는데, 이 회의에는 로드 차관보 등 국무부 관계자뿐만 아니라 스탠리 로스 NSC 선임보좌관 등 백악관 관리들도 참여해 미 측에서도 이 회의를 중요하게 다루겠다는 의지를 보여줬다. 우리 측에서는 임성준 북미국장과 김숙 북미과장이 주무를 맡았고 청와대에서는 유명환 외교비서관, 통일부에서는 이봉조 국장, 국정원에서는 김보현 국장 등이 참여했다.

한 달 후인 3월 23, 24일 우리 대표단은 워싱턴에서 2차 협의회를 가졌다. 미 국무부 중심의 대표들과 6시간에 걸친 마라톤 회의 외에도 제네바합의의 주역인 로버트 갈루치 대사를 방문 면담했고, 다음 날 워싱턴 출발에 앞서 탈보트 부장관을 방문해 고위급 회담 성과를 간략하게 설명했다.

미국에서 귀국한 다음 날 아침 우리 대표단 전원이 김영삼 대통령이 주최하는 청와대 조찬에 초대를 받았는데, 이는 공 장관이 지휘하는 외교부에 대한 대통령의 격려이기도 했다. 전임 장관 시절에 만든 미북 간 제네바 핵 합의는 북한의 벼랑 끝 전술에 미국이 일방적으로 끌려다닌 결과라는 불만이 많은 터였다.

새로운 공 장관팀은 "벼랑 끝 전술에는 역 벼랑 끝 전술로"라는 기치 아래 미국과의 협의에 임했다. 로드 차관보는 운전대는 한국이 잡고 미국은 조수석에 앉겠다고 하면서 그때부터 "같이 갑시다"라는 구호가 생겼다. 청와대 조찬에서 내가 대표단장으로서 김 대통령에게 워싱턴에서의 고위급 회의결과를 브리핑하면서 한미 간 공조에 틈이 생기지 않도록 상호신뢰를 구축한 것으로 평가한다는 요지로 보고하자 김 대통령은 수고했다고 대표단 전원을 격려했다.

그해 8월 7, 8일 호놀룰루에서 열린 3차 고위급회의에도 3월 하순에 워싱턴에 갔던 임성준 국장, 유명환 비서관, 김숙 과장, 이봉조 통일부 국장 등이 참석했다. 미국 측에서 종합적인 전략 대화를 위해서는 국방부 관계관이 참석할 필요가 있다는 의견을 제시해 우리 측은 국방부 정책보좌관인 김종인 육군 소장이, 미 측에서는 펜타곤의 캠벨 부차관보가 회의에 합류했다. 호놀룰루에 도착한 그날 저녁, 쿠알라룸푸르에서 열린 미북 담판에서 한국표준형 원자로 채택을 밀어붙인 미국 측 전사들(?)의 무용담을 듣는 등 가벼운 화제로 시작해 화기애애한 분위기에서 첫 회의를 마쳤고 이어 미국이 주최하는 만찬이 있었다.

다음 날 아침 회의를 시작하려는데 서울에서 긴급지시가 왔다. 회의를 중단하고 즉시 귀국하라는 내용이었다. 그 전날 북한에 전달할 쌀 10만 톤을 싣고 함흥에 도착한 우리 화물선에 걸린 태극기를 북한 측이 훼손한 사건이 발생한 모양이었다. 김 대통령이 격노해 북한과 무슨 평화체제 운운이냐며 한미 간 비공식협의를 백지화하라는 지시였다. 참으로 황당한 일이 발생한 것이다. 지금 뒤돌아봐도 그때나 지금이나 북한이 하는 짓은 변한 것이 없는데 오늘날도 북한 비위맞추기에 급급한 이 정권의 행태를 보고 있노라면 숨이 막힐 지경이다.

내가 차관보직을 마치고 EU대사로 부임한 1996년 11월에 공 장관은 석연치 않은 이유로 사임했다. 이로써 나와 공로명 장관과의 공적인 관계는 단절되었지만 내가 2003년 외무부를 은퇴한 이후에도 나는 여전히 공 장관을 외교계의 원로로서 선배로서 상사로서 존경하고 있다. 특히 2004년부터 약 3년간 춘천에 있는 한림대학교의 특임교수로 있을 때, 같은 대학교 일본학연구소장으로 있던 공 장관을 매주 만날 수 있었다. 한림대 총장으로 새로 부임한 이상우 총장이 연구실을 나란히 배치해 주어 나는 공 교수의 조교로 자처하면서 공 교수를 보좌했던 일이 지금도 기억에 생생하다.

미국은 동맹국 한국의 팔을 비틀지 말고
북한의 팔을 비틀어라

임성준

전 캐나다 대사

흔히 인생길에서 어떤 사람을 어떤 시기에 만나는가가 우리 인생의 성패를 가르는 중요한 계기가 된다. 그러한 의미에서 내가 외교관의 첫걸음을 내디딜 무렵 공로명 장관을 만나게 된 것은 크나큰 행운이었으며 마치 인생의 큰 스승을 모시는 결과가 되었다.

공로명 장관과의 운명적 만남

1971년 2월, 15명의 새내기 직원의 한 사람으로 직무 오리엔테이션을 받을 때 한일관계 현황을 강의하러 온 공로명 동북아과장을 처음 만난 기억이 아직도 생각난다. 그 후 나는 군 복무를 마치기 위해서 3년간 외교부를 떠났고 1976년 1년간의 영국 연수를 다녀온 후 동북아1과 발령이 났다. 그때 장관은 호주대사관 근무를 마치고 아주국 심의관으로 귀임하게 되어 본격적으로 지도를 받게 되었다. 당시 나는 일본어를 못 해 한일 간 과거사에서 비롯한 여러 현안을 담당하면서 공로명 심의관의 유창한 일본어 실력과 한일관계에 관한 해박한 식견에 매료됐다. 동북아1과에서 근무하던 1977년 봄 무렵, 외무부는 일본전문가 육성을 위한 연수계획을 마련하고 첫 연수직원으로 나와 최상덕 서기관을 선발해 1977년 7월부터 일본 게이오대로 파견했다. 불과 1년 전 영국 옥스포드대 연수를 마치고 귀임한 내가 통상적인 연수생 선발 절차도 밟지 않고 또다시 게이오대 연수를 하게 된 연유는 나중에 공 장관으로부터 전해 듣고 알게 됐다. 차세대 일본전문가를 양성하기 위한 정책적 결정이었다는 것이다.

북핵문제와 씨름하던 미주국장 시절

나는 1990년 3월 최호중 장관실 보좌관 근무를 마치고 주미 대사관에 발령받아 정무참사관으로 일하게 됐다. 1992년 말 대선에서 김영삼 민자당 후보가 대통령으로 당선하고 이듬해 2월 말 취임식에서 '문민정부' 출범을 선포함으로써 대내외의 주목을 받았다. 당시 미국에서도 비슷한 시기에 클린턴 민주당 정부가 출범했고, 32년 만에 군사정권을 종식시키고 새롭게 출범한 김영삼 정부가 표방하는 '문민정부'의 성격과 개혁정책에 대해 큰 관심을 보였다. 신정부는 당시 공로명 외교안보연구원장을 정부특사 자격으로 미국에 파견해 미국 조야의 각계 인사들에게 문민정부 출범의 역사적 의미와 비전을 설명했다. 당시 나는 공로명 특사를 안내해 미 의회 중진의원들과의 면담에 배석했는데, 유려한 언변과 세련된 매너로 상대방을 설득하던 공 특사의 모습에 크게 감명받았다. 상원의 어느 중진의원은 공 특사와 면담한 후 "한국 특사의 겉모습으로는 저렇게 훌륭한 영어가 나올 것 같지 않은데 어떻게 나보다 영어를 잘하느냐"고 물었던 기억이 생생하다. 공로명 특사의 성공적인 활동으로 당시 미국인들에게는 생소했던 김영삼 대통령의 문민정부를 효과적으로 소개하는 성과를 거두었다.

1994년 말 내가 김영삼 대통령 외교비서관으로 청와대에서 근무하고 있을 때, 김영삼 정부 초대 외무부 장관이었던 한승주 장관이 연말 개각에서 물러나고 그 후임으로 공로명 주일대사가 유력하다는 풍문을 접했다. 김영삼 대통령은 인사에 관한 내용은 철저하게 보안을 유지하던 터라 공 대사의 입각을 확인할 길은 없었으나 모든 면에서 외교수장의 덕목과 자질을 겸비한 공 대사의 낙점을 내심 크게 기대했다.

1994년 성탄절이 지나면서 개각이 확정되고 발표만 남은 시점에서 공 대사의 입각을 감지한 나는 기쁜 마음으로 도쿄에 있는 장관에게 국제전화로 축하의 뜻을 전해 드리고 귀국하는 대로 찾아뵙겠다고 얘기했다. 공 장관은 2, 3일 정도 이임절차를 마치자마자 김포공항을 통해 귀국했다. 나는 청와대의 분위기도 알려드릴 겸 장관을 영접하러 공항으로 나갔다. 자연스럽게 한강변에 있는 장관 자택까지 동행하며 개각을 전후한 청와대 분위기와 국내사정에 관해 설명드렸다.

공 장관은 그 자리에서 신임장관으로서 곧바로 처리해야 할 몇 가지 사항에 대해 문의한 후 나에게 빠른 시일 내에 청와대에서 나와 미주국장을 맡아 북핵 문제 등 한미 간 업무를 수행해 달라고 당부를 해서 기쁜 마음과 더불어 무거운 책임감을 느꼈다.

1994, 95년 당시 미주국의 가장 중요한 업무는 북한 핵 문제를 전담하면서 1994년 가을에 체결한 미북 제네바합의를 차질 없이 이행하는 협상을 주도하는 것이었다. 제네바 합의의 골간이 북한은 핵개발을 동결 중지하고 미국은 북한에 100MW 경수로 2기를 제공하는 내용인데 우리 정부는 경수로 건설 비용을 부담하는 조건으로 '한국형 경수로'를 공급하기로 결정했다. 그러나 북한은 미북 간 후속 실무회담에서 '한국형 경수로' 표현을 계속 거부하면서 한미 간 틈새를 파고들었다. 우리나라로서는 엄청난 재정을 쏟아붓는데도 불구하고 북한이 고집하는 미국형 경수로를 제공하는 것으로 미북이 다시 합의한다면 그렇지 않아도 우리의 직접 참여 없이 체결한 미북 제네바 기본합의에 비판적인 국민여론이 다시 분출할 가능성이 농후했다. 특히 국민여론에 민감한 김영삼 대통령이 이 문제에 절대 양보할 기미를 보이지 않자, 한미 간 협의를 지휘하는 공로명 장관도 평소의 냉철한 평정심을 잃을 정도로 민감한 태도를 보였다.

한미 간 조율이 지지부진하자 클린턴 대통령은 김영삼 대통령에게 급하게 전화를 걸어 미 측 입장을 설명하기 위해 갈루치 북핵대사와 윈스턴 로드 동아태차관보를 서울로 보내겠다고 했다. 우리 측을 달래 보려는 것이었다. 어떻게 보면 미북기본합의서가 살아남아 북핵문제가 해결의 길로 가느냐, 아니면 우리나라가 경수로 지원을 포기함으로써 북핵 위기가 원점으로 돌아가느냐 하는 절체절명의 순간을 맞이하게 된 것이다.

1995년 6월 드디어 갈루치 대사와 로드 차관보가 한미 간 최종 절충을 위해 서울에 도착했다. 이들은 곧바로 서울 한남동의 장관 공관으로 가서 공로명 장관에게 미국 입장을 설명했다. 미주국장 발령 전에 청와대에서 근무한 적이 있는 나로서는 김 대통령의 업무스타일을 잘 알고 있었기 때문에, 장관이 한미 간 협상을 어떻게 타결할지 무거운 마음으로 협상 테이블에 앉았다. 우선 미 측이 미북합의안 초안을 제시하면서 설명을 하자 공 장관은 안색에 홍조를 띠면서 "우리는 이런 표현을 가지고는 대통령과 국민을 전혀 설득할 수 없다"고 목소리의 톤을 높였다. 잠시 후 장관은 동맹국 간의 대화에서는 예상하기 어려운 표현을 던지며 "미국이 어떻게 동맹국의 팔을 비틀어(arm twisting) 자기네 입장을 관철시키려 하는가? 오히려 북한의 팔을 비틀어서라도 한미 간의 입장을 관철해야 하는 것 아닌가"라고 호통을 쳤다. 일천한 나의 외교 상식으로도 외교협상 테이블에서 들어본 적이 없는 표현으로 미국 특사 일행을 압박하는 데 크게 놀라면서 미 측의 반응을 살폈다. 미 측도 공 장관의 예상치 못한 강경 발언에 상당히 당황한 표정이었으나 맞대응은 자제한 채, "이제는 한국 측의 어려운 입장을 충분히 알겠다"면서 "본국에 솔직하게 보고하고 결코 한국을 어렵게 만들지 않겠다"고 다짐한 후 무거운 분위기로 일관한 면담을 끝냈다. 그 후 미북 양측은 말레이시아 쿠알라룸푸르 실무협상에서 우리 측 입장을 반영한 경수로 공급에 합의하고 곧바로 열린 KEDO(한반도에너지개발기구) 이사회에서 "대북제공 경수로는 울진 3 · 4호기로, 공급 주계약자는 한전으로 한다"는 내용을 의결함으로써 자칫하면 좌초위기를 맞을 뻔한 미북 제네바합의 후속조치를 매듭지었다.

주이집트 대사 발령과 뜻밖의 장관 퇴임 소식

공 장관을 모시고 한창 미주국장 업무를 보고 있던 1996년 2월, 장관은 나를 장관실로 따로 불러 갑자기 간부인사 이야기를 꺼냈다. 즉, 정태익 주 이집트 대사가 오랜 현안이었던 한 · 이집트 수교를 실현했으니 본부 실장급으로 부르시겠다고 언급하면서 뜻밖에도 나를 그 후임으로 보낼 생각이니 하루 이틀 잘 생각해 보고 답을 달라고 했다. 나는 예상치 못한 장관의 제의에 약간 당황해하면서 장관실을 나왔다. 청와대 근무 중이던 나를 미주국장으로 부른 후 1년여 장관의 지근에서 많은 것을 배우면서 나름대로 만족스럽고 보람찬 일상을 보내고 있었는데, '공관장으로 영전하는 것이긴 하지만 자리를 비우라는 뜻도 있는 것 아닌가'라는 상상까지 했다. 그러나 나를 미주국장직에서 내보내려는 뜻보다는 어차피 공관장 근무를 통해 한 단계 높은 외교를 경험하라는 배려라고 생각을 정리하고 장관의 제의를 받아들였다. 특히 당신이 1970년대 말 아주국장 업무를 성공적으로 마치고 주카이로 총영사로 근무하던 자리가 아닌가.

발령 절차를 모두 끝낸 후 청와대에서 김영삼 대통령으로부터 신임장을 받고 나오려는데 부속실 직원이 나를 대통령 집무실로 안내해 김 대통령과 티타임을 가졌다. 대통령께서는 다짜고짜 "임 대사는 이집트에 부임해서 북한만 4번이나 다녀온 무바라크 대통령을 방한시킴으로써 중동의 맹주인 이집트를 대(對)중동 외교의 거점으로 만들기 바란다"고 구체적인 임무를 부여했다.

나는 카이로에 부임하자마자 고위인사와 접촉할 때마다 반드시 무바라크 대통령의 방한 필요성을 역설했다. 심지어 비슷한 시기에 부임한 10여 명의 각국 대사들이 신임장을 제정하는 자리에서 무바라크 대통령과 잠시 대면하는 시간에도 의례적인 인사만 가능하다는 주재국 의전 절차를 깨고 무바라크 대통령에게 김영삼 대통령의 방한 초청 의사를 분명히 전달했다. 이처럼 무바라크 대통령의 방한에 초점을 맞춰 초임 대사의 열정을 쏟아부으면서 보람찬 시간을 보내던 1996년 가을, 서울로부터 침통한 뉴스가 날아들었다. 공로명 외무장관이 건강상 이유로 국군수도병원에 입원하면서 대통령에게 사표를 제출했다는, 나로서는 이해하기 어려운 소식이었다. 이 보도는 곧바로 사실로 드러났고, 11 · 4 개각으로 공로명 장관은 오랜 공직생활을 마감했다. 서울 소식이 어둡기만 한 이역만리 중동지역에서 내 인생의 멘토이자 내가 가장 존경하던 장관이 석연치 않은 이유로 퇴임했다는 소식에 얼마 동안 일이 손에 잡히지 않은 채 홀로 답답한 심정을 달랠 수밖에 없었다.

그 후 우리나라는 IMF 경제위기 속에서 실시한 1997년 12월 제15대 대통령 선거를 거쳐 김대중 정부가 출범했다. 김대중 대통령은 취임 후 햇볕정책을 통해 북한의 개방과 남북관계 개선을 추진하면서 북한과 절친인 무바라크 대통령의 역할에 기대를 걸고 무바라크 대통령의 조기 방한을 적극 추진했다. 나는 대사관 활동의 모든 역량을 무바라크 대통령의 방한 성사에 쏟아부었으나 3년여 대사 임기가 끝날 무렵까지도 문이 열리지 않아 초조한 마음이 들기도 했다.

1999년 초 귀임 발령을 받은 바람에, 대통령과 공 장관이 준 무바라크 대통령의 방한 추진 임무는 후임 대사에게 넘길 수밖에 없었다. 한국으로 출발하기 전날까지도 꼼꼼하게 잔무를 처리하던 중 이집트 부총리 겸 장관으로부터 "오늘 저녁에 대사에게 꼭 전해줄 메시지가 있으니 내 집무실에서 만나자"는 연락을 받았다. 나는 이집트 당국에 출국 항공편까지 이미 통보했는데 무슨 일일까, 의아하게 생각하며 장관실을 찾았다. 이집트 장관은 놀랍게도 무바라크 대통령의 방한 일정이 결정됐는데 출국 전날이긴 하지만 그동안 애써온 대사에게 이 사실을 알려주는 것이 좋겠다고 생각해서 기쁜 마음으로 전한다고 하는 것이 아닌가. 나는 무슨 영화의 한 장면 같기도 한 장관과의 마지막 면담을 마치고 대사관의 텅 빈 책상으로 돌아와 마지막 전문을 보내면서 만감이 교차함을 느꼈다. 나는 무바라크 대통령을 방한시키라는 정부의 훈령을 임기 중 달성했다는 뿌듯한 마음으로 그 다음 날 귀국 항공편에 몸을 실었다. 귀국 후 홍순영 장관께 귀임 인사를 드리는 자리에서 홍 장관은 나에게 공로명 장관 재임 시에 유치한 2000년 제3차 ASEM 정상회의 준비본부장을 맡아 정부 수립 후 최초의 다자 정상회의 개최를 차질없이 준비하라는 임무를 주었다. 이렇게 공 장관과의 인연은 장관 퇴임 이후까지 이어졌다.

공로명 장관은 내가 대학시절 외교 교과서로 탐독했던 해럴드 니콜슨(Harold Nicolson)의 《디플로머시(Diplomacy)》가 가장 이상적인 외교관의 덕목으로 꼽은 진실성, 정확성, 침착성, 친절성, 인내심, 겸손한 성품과 충성심을 두루 갖춘 타고난 외교관으로 생각한다. 내가 경험한 공 장관은 국익을 위해 결단이 필요한 사안에서는 추상같은 결단력으로 위기를 돌파하는 모습을 여러 차례 옆에서 지켜보았다.

공 장관은 1983년 5월 중공 민항기가 납치되어 우리나라에 불시착한 후 한중 간에 밤낮으로 송환교섭을 벌일 때 국교도 없는 적대국 중공이 합의 문서에 '대한민국'을 표기하도록 끈질긴 뚝심으로 밀어붙였다. 또 1981년 대일경협차관 교섭이 한일 양국의 최대 현안으로 중대 고비를 맞았을 때도 공 장관 특유의 돌파력으로 2년여 협상을 매듭지었던 것을 생생하게 기억하고 있다.

30년 전의 남북핵통제공동위원회가 성공을 거뒀더라면

정태익

한국외교협회 고문

필자는 서울대 법대를 졸업하고 공군사관학교 법학교관으로 재직 중 1969년 제2회 외무고시에 합격했다. 그러나 전역이 1년 늦어 반기문 유엔 사무총장 동기와 함께 1970년 외교부에 들어갔다.

당시 국제 정세는 미소 간의 데탕트 시기였고 박정희 대통령은 국제 정세 변화에 맞춰 1972년 7 · 4 남북공동선언을 하고 공산권에 접근하는 외교를 펼쳤다. 그렇지만 공산권의 문은 여전히 굳건하게 닫혀 있어 남북대결 외교는 계속됐다. 나는 외교부 조약과에서 외교관을 시작했다. 공로명 장관은 그때 이미 동북아과장으로 일하고 있었다.

그 후 필자는 1987년부터 1989년 말까지 워싱턴에서 정무참사관으로 근무했는데, 당시 공로명 장관은 1986년부터 1989년까지 뉴욕 총영사로 재직했다. 그 시기는 국내적으로는 전두환 대통령과 노태우 대통령 간의 권력 이양기였으며, 국제적으로는 레이건 대통령과 고르바초프 대통령 간의 미소 정상회담이 세계변화를 주도하던 때였다. 냉전시대가 대전환을 맞은 것이다. 특히 한국이 1988년 서울올림픽을 성공적으로 개최하고, 1989년 베를린 장벽이 무너지면서 동구권도 대변환을 시작했다. 급기야는 1989년 12월 레이건 미국 대통령과 고르바초프 소련 공산당 서기장이 몰타 정상회담에서 40년간의 동서 냉전을 종식하는 선언을 했다.

노태우 대통령은 후보 시절 적극적인 외교 노선을 구상하고 북방정책을 공약했다. 대통령이 되자 7 · 7선언을 공표했다. 선언 내용은 한국의 중소 수교, 북한의 미일 수교를 균형적으로 추진하면서 이를 교차 승인하겠다는 것이었다. 7 · 7선언은 1972년 박정희 대통령의 남북공동선언과는 다른 내용을 담고 있었다.

나는 워싱턴 정무참사관 3년을 마치고 1990년 노태우 대통령 비서관으로 청와대에 부임했다. 반기문 주미 총영사는 외교부 미주국장이 되어 귀국해 있었다. 귀국 당시 북방정책은 많이 진전해 있었다. 소련 및 중국과의 수교문제와 유엔가입 문제만이 아니라 남북기본합의서와 한반도 비핵화를 위한 공동선언문제 등이 우리의 중요한 외교·통일 현안이었다. 북방정책은 러시아를 포함한 옛 소련지역, 중국, 몽골 등과의 협력을 통해 북한을 대화의 테이블로 끌어내는 한편, 우리의 경제 무대와 외교영역을 유라시아 대륙으로 넓히겠다는 국가전략이었다.

1990년 초, 공로명 장관은 초대 주소 영사처장으로 임명돼 노태우 대통령으로부터 직접 임명장을 받았다. 노태우 정부가 한소 정상회담에 앞서 영사처 설치에 특별히 역점을 두었음을 짐작할 수 있다. 공 장관은 국립외교원이 채록한 오랄히스토리에서 한소 수교배경에 대해 상세히 밝혔다. 박철언 장관도 자서전에서 1990년 6월 샌프란시스코 한소 정상회담개최 배경을 상세히 밝히고 있다. 샌프란시스코 정상회담 전에 아나톨리 도브리닌 소련 대통령 고문이 전직 정부수반협의회에 참석하기 위해 서울에 와서 샌프란시스코 한소 정상회담 성사를 공식적으로 우리 정부에 알려주기도 했다. 드디어 6월 4일 샌프란시스코에서 최초의 한소 정상회담이 열렸고 수교에 원칙적으로 합의했다. 국교정상화를 위한 구체적 절차는 외교채널을 통해 진행했다. 원래 소련 정부는 한국과의 수교를 1991년 1월 1일에 하려고 내정하고 있었다. 하지만 셰바르드나제 소련 외상이 북한 측에 한소 수교 사실을 사전에 통보하기 위해 평양을 방문했을 때 북한은 그를 홀대하는 자충수를 뒀다. 이 바람에 셰바르드나제 외상이 UN총회에 참석하는 기회에 최호중 외무장관과 9월 30일 자로 문서에 서명함으로써 수교 일자가 앞당겨진 것이다. 드디어 45년간의 동서 냉전이 종식되고 우리에게 평양으로 가기 위한 모스크바의 길이 열렸다.

국교 정상화 이후 처음으로 노태우 대통령이 1990년 12월 소련을 공식 방문했고, 차관 공여에 합의했다. 모스크바 정상회담 이후 소련에서 마슬류코프 부수상이 이끄는 경제 사절단이 방한해 현금차관 10억 달러, 전대(轉貸)차관 15억 달러, 상품차관 5억 달러 등 총 30억 달러의 차관 협정을 체결했다. 이어 1991년 4월 제3차 한소정상회담이 제주도에서 열렸다. 일본에서 오는 고르바초프 대통령의 도착이 늦어지는 바람에 저녁 만찬을 자정을 넘어 시작했다. 전례가 없는 만찬이었다.

공로명 장관과 나는 1년도 채 안 되는 기간에 세 차례의 한소 정상회담에 모두 배석하는 인연을 맺었다. 공로명 장관은 1년여 러시아에 체류하는 동안 초대 주소 대사에서 초대 주러 대사가 되었고, 소련 연방의 붕괴로 옐친 대통령이 러시아공화국의 대통령이 되는 격동을 목격하기도 했다. 공 장관은 1992년 외교안보연구원장이 되어 귀국했다. 나는 1990~92년 대통령 비서실 외교담당 비서관으로 근무한 후 반기문 국장의 후임으로 미주국장이 됐다. 당시에 외교안보연구원장은 남북고위급회담 대표를 맡아 남북관계에도 깊이 관여했다.

북한은 체제보전을 위해 남한과 미국에 접근하기 시작했는데, 1991년 남북기본합의서와 한반도비핵화공동선언이 그 결과물이다. 한국 정부가 세계 각지로부터 전술핵무기를 철수하려는 미국의 계획을 선제적으로 정책화해 북한과 합의를 본 것이 한반도비핵화공동선언이다. 한반도에서 핵전쟁 위험을 제거하고 평화와 평화통일의 조건을 조성하려는 조치였다. 드디어 부시 미국 대통령은 1991년 한반도뿐만 아니라 전 세계에서 핵무기 철수를 선언했고, 북한도 세계적 기류에 호응해서 1991년 12월 31일 전격적으로 한반도비핵화공동선언에 동의했다. 그리고 북한은 NPT(핵확산금지조약)에 가입하고 거의 6년 동안 미뤄왔던 IAEA(국제원자력기구) 핵안전조치를 1992년에 조인하고, IAEA 사찰도 받아들였다. 1992년 3월 19일 남북핵통제공동위원회를 발족하면서 남측 대표로는 공로명 원장이, 북측 대표로는 최우진 대사가 임명됐다. 미주국장은 위원회의 당연직 부대표였다. 초기에는 반기문 미주국장이 맡았고 6차 회의부터는 내가 참석했다. 원래대로 하면 5월 중에 동시 사찰규정을 마련하고 6월 중에는 사찰에 들어갈 계획이었다.

나는 사찰규정 초안을 만들고 사찰 요원을 양성하는 업무를 맡았다. 사찰 문제는 우리에게는 생소했지만 미국 정부가 적극적으로 도와줬다. 미국은 소련과 핵사찰을 실시한 경험이 풍부해 우리의 예비 사찰 요원들에게 민감한 핵시설을 보여줬을 뿐만 아니라 사찰기구 사용과 구매 방법 등에 대해서도 상세한 정보와 자료를 제공했다.

미주국은 예산 확보 등 사찰준비에 대비했다. 당시 사찰팀 구성과 운영은 전적으로 북미2과가 담당했다. 판문점에서 13차례에 걸쳐 남북핵통제위원회를 열었다. 우리 측이 마련한 사찰 조항을 중심으로 진행했는데, 북한은 협상의 기본 원칙인 상호주의를 전혀 인정하지 않았다. 우리 측이 미국과 협의해서 주한 미군부대를 사찰대상에 포함하겠다고 양보를 했는데도, 북한은 자기네 군사시설은 절대로 사찰대상에 포함시킬 수 없다고 주장하며, 사찰 횟수와 방법에 대해서도 상호주의를 부정하는 억지 주장으로 일관했다. 제9차 공동위원회부터 북한은 상호 사찰과 전혀 관련이 없는 팀스피릿 훈련 문제를 제기하며 남북 간의 모든 접촉을 끊겠다고 일방적으로 선언했다. 이후 13차까지의 회의는 시종 토론장으로 바뀌었다. 결국 남북핵통제공동위원회의 판문점 회담은 무위로 끝나면서 상호사찰 규정도출에 실패했다. 비록 가시적인 성과는 내지 못했지만 공로명 위원장을 부위원장 자격으로 보좌하면서 많은 지혜와 좋은 경험을 얻었다. 북한의 최우진 대표를 압도하는 공로명 장관의 생생한 토론장면도 인상적인 기억으로 남아있다. 반면, 공산주의자들의 협상 작태는 나쁜 기억으로 남아 마음을 무겁게 하고 있다.

북핵 문제가 30년 넘도록 해결이 안 되는 현실을 직시하고 우리는 전략적으로 대처해야 한다. 1993년 정부는 노태우 정부에서 김영삼 대통령으로 바뀌었다. 개각을 통해 대대적으로 인사 개편을 했다. 외무장관은 이상옥 장관에서 한승주 고려대 교수로 바뀌었다. 대통령

안보수석은 정종욱 서울대 교수가, 통일부는 한완상 서울대 교수가, 안기부장은 김덕 외국어대 교수가 맡았다. 한승주 장관은 대대적으로 외무부 간부 인사를 단행해 공로명 외교안보연구원장은 주일 대사로, 필자는 주 카이로 총영사로 임명했다. 나에게 부여한 가장 중요한 임무는 이집트와의 수교였다. 이집트는 중동 아프리카의 맹주로 중동 아프리카에 미치는 영향이 지대했다. 북한은 이집트를 교두보로 삼아 중동지역에서 우위를 점하고 우리와 대결하고 있었다.

중동에서는 이스라엘과 관련해 4차례 전쟁이 있었다. 특히, 1967년 '6일 전쟁'(제3차 중동전쟁)에서 이집트는 이스라엘군에게 굴욕적이고 처참한 패배를 당하면서 시나이반도를 빼앗겼다. 와신상담하던 사다트 대통령은 이스라엘을 기습공격하기로 결심하고 주도면밀한 준비를 하고 있었다.

이집트의 최대 우호국인 소련은 사다트 대통령의 의도를 간파하고 중동에서의 무력충돌이 미국과의 전쟁으로 번질 것을 우려해 이집트에 무기수출을 자제하는 조치를 취했다. 이에 반발해 사다트 대통령은 3천 명에 달하는 러시아 군사고문단을 72시간 내에 추방하는 보복조치를 단행했다. 이로 인한 군사공백을 북한 김일성 주석이 미그기 부품 공급, 이집트 공군의 평양훈련 등의 방법으로 메꾸어 주었다. 사다트 대통령은 1973년 10월 이스라엘 정초 연휴 기간인 욤 키프르를 이용해 기습공격을 감행했다. 제4차 중동전쟁이다. 초전에는 이스라엘이 막대한 피해를 보았다. 그러나 이스라엘은 핵 공격 가능성을 내비치고 미국의 지원을 받아 겨우 전쟁을 마무리했다.

이집트는 이 제4차 중동전쟁을 승리한 전쟁으로 자평하면서 10월 4일을 국가 최대기념일로 정하고 매년 성대한 행사를 열고 있다. 북한 공군 조종사 일부가 이 전쟁 중 이집트 영공을 지키다 사망하면서 이집트와 북한은 혈맹관계가 되었다. 당시 이집트 공군사령관 무바라크는 초전 승리에 가장 큰 공을 세워 1981년 총리에 올랐다. 무바라크는 전쟁이 끝난 직후 사은 특사로 평양을 방문해 김일성 주석을 만났다. 무바라크 특사가 북한의 기여에 대해 사의를 표하고 보은 방안을 묻자 김일성 주석은 "이집트는 한반도가 통일될 때까지 대한민국과 수교를 하지 말아 달라"고 부탁했다. 무바라크 특사는 김일성 주석의 요청을 수락했다. 소위 이 '무바라크-김일성 약속'이 대한민국 정부의 온갖 수교 노력을 저지시켜온 것이다.

필자는 이런 경위를 파악하고 이집트 외무성보다는 무바라크 대통령을 직접 겨냥하는 외교를 펼쳤다. 아브라힘 시하타 대통령 외교비서관과 협의 채널을 개통해 적극적으로 접촉하는 한편, 외교안보문제를 담당하는 대통령의 최측근이 술레이만 정보부장이라는 사실을 알고 중앙정보부 권영해 부장과 협력해 그를 집중적으로 공략했다. 필자는 술레이만 부장을 수시로 접촉해 "한국은 북한 배제를 원하지 않고 이집트의 새로운 친구가 되고 싶다" "북한은 이집트의 라이벌인 이란에 미사일을 공급해 이집트의 안보 이익을 해하고 있다"는 논리로 그를 설득했다. 당시 이병호 안기부 차장도 이집트를 방문해 권영해 안기부장의 초청장을 술레이만 부장에게 직접 전달했다.

1994년 7월 12일 김일성 주석의 사망 소식이 보도됐다. 이집트 정부는 시리아 정부와 달리 애도기간을 선포하지 않았다. 무바라크와 김일성의 약속이 더이상 유효하지 않다는 것을 직감했다. 그동안 추진해온 술레이만 정보부장의 한국 방문이 1994년 11월 성사됐다. 술레이만 부장이 방한 후에 올린 보고가 수교에 결정적으로 기여했다. 1994년 12월 개각 때 공로명 주일대사가 외무부 장관이 됐다. 1993년 북한이 NPT에서 탈퇴하면서 발생한 위기에 제대로 대처하지 못한 것이 장관 교체의 배경이 되었다.

한·이집트 수교는 시간문제가 되었다. 드디어 1995년 3월 30일 오후, 시하타 외교비서관이 필자에게 무바라크 대통령이 양국 수교문서에 서명했다고 알려왔다. 나는 수교문서 서명은 양국 외무장관이

하는 것이 좋을 것으로 생각해 이를 추진했으나 두 사람의 일정 조정이 여의치 않았다. 결국 4월 13일 카이로에서 아무르 무사 이집트 외무장관 임석 하에 필자가 한국 대표로서 이집트 대표인 외무성 의전실장과 수교문서에 서명했다. 모든 수교 절차는 신속히 진행됐다. 공로명 장관은 필자를 초대 이집트 대사로 내정하고 이집트 정부에 바로 아그레망을 신청했다. 이집트 정부는 아그레망 절차를 매우 빨리 밟아줬다. 아그레망이 요청 3일 만에 나왔다. 나는 대사 임명장을 받기 위해 귀국했는데 한국에서도 김영삼 대통령이 사흘 만에 임명장을 단독으로 수여했다. 신임장을 받고 카이로로 귀환해 외무성을 통해 대통령실에 신임장 제정을 신청했다. 신임장 제정은 보통 2~3개월이 걸리는데, 이집트 대통령궁은 신청 5일 만에 무바라크 대통령에게 단독으로 신임장을 제정할 수 있도록 특별배려를 해줬다.

공로명 장관은 1996년 4월 반기문 정무차관보가 청와대 의전수석으로 가게 되면서 공석이 된 그 자리에 필자를 임명했다. 나는 카이로에서 한-이집트 수교 1주년 행사를 마친 직후 서울로 돌아왔다. 본부는 APEC, 한일정상회담, OECD 가입, 이탈리아 외상 초청, 김영삼 대통령 인도 방문, 공로명 외무장관 러시아 방문 등으로 정신이 없었다. 김영삼 정부는 북한 정부가 정전협정 사문화(폐기)를 들고나오자 정전협정 당사자 간에 이 문제를 협의해서 진전이 있으면 동북아 다자안보대화를 열어 러시아와 일본을 참여시킬 생각으로 남북미중 4자 회담을 추진했다. 그러나 러시아는 4자회담에 포함되지 않은 것에 불만을 품고 한러 외무장관 회담에서 문제를 제기했다. 공로명 장관은 러시아 방문 때 비탈리 이그나텐코 부총리를 예방했는데 그는 4자회담에 대해 한국이 포괄적인 접근을 하는 것이 더 낫다는 입장을 표명하면서 4자회담을 하게 되면 미국과 북한이 주도하고 한국과 중국은 보조 역할만 하게 될 것이라고 주장했다.

당시 주한 러시아 대사는 IMEMO(세계경제 · 국제관계연구원) 출신 쿠나제 대사였다. 쿠나제 대사는 러시아가 4자회담에서 빠진 불만을 외교 경로를 통하지 않고 언론을 통해 직접 토로했다. 공 장관이 쿠나제 대사를 불러 자제를 시키라고 지시했다. 주한 러시아 대사의 접촉 상대는 정무차관보였다. 필자는 쿠나제 대사에게 주재 대사가 외교 채널을 통하지 않고 언론을 통해 주재국 입장을 비방하는 것은 부적절한 행위이므로 자제하라고 요청했다.

4자회담에 대해 미북 직접 대화 우려가 제기된 데 대해 미국은 4자회담이 미북 직접 대화의 장으로 변질되어서는 안 된다는 점을 강조했다. 이와 관련해 윈스턴 로드(Winston Lord) 미국 아태차관보가 한·미·일 정무차관보 회의를 소집했다. 윈스턴 로드 차관보와 필자, 사토(佐藤) 일본 아시아대양주국장 등 3자가 제주도에서 만나 북한 문제를 협의했다. 이 자리에서 세 차관보는 북한의 정전협정 파기 움직임은 한미일이 공동보조를 맞춰 조율한 대책으로 접근한다는 데 의견을 같이했다. 4자회담은 북한의 비협조로 진척이 되지 않았다. 정무차관보로 일한 지 6개월이 된 시점에서 김항경 기획관리실장이 캐나다 대사로 나가고, 내가 후임 기획관리실장이 되면서 송영식 대사가 내 후임으로 4자회담을 맡게 되었다.

외교부의 예산이 정부 예산의 1%가 되는 것이 외교부의 오랜 숙원이었다. 역대 외무부 기획관리실장은 특1급 중에서 보임하므로 정부 예산실장보다 직급이 높다. 예산실장과 자주 만나 예산을 놓고 싸우는 자리이므로 실장의 역할이 컸다. 당시 예산실장은 김정국 씨였는데, 나는 체면불구하고 역대 실장보다 예산실에 자주 출입하면서 외무부의 예산 요구를 꾸준히 관철시켰다. 기획관리실장으로 임명된 지 얼마 안 된 1996년 11월, 공로명 장관이 유종하 장관으로 갑작스럽게 교체됐다. 한 달 후가 정기 개각시기였고 여러 명의 장관을 동시에 교체하는 것이 관례인데 외무부 장관만 교체한 것은 이례적이었다. 청와대는 교체 사유를 건강 문제라고 밝혔다.

공로명 장관의 갑작스러운 교체는 국회에서도 논란이 되었다. 이수성 총리는 국회에서 자기도 모르는 일이라고 답변했다. 건강을 이유로 교체한 것으로 발표했기 때문에 공로명 장관은 국군수도병원에 갑자기 입원을 하게 되었다. 나는 장관의 최측근인 기회관리실장이라 함께 입원했다. 공 장관은 이임식을 하지 못한 최초의 장관이 되었다. 병원에서 '귀거래사'에 빗대 쓴 이임사는 이기주 차관이 대독했는데, 지금도 명문으로 회자되고 있다. 김영삼 대통령은 추후 자서전에서 "공 장관을 경질한 것은 잘못"이라고 인정했다.

미지의 대국 소련과의 수교에 '기대의 바람'이 불었으나

정화태

전 라오스 대사

공로명 장관을 알고 지낸 것이 내가 박동진 장관 비서관이고 공 장관이 아주국 심의관이던 1976년 가을부터이니 45년이나 된 것 같다. 그러나 내가 지근거리에서 공 장관을 모시고 일한 것은 1990년 12월에서 1992년 2월까지 1년 2개월의 아주 짧은 기간뿐이다. 이 짧은 기간 동안 나는 주소(駐蘇) 대사관의 경제참사관과 총영사로 공 장관을 보좌했다.

공 장관은 90년 초 주소 영사처장으로 부임한 후 90년 9월 30일 대사급 수교와 함께 초대 주소 대사가 되었고 91년 12월 25일 소련 해체와 함께 소련을 승계한 러시아주재 대사가 되었다. 외교 · 영사관계에 관한 비엔나협약에 '영사처(consular department)'라는 명칭은 없는 것으로 안다. 50년 이상 적대관계에 있던 소련과 수교하는 중 임시변통으로 쓴 고육책이었다. 결국 공 대사는 모스크바에 근무한 2년 동안 세 개의 대외직명을 가졌는데 이런 것은 공전절후(空前絶後)할 것이다.

한소 수교와 함께 대사관에는 두 가지 바람이 불어왔다. 하나는 소련에 대한 각계의 높은 기대와 이 기대에 부응하려면 소련에 차관 공여를 통 크게 해야 한다는 우리 정부와 국민의 컨센서스 열풍이었다. 또 하나는 차관과 경협의 과실을 노리거나 상업적 기회를 잡으려는 경제인들만이 아니라 정계, 학계, 문화예술, 체육 관광 등 각계각층의 소련 방문쇄도로 소규모 공관에 불어 닥친 손님 맞기 광풍이었다.

대소 차관이 50억 불이니 100억 불이니 하는 이야기가 나도는 가운데 부임 도중 도쿄에 들러 일본 외무성의 도고 가즈히코(東鄕和彦) 소련과장을 만났다. 그는 일본은 대소 차관은 중단하고 있으며 소련에 주는 차관은 무상으로 준다는 생각이면 모를까 되돌려 받을 생각이라면 안 주는 게 좋을 것이라고 했다. 부임 전에 서울에서 만나본 외무부 유관부서는 물론이고 경제부처 관료, 청와대 비서진, 코트라 사장까지도 다가올 소련 붐에 들떠 대소 차관은 규모의 문제일 뿐, 주기는 꼭 줘야 한다고 이구동성으로 주장했다. 1990년 12월 13~16일, 노태우 대통령의 역사적 소련방문으로 우리의 북방외교 무드는 최고조에 달했고, 대통령 방소 직후 대소 차관에 대한 범정부적 컨센서스는 확고했다.

그런데 모스크바에 부임해서 서방 각국 대사관의 경제담당 참사관을 만나보니 1989년 베를린장벽 붕괴 이래 이들은 대소 신규차관은 일절 주지 않고 대체로 기존 차관의 상환을 유예해주는 정도였다. 인도만이 소련과의 루피-루블화 상계무역을 하고 있을 뿐, 코메콘(COMECON · 소련을 중심으로 한 동유럽공산권 경제협력기구) 가맹국 간의 경협이나 교역도 명목뿐이었다.

대소 경협차관이 정치 · 경제적으로 좋은 결과를 가져올 것이라는 본국 정보의 장밋빛 기대와는 다른, 차관은 되돌려 받기 힘들 것이라는 나의 정보는 갈 길을 잃었다. 이럴 때 현지 공관장이 대놓고 부정적인 보고서를 발신하기가 불가능에 가깝다.

이러한 분위기 속에 고르바초프 대통령은 1991년 4월 19, 20일 한국을 방문할 예정이었다. 공 대사 내외도 상례대로 일시 귀국해 회담에 참석하게 된다. 소련의 최고지도자가 남한이든 북한이든 한반도를 방문하는 것이 역사상 처음이라 북한을 배려해 회담 장소를 서울이 아닌 제주도로 잡았다. 소련은 이 회담에서 한국의 유엔가입 지지, 북한의 IAEA 핵안전협정 서명 유도, 심지어 한소 우호 및 협력조약 체결을 제안하기까지 했으니 경협자금 30~50억 달러 제공은 합당한 대가로 보였다.

공 대사가 한국에 갔을 때 나는 곰곰이 생각했다. 정치적 상황은 차관을 줄 수밖에 없다고 하더라도 실무자로서 지득한 정보에 따라 차관을 되돌려 받지 못할 위험성은 경고를 해둬야겠다고 결심했다. 세 건의 전문을 타전했다. 전문 보고의 수신인은 외무부 본부, 차관 공여 주관부서인 경제기획원, 공로명 대사로 했다. 주소 이탈리아 대사관 공사참사관을 일부러 다시 만나 들은 "이탈리아는 대소(對蘇) 신규차관을 제공하지 않으며 소련에 제공하는 것으로 보도된 차관은 사실 신규차관이 아니라 채무연기일 뿐이고, 한국의 대소 차관은 회수하기 곤란할 것으로 본다"는 것이 첫 전보였다. 두 번째는 '차관 제공 관련 업무의 우리 측 수석대표가 경제기획원장관이 아니고 김종인 대통령 경제수석이 맡는 게 합당한가'라는 우리 대표의 적법성에 대한 이의제기였다. 세 번째는 정상회담을 며칠 앞두고 소련 측 수석대표의 소속인 고스프란(우리의 경제기획원)이 해체된 데 대한 것이었다. 나는 소련 측에 그들이 소련 정부대표로서 자격이 있는지를 문제 삼자, 마슬류코프 고스프란 의장을 비롯한 대표가 크레믈린이 발급한 소련 대통령의 신임장을 만들어 보냈다. 할 말이 없어 한국입국 비자를 발급하고 공항으로 나가 잘 다녀오라고 송영했다.

이상 세 가지 보고에는 모두 차관 공여액을 최소한으로 줄일 것과 제공 시기를 최대한 늦추는 게 좋겠다는 의견을 달았다. 어디로부터 건 아무런 회신을 받지 못했다. 공 대사도 귀국 후 이 문제에 대해 아무런 언급도 하지 않았다. 잘 했다는 얘기는 애당초 바라지 않았지만 전문을 보낼 가치가 있는 일이었는지, 공연히 보좌하고 있는 공장관의 입장만 난처하게 한 것은 아닌지 궁금했으나 꾸짖음도 없었으니 그 속마음을 지금은 미루어 짐작할 수 있겠다.

현금차관 10억 불은 고르바초프 방한과 때를 맞춰 공여했고, 상업차관도 우리 상공부 차관을 수석대표로 해서 모스크바에서 한 차례 회의 후 1991년 8월 쿠데타 시도와 좌절 등 혼란한 중에도 공여했으나 1991년 12월 25일 소 연방 해체로 중단했다. 17억 달러 상당을 공여한 후였다. 대소 경협 차관은 공여를 중단한 직후부터 이자상환 문제가 대두했고 양국 정부 간, 나아가 국민 간에 불협화음을 만든 원인이 되었다.

제주도에서 한소 정상회담을 개최한 후 7, 8명이던 공관 규모가 무관, 공보관, 재무관, 상무관, 수산관 등 각 부처의 주재관까지 합류하면서 40여 명으로 급격히 늘어났고, 대사관은 본국에서 직접 오는 사람은 물론 제3국에서 소련을 경유하는 방문객들로 넘쳐났다. 공관과 관저가 각각 30여 평 크기의 아파트뿐이라 많은 손님을 치러야 하는 공 대사 내외분의 고통은 말이 아니었다. 나는 공관 인원확충 과정에서 총영사 업무를 맡게 되고 정무공사, 경제공사도 새로 부임했기 때문에 앞에서 소개한 전보 같은 것은 언감생심 내 재량을 넘어서게 되었다.

총영사가 된 나는 공 대사가 영사처장 시절 어렵게 만나던 할리빈스키 영사국장의 카운터파트너가 됐다. 그의 사무실인 영사국 건물 근처에 남북으로 나뉘었다가 통일한 예멘대사관이 있었다. 그의 귀띔으로 예멘 통일로 건물이 비게 된 남예멘대사관을 각 주재국 외교관의 주택과 후생을 담당하는 우페데카와 접촉해서 빌릴 수 있었다. 40여 명으로 늘어난 직원이 수년간 그런대로 근무할 수 있게 되었다.

할리빈스키 국장은 내가 주러시아 총영사, 정무참사관을 마치고 본부로 돌아왔다가 2년 후 1995년 공사로 다시 모스크바에 갔을 때 노동부 차관으로 영전해 있었다. 다시 10여 년 후 그는 정태익 전 러시아 대사가 외교협회장을 맡고 있을 때 러시아 외교협회장 자격으로 방한했다.

주소 대사 시절 공 대사는 세 평 정도의 대사 집무실 책상머리에 당나라 시인 두목(杜牧)의 '제오강정(題烏江亭)'이라는 시를 써 붙여 두고 있었다. 험지에서 영사처장이라는 대외직명으로 인치수욕(忍恥受辱)하지만 꼭 권토중래(捲土重來)하겠다는 결심을 다진 것으로 보였다. 중공민항기 사건처리로 이름을 날렸는데도 브라질대사로 간 것은 그렇다 치더라도, UN대사도 아닌 뉴욕총영사로 보낸 것은 강등이다. 설상가상 부인 한명숙 여사는 유방암수술을 받았는데 의료시설이며 모든 생활여건이 열악하다는 모스크바로 가라고 한다. 대외직명도 전대미문의 영사처장이라니 외무부 조직의 홀대에 너무나 섭섭하지 않았을까?

勝敗兵家事不期(승패병가사불기 · 이기고 짐은 병가에서 기약할 수 없나니)
包羞忍恥是男兒(포수인치시남아 · 부끄러움을 안고 치욕을 참는 것이 남아로다)
江東子第多才俊(강동자제다재준 · 강동의 자제 중에는 뛰어난 이가 많으니)
捲土重來未可知(권토중래미가지 · 권토중래했다면 결과는 어찌 됐을까)

공 대사는 주러시아 대사가 된 지 두 달 뒤 외교안보연구원장으로 영전했고, 주일대사를 거쳐 외무부 장관으로 화려하게 重來했다. 외무장관 이후 그의 활약은 췌언을 불요한다.

나는 공 장관이 이름대로 좋은 구순(九旬)을 맞고 있다고 본다. 魯나라의 孔子 후손으로 日月같이 밝게(明) 살고 계신다.

배타적경제수역과 독도, 그가 있어 파고(波高)를 넘었다

조상훈

전 호주 대사

나는 1968년 가을 외무부에 입부하면서 동북아과에 배치됐다. 옆방에 교민과가 있었고 공 장관이 당시 재일교포의 협정영주권 신청문제로 일이 많던 교민과장으로 부임해서 처음 만나게 되었다. 그 뒤 1980년대 초 장관이 정무차관보로서 한일 경협교섭에 깊이 관여할 때 나는 주일대사관 총무과장에 이어 정무과장으로서 대사관에서 실무 보좌역할을 했다. 1990년대 초 장관이 남북핵통제공동위원회 위원장과 남북고위급회담 대표로서 활동할 때 나는 남북고위급회담 군사분과위원회 위원으로서 참여했다. 이러한 경위로 오랜 세월 정책결정과정이나 비공식 활동, 그리고 여론이나 언론 보도를 통해 대선배의 명망과 인품을 알게 됐으며, 부내 행사나 모임 등에서 소프트한 카리스마로 업무를 이끌고 외교진용을 선도해 나가는 모습이 인상적이었다.

내가 공 장관을 가까이서 모시고 일하게 된 것은 주중대사관 공사를 마치고 1995년 9월 30일 조약국장으로 부임한 이후이다. 조약국장으로 부임했을 때 당면한 현안 중 가장 우선순위는 유엔해양법협약에 의한 배타적경제수역(EEZ) 체제를 한반도 인근 수역에 도입하는 것이었다. 특히 일본이 1965년 한일기본조약 체제하에서 양국 간 해양질서의 근간으로 기능해 온 1965년 한일어업협정을 일방적으로 파기하겠다고 압박하는 상황에서 한일 양국 인접수역에 새로운 해양체제를 수립하는 것이 긴급한 외교과제였다(일본은 결국 1998년 1월 구 한일어업협정을 파기했다). 그러나 양국 간 인접수역을 각국의 배타적경제수역으로 경계를 확정하는 작업은 지금까지도 해결을 보지 못하고 있는 것에서 보듯 지난한 문제였고, 더욱이 우리로서는 독도 영유권에 추호도 영향이 없는 방식으로 새로운 해양질서를 수립하는 것이 지상과제였다.

우선 국내에서는 '배타적경제수역법' 제정을 추진했다. 이 법안은 유엔해양법협약에 기초해 원칙적인 내용만을 반영했기 때문에 독도

영유권에 직접적으로 영향을 미칠 만한 문안은 들어있지 않았다. 그런데도 국내 정치권은 물론이고 여론이 뜨겁게 달아올랐다. 특히 경계 획정의 기본원칙이 쟁점으로 부상했다. 결국 일본이 취하는 '중간선의 원칙'과 중국이 취하는 '형평의 원칙'에 관해 집중적으로 검토한 뒤 유엔해양법협약 제74조1항의 규정에 충실하게 "…배타적 경제수역(과 대륙붕)의 경계는 …국제법을 기초로 관계국과의 합의에 따라 획정한다"라는 문안을 채택하게 되었다('배타적 경제수역 및 대륙붕에 관한 법률' 제2조제3항 2017.3.21. 개정). 법안은 1996년 7월 24일 국회 통일외무위원회를 통과한 후 8월 8일 공포했으며, 훗날 이 법에 기초해 일본 및 중국과 각각 배타적경제수역을 분할하는 경계획정교섭을 진행해왔다. 해양경계를 획정하는 교섭에서 사실상 핵심적 사안은 독도 주변해역을 어떻게 처리할 것인가의 문제다. 당시 국내 입법 과정을 전후해 창의적인 대안을 놓고 많은 검토와 토론이 있었다. 이러한 과정에서 우리 실무진은 장관에게 보고도 하고 지시도 받으면서 유엔협약과 국내입법에 관한 업무를 처리했다.■

공 장관은 언제나 전문적 시각에 기초한 합리적인 접근 방법을 견지했으며, 특히 균형을 잃은 일부 견해나 급진적 주장이 사태를 악화시키지 않도록 세심하게 배려하면서 사태를 주도했다. 일본 어업계와 정치권 일각에서는 우리 어선들이 일본 측 어로수역 근처까지 접근해 조업하고 있는 것에 대해 격렬하게 반발했고, 독도 인근 수역에 대한

■ '일본의 독도영유권 주장에 관한 건'을 심의한 제178회 국회 통일외무위원회(1996.2.13.)에서 공로명외무부 장관 답변(국회 회의록 발췌). "정부는 작년 국회의 동의를 얻어서 지난 1월 29일 UN해양법협약의 비준서를 UN사무총장에게 기탁했습니다. 이 협약에 의거하여서 200해리 배타적경제수역 선포를 추진한다는 방침을 정부는 수립하고 있습니다, …이어서 국회에 관련되는 제 법안을 제출해서 입법을 통하여 우리나라의 배타적 경제수역은 정식으로 선포될 것입니다. 배타적경제수역의 범위는 200해리로 하되 주변국과 겹치는 수역에 있어서는 해양법협약의 원칙에 따라 국제관행에 따라서 합의에 의하여 경계를 획정한다고 하는 것은 정부의 기본적인 방침입니다. 배타적경제수역과 관련되는 어업문제, 그 다음에 해양 경계문제, 해양환경 문제 …등 이러한 각 부문별로 정부는 종합적인 대책을 마련하고 있습니다."

자국 입장을 내세우면서 우리 측에 압력을 가했다. 이런 상황에서 장관의 합리적인 접근은 문제가 회복하기 어려운 국면으로 치닫지 않도록 제어하는데 크게 기여했다. 돌이켜보면 한일 국교정상화교섭의 어업협정 교섭에 직접 참여함으로써 한일 양국의 어로현실과 대륙붕문제는 물론이고 독도문제에 관해서도 살아있는 감각을 지닌 공 장관이 양국 간 해양질서의 결정적 전환기에 새로운 체제를 만드는 사령탑으로 있었다는 것은 우리 외교를 위해서 매우 다행이었다고 할 것이다.

독도문제에 대한 장관의 열정과 식견은 아마 우리 세대의 최정상일 것이다. 장관 재직 중 독도문제에 대해서는 정부 대변인으로서 권위를 가지고 충실히 대응했다.■ 커리어의 초창기부터 오늘날까지 장관은 독도문제에 관한 무수한 자료들을 진지하게 천착(穿鑿)해 왔다. 연전에 장관은 당신이 소장해온 국제관계 책자와 자료 일부를 나에게 건네준 일이 있다. 그 속에 독도문제에 관한 주요 역사적, 국제법적 쟁점과 분석을 손수 필기하면서 연구한 상당한 분량의 노트가 들어있는 것을 보고 감탄했다. 고 최서면 국제한국연구원장을 중심으로 한 독도 공부모임 우산회(于山會)에도 고정 멤버로 적극 참가해 진지하게 토론에 임했다.

2006년 제14회 한일포럼에서 장관이 한 발언을 보면 장관은 일본 외무성 직원 가와카미 겐조(川上健三) 이후 호리 가즈오(堀和生) 교토대 교수, 고(故) 나이토 세이추(內藤正中) 시마네대 명예 교수, 이케우치 사

■ 위의 1)항에 나온 같은 국회 회의에서의 공로명 외무부장관의 답변(국회 회의록 발췌) "…한 · 일협정 교섭 당시 일측은 독도영유권과 관련해서 국제사법재판소에 제소를 주장하였습니다. 이에 대해서 우리는 독도가 역사적으로나 국제법적으로 우리 고유의 영토임을 강조하고 또 독도가 분쟁교섭대상이 될 수 없다는 점을 명백히 했고 이에 따라서 한 · 일협정에 독도와 관련된 사항이 포함되지 않은 것이 지금까지의 현실입니다. …독도라는 것이 우리 고유의 영토이고 역사적으로나 법률적으로나 저희 고유의 영토라는 점에서 또 실효적으로 영유하고 있는 만큼 한 · 일 간의 독도영유권 문제는 존재하지 않는다는 입장을 견지하는 것이 저희들로서는 가장 최상의 원칙적인 대응방안이다 그렇게 인식을 합니다."

토시(池內敏) 나고야대 교수 등으로 이어지는 일본의 독도 연구가들의 연구실적을 면밀히 파악하고 있으며, 일본 내 연구 성과를 통해 문제의 실마리가 풀리길 호소하는 활동을 계속했다.■ 장관은 독도를 탐구하는 과정에서 고 최서면 원장의 특별한 공적에 언급하면서 어떻게 그렇게 대단한 연구를 할 수 있었는지 자주 감탄하며 최 원장이 발굴해 낸 사료와 자료를 매우 높게 평가했다.

1996년 초 독도접안시설 공사에 대한 일본 측의 반발로 독도문제가 다시 증폭하고, 주변 해양에 관한 새로운 체제 구축을 위한 일본과 중국의 국내 조치들이 속속 보도되는 가운데 9월 18일에는 강릉 앞바다 북한잠수정 침투사건으로 한반도 긴장의 파고가 다시 높아졌다. 그러던 11월 5일, 장관이 갑자기 사표를 내고 국군수도병원에 입원했다는 소식은 전 직원을 놀라게 했다. 나는 그 다음 날인가 간부 몇 명과 함께 병원으로 가서 장관을 뵈었다. 일행 중 한 명이 돌연 "장관님, 어디가 편찮으셔서 입원하셨나요" 하고 물었다. 장관은 "몸 아픈 사람이 이런데 오겠어~" 하시며 '묘한 정황'을 시사하는 반응을 보였다. 그 뒤 당국은 설득력 있는 해명을 내놓지 않았고, 언론의 왜곡 보도와 소문만이 난무하는 가운데 장관은 이기주 차관이 대독한 도연명(陶淵明)의 귀거래사(歸去來辭)를 남기고 표표히 무대를 뒤로 했다. 김영삼 전 대통령이 회고록에서 당시 상황에 관해서 남긴 기록은 우리 정치사와 관료사에서 유례가 드문 희대의 참회록으로서 후대의 연구과제가 될 만하다.■■

■ 공로명, 『양국관계의 가시, 독도문제를 어떻게 할 것인가』 시론 | 말과 글, 광일문화사 pp.229-235 참조.

■■ 오럴히스토리 총서 제16권 『한국외교와 외교관: 대일외교, 북방정책, 북핵협상, 공로명 전 외교부장관』, 국립외교원 외교안보연구소, 2019. p.398. "제가 사표를 내고 한 2~3년 후에 김영삼 대통령도 임기를 마치시고 김 대통령의 생신축하하는 모임이 있었는데, 그 때 사표를 내고 처음으로 김 대통령을 만났다. 그때 김 대통령이 제가 사표를 냈을 때의 이야기를 회고록에 썼다고 말씀하셨다. 그래서 회고록을 찾아서 봤더니 '1996년 11월 4일 내각을 교체한 일에서 건강상을 이유로 사표를 제출하는

장관이 합리적 판단을 한 사례로 기억에 남는 것은 조약국의 사무실 이전 문제다. 당시 외교부는 정부종합청사에 있었는데 외교부의 공간이 좁아 1995년이 저물면서 조약국을 포함한 일부 국(局)을 외부 상업용 건물로 이전하는 방침을 정하고 이를 실행할 태세였다. 나는 국장으로서 조약국 업무의 성격과 보안 문제 등을 강조하면서 재고를 건의했으나 역부족인 가운데 시간은 흘러갔고, 종국에는 상부의 지시를 사보타지하는 식의 지연전술에 골몰하고 있었다. 상당 시간이 흐른 후 장관이 조약국 이전문제를 재검토하도록 지시하면서 문제는 일단락됐다. 세계 어느 나라의 조약국이 상용빌딩에서 업무를 볼까 하고 아찔한 생각이 들었으나 장관 특유의 감각으로 합리적 결정을 해서 다행이었다.

우리 외교 현대사의 중요한 현장에서 막중한 역할을 훌륭하게 감당해 낸 장관은 공직에서 은퇴한 이후에도 때로는 대학 강단에서, 때로는 통일문제, 올림픽 유치, 안중근의사 유해발굴 등 특수 목적의 위원회에서, 한일포럼의 회장으로서, 세종재단과 동아시아재단의 이사장으로서 그간의 경륜과 지략을 바탕으로 사회적 기여를 계속해 왔다. 장관의 이러한 길목에서 종종 가까이 뵙게 되면서 장관의 인간미에 대해서 생각하게 된다. 대학 시절 고 안병욱 교수의 교양강좌를 들은 적이 있는데, 안 교수는 함석헌 선생과 가끔 식사를 하고 헤어질 때면 함 선생의 뒷모습을 바라보며 '어떻게 저렇게 고매(高邁)한 분이 계실까' 하고 명상하게 된다, 고 말한 기억이 난다. 안 교수가 함석헌 선생에 대해 느낀 비슷한 심정으로 나는 공 장관의 리더십을 사유한다.

공 장관의 사표를 받은 것을 아쉽게 생각한다. 사표를 제출한 공 장관에 대해서는 구구한 억측과 낭설이 많았다. 공 장관은 쉽게 찾아보기 힘든 능력을 가진 훌륭한 외교관이었다. 그럼에도 불구하고 우리 사회의 고질병이라고 하는 온갖 모함이 난무하면서 그를 경질할 수밖에 없었던 것을 나는 지금도 안타깝게 생각한다'는 말씀을 하셨다. 고마운 말씀을 하셨다 생각을 했는데, 뭐가 연민에 걸렸는지 모르겠지만 이런 일이 있었다."

장관은 겸손하다. 주변 사람이 누구든 상대방이 부담을 갖지 않도록 최대한 여유를 준다. 소명을 완벽하게 이룬 셈인데도 불구하고 자신의 위상(位相)에 선입견이 개재되지 않도록 용의주도하다. 물론 사안에 따라 결단을 내려야 할 때는 단호하지만 그 과정은 개방적이고 민주적이다. 계속 공부하는 자세로 정진한다. 고 최서면 원장이 독도문제나 독립운동사와 관련해서 하신 말씀은 거의 그대로(verbatim) 기억하고 있는 듯하다. 사모님이 돌아가셔서 마음이 스산하실 즈음 무엇으로 소일하시는지 여쭤본 일이 있다. 일본 연애소설을 읽고 있다는 말씀을 듣고, 이별의 슬픔과 다투지 않고 마음이 가는 곳에 자신을 맡기는 모습이 역시 겸손하다고 생각했다.

이러한 겸손한 자세는 장관 개인의 성정(性情)에 관한 것이고 물론 다 그런 것은 아니지만 장관의 경우에는 장관이 마주하는 공동체를 위해서 탁월한 균형감각을 가진 현실주의로 발전한다. 외교현안에 관한 치열한 협상의 상황에서는 전략적인 동시에 유연성 있는 사고를 가능하게 한다. 우리나라의 지정학적 현실을 감안해서 한미동맹을 근간으로 한 안보태세를 강조하는 것도 이러한 사고의 틀에 기초한 것이리라. 장관이 한일 간의 영토문제나 일본군 위안부 문제와 관련해서 균형적 접근에 역점을 두는 것도 같은 맥락에서 해석할 수 있을 것이다. 나라가 주변정세의 시계나 좌표의 어느 시점과 어느 지점에 있는지 가늠도 없이 자신의 세계에만 매몰돼 냉혹한 국제적 역학관계를 무시할 때, 당장 우리 세대는 물론이고 후세까지 커다란 화근을 초래할 것임은 명약관화하다. 이러한 의미에서 장관님의 삶의 자세와 혜안, 그리고 전략은 앞으로도 우리의 귀감이 돼야 할 것이다.

공로명 총영사가 갈아놓은 텃밭에 '한인공동체재단' 설립

조원일

전 뉴욕총영사

내가 공로명 장관과 처음으로 1979년에 함께 일한 곳은 카이로 총영사관이다. 2년 전 중동 붐이 한창일 때 나를 카이로로 부른 한영훈 총영사가 그 해 3월 인도네시아 대사로 전근했고, 공로명 총영사는 바쁜 국내 사정으로 부임이 3개월 이상 지연되면서 내가 임시 공관장대리로 지내다 6월부터 2개월 남짓 공 장관과 함께 일하게 되었다. 차석으로서 공 장관과 자주 대화를 했던 것은 내게 큰 행운이었다.

내가 카이로를 떠나기 직전에 성대한 공관장 부임 리셉션을 개최했는데, 나와 가까이 지내던 인사 100여 명도 함께 초청해 작별인사를 하도록 특별히 배려해준 것은 잊을 수 없는 일이다. 그때 해외공관은 구멍가게 수준이어서 통 크게 외교활동을 하는 공관장이 드물었다. 그런 연유로 서기관이던 내가 성대한 리셉션에서 격식을 갖춰 이임인사를 하고 떠나는 것은 다른 곳에서는 기대하기 어려운 특전이었기 때문이다. 그분은 지성인이자 훌륭한 전략가로서 후진을 몹시 아끼고 사랑했고, 나에게는 늘 좋은 영감을 주었다.

1987년 내가 유엔대표부에 근무할 때 공 장관은 뉴욕총영사로 부임해 동포 유지를 만나는 기회에 여러 번 나를 동석시켜 줬다. 그것이 인연이 되어 7년 후 유엔 차석대사 시절(1994-96)에도 그 유지들과 우의를 다질 수 있었다. 미리 보약을 먹어둔 것처럼 그들은 내가 뉴욕총영사로 근무할 때 큰 힘이 되어주었다.

9·11 테러 직후 뉴욕에 부임

한승수 당시 외무장관이 유엔총회 의장으로 뉴욕에 체류 중이던 2001년 9월 11일 가공할 알 카에다 항공기테러로 전 세계가 경악했고, 바로 그 날 내가 뉴욕총영사로 내정된다는 연락을 받고 나는 한 번 더 놀랐다. 총영사를 물색하던 중에 비상사태 적임자로 나를 지목

했다는 통보였다. 카이로 공관은 이름은 총영사관이었으나 이집트 정부가 총영사를 외교사절(대사)로 인정해 온전히 대사관 기능을 수행하고 있었다. 그런 까닭에 영사업무에 익숙하지 못한 나로서는 총영사직을 선뜻 수락하기가 어려워 장관과 상의했더니, "한가한 대사직보다는 뉴욕이 더 좋다"고 해서 본부방침을 따르기로 했다.

1830년 9개월간 미국을 방문해 미국사회를 면밀하게 관찰한 후에 《미국 민주주의(Democracy in America)》라는 불후의 명저를 남긴 프랑스 천재 정치학자 토크빌(외무장관 역임)은 "미국의 위대성은, 미국이 타국 이상으로 계몽된 사실보다는, 잘못을 스스로 고치는 그들의 자정능력에서 찾을 수 있다"고 했다.

2차 대전의 대재앙에서 인류를 구하고, 유엔과 브레튼우즈 시스템으로 식민지시대에 종지부를 찍고 자유무역시대를 열어 전 세계의 소득을 높이고 빈곤문제를 해결하는데 앞장서서 번영과 자유의 물결이 방방곡곡에 넘쳐나게 한 미국이 참담한 9 · 11 테러를 당하자 미국인들의 분노는 하늘로 치솟는 듯했다. 상하원 합동회의를 100년 만에 처음으로 맨해튼에서 개최했고, 결의를 다지는 5, 6선 상원원로(재임 30년 이상)들 모습에서는 소름이 끼칠 정도의 비장함을 느낄 수 있었다.

9 · 11 테러로 애국주의 바람이 세차게 부는 미국에서 우리 동포사회는 무슨 개선책이나 자정(自淨)능력을 보여줄 수 있을까. 만약 공 장관이 총영사였다면 어떤 일을 했을까. 나는 무슨 일부터 시작할지 고심하면서, 우리나라가 OECD에 가입해 국격이 수직상승하던 1990년대 중반 우리 외교사령탑을 완벽하게 수행한 공 장관을 떠올리지 않을 수 없었다. 그분이 나에게 좋은 영감을 준 것처럼 나는 동포사회에 어떤 꿈과 영감을 주고, 어떻게 동기를 부여할 수 있을까.

자기를 사랑하고, 타인을 사랑하라(愛己愛他)!

120년 전 조국의 독립운동에 매진하던 때 도산 안창호 선생이 시민의식이 없고 민주주의가 무엇인지도 모르던 조선인들에게 외친 말이다. 캘리포니아 리버사이드시(市) 한복판에 '국민의 자유를 위해 헌신한' 도산 안창호, 마하트마 간디, 마틴 루터 킹 세 분의 동상이 서 있다. 안창호는 20세기 초 오렌지의 주산지 리버사이드 농장에서 지도자의 모범을 보이면서, "한인노동자 모두가 오렌지 하나하나를 정성을 다해 따는 것이 애국하는 길"이라고 역설해 조선인들은 가장 부지런하고 유능한 농부라는 인식을 미국 사회에 심어줬고, 훗날 조국의 독립에 기여했다.

14년 전 공 장관이 총영사로 재직하면서 명망을 쌓아 놓았고, 내가 그분과 가까운 사이라고 뉴욕에 소문이 나 내게 큰 도움이 되었다. 많은 분이 나를 반갑게 맞아주었고, 뜸 들이지 않고 시국과 당면문제에 대해 허물없이 상의할 수 있었다. 젊은 세대가 한국어를 제대로 구사하지 못 하고, 한국계 미국인으로서 정체성을 확립하지 못 하는 현실을 많은 분이 안타까워했다. 우리 국가경제가 도약하기 전 1970년대에 미국으로 이주해 생업에 매달리느라 재미동포의 약 70%가 어린 자녀들에게 한국어를 제대로 가르치지 못했고, 그래서 '모국어(mother tongue)'를 제대로 구사하지 못해 정체성에 혼란이 온다고 했다.

어떤 사람은 우리 동포들이 흑인을 상대로 영업을 하면서도 사는 곳은 흑인이 없는 지역을 선호하기 때문에 흑인들에게 거부감을 준다고 우려하면서, 실제로 브루클린구(區)에 거주하면서 영업하는 동포가 없어 만약 흑인폭동이 일어나면 뉴욕에서도 한인이 표적이 되지 않을까 걱정하기도 했다.

또 미국 가정의 80% 이상이 매년 이웃돕기에 참여하고, 각 민족 커뮤니티에도 기부문화가 정착해 이탈리아계는 콜로라도에서 매년

5,000명 규모의 컨벤션(참가비 1인당 1만 달러)을 열어 기금을 조성하는데, 우리 한인사회는 그런 문화에 익숙하지 못한 점을 아쉬워했다.

2000년대 초 뉴욕지역에 사는 동포 1세들은 주로 청과소매업, 세탁업, 수산물판매, 봉제도매업 등에 종사했다. 그러나 맨해튼 월가의 골드만삭스, JP모건 등 금융권과 로펌에는 한국계 젊은이 약 3,000명 정도가 진출해 있는 것으로 추산되고, 명사로 인정받는 판사도 한 명 있었다. 그들은 미국 명문대학에서 교육받아 미국 생활에는 잘 적응했으나, 다른 동포나 모국과는 등지고 사는 젊은이들이라는 점에 착안해 이들이 동포사회에 관심을 가지도록 하는 것이 관건이라고 생각했다. 동포 유지들의 의견을 듣고 나서 역시 젊은이들을 규합해 한인 정체성을 강화해 나가는 것이 정답이라고 결론지었다. 이것은 안창호 선생이 염원했던 것이니 공 장관도 적극 응원해 주리라 믿었다.

공 장관과 친근한 서재필기념사업회장 홍준식 박사(의사)와 서진형 뉴욕경제인협회장을 1세들의 대표격으로 삼고, 젊은층 대표로는 외교관 자제인 황성철 · 준철 형제(로펌 파트너로서 맨해튼에서 태권도장 운영), 세계 최대출판사 랜덤하우스 지영석 부회장, 방송계 명사 주주 장 ABC 앵커우먼, 체이스은행 카렌 나 등과 함께 뉴욕 한인공동체재단(KACF; kacfny.org)을 설립하고 1.5세, 2세 전문직들을 최대한 많이 참여시키는 것을 목표로 삼았다.

2002년 말 총영사관 관저에서의 준비모임을 시작으로 세 차례 이사회를 내가 주관하고, 2003년 초에 서진형 회장이 제공한 임시사무실에서 KACF 업무를 개시했다. 그 당시 뉴욕에서는 다른 나라의 총영사들도 자국계 미국인들과 자유롭게 교류했다. 이스라엘 총영사는 유태인 사회의 지도자로 활동하고 있었고, 도널드 그레그 코리아 소사이어티(Korea Society) 회장(전 주한대사)과 50여 년간 하원의원직을 지키는 찰스 랭글 의원(6 · 25 참전용사)도 나에게 적극적인 활동을 주문했다.

젊은이들이 자주 만날 수 있는 장소는 총영사관에서 제공해 총영사관(유엔대표부와 공동으로 사용하던 건물) 리셉션 홀에서 100여 명씩 모였다. 대화에 집중하는 참석자들에게는 약간의 김밥과 음료수를 제공했는데 20인분 정도로 충분해서 그다지 비용이 들지 않았다. 총영사관 개최 리셉션(2003년 중 7, 8회)에서 젊은이들끼리 친분을 쌓은 후 그해 연말에는 그들 스스로 1,500명 규모의 리셉션을 기획할 수 있었다.

2005년 3년 만에 젊은이들이 자립하고, 2세들의 참여가 늘어나 6, 7년 후에는 모금액이 100만 달러에 달하는 쾌거를 이뤘다. KACF를 창설하는 데 헌신하면서 안창호의 '애기애타(愛己愛他)와 모범의 리더십'을 발휘해 무에서 유를 창조한 홍준식 이사장과 황성철 회장, 그리고 서진형, 지영석, 황준철, 주주 장, 카렌 나 등 열정적 이사진과 로빈 문 사무총장이 유공자들이다. 그들이 포드재단의 재정지원을 받아 LA에서와 같은 한인대상 폭동이 일어나지 않도록 흑인 및 라틴 커뮤니티와 미리 유대를 강화한 것은 획기적인 성과였다. 아울러 뜻있는 동포 1세들이 젊은이들을 믿고 초기 2년간 재단운영비를 지원해 준 것도 결정적 성공요인이었다. '마치 마을축구팀이 올림픽에 출전하게 된 듯한 성공' 소식을 뉴욕 지인들로부터 전해 듣고 공로명 장관도 KACF의 성공을 크게 기뻐하셨다.

발족한 지 20년이 된 한인공동체재단(KACF)은 매년 연말 맨해튼 최대 규모의 블랙타이 디너모임(1인당 500달러, 1,500명 참석)을 갖고, 주류사회 명사들을 초청해 거창한 모금활동을 벌인다. 그리고 1,000만 달러로 늘어난 연간예산으로 미자립(未自立) 한인사회단체들을 지원해 가정폭력 희생자, 방황하는 청소년, 도움이 필요한 노령층, 장애아 등을 돕고 있다. 20년 전에는 상상도 못한 대규모 사업이다.

《한인 뉴욕이민 100년사》를 집필한 뉴욕의 저명 언론인은 KACF를 다음과 같이 평가했다.

13년 전 평가: 초기에 총영사관이 영향력을 행사한다는 약간의 반발이 동포사회에 있었다. 그러나 동포사회에 관심이 없어 보이던 2세 전문직들이 적극성을 보이기 시작하더니 가속도가 붙어 KACF 회원이 늘어나고 활동 무대가 넓어졌다. 조원일 대사가 뉴욕을 떠난 후에도 그들은 모임을 계속했다. 그들은 마치 누군가가 멍석을 깔아주기만을 기다렸던 것 같다는 생각이 들었다. 과거에는 외교관이 씨를 뿌렸으나, 앞으로는 동포사회에서 우리 손으로 씨를 뿌리게 되기를 바란다.

2021년 평가: 뉴욕 동포사회의 가장 큰 자산이라고 한다면, 우리의 미래인 2세 단체 KACF가 건실하게 자리 잡고 있는 것이라고 할 수 있다. 20년 전 한 외교관의 혜안에 동조한 한인사회의 뜻이 불과 20년 만에 맺은 결실이라 할 수 있겠다.

근래 KACF의 활약과 명성 덕분에 젊은이와 어린이들은 거의 모두가 한국어를 배우게 되었고, 판사, 검사, 경찰, 정계 등 공직으로 진출하는 한인 청년들도 크게 늘고 있다. 유태인 인구는 미국민의 2%에 불과하지만 그들이 미국 공직의 20%를 차지해 엄청난 정치적, 사회적 영향력을 행사하는 데서 영감을 얻어 우리 청년들도 미국 공직 진출에 관심을 갖기 시작한 것이다.

중공, 소련, 북핵, 일본…
난제가 있는 곳엔 늘 그가 있었다

조태용

국회의원(전 외교부 차관)

공로명 장관은 한마디로 우리 외교의 큰 나무이다. 1958년부터 1996년까지, 공 장관이 외교부에 몸담았던 38년간 우리 외교의 주요 장면에는 대부분 공 장관이 있었다. 사실 그럴 만도 한 것이 우리 외교에 난제가 발생하면 그 문제의 해결은 늘 공 장관의 몫이었기 때문이다.

연세가 있는 우리 국민이라면 누구나 기억하는 1983년 중국 민항기 피랍사건이 좋은 예이다. 한국전쟁 이후 한국과 중국은 외교 교섭은 고사하고 외교관들 간에도 대화조차 없는 완전히 단절된 시간을 보내고 있었다. 그런데 중국 민간항공기가 납치당해 한국에 착륙했다. 한중 정부 간 첫 외교교섭의 순간이 마치 마른 하늘의 날벼락처럼 갑자기 우리에게 닥쳐온 것이다. 중국에서는 민항총국장을 수석대표로 무려 33명의 대표단을 보내왔다. 대한민국이 당당함을 지키면서 국제법과 원칙에 따라 피랍된 중국 항공기와 96명의 승객, 9명의 승무원을 처리하는 일은 결코 간단한 작업이 아니었다. 중국 측은 6명의 납치범까지 인도해 달라고 요구했지만 우리 정부는 '국제관례에 따라 납치범에 대한 재판관할권은 대한민국이 행사하겠다'는 논리로 거부했다. 그밖에도 중국 측은 송환 관련 문서인 '인수인도서'에 국호를 못 넣겠다고 완강히 버텼지만, 결국 서명 대표 표기에 '중화인민공화국 민항총국장'이라고 정식 직함을 넣기로 함으로써 우리 정부는 절반 이상의 성공을 거두게 된다. 그 과정에서 공 장관은 "남의 집 안방에 구두 신고 들어와서는 그 주인한테 제대로 인사도 안 하겠다는 이야기냐"라고 강하게 압박했다고 한다.■ 한편, 당시 우리와 정식 외교관계를 맺고 있던 대만은 친대만 인사들을 통해 우리 정부의 '친중공적인 접근'을 크게 비판하기도 했다. 이처럼 당시 정무차관보였던 공 장관은 여러 가지 어려움을 돌파하는 것에 더해 후일 한중 외교

■ 『한국 외교와 외교관, 공로명 전외교부장관』 외교사연구센터 총서16, 국립외교원, 2019, 161-162쪽.

관계 수립을 염두에 두고 중국 정부와 첫걸음을 잘 떼어야 하는 고난도 임무를 부여받았고 이를 성공적으로 완수했다. 그 과정을 통해 우리 국민은 '공로명 차관보'의 얼굴을 똑똑히 기억하게 되었고 이는 후일을 위한 자산이 되었다.

그뿐이 아니다. 1990년 소련(현재의 러시아)과 무에서 유를 창조해야 하는 과제가 생기자 또다시 공로명 장관은 모스크바로 파견되었다. 당시 모스크바는 우리에게 우호적인 기반은 아무것도 없고 북한의 사나운 눈초리만이 우리의 일거수일투족을 감시하던 곳이었다. 그럼에도 공 장관은 한소 수교라는 우리의 목표를 달성하는 데 큰 역할을 했다.

이어 우리로서는 미답의 영역인 핵무기 문제를 놓고 남북간 힘겨루기를 하는 장이 열리자 당시 공로명 주 러시아 대사가 다시 스카우트되어 1992년 초 급거 귀국길에 오르게 된다. 공 장관은 1993년 3월 북한이 핵무기비확산조약(NPT)을 탈퇴할 때까지 남북고위급회담 대표이자, 남북핵통제공동위원회 우리 측 위원장으로서 북핵 문제의 초기 단계에서 비핵화를 위해 최선을 다했다. 공 장관은 13차례에 걸친 핵통제공동위원회를 포함해 22차례에 걸친 남북 간 회담을 주도했다. 북한은 초반기에는 남북비핵화공동선언에 대한 이행합의서를 만들어야 한다는 구실로 사찰규정 논의를 지연시켰고, 후반부에는 팀스피릿 훈련을 실시하면 일체의 협상이 불가능하다는 벼랑 끝 주장으로 비핵화에 대한 진지한 협상을 회피했다. 남북이 상호사찰 문제를 놓고 옥신각신하는 사이에 국제원자력기구(IAEA)는 북한의 핵신고가 거짓임을 밝혀냈고, 특별사찰을 강하게 압박했다. 그러자 특별사찰을 무조건 피해야 하는 북한은 핵무기비확산조약(NPT) 탈퇴를 선언함으로써 북핵 협상 1라운드는 아무런 결과 없이 막을 내리게 된다.

당시를 회고하면서 공 장관은 "우리는 정말 핵통제공동위원회의 상호사찰을 통해서 북한의 핵무기화를 저지할 수 있다고 생각했고 또

핵통제공동위원회에 임했던 저 스스로도 상당히 진지하게 그렇게 생각하고 교섭에 임했습니다. 그런데 아시다시피 소위 말하면 북한의 무대 속에서 우리는 헛춤만 춘 결과가 되어버렸죠"■라고 솔직한 평가를 내린다. 또 한 가지 공 장관은 남북 협상에서 냉철한 사고와 상호주의를 강조하면서 이런 말을 한다. "제일 뼈저리게 느끼는 것은, 남북교섭에서 대소를 막론하고 우선 첫째 신뢰관계가 없는 상황이기 때문에 전통적인 교섭 방법밖에 없습니다. 전통적인 교섭 방법이란 상호주의 방식입니다. 상대방이 하나를 내놓으면 이쪽도 하나를 내놓으면서 벽돌을 하나하나 쌓아가는 방식입니다. 우리가 선의를 생각하니까 저쪽도 선의로 호혜적인 입장에서 해주리라고 기대한다면 대단한 착오입니다."■■ 북한 핵문제는 여전히 우리 외교의 제1과제이므로 이 시기 공 장관의 경험은 현재적 함의를 가지고 있다. 이후에 북한 핵문제에 관여했던 필자에게는 개인적으로도 감회가 남다르다.

중국민항기 피랍사건, 한소 수교, 남북핵통제공동위원회…. 이처럼 공로명 장관은 어려운 일이 생기면 불려오는 사람, 특별한 임무를 띤 조직을 만들면 수장으로 모셔오는 준비된 외교 지휘관이었다. 1994년 12월 일본대사로 재임 중이던 공로명 장관이 제25대 외무부 장관으로 발탁되자 외무부 내부의 반응은 당연하고도 최적의 인사라는 것이었다. 공 장관의 장관 재직은 2년이 채 안 되지만 굵직굵직한 외교 어젠다를 세우고 중요한 업적을 이룩했다. 준비된 장관에 걸맞은 리더십을 보여준 것이다. 제네바 북핵 합의 이행과정에서 북한의 완강한 반대에도 불구하고 한국형 경수로를 확정시킨 일, 유엔 가입 3년 만에 대한민국을 안보리 이사국으로 초고속 진출시킨 쾌거, 2000년 제3차 아셈(ASEM) 정상회의 유치, 대한민국을 원조 받는 나라에서 원

■ 앞의 책, 228쪽

■■ 앞의 책, 249쪽

조 주는 나라로 전환시킨 OECD 가입, 1996년 북한 잠수정 강릉 침투 사건에 대해 북한으로부터 '유감과 재발방지' 약속을 받아낸 일 등 수많은 성과를 거뒀다.

사실 나는 공로명 장관과 개인적 인연은 없다. 나로서는 참으로 아쉬운 일이다. 다만 공 장관이 장관으로 재직하는 동안 나는 줄곧 주미대사관에서 근무했는데, 미국 외교관들이 공 장관에 대해 높이 평가하는 것을 들으면서 어깨가 으쓱했던 기억이 있다. 1996년 11월 공 장관이 사임할 때, 미국 정부가 이를 얼마나 아쉽게 생각했는지 보여주는 일화가 있다. 뜻밖에 공 장관이 사표를 내고 국군수도병원에 입원했다는 언론보도가 나왔다. 어제까지만 해도 건강하던 분이 갑자기 입원했다는 소리에 나 역시 적잖이 놀라던 그때, 내 카운터파트인 스트라우브 국무부 한국과 부과장이 집으로 전화를 걸어왔다. 매우 이른 아침이었다. 당시는 휴대폰이 보급되기 전이어서 근무시간이 아닌 시간에 연락을 하려면 집으로 전화를 할 수밖에 없었다. 따라서 아주 급한 일이 아니면 집으로 전화를 하는 경우는 좀처럼 없었다. 스트라우브 부과장이 평소와는 다른 딱딱한 목소리로 "공로명 외무부 장관이 병원에 입원을 하셨다는데 빠른 쾌유를 기원하는 워런 크리스토퍼 국무장관의 위로전문을 보낼지 말지에 대해 대사관의 의견을 달라"는 것이었다. 공 장관의 건강상태에 대해서는 주한 미국대사관의 보고를 받아 잘 알고 있을 텐데 이런 말을 하는 것은 고도의 외교화법을 동원해서 미국의 입장을 전하는 것으로 봐야 한다. 결국 공로명 외무부장관의 사임에 대한 미국 정부의 아쉬움과 불만의 표시였다. 레이니 주한 미국대사가 국군수도병원에 직접 문병을 간 것도 같은 의미였을 것이다. 한국과 미국은 동맹 관계이므로 근본적 신뢰는 유지됐지만, 공 장관 사임 후 한동안 한미 공조는 어려움을 겪었다. 그때마다 만약 공 장관님이 계셨다면 어땠을까 하는 생각을 떠올리곤 했다.

2장

"한중일이 협력해 봤자 얼마나 가겠어"
나의 선입견을 부끄럽게 만든 선견

강찬구

동아시아재단 선임간사

'한국 외교의 큰 어른이자 산 증인,'

공로명 장관을 설명할 수 있는 가장 이상적이면서도 이견이 없는 수식어가 아닐까 싶다. 대한민국 외교부 내 기라성 같은 수많은 외교관을 비롯해 다양한 루트로 공로명 장관과 인연을 맺은 분들을 통해 공 장관에 관한 이야기를 전해 듣고 있자면 이 수식어가 과장이 아님을 실감하게 된다. 내가 동아시아재단이라는 곳에 몸을 담은 것은 2010년 1월이고, 공로명 장관이 재단 이사장으로 취임한 것은 2010년 8월께이다. 실제로 장관을 가까이서 모시게 된 것은 취임 후 시간이 조금 더 흐른 2011년부터이다.

인자한 성품에 느긋한 어투, 평생을 외교관으로 보내온 세월이 그대로 묻어나는 품위와 상대방에 대한 세심한 배려. 이것이 내가 공 장관을 모시게 된 초기에 받았던 인상이다. 현역 시절에는 만나지 못해 그 당시의 모습도 궁금하지만 내가 봐온 공 장관의 모습은 '노년의 신사'란 말이 잘 어울리는 그런 분이다. 이제 구순을 맞이한 당신께서는 '노년의 신사'로서의 모습과, 격동의 한반도 근현대사를 고스란히 겪어 낸 '베테랑 외교관'으로서의 모습 중 무엇을 더 마음에 들어할지 모르겠으나, 10년 남짓 공 장관을 모시면서 내 기억 속에는 이 두 모습이 함께 한다.

동아시아재단이라는 곳은 공익 목적으로 2005년에 설립한 민간교류단체이다. 공 장관은 설립 당시부터 이사회 일원으로 재단에 관여해 왔다. 재단에서 보낸 세월로 친다면 2010년부터 근무한 나보다 훨씬 오랜 기간을 동아시아재단에 기여한 셈이다. 이 재단은 동아시아지역을 중심으로 사람과 지식을 연결한다는 목적 아래 민간 차원에서의 공공외교 사업을 많이 진행해오고 있다. 미국, 중국, 일본 등 동아시아지역 주요 유관국의 기관들과 여러 프로젝트를 진행하면서 공 장관은 '영원한 외교관'으로서의 지성과 감각을 유감없이 보여주었다. 외교안보 분야를 주로 다루고 있는 재단의 특성상, 냉혹한 국제질서

속에서 국가 간의 마찰이 어떻게 민간 분야에 영향을 미치게 되는지 여과 없이 지켜볼 수 있었고 그 속에서 일생을 국가 외교에 바친 공 장관님의 철학과 감각이 민간차원에서도 큰 영향력을 발휘했다.

특히, 한국과 굴곡진 역사를 공유하는 일본이나 중국과의 관계는 끝없는 충돌과 봉합의 연속이어서 민간 교류에도 지대한 영향을 미쳤고, 그중에서도 국가 경제의 주축인 기업들이 입는 피해는 실로 막대했다. 외교관계와 안보상황의 부침에 따라 경제와 통상, 환경이 함께 요동치는 상황은 국가경제뿐 아니라 국민 개개인에게도 직접적이고 치명적인 타격을 입혔다. 그런 맥락에서 특히 공 장관은 한중일 3국 간의 협력을 강조해왔다. 세계 제일을 다투는 인구와 영토, 경제 규모를 보유한 중국, G2를 잇는 전통의 경제 대국 일본을 양옆에 둔 한국의 숙명적인 지정학적 위치를 본다면, 이들과의 협력과 상생은 아무리 강조해도 지나치지 않는다.

국가 간 정치적으로 불화가 생기더라도 국민 개개인의 생업과 생명을 직접적으로 위협하는 경제, 환경 등 전 지구적 분야는 영향을 받아서는 안 된다는 공 장관의 철학 아래 동아시아재단은 2014년 서울에서 첫 번째 '한중일 협력대화'를 열게 된다. 한국은 동아시아재단, 일본은 국제경제교류재단, 중국은 중국개혁발전연구원이 주축이 되어 발족시킨 1.5~2트랙 민간대화협의체였다. 3국이 돌아가며 주빈국으로서 연례회의를 주관하는 형식이었다. 한중일 3국 관계는 그 어떤 관계보다 정치적, 역사적 이슈에 민감하게 반응한다. 이 사업의 담당자 입장에서 사업의 취지에는 십분 공감하면서도 지속가능성에 대해서는 비관적인 생각도 없지 않았다. 시작은 했지만 머지않아 끝날 것이라고 생각했다. 아무리 정경분리를 외친다 해도 국가 간 정치적, 경제적 관계는 둘로 떼어놓을 수 없는 유기적인 것이기에 상황이 틀어지면 결국 이 프로젝트도 사멸할 것이라는 회의감에서 나온 어두운 전망이었다.

2020년, 코로나가 전 세계를 덮친 그해에 동아시아재단은 서울에서 3회째 이 회의를 열었다. 제7차 한중일 협력대화였다. 7년 동안 한일, 한중, 한중일 3국 간의 관계 추이를 봤을 때, 이 대화를 지금까지 지속하고 있다는 것은 참여 기관과 공 장관을 비롯한 기관장들의 의지(commitment)와 우애(friendship)의 덕분이 아닐까 한다. 2020년 회의에서 공 장관은 사전 제작한 영상메시지를 통해 한중일 협력대화가 제7회를 맞이한 것에 대한 축하와 개인적인 감회, 변함없는 한중일 3국 관계의 중요성을 강조했다. 사전 영상 촬영을 위해 사무국에서 당신의 메시지를 카메라에 담으면서 과거 나의 비관 섞인 예상이 보기 좋게 빗나갔음을, 그리고 '영원한 외교관'으로서의 공 장관의 면모를 동시에 확인할 수 있었다.

재단에서 공 장관과 함께 하면서 여러 사례를 경험했는데, 미국의 유서 깊은 싱크탱크 중 하나인 우드로윌슨센터와 교류의 물꼬를 트게 된 것도 재단과 개인 차원에서 큰 의미가 있다. 벚꽃이 흐드러지던 2013년 4월, 워싱턴 DC에 있는 우드로윌슨센터에서 첫 회의를 가졌다. 당시는 오바마 행정부 2기 출범과 함께 아시아회귀정책을 전개하는 상황 속에서 중국이 급부상하던 때였다. 또 그해 2월 북한의 3차 핵실험 등으로 한반도의 긴장이 고조하면서, 한미 원자력협정 개정 등을 앞두고 있던 때로 한국의 외교안보 리스크가 점증하고 있었다. 공 장관은 공개발언을 통해 60년 동맹관계에 있는 미국에 더욱 책임 있는 역할을 주문하면서 한미 동맹의 새로운 역할을 찾아야 한다고 역설했다. 당신의 의견은 다를 수 있겠으나, 나로서는 원자력협정 개정을 위한 교섭과정에서 여러 잡음이 있기도 했던 만큼 당시 오바마 행정부가 보여준 '전략적 인내'를 비롯한 다소 애매모호한 대(對) 한반도 정책에 대한 간접적인 비판이자 적극적인 행동 촉구의 메시지가 아니었나 생각한다. 이념과 정파를 초월한다는 재단의 설립 취지를 곱씹어 본다면, 공 장관의 목소리는 언제나 그렇듯 절제와 정제를 통해, 항상 과거를 살피고 현실을 꼬집으며 미래를 고민하는 방향을 견지해 왔다.

같은 해에 중국의 부상에 대응하고 민간차원의 대중 공공외교 채널을 강화하고자, 북경대 국제정치경제연구소와의 협력사업을 비롯해 남경대, 남개대, 판구연구소 등 유수 기관들과의 교류 사업을 시작하거나 추진했다. 박근혜 정부 취임 이후 수차례에 걸쳐 한중 정상회담을 여는 등 한중관계가 순풍을 타던 참이었다. 공 장관의 중국과의 인연도 남달랐다. 공자의 후손(!)이라는 것은 차치하고라도, 한중외교사의 전환점이 된 중국 민항기 불시착 사건을 원만히 해결한 주역이었다는 것은 이미 널리 알려진 사실이다. 중국의 많은 이들이 이 사건을 기억하고 있고, 재단으로서도 중국 사업을 이어가는 데 있어서 좋은 이야깃거리였다. 하지만 순풍이 역풍으로 바뀌는 데에는 2년이 채 걸리지 않았다. 사드 배치 문제가 전면에 부상하면서 한중 관계는 급속도로 얼어붙었고 중국의 보복성 경제 정책으로 당시 우리 기업들도 많은 어려움을 겪었다. 공 장관도 2015년부터 근 2년 동안은 중국을 상대로 사드 배치의 정당성을 설명하고 사드 배치로 인한 양국의 물적, 인적 교류 등 우리의 삶과 직결하는 부분의 피해는 최소화해야 한다고 부단히 설득했다. 사드 문제로 한창 골치를 앓고 있던 2016년 10월, 남개대와의 한중 협력포럼에서 '비 온 뒤에 땅이 굳는다'라는 우리 속담과 중국의 고사성어 '고진감래(苦盡甘來)'를 인용하면서 그간 쌓아온 양국 사이의 신뢰와 우정을 재확인하던 당시를 떠올리면 공 장관의 관록을 다시 실감하게 된다.

공 장관이 동아시아재단과 오랜 인연을 맺어오며 재단에 기여한 바에 비한다면 위에 소개한 일화들은 극히 일부에 불과하다. 하지만 그 무엇보다도 공 장관은 동아시아재단을 거쳐 간 수많은 젊은 후학들에게 한국외교사 그 자체이자 영원한 인생 멘토로 기억되고 있다는 것, 동아시아재단이 과거와 현재 그리고 미래를 통해 민간외교 분야에서 기반을 다지는 데 있어 가장 든든한 버팀목으로 남아 계시다는 것, 그것이 모든 헌사를 대신할 수 있지 않을까 생각해 본다.

세계를 놀라게 한 '평창',
그 뒤엔 공로명 유치위원장이 있었다

김진선

전 강원도 지사

사람과 사람 사이의 만남이나 관계의 형성을 가리켜 흔히들 '인연(因緣)'이라고 한다. '因'은 시작이요, '緣'은 관계이다. 칠십을 훌쩍 넘는 세월을 살면서 새삼 깨닫게 되는 것은 세상에 우연히 이루어지는 것은 하나도 없다는 것이다. 모든 것은 우리가 알지 못하는 그 어떤 세계로부터 비롯되어 알지 못하는 과정을 거쳐 우리 앞에 나타나는 것이다. 우연으로 느껴지는 것들도 사실은 억겁의 인연으로 잉태되어 우연을 가장하고 나타나는 필연의 결과라고 할 수 있다.

내가 평생 존경하게 된 공로명 장관과의 만남도 그렇고, 함께 동계올림픽 유치라는 과제를 마주하게 된 것도 참으로 그러하다. 내가 1970년대 중반 공직을 시작할 무렵 공로명 장관은 이미 중견 외교관으로 활동하고 있었고, 직무 분야가 달라 직접 뵐 기회는 없었지만, 후배 공직자들의 귀감이 되는 훌륭한 인품과 탁월한 업무 역량은 나에게도 충분히 전해지고 있었다. 1980년대 초 당시 중국 민항기가 춘천에 불시착했을 때, 우리나라 협상 대표를 맡아 어렵고도 미묘한 사건을 국익 차원에서 원만하게 해결하여 깊은 인상을 남겨주었던 것도 그 한 예이다. 물론 훗날 동계올림픽 유치를 위해 함께 일하게 될 줄은 꿈에도 생각하지 못하던 때의 기억들이었으나, 그러한 편린들이 모이고 또 모여 잠재적으로 이미 인연의 싹을 틔우고 있었을 것이다.

내가 공로명 장관을 실제로 만나게 된 것, 정확히 표현하면 '모시게 된 것'은 평창동계올림픽 유치 활동을 본격적으로 시작할 즈음이었다. 내가 동계올림픽 유치 구상과 의지를 노트에 메모한 것은 1994년 1월이었으나, 정작 2010년 동계올림픽 평창 유치의 뜻을 대내외에 공식으로 표명한 것은 1998년 민선 강원도지사에 당선된 이후 개최된 '제4회 강원동계아시아경기대회' 폐막식 날(1999. 2. 6)이었다. 그러나 유치 과정은 출발부터 순탄치 않은 가시밭길이었다. 국내 '후보도시' 결정부터 다른 지역 도시와 첨예하고 치열하게 엎치락뒤치락하는 숱한 우여곡절을 겪은 끝에, 2002년 5월 29일에 가서야 국내 후보도시로 평창이 최종 결정되었다. 외국의 신청도시들은 이미 활발하게 유치 캠페인을 벌이고 있었다.

올림픽헌장(Olympic Charter)에 따르면, 올림픽 '개최도시(Host City)' 결정은 대회 개최 7년 전에 하며, 이에 앞서 1차적으로 각 나라가 신청한 희망도시 중에서 유력한 몇 개 도시를 '공식후보도시(Candidate City)'로 선정하게 되어 있다. 따라서 '2010동계올림픽' 개최도시 최종 결정은 2003년에, 공식후보도시 선정은 2002년에 하게 되는데, 평창이 우리 국내의 단일후보로 확정된 것이 IOC의 공식후보도시 선정을 불과 3개월 앞둔 시점이었다. 오랫동안 국내 절차에 매달리는 바람에 대외적인 유치 활동 기간이 절대적으로 부족했다. 더욱이 국제무대에 처음 등장하는 평창으로서는 동계스포츠의 본고장인 유럽, 북미의 쟁쟁한 도시들과 경쟁하기가 심히 버거운 상황이었다. 그런 불리한 여건 속에서도 IOC(국제올림픽위원회)의 요구 수준을 충족하는 치밀한 질의응답서 작성, 밀도 있는 홍보 활동 등 각고의 노력 끝에 2002년 8월 28일, IOC 집행위원회에서 평창이 8개 신청도시 중 밴쿠버, 잘츠부르크 등과 함께 '공식후보도시'로 선정됨으로써 1차 관문은 넘어서게 되었다.

평창이 IOC 공식후보도시로 선정되면서 본격적인 준비작업과 국제 유치전에 돌입하게 되었다. 우선 시급한 일이 그동안 강원도 차원에서 운영해 오던 유치위원회를 범국가적인 '2010평창동계올림픽유치위원회'로 확대 개편하는 것인데, 가장 중요한 문제가 '유치위원장으로 어떤 분을 영입하여야 할 것인가'였다. 이 대목에서 당시 개최지의 도지사로서 이 일을 주도해 왔던 나로서는 여러 각도에서 고심을 거듭할 수밖에 없었다. 본선인 IOC 최종 결정이 1년도 채 안 남았다는 점과 비상한 국면엔 비상한 움직임이 필요하다는 점, 올림픽 개최도시 결정은 그 개최 능력이 우선적인 고려 요소지만, 치열한 국제경쟁을 해야 하는 만큼 정치·외교적 역량도 매우 중요한 요인으로 작용한다는 점, 그리고 짧은 기간 집중적이고 효율적이며, 전방위적인 활동이 필요하다는 점 등을 우선적으로 고려했다. 이런 점들을 숙고했을 때, 국가를 대신하는 책무와 신뢰를 담보하는 재외 공관을 아우르고, IOC 윤리규정 범위 내에서 시스템적으로 세련되게 활동할 수 있는 역량 있는 외교관으로 좁혀지게 되었다. 그 끝에 자연스럽게, 그리고 당연히 떠오른 분이 바로 공로명 장관이었다.

시간과의 싸움이었다. 즉각 절차를 밟기 시작했다. 우선 지금은 고인이 되셨지만, 당시에 직전 대한체육회장 겸 대한올림픽위원회(KOC, Korea Olympic Committee) 위원장이었고, IOC 위원에다 국회의원직을 맡고 있던 김운용 위원장을 찾아가 협의를 했다. 김 위원장은 "공 장관님과는 젊은 시절 재외공관에서 함께 근무한 적도 있어 잘 안다. 그 직분에 아주 적합한 분"이라며 즉석에서 흔쾌히 찬동해 주었다. 이어 공 장관을 뵙고 수락을 받은 후 정부에 공 장관의 위원장 내정을 건의하여 동의를 얻는 등의 과정을 거친 후 2002년 11월 18일, 서울 올림픽파크텔에서 유치위원회 총회를 개최하여 공로명 장관을 유치위원장으로, 강원도지사인 나를 집행위원장으로 선출하고, 사무총장에 외교통상부 현직인 최승호 대사를 임명하는 등 인선을 마침으로써 제반 체제를 갖춘 유치위원회가 공식 출범했다.

올림픽 개최도시 결정에서 가장 기본적이고 필수적인 요소는 개최능력이다. 때문에 어떤 조건에서, 어떻게 치를 것인가를 담은 두툼한 계획서(Bid File)를 제출하고, 이를 IOC 평가위원들이 문서를 통해서, 현지실사를 통해서 엄중하게 검증 · 평가하는 절차를 진행한다. 그러나 그 결과를 시험 치듯 점수를 매기지는 않는다. 최종적으로는 IOC 위원들의 무기명 비밀투표로 결정한다. 특이한 것은 국가 단위가 주체가 되는 월드컵축구대회나 국제박람회(Expo) 등과는 달리 올림픽은 개최도시(Host City)가 그 주체이고, IOC 위원들도 그가 속한 국가를 대표해서가 아니라 위원 개개인의 자격과 의사에 따라 행동한다. 한 마디로 올림픽 개최권의 향방은 IOC 위원 개개인의 판단 기준과 마음에 의해 좌우된다는 것이다. 그래서 IOC 위원들을 어떻게 접촉하고 설득해서 표심을 얻느냐가 관건이다. 여기에 특별한 공식과 비법이 있는 것도 아니다. 표심에는 IOC 위원의 특성, 취향, 친소 관계, 나라에 따라서는 국가의 방침 등 여러 요소가 복합적으로 작용하게 되므로, 그 마음을 제대로 읽고 지지를 확보하는 게 결코 쉬운 일이 아니라는 것이다.

더구나 2002년은 IOC 윤리규정을 대폭 강화한 직후여서, IOC 위원들의 후보도시 방문을 금지한 것은 물론이고, 후보도시 대표나 재외공관이 IOC 위원을 접촉하는 것도 제한하고 있었다. 제약은 많은데 시간은 없었다. 짧은 기간 내에 IOC 윤리규정을 어기지 않으면서 IOC 위원들에게 무명의 도시 평창을 알리고 표심을 얻을 수 있는 특단의 대책이 필요했다. 공로명 위원장을 중심으로 한 유치위원회에서는 부심(腐心)한 끝에 다음과 같은 전략을 마련했다.

첫째, IOC 위원을 만나도 되는 크고 작은 국제행사에는 빠짐없이 대표단을 파견해 집중적으로 홍보 활동을 벌인다. 둘째, IOC 위원들을 제약 없이 만날 수 있는 국내 IOC 위원들을 적극 활용한다. 셋째, 이미 형성돼 있는 IOC 위원들과의 네트워크를 최대한 활용한다. 넷째, 해외공관과 코트라(KOTRA) 등 재외 주재기관의 간접 경로를 활용한다. 다섯째, 국내 경기단체와 국제 경기연맹과의 관계, 국제체육기자연맹(AIPS)과 아시아체육기자연맹(ASPU) 등 언론 네트워크, 재외동포 라인 등을 전방위적으로 활용한다. 여섯째, 스포츠와 관련을 맺고 있는 해외 진출 국내 대기업들을 적극 활용한다. 일곱째, 올림픽 관련 해외 스포츠기자들을 평창으로 초청하고, 해외 유수 언론사를 찾아가는 프레스투어를 마련한다는 것 등이었다.

공로명 위원장은 취임과 동시에 유치대표단을 그때 그때의 성격에 맞춰 편성하고 앞장서 유치전에 나섰다. 2002년 11월 24일 미국 콜로라도 스프링스에서 열린 국제경기연맹총연합회(GAISF) 총회 참석을 시작으로 연이어 열린 멕시코시티의 IOC 총회와 유럽올림픽위원회(EOC) 총회, 아시아올림픽평의회(OCA) 총회, 제5회 동계아시아경기대회, IOC 현지실사 평가회, IOC 집행위원회, 국제체육기자연맹 총회, 재외공관장회의 참석 등 참으로 숨가쁘게 종횡무진하면서, 일로 전진하고 매진했다. 물론 이 과정에서 공로명 위원장은 탁월한 리더십과 다양하고 두터운 인적 네트워크, 노련한 외교력과 유창한 영어 구사 능력을 유감없이 발휘했다. 올림픽은 스포츠뿐만 아니라 정치 · 외교 · 경제 · 사회 · 문화 등을 망라하는 종합이벤트로서, 공 위원장은 IOC의 현지 실사나 각종 국제회의 및 기자 회견 등에서 핵심을 찌르는 프레젠테이션으로 IOC 위원들과 국제스포츠계의 주목을 받았다. 여기서 꼭 하나 덧붙이고 싶은 것은 공 위원장의 활동 중에 이미 88서울올림픽 유치 때부터 참여했던 전상진 대사, 조기성 대사, 최만립 전 KOC 명예총무 등 역전의 원로들이 편대를 구성해 때론 선도적으로, 때론 보완적으로 공 위원장을 도와 큰 기여를 했다는 사실이다.

이러한 각고의 노력과 성과들이 조금씩 모이고 쌓여 종반으로 다가가면서 '평창'을 '평양'으로 알아듣던 국제무대의 인식이 차츰 바뀌기 시작했고, 아무도 느끼고 예측하지 못하는 사이에 평창을 인정하고 호감을 표시하는 IOC 위원들이 한 사람 두 사람 빠르게 늘어나게 되었다. 드디어 2003년 7월 2일, 체코 프라하의 제115차 IOC 총회 날이 밝았다. 3개 후보도시의 프레젠테이션이 모두 끝난 후 진행한 투표에서 평창이 무려 51표를 얻어 경쟁도시인 밴쿠버(40표)와 잘츠부르크(16표)를 누르고 1위를 차지했으나, 의결정족수인 과반수에 단 2표가 모자라 2차 결선투표에 들어갔고, 그 결과 밴쿠버에 3표 차이로 절통의 역전패를 당함으로써 유치에 실패했다. 비록 실패는 했지만 당시 IOC나 세계 언론은 "평창이 세계의 지도 위에 올랐다(PyeongChang is on the map)" "평창이 슬그머니 다가와 세계를 깜짝 놀라게 했다"는 등의 찬사를 보냈다. 이를 통해 당시 세계 스포츠계가 평창의 선전을 얼마나 놀라운 결과로 받아들였는지를 미루어 짐작할 수 있다. 어쨌든 1차 도전 이후 또 한 번의 실패를 겪고 세 번째 도전 만에 2011년 7월 '2018평창동계올림픽'을 유치해서 성공적으로 개최한 것은 모두가 잘 아는 사실이다.

내가 공로명 장관을 올림픽유치위원장으로 모시고 일하면서 느낀 것은 공 장관의 전 분야에 걸친 뛰어난 역량도 역량이거니와 정작 내가 특별히 주목한 것은 '디테일'에 강하다는 것이었다. 내가 공직에 있으면서 체화한 것이 '정확성과 세밀성과 완벽성'이었다. 나는 지금까지도 그 어떤 목표를 달성해야 할 지도자, 지휘책임자에게 절대 필요한 덕목 중의 하나가 바로 '디테일'이라는 소신과 주장을 펴고 있다. 작은 걸 소홀히 하면 절대로 큰일을 못 한다. 공 장관은 모든 분야, 모든 과정에서 매우 디테일했으며, 사소한 일이라도 결코 간과하지 않았다. 또 하나는 웬만해서는 역정을 내거나 언짢은 기색을 보이지 않는다는 것이었다. 시한을 두고 하는 유치 업무라서 나는 도지사로서의 일, 집행위원장으로서의 일을 하는 과정에서 시급성과 효율성에 치중해 밀어붙이는 때가 종종 있었다. 그럴 때에 위원장 입장에서는 섭섭하고 마뜩치 않을 때가 분명히 있었을 것인데도 공 위원장은 단 한 번도 그런 내색을 하거나 불편한 속내를 드러낸 적이 없었다. 거기에 더해 공 위원장은 어떤 경우에도, 누구에게도 진정성을 갖고 대했다. 나는 그런 모습에서 '내면으로부터의 오랜 수행으로 형성된 인품'을 읽을 수 있었다. 이런 점들이 내가 공 장관을 존경하게 된 진정한 이유이다. 조금도 과한 수사가 아니다. 나는 지금까지 이런 내 느낌이나 견해를 공 장관에게도, 다른 누구에게도 이야기한 적이 없다. 공 장관의 구순을 기념하는 문집을 만든다고 해서 사실의 기록을 위해 당시의 심정을 솔직하게 밝히는 것이다.

동계올림픽의 유치와 성공 개최를 굳이 '누구의 공'이라는 식으로 특정할 수도 없거니와 그렇게 하는 것은 적절하지도 않다. 그러나 세상의 이치가 인(因)이 있어 과(果)가 있는 것이라고 한다면, 1차 도전 때에 간난신고로 닦았던 기반과 초석 위에 성벽을 쌓고, 망루를 만들고, 깃발을 꽂음으로써 마침내 성공으로 이어졌다고 할 수 있다. 공로명 위원장이 분야별로 수많은 인사를 이끌면서 함께 쌓아놓은 토대가 없었다면, 강원도민과 국민의 성원과 참여가 없었다면, 오늘날의 평창동계올림픽이 과연 가능했겠는가! 나는 이러한 사실을 분명한 기록으로 남기기 위해 연전에 《평창 실록, 동계올림픽 20년 스토리》라는 책을 발간했는데, 그 책에 참여한 분들을 기록하기 위해 '올림픽과 사람들'이란 별도의 장(章)을 만들고, 그 맨 앞에다 공로명 위원장의 활동과 기여를 현창(顯彰)한 바 있다. 한정된 지면으로 큰 업적과 공로를 담아내기에는 부족하지만, 동계올림픽 유치를 위한 공로명 위원장의 열(熱)과 성(誠)의 족적은 평창동계올림픽의 역사로 길이 남아 영원히 기억될 것이다.

대통령 순방 때 딱딱한 식사 분위기 풀어준 유일한 각료

김한규

전 총무처 장관

내가 공로명 장관을 처음 만난 것은 1988년 여름 뉴욕에서였다. 당시 나는 13대 국회에 진출해 '국회 88올림픽 지원 특별위원회'의 여당 간사 겸 위원장으로서 위원회 소속 여야 의원 8명을 이끌고 미국을 비롯해 캐나다, 서독, 프랑스, 이탈리아, 스위스 등 올림픽 개최 경험이 있는 6개국을 순방 중이었다. 공 장관은 당시 뉴욕 총영사로서 우리 국회 대표단을 융숭하게 맞아 주었다. 몇 년 전 중국 민항기가 춘천 미군기지에 착륙한 소위 중국민항기 납치사건으로 기체와 승무원, 승객의 송환 문제를 놓고 중국 측과 교섭을 벌일 때 당시 외무부 정무차관보였던 공로명 장관이 중국의 선투(沈圖) 민항국장과 당당하게 교섭에 임하던 모습을 언론이 많이 보도했기 때문에 좋은 인상을 받았는데 뉴욕총영사관에서 처음으로 만나게 된 것이다.

연배도 우리 의원들보다 위였지만 오랜 외교관 생활을 통해 쌓아온 여유 있고 친근감이 넘치는 모습과 해박한 지식으로 방문 의원들에게 깊은 인상을 남겼던 기억이 있다. 당시 총영사 관저에서 만찬을 대접받으면서 1980년 외무부 정무차관보로서 올림픽 유치 당시의 어려웠던 일화들을 얘기하며 유쾌하게 식사를 했다.

두 번째로 만난 것은 모스크바에서였다. 1990년 봄으로 기억하는데 당시에는 아직 정식으로 한소 수교를 하기 전이라 공 장관께서 모스크바 영사처장으로 부임한 지 얼마 되지 않았을 때였다. 이 때는 우리나라가 노태우 정부 하에서 88올림픽을 성공적으로 개최하고 그 여세를 몰아 북방외교를 활발하게 추진하던 때였다. 동구권에 이어 소련과의 수교를 적극 추진해 1990년 초 모스크바에 영사처(Consular Office)를 설치했고, 이어서 당시 3당 합당으로 탄생한 민자당의 김영삼 최고위원이 대규모 사절단을 이끌고 모스크바를 방문했다. 국내 각 분야에서 소련을 방문해 수교 분위기가 달아오르던 시기였는데, 우리는 소련 의회(두마)의 초청을 받고 이한동 국회 국방위원장을 단장으로 유학성 의원과 내가 일행이 되어 방문했다. 한국의 많은 인사가 모스크바를 방문했지만 우리와는 체제와 이념이 다른 공산주의 국가 소련을 잘 몰랐고 따라서 누가 실력자인지도 잘 모를 때였다.

나는 1981년부터 홀트아동복지회 회장으로 일한 인연으로 1986년 88장애인올림픽(Paralympic) 조직위원회의 실무부위원장으로 취임했다. 이후 사람들이 별로 관심을 두지 않는 가운데 장애인올림픽을 성공시키기 위해 백방으로 뛰고 있었고, 1988년 1월 소련체육회의 초청으로 소련을 처음으로 방문하게 되었다. 이때 누르술탄 나자르바예프 카자흐스탄 공화국 대통령을 만나 깊은 인연을 맺게 되었다. 나자르바예프 대통령은 당시 소련 연방 내 15개 공화국협의회 의장이자 고르바초프 대통령의 최측근으로서 이후 한소수교에 많은 도움을 주었던 인물이다. 나자르바예프 대통령은 당시 고르바초프 대통령의 지시를 받고 미수교국인 한국을 최초로 방문해 노태우 대통령을 비롯한 정부 고위 인사들을 만났다. 그때 내가 대구 방문을 주선해 대구와 당시 카자흐스탄의 수도인 알마아타가 자매결연을 맺기도 했다. 지금은 지구 온난화의 영향으로 대구의 사과 재배가 시들하지만 그때는 대구가 우리나라 최대의 사과 산지였고 알마아타는 카자흐스탄어로 '사과의 도시'라는 뜻일 정도로 사과의 주산지였다. 사과를 매개로 미수교 국가의 도시들이 자매결연을 맺게 된 것이다.

나자르바예프 대통령과 맺은 인연으로 그 후에도 나는 소련을 상당히 자주 방문했는데 국회의원이 된 후 1990년 봄 모스크바를 방문한 것은 한소수교를 측면에서 지원하기 위한 것이었다. 모스크바 영사처는 아직 제한적인 대외활동밖에 못하고 만나는 인사도 극히 제한적이었다. 공로명 영사처장과는 뉴욕에서 만난 이래 구면이라 이때 나자르바예프 카자흐스탄 공화국 대통령을 비롯해 이그나텐코 타스 통신 사장, 티타렌코 극동문제연구소장 등을 소개했던 기억이 있다. 이후 양국관계가 급진전하여 6월에는 노태우 대통령과 고르바초프 소련 대통령이 샌프란시스코에서 미수교 국가 간에 최초로 정상회담을 갖고 9월 말 유엔 총회 개최 기간 중에 양국 외무장관 회담을 통해 정식으로 외교관계를 맺는다. 이에 따라 공 장관은 짧은 기간 영사처장직을 거쳐 초대 주 소련대사로 임명된다.

1995년, 나는 민자당 총재를 겸임하고 있던 김영삼 대통령의 당 총재 비서실장으로 임명되었는데 주로 대통령의 뜻을 당에 전달하고 당의 의견을 대통령에게 보고하는 일을 했다. 이때 공 장관이 외무부 장관이었는데 마침 1995년 3월 김 대통령의 유럽순방을 수행하게 되어 10여 일간 영국, 프랑스, 독일, 벨기에, 체코, 덴마크 등 6개국을 함께 여행한 적이 있다. 대통령의 해외 순방은 외무부가 주무부처로서 모든 준비를 하기 때문에 공로명 장관은 매우 분주해 보였다. 당 총재 비서실장은 순방 중 보고할 일도 별로 없어 그야말로 편하게 단체여행을 한 셈인데 그래도 뭔가 밥값은 해야겠다는 생각으로 수행 기업인 몇 분과 함께 기자단을 대접하기도 했다. 민주화 이후 언론사가 폭증하면서 수행기자단도 70, 80명으로 늘어 기자단 대응을 공보수석실에만 맡겨서는 제대로 굴러가기 어려운 때였다.

순방기간 중에 김영삼 대통령을 모시고 공식수행원 등과 오찬, 만찬을 할 기회가 몇 번 있었는데 이때마다 대부분의 각료와 수석들이 대통령 앞에서 발언하는 것을 어려워해 분위기가 어색해지기 일쑤였다. 그럴 때마다 공 장관만이 상황에 맞는 대화를 자연스럽게 유도해 부드러운 분위기를 만들고 김영삼 대통령도 웃음을 터뜨리며 호응하고 즐거워했던 기억이 있다. 역시 오랜 외교관 생활을 통해 풍부한 경험과 지식, 그리고 인품을 쌓아 온 공 장관이 아니고는 흉내 내기 어려운 능력이요, 역할이라고 속으로 감탄했던 기억이 새롭다.

1996년 총무처 장관에 임명되어 광화문의 정부종합청사에서 근무하게 되면서 같은 청사에 사무실이 있는 공 장관을 자주 만나게 되었다. 하루는 국무회의를 마치고 나오는데 장관이 차나 한잔 대접하겠다며 외무부 장관실로 초대를 해 장관실을 처음으로 방문하게 되었다. 외무부 장관실은 매일 많은 외빈이 방문하는 곳이라 총무처 장관실과는 다른 줄 알고 있던 나는 외무부 장관실도 정부 지침에 따라 사이즈도 똑같고 회의 탁자 등 내부 가구도 똑같다는 것을 보고 한 나라의 외교부 장관실이 이래서는 안 되겠다는 생각을 하게 되었다. 그래서 돌아오자마자 청사관리소장에게 지시하여 외무부 장관실과 입구 복도에 정부 규정에 없는 레드 카펫을 깔도록 했다. 궁극적으로는 종합청사가 아닌 별도의 독립청사가 필요하다고 생각해 종합청사 맞은편의 구 경기도 청사와 당시 서울시 소유로 되어있던 현 외교부 청사(정부청사 별관) 부지를 맞바꿔서 그 후 외교부 별도 청사를 건립하는 계기를 만들었다. 이 일은 지금 생각해도 잘 했다는 생각이 든다.

연구소에서는 빈틈없는 프로,
용금옥에서는 막걸리 즐기는 원로

김환기

동국대 문과대학장

공로명 선생님과의 첫 만남은 1997년 9월 동국대학교 일본학연구소에서였다. 동국대 석좌교수 겸 일본학연구소장, 전임 연구원으로서의 만남이었다. 2003년 3월 필자가 동국대 교수로 자리를 옮기기까지 6년, 선생님은 한림대로 자리를 옮기는 2004년 2월까지 7년, 그렇게 선생님과는 일본학연구소에서 다양한 학술행사를 열어가며 함께했다.

선생님과의 첫 학술행사는 1998년 〈일본의 6대 개혁〉이라는 주제였다. 20세기 말 일본 사회는 현실과 동떨어진 각종 행정제도를 근본적으로 개혁해 21세기형 행정시스템을 구축해야 한다는 지식인과 언론인들의 목소리가 높았고, 하시모토 류타로(橋本龍太郎) 총리는 실제로 행정개혁을 단행했다. 선생님은 직업외교관답게 국내의 정치사정에 밝으셨고 이웃나라, 특히 한반도를 둘러싼 미국, 중국, 일본, 러시아의 움직임은 놓치는 일이 없었다. 한일 양국 언론에서 하시모토 총리의 6대 개혁을 놓고 갑론을박할 때, 선생님은 기회를 놓치지 않고 지일, 지한파 학자와 언론인들을 불러냈다. 기조연설은 다나카 나오키(田中直毅) 21C정책연구소 이사장이 맡았고, 박동서 이화여대, 이종원 릿쿄대, 이숙종 세종연구소, 후카가와 유키코(深川由起子) 아오야마가쿠인대 교수가 발제를 맡았다. 패널리스트로는 김호섭 중앙대 교수와 서동만 외교안보연구원 교수, 정구종 동아일보 편집국장, 야마모토 다다미치(山本忠通) 주한 일본대사관 공사, 모리 지하루(森千春) 요미우리신문 서울지국장이 참가했다. 선생님은 직접 사회와 토론을 주재하며 한국의 국가경쟁력을 위해 '일본의 6대개혁이 던지는 시사점'을 짚어냈다.

특히 다나카 나오키 이사장은 일본의 행정개혁위원회에서 3년간 실제로 개혁플랜을 이끌던 경험을 살려 '행정개혁의 경제학'이라는 주제로 발표했다. 그는 "행정개혁의 경제학은 두 가지 테마에 대답해야만 한다. 하나는 돈의 가치에 걸맞은 일을 주문하는 것이고, 다른 하나는 자기통치"라는 논리를 피력해 주목을 받았다. 이 국제학술행사는 1997년 한국이 외환위기(IMF)를 맞은 뒤 1998년 김대중 대통령 취임 직후에 개최했으니, 시기로나 주제로나 현실외교를 지휘했던 선생님의 혜안이 돋보이는 자리였다.

두 번째 국제학술행사는 정치적인 주제가 아니라 한일 간의 역사문화적인 측면을 고려한 〈도요토미 히데요시가 남긴 것〉이라는 테마였다. 평소 임진왜란을 비롯해 과거 이민족과의 수난사를 외교의 관점으로 읽어내던 선생님의 지론을 반영한 심포지엄이었다. 이원순 서울대 교수, 누키이 마사유키(貫井正之) 나고야조선사연구회 교수, 김재덕 역사가, 신기수 청구문화홀 설립자가 발표했다. 특히 누키이 교수는 한국의 임진왜란 유적지를 직접 찾아다니며 조사했던 경험을 살려 연구서 《히데요시가 이기지 못한 조선무장》을 내놓기도 했는데 후일 본인의 소장도서를 일본학연구소에 기증하기도 했다.

같은 해에 개최한 〈일본문화와 한국문화〉라는 학술행사에서는 아키쓰키 노조미(秋月望) 교수와 재일한국인 사학자 강재언 선생을 모셨다. 특별강연으로 이진희 선생의 '광개토왕릉비에 대한 연구와 그 후의 동향'을 들을 수 있던 소중한 시간이었다. 선생님은 항상 "재일 원로학자이신 강재언 선생, 이진희 선생 같은 분들을 더 늦기 전에 우리 연구소에서 초청해 좋은 말씀을 듣고 기록으로 남겨야 한다"고 하셨는데, 그 말씀이 자연스럽게 강연회와 심포지엄을 통해 실현된 것이다. 열린 세계관에 바탕을 둔 선생님의 정치외교와 역사문화적 혜안은 그분들이 작고하신 지금 시점에서 보면 참으로 선견지명이 아닐 수 없다.

이어지는 일본학연구소의 학술행사에서는 선생님의 인사말이 빠지지 않았고, 간간이 사회와 토론까지 맡아 좌중을 이끌었다. 1999년 일본학연구소 개소 20주년 국제학술행사 〈미일 신방위협력지침과 일본의 안보역할 확대〉에는 송영선, 이원덕, 김태호, 강봉구, 오가와 아키라(小川彰), 오카자키 히사히코(岡崎久彦), 야마모토 마코토(山本誠) 교수가 참가했고, 선생님은 직접 '21세기 일본의 대동북아 정책의 전망'을 주제로 강연했다. 이 자리에서 선생님은 "자유민주주의와 시장경제 체제의 가치를 수호하고 이를 추구하는 한국으로서는 우리와 공동의 이념과 가치를 추구하는 미국과의 동맹관계를 강화하고, 우리와 같이 미국과 동맹관계에 있는 일본과 가일층 협력관계를 구축해야 한다. 미국 및 일본과의 동맹 내지 준동맹관계를 축으로 하고 한반도와 밀접한 이해관계를 갖는 주변 강대국인 중국, 러시아와 선린우호 협력관계를 추구하는 것이 21세기에 한국이 살아나갈 길이 될 것"■이라고 강조했다. 이처럼 '미일 신안보협력과 일본의 안보역할'을 시야에 넣고 21세기 한국정치의 방향을 제시한 선생님의 국제적 감각과 시대정신은 한일을 넘어 지금도 동북아시아와 지구촌의 가치로서 손색이 없다고 생각한다.

1999년 일본 교토에서 개최한 국제학술행사 〈민족문화의 국제화를 지향하며〉에서는 니와 마사오(丹羽雅雄) 변호사, 재일동포 김시종 시인과 함께 '21세기의 한국과 일본'을 주제로 강연했다. 이 자리에서 당시 김대중 대통령과 오부치 게이조(小渕惠三) 총리의 '21세기 새로운 한일 파트너십 공동선언'을 평가하면서 "양국 민간의 인적, 문화적 교류증진과 일본문화에 대한 개방을 통해 양국 민간에 이해와 신뢰가 구축되면 진정한 선린우호 관계의 길은 열리게 마련이다"라고 지적했다. 곧이어 펼쳐질 21세기의 동북아시아와 한일관계를 정치외교와 역사문화의 관점에서 조망한 당시의 시각은 20년이 지난 현재까지도 흔들림이 없다. 한일관계가 최악으로 치닫고 학자들의 학술교류마저 소원해진 2021년 현재, 새삼 23년 전 한일 양국의 참다운 공생공영을

■ 동국대 일본학연구소의 기관지 『일본학』(제17집부터 제20집까지)에는 공로명 선생님의 글 「21세기 일본의 대동북아 정책의 전망」, 「21세기의 한국과 일본」, 「서울에서 본 한일의 선린관계」 등이 실려 있다.

바라며 "21세기는 흔히 가깝고도 먼 이웃이라고 비유하던 양국관계가 가깝고도 참다운 이웃관계로 발전하고, 동북아시아의 안정과 평화 그리고 번영으로 이어지길 희망한다"고 한 선생님의 메시지를 소환하고 싶다.

일본학연구소에서 선생님과 보내는 시간은 학술행사 외에도 대학과 연구소의 강연회, 언론사로부터 원고 의뢰를 받을 때로 이어졌다. 그때마다 곁에서 관련 자료 수집과 원고정리를 도와드리곤 했다. 선생님이 강연회 준비와 원고 작성을 할 때 보여준 철저한 자료수집과 독서, 자연스럽게 넘나드는 글로벌리즘과 로컬리즘의 시좌는 늘 감동이었다. 직업외교관 특유의 현실주의와 실증 중심의 지적 발신은 필자에게는 언제나 배움의 죽비였다. 선생님이 동국대에서 한림대로 자리를 옮긴 후에도 인연은 계속됐다. 한림대 일본학연구소장으로 부임하고 첫 학술행사로 〈재일동포 1세 학자에게 듣는다〉를 기획했는데 그 준비과정을 함께했으며, 한국일본학회가 개최한 국제학술행사 강연회에도 선생님을 모셨다. 간간이 '서울클럽'을 비롯해 통인동의 서울식 추어탕 전문점 '용금옥'과 을지로의 설렁탕 전문점 '이남장'에서 식사를 겸해 막걸리잔도 기울였다. 2015년 사모님이 작고하신 후, 소중히 간직하던 소장도서를 우리 연구소에 맡기시며 쓸쓸해 하던 모습도 생생하다.

2021년 여름, 한반도를 비롯해 전 세계가 코로나 팬데믹에 고통받고 있는 엄중한 시기에, 문득 안부도 여쭤볼 겸 전화를 드렸다. 반갑게 맞아주면서 근래 '난청'으로 전화보다는 주로 메시지로 소통한다 해서 그렇게 했다. 역시 '용금옥'에서 보자고 한다. 동국대에서 HK연구프로젝트를 수행하고 있는 사학과 서인범, 노대환 교수와 함께 찾아뵈었다. 장마철이라 빗줄기가 오락가락하던 점심나절, 역시 '용금옥'의 추어탕엔 막걸리가 일품이었다. 그 자리에서 1993년에 출간한 《湧金屋時代》를 전해드렸다. 저녁나절 선생님께서 책이 너무 재미있다며, 좋은 책을 구해줘서 고맙다고 일부러 전화까지 주셨다.

사실 '용금옥' 만남에서는 또 다른 모임도 약속했다. 선생님의 구순을 기념하는 특별 프로젝트로 문경 여행을 다녀오자고 한 것이었다. 그렇게 해서 2021년 장맛비가 쏟아지던 여름 어느 날, 우리는 영주와 문경새재, 그리고 박정희 대통령이 문경에서 교편을 잡았을 때 머물던 하숙집까지 둘러봤다.

문경 여행 해단식에서 "다음 여행은 바다로 가시죠"라고 하자 선생님은 너털웃음을 지으며 "나야, 백수인데 뭘, 언제든 갑시다"라고 하신다. 동해 주문진항이며 어촌마을의 오징어 말리는 냄새까지 얘기하더니 "조만간 동해여행 결단식을 하자"며 와인잔을 든다.

25년, 선생님과 함께 한 시간은 늘 배움의 연속이었다. 그리고 행복했다.

학구파 외교관의 대표,
《나의 외교노트》는 나의 애독서

남시욱

동아일보사 부설 화정평화재단
이사장

내가 공로명 장관을 처음 만난 것은 1968년 봄 일본 도쿄의 주일대사관에서였다. 그때 동아일보의 도쿄특파원으로 부임했더니 그는 엄민영 대사 아래서 2등 서기관으로 근무하고 있었다. 1958년에 외무부에 들어온 공로명 선생은 주미대사관 3등서기관과 본부 동북아과에서 2년간 근무하다가 1966년에 일본에 부임했다. 그러니까 내가 일본에서 처음 그를 만났을 때, 그는 외교부에 들어온 지 이미 10년째가 되는 젊고, 인물도 훤칠한 미남 외교관이었다.

공로명 선생은 1964년부터 본부의 동북아과에서 일하면서 한일국교정상화문제로 일본 정부 측과 협상하는 실무그룹의 핵심 멤버였다. 당시는 박정희 정권이 추진하던 한일국교정상화 문제가 최대의 정치 현안이었다. 한일국교정상화를 반대하는 대학생들을 무력으로 진압하기 위해 박정희 정권은 계엄령을 선포했는데, 이것이 세칭 '6 · 3사태'이다. 미국에서 돌아온 공로명 선생은 하필이면 '6 · 3사태' 바로 당일인 1964년 6월 3일 아침에 외무부 동북아과로 첫 출근을 했다고 한다.

한일회담 실무그룹의 일원이 된 그는 외무부 간부들이 청와대에 들어가 박정희 대통령에게 대일협상 전략을 보고하고 지시를 받을 때 이 회의에 참여했다. 그는 상사인 동북아과장이 박 대통령에게 직접 보고할 때, 브리핑 차트를 짊어지고 들어가 보고 순서에 맞춰 차트를 넘기는 역할을 맡았다. 이 때문에 일본대사관에 부임했을 때 그는 이미 대일문제, 그중에서도 특히 어업문제와 평화선문제의 베테랑이 되어있었다.

공로명 선생은 주일대사관에서 정무과장 자리를 빼놓고 여러 직책을 두루 거쳤다. 처음에는 총무과장 일을 보다가 대사 비서관을 거쳐 영사과장과 경제과장을 지냈다. 경제과장 재직 때는 일본으로부터 상업차관을 도입하고 미곡을 장기임대로 들여오는 업무를 맡았다.

그가 주일대사관에서 3년간의 근무를 마치고 1969년 귀국해 본부의 교민과장과 동북아과장으로 근무하기 시작한 1년 뒤인 1970년 여름, 나 역시 특파원 임기를 끝내고 귀국했다. 나는 귀국하자마자 박정희 대통령의 재선 여부가 걸린 이듬해 4월의 제7대 대통령선거를 취재하기에 바빴기 때문에 그를 만날 일은 없었다.

공로명 선생이 외무장관 재직 당시인 1995년 3월 뉴질랜드 대사관 소속의 최승진이라는 말단 직원이 황당한 전보위조사건을 일으킨다. 사건의 발단은 외무부가 청와대 정무수석실의 요청으로 해외 33개국 공관에 주재국의 지방자치 관련 자료를 수집해서 보고하라는 전문을 보낸 것이었다. 뉴질랜드 대사관에서 '외신관'이라는 이름으로 통신 수발업무를 맡고 있던 최승진이라는 직원이 이 전보의 내용을 엉뚱하게 날조한 위조 전문을 만들어 한국에 일시귀국하는 부인 편으로 야당인 민주당 소속 권노갑 국회의원에게 전달했다. 그 내용은 김영삼 정부가 5 · 16군사혁명으로 중단했다가 그해 6월 무려 34년 만에 치를 예정인 지방자치선거를 일방적으로 무기 연기하려고 획책한다는 것이었다. 누가 보더라도 터무니없는 내용이었다.

외무부는 최승진을 즉각 인사조치하고, 민주당 측에는 전문 내용이 사실이 아니라고 누누이 해명했다. 그러나 민주당은 최승진의 주장만 믿고 위조전문 내용을 대대적으로 발표해 정치이슈화했다. 외무부가 권노갑 의원과 김대중 대표를 명예훼손혐의로 고소하는 사태로 발전했다. 민주당 측에서도 공로명을 맞고소했다. 나중에 권노갑 의원은 무죄 판결을 받았고, 최승진은 징역 1년 6개월의 유죄판결을 받아 복역함으로써 사태는 매듭지어졌다.

그러나 외무부의 민주당 고소사건은 나중에 엉뚱한 곳으로 비화한다. 1998년 민주당 정권이 들어선 다음 김대중 대통령이 주소 대사로 임명해 근무를 마치고 귀국한 이 모 교수가 국제교류재단 이사장직을 맡게 되자 재단의 비상임이사로 공로명 전 장관을 비롯한 3명을 지명했다. 비상임이사 자리가 외무부 승인사항인지는 모르겠으나 국제교류재단 측은 이를 외무부에 보고했고, 외무부는 이를 다시 청와대 비서실에 보고했다. 청와대는 이들 3명을 거부했다. 공로명과 함께 국제교류재단 비상임이사 선임에서 배제된 두 인사 중 한 사람은 이미 작고했지만 전 정권에서 주미 대사직를 맡은 모 씨이고, 다른 한 사람은 이름이 밝혀지기를 원하지 않는 언론인이다.

공로명 선생은 외무장관 자리에서 물러난 뒤 2003년부터 한일지식인 대화모임인 한일포럼의 한국 측 회장으로 활동했다. 필자 역시 1993년 김영삼 정부 때 발족한 이 모임에 정기적으로, 혹은 간혈적으로 참여했다. 공로명 선생은 또 2009년부터 서울 신문로에 위치한 동서대 일본연구센터 서울사무소에서 정구종 교수가 주재하는 한일 지식인 모임인 〈동서사랑방〉에도 고정멤버처럼 자주 참석했다. 동서사랑방의 유명 멤버 중에는 작고하신 최서면 국제한국연구원장과 유명환 전 외교통상부장관도 있다. 필자 역시 코로나 사태가 발생하기 전까지는 가능한 한 빠지지 않고 이 모임에 열심히 참석했다.

그러고 보면, 공로명 선생은 아주 활동적이면서 학구적이다. 그는 바쁜 외교관생활 가운데서도 여러 권의 저서를 집필했다. 그중에서도 내가 애독한 책은 2014년에 나온 《나의 외교노트》이다. 책의 부제처럼 외무부 안에서 듣고, 보고, 겪은 한국외교 50년의 진솔한 기록이다.

애처가인 공로명 장관은 2015년 9월에 사랑하는 부인을 병으로 잃자 슬픔을 이기지 못하고 며칠간 그야말로 식음을 전폐하다시피 한 적이 있다. 당시 이를 안쓰럽게 여긴 지인들이 서울 신문로의 일식당으로 그를 불러내어 저녁을 함께 한 적이 있다. 필자 역시 이 저녁모임에 동참한 기억이 새롭다.

사실에 기반한 논리라면 진보와 보수는 훌륭한 파트너

문정인

세종연구소 이사장

공로명 장관과는 지난 20여 년 이상을 가까이서 일을 해 왔다. 동아시아재단 이사장과 이사로 미국, 일본, 중국 등에서의 각종 국제회의를 기획하고 같이 참여했고, 영문 계간지 《Global Asia》의 발행인과 편집인으로 관계를 맺어 오기도 했다. 그뿐 아니라 20여 년 가까이 필자가 관여했던 제주포럼에도 공 장관은 계속 참여해 왔다. 단순히 아는 관계를 넘어서 파트너로서 여러 사업을 같이 도모해 왔다고 할 수 있다.

그러나 세간에서는 공로명 장관과 필자의 관계를 '이상한 커플(odd couple)'로 보는 이들도 있다. 일부 보수진영 인사들이 공 장관에게 "'문정인 같은 좌빨 진보학자'와 어떻게 같이 일할 수 있느냐"고 불평한다는 이야기를 들은 바 있다. 필자 역시 진보인사들로부터 비슷한 말을 들어왔다. 공로명 장관 같은 보수 인사와 필자가 같이 국제회의를 조직하고 영문 저널을 만드는 것을 이해하기 어렵다는 지적이다. 이러한 세평에도 불구하고 필자는 지난 20여 년 가까이 공 장관과 일을 하면서 조금도 불편함을 느껴 본 적이 없다. 공 장관의 보수적 시각은 이미 잘 알려져 있다. 그러나 그분은 도그마에 집착하는 이데올로그는 아니었다. 그러기 때문에 필자가 그분과 더불어 여러 사업을 도모할 수 있었던 것이 아닌가 한다.

필자가 공로명 장관을 처음 만난 것은 1992년 여름으로 기억한다. 당시 미국 켄터키 대학 정치학과 교수로 재직 중이던 필자는 한반도 군비통제에 관한 연구를 위해 한국에서 필드 서베이(field survey)를 하고 있었다. 고향 대선배인 김태지 전 주일대사의 주선으로 공동 연구자인 로널드 맥로린(Ronald McLaurin) 박사와 함께 외교안보연구원 원장이던 공 장관과 한 시간 이상 인터뷰를 했다. 주로 한반도 비핵화 선언 관련 북한과의 협상에 관한 인터뷰였는데 참으로 인상적이었다. 공 장관은 북측 협상 대표의 배경, 협상 전략과 행태, 그리고 전망에 대해 일목요연하게 잘 설명해주었다. 지금 회고해도 참으로 통찰력 있는 분석이었고 필자의 연구에 커다란 도움이 되었다. 특히 기억에 남는 것은 공 장관님의 탁월한 영어 능력이었다. 영어 구사력뿐 아니라 복잡하고 어려운 사안을 쉬운 영어로 설득력 있게 잘 설명해주었다.

그 후 동아시아재단에서 같이 일을 하면서 공 장관의 그러한 탁월함이 어디에서 오는지를 알 수 있었다. 공 장관은 본시 탐구형 인물이다. 시사 현안은 물론 국제정치 이론에 대해서도 많은 관심을 가지고 부단히 탐구한다. 구순이 됐는데도 집무실에는 아사히신문, 문예춘추, 뉴욕타임스, 파이낸셜타임스 등 주요 외국 언론 매체는 물론, 일본과 미국의 신간 서적들이 놓여 있고 이들을 탐독하곤 했다. 그만큼 국제정치 현실의 변화를 부지런히 추적하고 있다는 것을 의미한다. 이렇게 준비되었기 때문에 국제행사의 연설문을 항시 직접 쓸 수 있던 것이 아닌가 한다. 실력이 있고, 사실에 기초하여 논리를 전개할 때 이념이라는 벽은 사라지기 마련이다.

1994년 필자가 영구 귀국해 연세대에서 교편을 잡은 이후인 2000년대 초, 정구종 선배의 주선으로 한일포럼에 참여하면서 포럼회장이던 공 장관과 자주 접할 기회를 얻었다. 한일포럼에서 공 장관의 입장은 일관되었다. '한일 간 역사적 갈등을 피할 수 없다. 그러나 갈등을 최소화하고 협력을 극대화하는 노력을 해 나가야 한다. 특히 한일관계를 국내 정치에 악용하는 것을 막아야 한다. 한일 관계가 국내 정치의 포로가 되면 상황은 어려워진다. 한일관계의 안정적 발전을 위해서는 한일 간에 서로 처지를 바꾸어 생각하는 역지사지(易地思之)의 자세와 서로 다르지만 더불어 지낼 수 있는 화이부동(和而不同)의 태도를 유지해야 한다.' 이러한 공 장관의 말씀은 아무리 강조해도 지나침이 없어 보인다. 특히 작금의 한일 관계를 보면서 더욱 그런 생각이 든다.

지난 20년 가까이 동아시아재단과 《Global Asia》 관련 일을 하면서 공 장관은 두 가지를 은연중 강조했던 것 같다. 하나는 실사구시(實事

求是)의 실용성이요, 다른 하나는 과유불급(過猶不及)의 중용(中庸)이다. 공 장관은 항상 추상적 담론보다는 실용적 해법에 무게를 두었다. 가령, 북핵 문제만 해도, 협상 경험이 있어서 그런지 몰라도 북한에 대한 불신은 매우 깊었지만, 외교적 협상만이 유일한 대안이라는 점에는 의견이 일치한다. 그리고 독도 문제만 해도 그렇다. 우리가 독도에 대한 실효적 지배를 하고 있는데 이 문제를 우리 스스로 쟁점화할 필요는 없다. 조용한 외교가 최선의 방법이다. 공 장관은 항상 현실을 직시하고 그 안에서 실용적 해법을 찾아야 한다고 강조해왔다. 필자 역시 동의한다.

공 장관과 필자 사이에 의견 차이가 없는 것은 아니다. 북한과 주변 4강을 보는 시각은 다르다. 공 장관은 북 · 중 · 러 북방 3국에 대해 기본적으로 불신하고 한미동맹과 한미일 3국 공조를 일관되게 강조해왔다. 반면 필자는 한미동맹과 한미일 3국 공조를 넘어서는 협력과 통합의 열린 지역주의를 중시해 왔다. 기본 입장은 서로 달랐지만, 공 장관은 항상 중용의 도를 지켜왔다. 각종 토론에서 처지가 다르다고 싫은 내색을 하거나 역정 내는 것을 보지 못했다. 토론이 격해지면 항상 절충안을 내고 상황을 반전시키는 탁월한 재주가 있다. 항상 지나침도 모자람도 없이 중용의 모습으로 주변 인사들을 설득해 나간다. 여기서 진정한 외교관의 표상을 보게 된다.

공 장관은 항시 따스한 인간성을 보여주었다. 사람을 가리지 않았다. 특히 동아시아재단에 출근하면서 다른 약속이 없으면 되도록 재단의 간사, 펠로우, 그리고 인턴들과 점심을 했다. 이 젊은이들 이름을 전부 기억하고 그들과 허심탄회하게 이야기를 나누곤 했다. 그들의 고뇌를 듣기도 하고 미래진로에 대해 조언을 해 주기도 했다. 참으로 아름다운 모습이 아닐 수 없다. 현직에서 떠난 지 20~30년이 지나도 후배들이 끊임없이 찾아오는 까닭을 알 수 있다.

결론적으로 그분은 부단히 지식을 탐구하고, 역지사지와 화이부동의 공감 능력으로 사람을 대한다. 그리고 그분에게서 항시 실사구시의 실용성과 과유불급의 중용을 읽는다. 특히 상하와 세대를 가리지 않고 그분이 보여주었던 인간적 포용성에 매료되었기 때문에 지난 20년 동안 여러 중요한 사업을 협력하면서 실천할 수 있었던 것이 아닌가 한다. 공 장관과 같이했던 시간이 필자에게는 참으로 소중했다.

내 칼럼의 외교 안보 인식의 뿌리

박제균

동아일보 논설주간

공(公)이란 무엇인가. 공 의식을 잃어버린 시대, 다시 공에 대해 생각한다. 권력자마저 공보다 사(私)를 앞세우고 권력마저 사유화하는 시대, 공을 앞세우고 선공후사(先公後私)를 실천했던 그를 더욱 추억하게 된다. 공로명(孔盧明).

현장기자 시절 적지 않은 출입처를 들고났다. 그 여러 출입처를 통틀어 가장 존경하는 인물 한 사람을 꼽으라면 공 장관이다. 출입처에서 만난 공무원들 가운데 공 장관보다 개인적으로 더 친한 사람은 많다. 그래도 '나보다는 정부, 정부보다는 나라'를 앞세운 공 장관이 내게는 존경할 만한 공직자의 표상이다.

공로명 장관이 장관으로 재직한 때가 한국이 비로소 외교다운 외교를 시작해 꽃을 피우고 열매를 맺던 시절이었다. 노태우 정권의 북방외교로 한국 외교의 지평이 확 넓어졌으나 북한이 핵카드를 만지작거리며 미국과의 직거래를 시작할 때였다. 한국의 외교 수요가 폭발적으로 증가하던 시대였으니 실력 있고 '거쯔'(guts · 공 장관이 즐겨 쓰던 표현) 있는 외무부 장관의 등장은 참으로 시의적절했다.

그 무렵 내가 외무부를 출입하게 된 것도 행운이었다. 1년 반 가까운 나의 출입기간이 1년 10개월 남짓의 공 장관 재임 기간에 쏙 들어간다. 내가 취재한 외무장관은 공 장관 한 분이다. 당시 한국 외교가 세계로 뻗어 나가고 북한 핵문제가 비로소 국제사회에 등장한 때인 만큼 공 장관을 수행해서 수많은 해외출장을 다니는 복도 누렸다. 장관과 동행한 건 아니지만, 말레이시아 쿠알라룸푸르에서 열린 대북경수로 공급 협상 출장은 한 달이나 이어지기도 했다.

나는 어쩌다가(?) 출입기자단 간사까지 맡게 됐다. 공 장관을 가까이서 만날 기회가 다른 기자들보다는 많았다. 간담회 때 지근거리에 앉거나 해외 순방할 때 헤드테이블에 앉기 때문이다. 당시 이미 육순을 넘긴 공 장관은 외교의 달인답게 능수능란했지만 30대 중반에 불과했던 나를 "미스터 박"이라고 부르며 항상 정중하게 대했다. 그래서 더욱 어려웠지만, 그분의 심정적 온기가 내게도 전해졌다.

외교 기사가 신문 1면 머리기사를 자주 장식하던 시기였다. 그만큼 취재 경쟁도 치열했다. 나도 참 열심히 뛰었다. 그 전에 출입했던 통일부는 김일성 사망이나 남북고위급회담, 판문점 남북 협상 등 큰 사건은 많았으나 북한이라는 특수성 때문에 특종을 해도 공식 확인되는 경우가 적었다. 그런데 외교부는 특종을 하면 확인되는 때가 많았다. 물을 먹지 않기 위해서라도 모두들 열심히 뛰었다.

지금 와서 밝히지만 내가 어느 정도 외무부 취재에 물이 오른 뒤엔 봐서는 안 될 외교 전문(電文)까지 보는 경우가 생겼다. 적당히 몇 가지 팩트를 흐리거나 비틀어 써서 소스가 전문임을 모르게 했다. 그러다 결국 전문이 샌다는 것이 알려져 보안조사가 벌어지기도 했다. 애꿎은 사람이 나와의 학연 때문에 조사를 받기도 했다.

전문에서 확인한 북-미 회담 예고기사를 특종했으나 외무부 당국자는 부인했다. 하지만 나중에 특종으로 확인돼 사내 특종상을 받았다. 그때 부인했던 당국자로부터 들은 말이 아직도 기억난다. "내용을 다 알더라도 큰 흐름은 맞게 쓰되, 일부러 틀리는 팩트를 넣어야 소스를 오래 유지할 수 있다." 그런데 기자 욕심이 어디 그런가.

내가 뛰는 동안 다른 기자들이라고 놀았겠나. 그러니 피 말리는 경쟁이 이어졌다. 당시는 기자가 예고도 없이 외무부 각 부서 사무실을 방문해도 문제가 되지 않았다. 그런데 보안파동 이후 갑자기 외교부가 '사전약속 없는 사무실 방문 금지' 방침을 세웠다. 기자실이 발칵 뒤집혔다. 간사인 내가 나서서 장관과 기자단 면담을 요청했고, 공 장관은 흔쾌히 받아들였다.

공 장관은 보안사고가 외교사고로 이어지는 만큼 결정의 불가피성을 설명하며 기자단의 이해를 요청했다. 간사인 내가 나서서 "취재 관행을 하루아침에 바꿔버리는 것은 받아들일 수 없다"고 버텼다. 좀 고민하던 공 장관은 "그러면 사무실을 방문하라. 단 방문한다고 전화한 통화만이라도 하고 가라"는 절충안을 냈다. 그것마저 거부할 순 없었다. 돌이켜보니, 그 절충안이라는 것도 애초부터 장관의 시나리오에 있던 게 아닌가 하는 의심이 든다. 외교의 달인에게 결국 우리가 놀아난 게 아닌가 하는 '기분 좋은 의심' 말이다.

기자의 사무실 방문 취재가 불가능해진 요즘으로선 참 꿈같은 얘기다. 그래도 당시 외무부를 출입했던 스무 명 남짓한 기자들에겐 공(公) 의식이 있었다. 치열한 기사 경쟁을 벌이더라도 외교 당국이 국익 차원에서 요청한 엠바고나 오프더레코드 요청은 거의 다 받아주었다. 거기엔 외무부에 대한 기본적인 신뢰, 더 좁게는 공로명이라는 외교 거인에 대한 믿음이 깔려 있었다.

공 장관은 항상 언론이 국익 실현의 동반자라는 열린 자세로 기자들을 대했다. 그러면서도 김영삼 대통령이나 청와대엔 조용히 할 말은 하는 거물이었다. 이후 많은 외무 · 외교 장관들, 실력은 부족하고 대통령 앞에 가면 숨도 제대로 못 쉬면서 언론에는 쉬쉬하고, 심지어 언론을 두려워하기까지 하는 자격미달의 장관들을 보면서 공로명의 거대한 그림자를 새삼 느꼈다.

공 장관의 외무부에 출입하면서 특종과 단독 기사를 많이 쓴 편이다. 일각에서는 내가 장관과의 학연 때문에 몰래 기사를 받지 않았느냐는 의심도 했다. 하지만 공 장관을 아는 사람이라면 그럴 분이 아니라는 걸 잘 안다. 작은 연(緣)보다는 공을 앞세우고 외교 국익을 우선했던 분이다. 내가 외무부를 출입하면서 했던 가장 큰 특종은 대북경수로 공급 협상 타결을 전한 것이다. 이 기사로 한국기자협회가 주는 '이달의 기자상'도 받았지만, 외무부가 아닌 경수로기획단에 무작정 '전화 마와리'를 돌다가 '우연히 얻어걸렸다'는 사실을 이제야 밝힌다.

그땐 그런 열정이 있었다. 내가 쓰는 북한 핵 기사가 핵문제 해결을 앞당기고 한반도 평화정착에 도움이 될 거란 순수한 열정 말이다. 그런 열정으로 언론도, 외무부도 열심히 뛰었건만 결과는 오늘날처럼 참담하다. 북한은 이미 사실상 핵보유국이 됐다. 당시 북한을 변두리 깡패국가 정도로 여겼던 미국에도 북한은 이제 주요 외교 대상국으로 부상했다. 그러면서 북한의 기도(企圖)대로 핵문제는 북-미 사이의 문제로 굳어졌고, 한국은 제3자로 전락했다. 통탄할 노릇이다.

북한의 선의를 믿은 외교 문외한 대통령들과 그런 대통령에게 아양을 떨며 '옳습죠!'를 연발한 외교수장들, 평화라면 굴종도 좋다며 대북유화론에 빠진 일부 언론, 그런 언론에 오도(誤導)된 일부 국민의 합작품이다. 공 장관처럼 냉철한 현실외교 인식으로 대통령에게 '노'라고 할 수 있는 외교수장들이 좀 더 많았더라면 어땠을까, 하는 아쉬움을 지울 수 없다.

외무부 출입기자를 떠난 뒤에도 이런저런 연유로 공 장관과 만나왔다. 구순이 다 돼서도 외교적 혜안을 펼치는 장관에게 탄복할 때가 많다. 내가 쓰는 칼럼 중 외교 안보와 관련된 것은 상당 부분 공 장관에게 배운 외교 인식에 터 잡고 있다. 중국은 북한이 무너지면 미국이 코앞에까지 다가온다고 믿기 때문에 결코 북한을 포기하지 않을 것이다, 한국이 미국과 멀어지면 중국과 북한이 느끼는 전략적 가치도 떨어진다, 한일관계가 좋아야 한미동맹도 단단해진다…. 이런 동북아 외교에 대한 기본 인식이 내 칼럼의 피가 되고, 살이 되었음을 당당히 밝힌다.

꽉 막힌 한일관계, 이대로 둘 순 없다 '현인회의'에 희망 걸고 도쿄로 서울로

박철희

서울대 국제대학원 교수

공로명 장관을 개인적으로 가깝게 알게 된 계기는 2002년 9월 7~9일에 일본 가나자와(金沢)에서 열린 한일포럼에 참가하면서부터였다. 당시 필자는 39세로 젊을 때여서 주변에서는 필자의 한일포럼 참석을 파격적으로 받아들였다. 가나자와 한일포럼은 한국 측 회장이던 최광수 장관이 10년간의 회장직을 성공적으로 마무리하고 공로명 장관에게 다음 해부터 회장직을 넘겨주는 자리였다. 일본 측 회장인 오와다(小和田) 대사(전 외무성 차관이자 현 일본 천황의 장인)도 그 자리에 있었다. 포럼의 대표 간사 자리도 안병준 연세대 교수에서 정구종 동아닷컴 사장에게 인수인계하기로 총회 마무리 단계에서 발표했다. 말하자면, 한일포럼이 1기 리더십에서 2기 리더십으로 넘어가는 자리였다. 역사적인 자리에 함께했다는 생각이 들었다. 그 이후로 10년간 공로명 장관이 한국 측 회장을 맡으셨고, 필자는 한 번도 거르지 않고 한일포럼에 참석했다. 현재는 필자가 유명환 전 외교통상부 장관을 회장으로 모시고 한일포럼의 대표간사를 맡고 있으니 포럼도 3기에 들어서 있는 셈이다.

2003년부터 2013년까지는 낮시간의 포럼이 끝나면 저녁을 먹고 다시 모여 술을 한잔 기울이면서 속내를 털어놓는 간담회가 있었다. 늘 효성그룹의 조석래 회장이 간담회 자리를 후원해 주었다. 주간 토론은 정구종 대표가 간사 역할을 맡지만, 저녁 간담회는 늘 필자에게 사회를 보라고 해서 '밤의 간사(夜の幹事)'라고 불렸던 기억이 새롭다. 그 자리에서도 공로명 장관은 끝까지 자리를 지키면서, 일본 측 멤버들과 진지한 토론을 벌이던 모습이 뇌리에 남아 있다. 저녁 간담회는 늘 일본 측 참가자를 대표해서 지금은 돌아가신 와카미야 요시부미(若宮啓文) 아사히신문 주필이 반주도 없이 '한오백년'을 한국말로 멋들어지게 뽑아야 자리가 마무리되곤 했다.

한일포럼에는 여야를 불문하고 초당파적으로 참가자를 선정하는데 문정인 교수도 단골 참가자였다. 필자는 평소 동아시아재단 활동을 통해 잘 알고 지내던 문 교수와 흉금을 털어놓고 이야기를 나누곤 했다. 그러던 중 2011년 공 장관이 세종연구소 이사장직을 내려놓으신 후 소일할 수 있는 공간이 필요하다는 생각이 들었다. 문정인 교수에게 '공 장관이 자유의 몸이 되었으니 동아시아재단에 모시는 게 어떻겠냐'고 제안했더니, 그 자리에서 선뜻 허락하면서 그 다음 날 본인이 쓰던 사무실을 비우고 공 장관께 쓰시라고 했다. 그야말로 전광석화와 같은 결정이었다. 이를 계기로 공 장관이 동아시아재단 이사장직을 맡아 2019년까지 재단을 이끌었다. 문정인 교수와 공 장관은 정치적인 색채나 이념적 성향이 달랐는데도, 격의 없이 대화를 나누곤 했다. 문 교수가 깍듯하게 공 장관을 모셨고, 공 장관도 문 교수를 많이 배려했다.

공 장관은 평소에도 학구열이 강해서 "박 교수. 이번 달 〈문예춘추(文芸春秋)〉에 나온 그 논문 읽어봤어?'라고 먼저 물어본 적이 많다. 후학인 필자가 아직 읽기도 전인 경우가 많아 얼굴이 붉어지곤 했다. 또 일본에 관한 특별한 자료가 있으면 늘 복사본을 마련해 보여주곤 한다. 그래서인지 한국을 대표하는 일본연구자이자 독도와 안중근 연구의 1인자였던 고 최서면(崔書勉) 전 국제한국연구원장과 어울려 대화하길 좋아했다. 주로 경복궁역 근처 '대송'이나 인사동의 한정식집에 모여 일본의 옛이야기나 뒷이야기를 들려주곤 했다. 정구종 대표가 자주 자리를 주선했던 기억이 난다.

최서면 원장과 공로명 장관의 폭넓은 경험과 깊은 지식에 경외감을 가지고 있던 필자는 2012년 9월 1일 서울대 일본연구소장에 취임하자마자 특별한 세미나를 기획했다. 2012년 8월 10일 이명박 대통령이 독도를 깜짝 방문하면서 한일관계가 급전직하로 나빠지고 독도를 둘러싼 한일 간 공방이 다시 불거지기 시작한 때였다. 2012년 11월 19일 서울대 국제대학원 소천홀에서 '우리는 독도를 어떻게 다루어야 하는가?'라는 주제로 최서면 원장, 공로명 장관, 박준우 대사 세 분의 전문가를 모셨다. 최 원장은 '고지도와 문헌해제를 통해 본 독도'에 대해, 박준우 대사는 '강대국 정치와 국제법 속의 독도'에 대해, 그리고 공로명 장관은 '조용한 외교의 실상과 과제'에 대해 좋은 발표를 했다. 독도에 대한 역사적, 지리적, 국제법적, 외교적 고찰이 부족하다는 점에 착안한 기획이었는데, 강연회를 끝내고 세 분을 모시길 잘했다는 생각을 여러 번 했다. 세미나의 결과를 잘 정리해 서울대 일본연구소 리딩 재팬(Reading Japan) 시리즈의 하나로 《독도가 우리 땅인 이유》(서울: 제인앤씨, 2013년 2월)로 출간해 지금도 스테디셀러가 되어 있다. 독도에 대해 가장 알기 쉽고 폭넓게 다룬 책의 하나라고 자부한다.

박근혜 정권과 아베(安倍) 정권이 겹치던 2013년부터 2015년 사이에 한일관계는 더 나빠졌다. 특히 위안부문제가 전면에 부상하면서 양국 지도자 간의 대화가 단절된 상태였고, 국민 간의 감정도 악화일로에 있던 시점이었다. 2014년 말경 윤덕민 당시 국립외교원장과 필자는 한일관계를 반전시킬 계기를 마련하는 게 좋겠다는 점에 의견이 일치했고, 공로명 장관께 의견을 구했다. 당시는 정부 간 관계가 악화한 시점이라 정부가 나서서 문제를 풀기는 어려운 상황이었다. 공 장관과 상의한 후 필자가 중심이 되어 '한일현인회의'를 구성해 양국 지도자의 대화를 촉구하기로 했다. 아베 일본 총리와 박근혜 대통령이 경청할 수 있는 전직 총리들을 필두로, 한일 양국 사이에서 가교역할을 하고 있는 단체장들을 망라하는 현인들의 조직체를 만들어 양국 지도자들에게 제언한다는 구상이었다.

한국에서는 이홍구 전 총리께서 흔쾌히 수락해 주었고, 김수한 한일친선협회 회장, 이승윤 한일협력위원회 회장, 공로명 전 한일포럼 회장, 김윤 한일경제협회 회장이 멤버로, 그리고 유명환 한일포럼 회장이 총괄역으로 참가했다. 일본 측에서는 모리 요시로(森喜朗) 전 총리께서 좌장을 맡았고, 후쿠다 야스오(福田康夫) 전 총리께서 일한협력

위원회 고문 자격으로, 모기 유자부로(茂木友三郎) 일한포럼 회장, 사사키 미키오(佐々木幹夫) 일한경제협회 회장, 사메지마 아키오(鮫島あきお) 일한문화교류기금 회장이 동참하고, 일본 측 총괄역은 일한친선협회 회장 대행 자격으로 참가한 가와무라 다케오(河村建夫) 전 관방장관이 맡았다. 한국 측에서는 한일포럼의 대표간사였던 필자가, 일본 측에서는 게이오대 소에야 요시히데(添谷芳秀) 교수가 양측 실무 코디네이터를 맡았다. 실질적으로 일본측 실무를 맡은 것은 모리 총리의 측근이자 전 자민당 참의원 의원인 고바야시 유타카(小林豊)였다.

여러 번 연락을 했지만 모리 총리가 날짜를 빨리 정해주지 않는 바람에 3월까지 기다려야 했다. 나중에 알게 되었지만, 모리 총리가 지병으로 수술을 받기로 한 상태여서 그랬다는 것이다. 모리 총리의 쾌락을 받아 첫 모임은 2015년 3월 22일 도쿄 오쿠라호텔 2층 오크룸에서 가졌고, 양국 인사들은 한일관계의 조속한 개선을 희망했다. 다음날인 3월 23일 오후 1시 30분에 참가자들이 총리관저를 예방해 아베 총리와 30분 정도 면담했다. 이 자리에서 아베 총리는 '미래세대를 위한 한일관계도 생각하겠다'고 언급해 관계 개선 의향을 드러냈다. 당일 오후 5시에 나카소네 야스히로(中曾根康弘) 전 총리를 예방해 한국 측 인사들이 한일관계 개선의 필요성을 진언하자, 나카소네 총리께서 '두 나라 모두 노력해야 하지만 특히 일본이 한국보다 두 배는 더 노력해야 한다'고 한 말씀이 지금도 귓가에 맴돈다. 이어 5월 31일에는 일본 측 인사들이 서울을 방문해 롯데호텔에서 만찬을 하고 6월 1일 오전 간담회를 가진 후, 오후 2시에 청와대를 예방하여 박근혜 대통령을 면담했다. 이 자리에서 모리 총리는 한일정상회담을 하는 게 좋겠다고 제언했다.

한일현인회의를 계기로, 6월 22일 서울과 도쿄에서 열린 한일국교정상화 50주년 기념 리셉션에 아베 총리는 한국대사관이 개최한 미야코 호텔 리셉션에, 박근혜 대통령은 일본대사관이 주최한 롯데호텔 리셉션에 각각 참석해 관계개선 의지를 밝혔다. 이것이 그해 11월 1일 한일정상회담으로 이어졌고, 12월 28일 위안부 합의를 하는 배경이 되었다. 한일관계의 원로들이 양국 관계 개선을 위해 발 벗고 나서서 국면 전환의 디딤돌을 마련한 좋은 사례였다.

청와대 첫 만남서 받은 친근함이 머릿속에…
동국대가 모신 최초의 외교관 출신 석좌교수

송석구

전 동국대 총장

내가 공로명 외무부 장관을 처음 만난 것은 김영삼 대통령의 대학 총장 초청 청와대 오찬 때였다. 1996년 연말쯤인 것 같다. 참석자들과 인사를 하며 공 장관과도 인사를 나누었다. 그분은 공(孔) 씨인 데다 공자(孔子)의 후손답게 이름에도 공자가 태어난 노(魯)나라의 노자가 들어가 있었다. 그때 받은 공 장관에 대한 첫인상이 너무 친근했다. 태도는 포용적이고 말소리는 명확하며, 웃음은 동료같이 흐뭇했다. 한마디로 외교관답지 않고 이웃집 형님같이 후덕하고 포근했다.

그때 내가 받은 호감은 오랫동안 내 뇌리에 각인되었다. 그전에 주일대사로 부임하면서 일본 천황에게 신임장을 제정하는 모습을 사진에서 보고 멋지다는 인상을 받았다는 기억도 다시 클로즈업되었다. 공로명 장관은 내 이름도, 어느 대학 총장이라는 것도 잊어버렸을 테지만 나는 그렇게 그를 기억했다.

그 후 얼마가 지나지 않아 우리 대학의 일본학연구의 시야를 넓히고 활성화시켜야 하겠다는 생각을 하고 있을 때였다. 공로명 장관이 떠올랐다. 주일대사와 외교부 장관을 지낸 분을 석좌교수로 모시면 일본학연구소를 세계적으로 키울 수도 있겠다는 생각이 들었다.

그러나 공로명 장관과는 한번 상면한 것이 전부이고, 이후 서로 소통한 적도 없으니 갑자기 연락을 드리기가 어색했다. 그러던 중 대전중학교 때 친하게 지내던 조성호(경기고, 서울상대 졸업) 학형이 미국에서 귀국해 친구들과 만나게 되었다. 조성호는 미국 뉴욕 주재 KOTRA(대한무역투자진흥공사) 지사장을 마치고 모 한국회사의 사장으로 있었다. 얘기 끝에 경기고등학교를 나왔으니 같은 학교 대선배인 공로명 장관님을 알지 않느냐고 물었다. 그는 공로명 장관이 뉴욕총영사 때 자기가 KOTRA 지사장을 했는데, 능력도 인격도 훌륭한 분이어서 자기도 존경한다고 했다.

그에게 내 뜻을 털어놓고 "혹시 공로명 장관을 소개할 수 있느냐"

고 물으니, 쾌히 "그러겠다"고 해 공로명 장관을 만났다. 공 장관에게 석좌교수와 일본학연구소장직을 제안하고 수락해 줄 것을 간청하니 며칠 후 응낙했다.

사실 동국대는 대한불교 조계종이 세운 종립대학으로 국가적 안목이 투박하고 외교관과는 거리가 있다. 그렇지만 일본학연구소는 한중일 삼국의 미래를 통찰하면서 한국의 안보와 경제, 문화적 역량을 강화하는데 도움을 줄 수 있는 학문적 기초를 다져야만 했다. 그러기 위해서는 탁월한 역량과 높은 경륜의 소유자가 필요했고, 공 장관은 그런 조건에 딱 맞는 분이었다.

공로명 장관은 1997년 취임 이후 그런 기대를 저버리지 않고 우리 대학에 새로운 바람을 불러일으켰다. 일본학연구소는 열악한 환경 속에서도 활발한 학술활동을 벌이기 시작했다. 특히 일본학연구소의 출연재단인 왕이호일본학연구재단의 왕청일 이사장(교토국제학원 이사장, 재일본대한민국민단 교토지방본부 단장 역임)과 친분이 두터워 교류가 활발했다.

또 오사카흥은(興銀)을 창립하고 재일동포 사회의 지도자로서 신한은행을 만드는 데 중심적 역할을 한 이희건 회장에게 명예박사 학위를 수여하는 데도 기여했다. 재일동포 사회의 경제 금융계 지도자인 이희건 회장에게 명예박사학위를 수여한 것은 동국대의 위상을 높이기도 했고, 일본학연구소의 경제적 기반을 강화함으로써 일본학연구소가 도약하는 계기도 마련했다. 공로명 석좌교수의 주선이 없었더라면 되지 않을 일이었다.

공로명 석좌교수 취임 이후 주목할 만한 국제학술회의도 거의 매년 개최했다. 1998년 4월 10일 〈일본의 6대 개혁〉, 2001년 5월 〈고대 일본문화의 형성과 한반도〉, 2001년 10월 〈사명대사와 임진왜란〉, 2002년 3월 〈정창원(正倉院) 보물과 불교공예〉 등 많은 국제학술회를 개최해 동국대 일본학연구소의 위상을 높였다.

2003년 내가 8년간의 총장직을 끝마치고 얼마 안 있어 공로명 석좌교수도 사임했다는 소식을 듣고 안타깝고 속상했다. 평창동계올림픽 유치위원장이 된 공 장관과 식사할 기회가 있었다. 그때 "왜 학교를 그만두셨느냐"고 물으니, "송 총장이 그만두니 더 있고 싶은 생각이 없어서 그랬다"고 했다. 마음이 쓸쓸했다. 그렇지만 학교에서 서운하게 해서 그만둔 것이 아니라 나와 거취를 함께 했을 뿐이라고 하니 그 일을 통해서도 공로명 석좌교수의 담백한 인품을 짐작할 수 있었다. 그러면서 내가 좋은 분을 모셨다는 것을 다시 한 번 확인했다.

심 기자,
나는 당신이 내 욕을 하는 줄 알았어!

심규선

전 동아일보 대기자

공로명 장관을 취재 현장에서 만날 기회는 없었다. 기자 생활을 오래 하긴 했으나 사회부 생활이 길었고, 정치부 근무를 하긴 했으나 일선기자가 아니고 차장과 부장으로 일했기 때문이다. 공 장관과 만난 것은 편집국장을 마치고 2012년에 처음으로 한일포럼에 참가했을 때였다. 공 장관은 그해가 한일포럼 회장으로서는 마지막 해였던 것 같다.

필자는 2019년 8월 22일 서울 하얏트 호텔에서 열린 제27차 한일포럼에서 공로명 장관에게 '제4회 한일포럼상'을 수여했을 때의 이야기를 하고자 한다. 당시 '공적서'를 쓴 것이 필자였기 때문이다.

공적서를 쓰려면 꼼꼼한 조사가 필요하다. 마침 좋은 자료가 있었다. 국립외교원 외교안보연구소 외교사연구센터가 《한국 외교와 외교관》이라는 이름으로 오랄히스토리 시리즈를 발간하고 있는데, 2019년 4월에 나온 16번째 책이 공로명 장관 편이었다. 이 책의 부제는 '대일외교 · 북방정책 · 북핵협상'이었다. 대담자는 윤덕민(한국외대), 조양현 교수(국립외교원)였다.

공 장관의 외교관 일생이 담긴 이 책을 통독하며 숱한 외교관과 외교부 장관 중에서 왜 유독 공 장관이 주목을 받는지 짐작할 수 있었다. 그는 프로이자 아마추어였다. 외교관이 어떤 자질을 갖추고 무슨 일을 해서 어떤 결과를 내야 하는지를 잘 알고 있었다는 점에서는 프로 중의 프로였지만, 외교관의 자세는 어떠해야 하고 어떤 때 책임을 져야 하는지에 대해서는 초심을 잃지 않고 타협도 하지 않았다는 점에서는 아마추어 중의 아마추어였다.

그러나 공 장관의 오랄히스토리는 아쉽게도 1996년 장관직에서 물러날 때까지였다. 공직에서 물러난 이후의 활동은 언론 인터뷰와 기사 등을 조사해 다음과 같은 공적서를 만들어 시상식에서 낭독했다. 공 장관의 활동 분야는 다양하지만 '한일포럼상'이라는 특성상, 일본 관련 활동에 초점을 뒀다.

1964년 공로명 사무관은 한일협상에 참여합니다.

"박정희 대통령이 '한일 국교정상화를 하는 것이 지금 우리 국익에 맞는 일이니까 해야 한다. 그것의 공과는 후세에 맡기자'는 말씀을 하신 것이 아직도 기억에, 귀에 쟁쟁합니다."

1970년 공로명 동북아과장은 이런 일을 합니다.

"당시 동북아과장이 치러야 할 커다란 연례행사가 하나 있었습니다. 정기적으로 열리는 한일 각료회의였습니다. 양측 관계 각료가 현안들을 일거에 해결하는 아주 중요한 역할을 했기 때문에 항상 중요한 이익을 가져왔습니다."

1977년 공로명 아주국장은 이런 경험을 합니다.

"지미 카터 대통령이 주한미군을 철수하려 하자 후쿠다 다케오 총리도 상당히 적신호로 받아들이고, 카터와의 정상회담에서 한반도의 평화와 안정에 우려를 표명했습니다. 그의 측면 지원은 우리 정부로서는 상당히 고마웠습니다. 박정희 대통령의 초청으로 한국을 방문한 후쿠다 전 총리를 경주와 포항 등지로 안내한 것이 저였습니다."

1993년 공로명 주일대사는 일본군 위안부 문제 해결을 위해 노력합니다.

"일본 정부 측에 이렇게 말했습니다. '김영삼 대통령의 확고한 방침이다. 금전적인 보상을 기대하지 않는다. 피해자들의 존엄과 명예를 회복하는 것이 한국 정부의 과제이다'. 일본 정부는 이런 기조 속에서 고노 담화 준비에 착수했습니다."

1994년 공로명 외무부장관은 이런 생각을 합니다.

"미국과의 관계가 한국의 사활이 달린 직접적인 문제이지만, 일본과의 관계도 동맹에 버금가는 우호관계입니다. 일본은 왜곡된 역사 인식을 시정해야 하고, 한국은 역사에 대해 좀 더 너그러워야 합니다."

2019년 8월 원로 공로명은 이렇게 말합니다.

"우리가 살아갈 길은 한미동맹을 중심으로 한미일 가치동맹을 만들어가는 도리밖에 없습니다. 지금처럼 감정적으로 움직이면 스스로 발등을 찍는 것입니다."

이력서가 긴 사람은 많습니다. 그러나 이력서에서 신념과 소신, 그리고 품격의 향기가 나는 사람은 그리 많지 않습니다.

공로명 전 장관에게 제4회 한일포럼상을 드리는 이유입니다.

이 공적서는 형식 때문인지, 일본인 참가자 중 몇 명이 메일로 보내줄 수 있느냐고 묻는 등 관심을 보였다. 필자가 공적 내용도 내용이지만 그 형식에 매달린 것은 '한일포럼상'에 남다른 애정이 있기 때문이다.

필자는 한일포럼의 운영위원이 되고 난 직후인 2015년 운영위원회에서 한일포럼 업그레이드 방안을 건의한 적이 있다. 포럼 참가자를 조금 젊게 구성하고, '한일포럼상'을 제정하며, 한일포럼 내 서브포럼으로 한일 대학(원)생이 참가하는 '주니어포럼'을 만들자는 것이었다. 포럼은 이 제안들을 수용하고 2016년부터 '한일포럼상'을 제정해 수여하기 시작했다. 2016년 제1회 수상자는 고(故) 와카미야 요시부미(若宮啓文) 전 아사히신문 주필, 2017년 제2회는 최서면 국제한국연구원장, 2018년 제3회는 한국의 부산문화재단과 일본의 조선통신사연지연락협의회, 2019년 제4회는 공로명 장관, 2020년 제5회는 윤기 공생복지재단 회장이었다.

필자가 '한일포럼상'을 만들자고 한 이유는 한일관계 개선을 위해 노력하는 개인이나 단체가 적지 않지만 이를 현창하는 상이 거의 없는 데다, 한일포럼이 이런 상을 만들어 수여하기에 적절한 플랫폼이라고 생각했기 때문이다. 한일포럼은 한일 민간 레벨에서는 최고의 협의기구여서 권위가 있고, 앞으로도 존속할 것이기에 안정성도 담보할 수 있다고 생각해서다.

공로명 장관을 수상자로 결정하는 데는 약간의 우여곡절도 있었다. 얼마 전까지 한일포럼 회장으로 있던 분에게 한일포럼상을 주는 게 맞느냐는 반론이 나왔다. 충분히 나올 만한 얘기였다. 그러나 공로명 장관이었기에 이런 지적은 곧 사그라들었다. 예우나 체면치레로 주는 상이라면 그런 걱정까지 해야겠으나, 실제로 공적이 있는 사람에게 주는 상이라면 공 장관을 제외하는 것이 오히려 이상하다는 재반론에 운영위원들이 쉽게 수긍했기 때문이다.

필자는 시상식 날 공 장관의 또 다른 면을 확인할 수 있었다. 유머 감각이다. 공 장관은 모두 알고 있듯 요즘 청력이 많이 떨어졌다. 특히 마이크를 통해 나오는 소리는 더 안 들린다고 한다. 필자가 읽는 공적서도 거의 알아듣지 못하는 듯했다. 그래서 낭독을 마치고 공적서를 공 장관에게 갖다 드렸다. 공 장관의 얼굴에 옅은 웃음이 번졌다. 점심 식사를 곁들인 시상식이 끝나고 공 장관을 배웅하러 엘리베이터 쪽으로 가는데 갑자기 이런 농담이 날아왔다.

"심 기자, 나는 당신이 내 욕을 하는 줄 알았어."

공로명으로 시작해서 공로명으로 끝난 북핵 회담

이강덕

KBS 기자(한미클럽 회장)

공로명 장관과 나의 인연은 30년 전쯤으로 거슬러 올라간다. 1992년 공 장관이 외교안보연구원장에 임명된 해, 나는 외무부를 취재하기 시작했다. 그 당시 외교안보연구원장은 외무부 고위 간부 중에서도 중요한 취재원이었다. 남북 간 대화가 활발하던 시절, 외교안보연구원장은 당연직으로 남북고위급회담 대표단에 들어갔다. 공 장관은 전임인 임동원 원장이 통일원 차관으로 옮겨가자 그 자리를 이어받아 남북한 회담 무대에 등판했다.

1992년은 남북고위급회담(6차, 7차, 8차)만 세 차례나 열 정도로 대화가 빈번했다. 외무부 출입기자들도 다들 남북관계 취재에 몰두했다. 남북관계는 썼다 하면 큰 기사가 되는 시절이어서 기자들은 말 그대로 회담 관계자들의 일거수일투족에 관심을 집중할 수밖에 없었다. 당연히 공로명 원장은 기자들의 핵심 취재원 리스트 첫머리에 올라 있었다.

하지만 공로명 원장은 남북회담 대표가 된 초창기에는 기자들의 애를 많이 태운 것으로 기억한다. 남북고위급회담 대표단에 포함된 후에는 기자들의 접근이 어려웠다. 외교기밀을 많이 다루는 외교관 특유의 조심성 때문인지 공로명 대표는 기자들 앞에 잘 나서질 않았다. 더욱이 국립외교원은 서울 서초동에 있고 외무부 기자실은 광화문 정부종합청사에 있는 탓에 거리상으로도 멀었다. 하긴 총리가 수석대표인 남북고위급회담도 당시에는 안기부가 회담 전략 등 대화 전반을 주도했고, 정보기관원들이 기밀 누설 등 보안 관련 조사권한까지 휘두르던 시절인 탓도 있을 것이다.

이런 공로명 원장이 어쩔 수 없이 기자들을 적극적으로 상대할 수밖에 없는 상황이 왔다. 남북고위급회담의 대표직에 더해 남북핵통제공동위원회라는 별도 위원회의 위원장이 된 것이다. 1992년 3월 19일 판문점 북측지역인 통일각에서 남북핵통제공동위원회 제1차 회의가 열렸다. 남북관계 전문가로서의 그의 면모가 세상에 드러나고 기자들이 열심히 보도하기 시작한 것이 이때부터이다. 내가 공로명 위원장을 부지런히 따라다니며 그의 말을 적기 시작한 것도 이 무렵부터이다. 공 위원장은 이듬해 1993년 4월 원장직을 끝내고 주일 한국대사로 부임할 때까지 외무부 출입기자들의 가장 '따끈따끈한' 취재원 가운데 하나였던 셈이다.

남북핵통제공동위원장 시절 그는 기자실의 상주 멤버로 간주됐다. 회담 전후 기자실에 들러 회담 쟁점과 결과, 전망 등을 설명하고 국민의 관심사를 살폈다. 어느 때는 일주일에 두세 번씩 기자실에 들른 적도 있다. 남북한 사이에 핵 관련 회담을 그만큼 자주 개최한 탓이기도 했다. 실제 남북 핵회담은 1992년 3월부터 1993년 1월까지 핵통제공동위 전체회의를 13차례, 핵통제공동위 위원접촉을 8차례, 최종 담판이 됐던 위원장 접촉 한 차례 등 모두 22차례나 열렸다. 한 달에 두 번 이상 핵회담을 연 것이다. 공 위원장과 기자들 사이에서는 격론도 자주 벌어졌다. 회담에 진전이 없고 교착상태일수록 기자들의 질문공세는 거셌다. 남북한 대표들이 치열하게 밀고 당기는 사안에 대해 일부 언론이 남측의 양보 가능성을 내비치는 기사를 미리 싣는 경우도 있는데 이런 때는 기자실이 시끌벅적해지곤 했다.

"M형, 어째 이럴 수가 있느냐는 말이에요." 1992년 여름 어느 날, 판문점에서 막 돌아온 공 위원장이 기자실에 들어서기 바쁘게 내놓은 탄식이다. 공 장관은 친분 있는 연하의 언론인에게는 성 밑에 형을, 친한 후배 외교관에게는 성 밑에 군을 붙여서 "이 형", "오 군" 하고 불렀는데, 마음에 들지 않는 기사를 쓴 모 신문사 기자가 M○○였다. 목소리는 높지 않았지만 공 위원장의 떨리던 입술이 30년이 흐른 지금도 기억에 생생하다. 당시 북한이 입만 열면 내놓는 주장이 '북한은 미군기지를 사찰해야 하고 북한의 군사기지는 사찰 대상이 아니라는 것'이었다. 북한은 우리 언론에 조그만 것이라도 자신들에게 유리한 보도가 나오면 그걸 붙잡고 늘어졌고 회담은 공전됐다. 양보하기로 했으면 그것부터 내놓고 다음 얘기를 하자는 식이었다.

공 위원장의 하소연 섞인 당시 설명에 따르면 북한은 판문점 회담을 위해 하루 전에 개성에 도착해서 회담 준비를 한다고 한다. 가장 중요한 것이 남측의 언론 보도를 보고 남측의 회담 전략을 파악하는 것이다. 북한 당국의 입장과 북한 언론의 보도 사이에 차이가 있을 수 없는 북한 대표들이다 보니, 남측에 대해서도 그런 인식으로 접근하는 것이 당연할 수도 있다. 기자실에까지 와서 노여움을 보이고 한숨을 쉴 정도였으니 북한 대표들에게 얼마나 시달렸는지 짐작하고도 남았다. 그런 속에 회담은 차수만 쌓여갈 뿐 다람쥐 쳇바퀴 돌 듯 제자리를 맴돌았고 기자실만 왕왕 왁자지껄하곤 했다.

남북핵통제공동위원회는 공로명 위원장이 자리를 내놓은 후에는 그마저도 유명무실해졌다. 1993년 1월 25일에 열린 공로명 남측 위원장과 최우진 북측 위원장 간의 담판이 마지막 대좌였다. 그 후로는 한 차례도 핵통제공동위 차원의 회담이 열리지 않았다. 후임 핵통제공동위 위원장이나 남북고위급회담 남측 수석대표가 핵회담을 개최하자고 요구했지만 북측은 다른 전제조건들을 제시하며 응하지 않았다. 이는 그 사이에 북한의 대응 전략이 바뀌었기 때문이다. 남측의 정권 교체기를 맞아 다음 정권에서 합의사항을 이행할 지가 불확실해진데다, 북한이 미국을 직접 상대하고 공략할 문이 열리고 있던 것이다. 당시 남북 핵 회담이 제대로 진전됐더라면 지금 우리가 목도하고 있는 난제는 이미 해소됐을 수도 있다. 남북한 핵담판이 결실 없이 무산된 것은 공로명 위원장에게도 아쉬운 일이지만, 국가적 차원에서도 두고두고 안타까운 일임에 틀림없다.

말이 나온 김에 당시 핵통위의 쟁점에 대해 조금만 더 살펴보고자 한다. 남북핵통제공동위원회의 임무는 남과 북에 핵이 없다는 사실을 증명하기 위해 그 증명 방법과 절차를 구체적으로 합의해서 이행하는 실무적인 일을 맡고 있었다. 남북한이 핵무기를 보유하지 않고 있으며 앞으로도 보유하지 않겠다는 원칙은 1992년 1월 19일에 발효한 '한반도 비핵화에 관한 공동선언'에 명기돼 있기 때문에 재론이 필요하지 않은 상황이었다. 비핵화 공동선언은 '핵무기의 시험 · 제조 · 생산 · 접수 · 보유 · 저장 · 배비 · 사용을 하지 않음'을 명시함으로써 한반도와 핵무기를 완벽하게 격리했다. 지금 생각해보면 참으로 역사적인 문건이다.

하지만 합의와 이행은 별개라는 사실을 깨닫는 데는 그리 오랜 시간이 걸리지 않았다. 첫 회담부터 남북한은 여러 이견을 노출했고 끝내 사찰대상을 놓고 입장 차이를 좁히지 못했다. 북측은 자기들의 영변 핵시설은 국제원자력기구(IAEA)가 사찰했으므로 더 이상 보여줄 게 없고 남측의 핵무기고인 주한미군기지를 사찰해야 한다고 주장했다. 이에 대해 남측은 상호사찰, 불시사찰의 원칙에 따라 북측의 군사기지도 사찰대상이라는 주장을 폈다. 지금에 와서 곰곰 생각해 보면 미군기지를 보겠다는 북측 주장이나 북측 군사기지를 보겠다는 남측 주장이나 결국에는 실현 불가능한 것이었음이 분명하다. 남측과 북측 모두 성취하기 어려운 목표를 내놓고 기싸움만 벌이며 시간만 소진했다고 하겠다. 남북이 군사적으로 첨예하게 대치하고 있고 힘의 균형이 팽팽한 상황에서 패전국이나 수용할 수 있는 군사기지 사찰이 가당키나 한 이야기인가? 북한군도 그렇지만 미군도 수용하기 어려운 건 마찬가지였을 것이다. 미군이 적군에게 자기네 군사기지를 보여줬다는 사례는 들어본 적이 없다.

그렇게 옥신각신하며 시간만 끌던 남북한 사이의 핵 협상은 팀 스피릿 문제로 파국을 맞는다. 남북 핵협상에 진전이 없자 한미 양국은 1992년 10월 제24차 한미 연례안보협의회의(SCM)에서 '사찰규정에 대한 의미 있는 진전이 없으면 1993년도 팀 스피릿 훈련을 위한 준비를 진행시킨다'는 내용의 성명을 발표한다. 빨리 사찰규정을 만들어 상호사찰을 하자는 최후통첩성 압박카드를 한미 양국이 들이민 것이다. 하지만 북한은 SCM 후에 열린 제9~13차 남북핵통제공동위원회 회의에서 강하게 반발한다. 'IAEA 사찰로 북한에는 핵개발 계획이 없다는 것이 증명됐으므로 미군의 핵관련 시설만 사찰하면 된다'는 예전부터의 주장을 거듭하면서 시종일관 팀 스피릿 철회를 요구했다. 핵사찰 방안 등에 대한 이견에 더해 팀 스피릿 문제까지 격화하면서 남북한 사이의 역사적인 핵담판은 파국을 맞게 되고 공로명 위원장도 대화 무대에서 물러난다. 남북한 핵회담은 공로명과 함께 시작하고 공로명과 함께 끝난 것이다.

남북한 핵회담을 취재할 때 양측 대표단 구성원들의 언행과 케미스트리도 큰 관심사였다. 남측 대표단에는 공로명 위원장 이외에 반기문 외무장관 특보와 그 후임인 정태익, 장재룡 외무부 미주국장이 들어 있었다. 북측 대표단에는 최우진 외교부 순회대사를 위원장으로 현역 군인이던 김영철 소장(우리의 준장)이 있었다. 김영철은 현재 김정은 체제에서 핵심 실세로 활동하고 있는 그 김영철이다. 남북 양측 모두 외교관이 핵회담의 수석대표를 맡았다는 것이 특이한데, 당시에는 핵문제의 국제성 때문일 것이라고 받아들였다. 아무튼 판문점에 간 현장 취재기자들은 회담 모두(冒頭)의 기조발언 등을 통해 공로명 위원장과 최우진 단장의 언쟁과 표정 변화 등을 살펴보며 그 날 회담의 성패를 전망하곤 했다. 공로명 위원장이 최우진 단장을 몰아세울 때 쓰던 표현이 "그래서 내가 지난번 회담에서 그렇게 말했잖아요"가 있는데 기자들은 회담 때마다 이 말을 들으며 흉내를 낼 정도였다. 내 말 안 듣고 억지 쓰다가 당신들만 손해본 것이라는 공 위원장 식 공세이다.

공로명 장관은 처음에는 언론과의 접촉이 많지 않았지만, 알고 보면 대표적인 언론친화적 외교관이다. 그를 가까이서 접해보지 않은 사람들은 잘 모를 수도 있지만 의외로 부드럽고 기자들과의 대화를 즐긴다. 공 장관은 1992년 10월 29일 핵통제공동위원장에 더해 남북고위급회담 대변인 역할도 맡았다. 직전 대변인이던 안기부 소속 이동복 총리 특보가 이른바 '훈령 조작 의혹' 등에 휩쓸리면서 교체된 것이다. 북한이 팀 스피릿 문제로 남북고위급회담 개최를 거부함에 따라 회담이 중단되면서 대변인에 대한 기자들의 의존도는 더욱 높아졌다. 또 대변인은 언론과 접촉하는 공식적인 창구이므로 공로명 대변인의 기자 접촉도 수월해졌다. 위원회와 기자들 사이의 소통이 활발해지면서 친밀감이 생긴 것은 물론이고, 사안을 좀 더 깊이 있게 이해하고 전달할 수 있게 됐다는 점에서 공로명 대변인의 활약은 기자들에게 큰 도움이 됐다.

공로명 장관의 기자에 대한 배려는 기자실을 벗어났을 때 더 두드러진다. 아무래도 많은 기자들이 있는 기자실에서는 자로 잰 듯한 설명밖에 못하지만 개별적으로 만난 자리에서는 속내를 털어놓는 경우도 많았다. 열심히 여러 조각을 모아서 전체 맥락을 파악해야 하는 기자들의 입장에서는 고마운 일이 아닐 수 없다. 나이가 한참 어리고, 외무부 취재를 시작한 지 얼마 안 되는 기자에게도 '이 형 생각은 어때?' 하며 물어본 다음에 자신의 속마음을 털어놓는다. 한번은 김포공항 입국장에서 공 위원장을 만나 핵회담 전망을 취재한 적이 있다. 당시 취재 수첩을 보니까 '1992년 10월 1일 김포공항'으로 적혀 있다. 미국과 멕시코를 방문하고 귀국한 공 위원장은 이것저것 물어보던 기자에게 "북한은 외교적 고립과 경제난 때문에 핵사찰을 받을 수밖에 없을 것"이라고 말해줬다. 이 말을 들은 기자는 '한미 양국이 기존의 입장을 양보 없이 견지하고 대북압박을 더욱 강화할 것'이라는 판단을 하게 됐다. 아니나 다를까, 며칠 지나지 않아 앞서 언급했듯 한미 양국은 SCM에서 '북한이 핵사찰을 수용하지 않으면 팀 스피릿 훈련을 재개하겠다'고 북한을 압박했다. 당국의 해법이 옳든 그르든 큰 방향을 틀리지 않는 게 중요한 기자의 입장에서는 공 위원장의 당시 언급이 그지없이 고마울 따름이었다.

공로명 장관은 누구보다도 북한을 잘 아는 외교관이다. 북한과 협상을 가장 많이 해본 직업 외교관 출신 협상가이기도 하다. 1992년과 1993년 판문점 회담장을 드나들 때 그는 북한에 대해 극도의 경계심을 숨기지 않았다. 공 장관은 최근에도 당시를 회고하며 '북한에 대한 동정은 금물'이라고 누누이 강조했다. 그러면서 "당시 북한은 국제적인 압력 때문에 핵통제공동위원회라는 남북대화에 응했지만 본심은 핵을 포기하지 않는 것이었다"고 말했다. 민족 최대의 과제가 돼버린 북한 핵문제에 대해 우리가 협상력을 발휘할 수 없게 돼버린 요즘 처지를 보면 남북한이 핵담판을 벌이던 1992년은 꿈만 같다.

주재국 마음을 얻는 새 시대 외교관의 표상

이상우

신아시아연구소 이사장

2010년 10월 29일은 동경에서, 다음날은 하코네(箱根)의 유노하나(湯の花) 호텔에서 (재)한일문화교류기금이 '한일원로간담회: Vision 2045 한일관계를 내다보다'라는 이름으로 주최한 비공개 모임이 처음으로 열렸다. 1945년 일본제국은 새로운 일본으로 재탄생했고, 한국도 일본 통치에서 벗어나 민주공화국으로 새롭게 출발했다. 이후 두 나라는 이념을 같이하는 민주국가로서 반세기에 걸친 미소 냉전 시대를 거치며 미국의 동맹국으로서 공산제국의 도전을 막는 데 앞장서 왔다. 동시에 미진한 과거 청산에 발목이 잡혀 서로를 불신하는 관계도 청산하지 못했다.

가까워야 할 두 나라 사이의 장애를 극복하기 위해 양국 지도자들이 무엇을 해야 할지를 터놓고 논의해보자는 것이 이 간담회를 시작한 나의 기획의도였다. 해방 100년이 되는 2045년에는 한일관계가 어떠해야 하는지를 시야에 넣고 만든 자리였다. 한국 측에서는 김재순 전 국회의장, 이홍구 전 국무총리, 공로명 전 외무부 장관, 최병렬 전 한나라당 대표, 김대중 조선일보 고문, 그리고 주최자로서 한일문화교류기금 이사장인 나와 기금의 상임이사인 김수웅 사무국장이 참석했다. 일본 측에서는 고노 요헤이(河野洋平) 전 중의원 의장, 나카이 히로시(中井洽) 전 국가공안위원장, 모리모토 사토시(森本敏) 전 방위대신, 야마모토 다다시(山本正) 일본국제교류센터 설립자, 후나바시 요이치(船橋洋一)와 와카미야 요시부미(若宮啓文) 전 아사히신문 주필 등이 참석했다.

간담회는 진지하면서도 비공개여서 부담이 없었다. 한일관계를 멀리 내다보고 진심이 담긴 의견을 많이 제시해 '오늘의 대책'을 수립하는 데 큰 도움을 줬다. 나카소네 야스히로(中曾根康弘) 전 총리도 참석하고 싶어 했으나 92세라는 나이 때문에 하루 전날 공 장관과 함께 도쿄 시내에 있는 그의 개인 사무실을 예방해 미리 고견을 들었다. 이 원로회의는 2015년까지 다섯 번 더 열렸는데, 유명환 전 외교통상부 장관,

신각수, 김성한 전 외교통상부 차관, 이재춘 전 러시아 대사 등이 참석했다.

이런 원로회의가 가능했던 것은 주일 대사로 근무하면서 구축해놓은 공로명 장관의 '인맥' 덕분이었다. 한일문화교류기금을 창설한 1983년 이래, 한일 양국 국민의 상호 이해를 높이는 데 가장 어려웠던 점은 일본의 각계 지도층 인사들의 이해와 협력을 얻는 것이었다. 그동안 일본에서 근무해온 대사와 외교관 중에서 공 장관만큼 폭넓은 인맥을 구축해놓고 깊은 신뢰를 쌓아온 분도 별로 없다.

교통과 통신이 원활하지 않던 20세기 초까지 외교관은 국가원수의 뜻을 상대국 국가원수에게 전하는 '국가대표'였다. 그러나 교통통신이 국내처럼 편리한 새 시대로 접어들면서 외교관의 기능이 달라지기 시작했다. 국민이 주권을 가진 국가 사이에서는 국민과 국민의 관계, 즉 국민이 상대방 국민을 어떻게 받아들이는가가 두 나라 관계를 결정하는 핵심 요소로 부상했다. 이러한 시대에는 외교관의 기능도 달라진다. 주재국 국민을 이해하고 그들로부터 믿음을 얻는 것이 외교관의 1차적 과제가 된다. 새 시대의 외교관은 주재국 국민의 의식, 생활양식, 소망, 문화 정향 등을 이해하고 그들의 신뢰를 얻을 수 있는 품격을 갖춰야 한다. 그리고 마음을 열어야 한다.

공 장관은 상대방을 존중하고 마음을 열고 대하기 때문에 상대방의 존경과 믿음을 얻었다. 다른 나라에서는 어떠했는지 모르겠으나 일본에서는 아마도 가장 존경받는 '한국 외교관'이 아닐까 생각한다. 공 장관과 함께 일본 출장을 가게 되면 많은 일본인을 만나게 된다. 나카소네 총리, 고노 전 중의원 의장 등 고위 정치 지도자들도 만나지만 대사로 있을 때 다니던 식당 직원도 만나고 언론인, 군인, 작가 등 다양한 사람들을 만난다. 모두 공 장관을 '친구'처럼 대한다. 영화관에 가서도 곁에 앉은 사람과 격의 없이 담소한다.

생각과 능력, 처지가 다른 사람들이 모여 평화로운 나라를 만들 수 있는 것은 사회 구성원 모두가 서로의 다름을 존중하는 마음을 지녔기 때문이다. 나라와 나라 사이의 관계도 마찬가지이다. 상대를 이해하고 배려하는 마음을 보여주면 상대도 같은 마음으로 우리를 대하게 된다. 새 시대의 외교관은 상대국 국민의 믿음과 배려를 얻는 일에 앞장서는 우리 국민의 대표여야 한다. 이런 새 시대 외교관의 모습을 나는 공 장관의 마음가짐에서 볼 수 있었다.

나는 직업상 외국에서 열리는 회의에 자주 참석했고, 외무부 정책자문위원장과 외교력강화위원장 등으로 일하면서 많은 외교관을 만났다. 그분들에게서 느꼈던 아쉬움은 정부의 의사전달이라는 구시대의 한정된 업무에 너무 집착한 나머지 새 시대의 외교관이 할 일은 좀 등한하지 않나 하는 점이다. 공 장관은 내가 접했던 외교관 중에서 '새 시대 외교관의 표상'이라고 할 만하다.

내가 공 장관을 처음 만난 것은 1991년 3월 모스크바에서 열린 러시아 과학아카데미 산하 국제경제 · 국제관계 연구소(IMEMO) 회의에 참석했을 때였다. 공 장관은 주 러시아 대사로서 우리 대표단을 잘 보살펴주었다. 공 장관이 귀국하여 외교안보연구원장으로 있을 때도 자주 만났고 1993, 1994년 주 일본대사로 있을 때는 한일문화교류기금 일로 일본을 갈 때마다 공 장관의 도움을 받았다.

공 장관과 가까이서 일하기 시작한 것은 내가 신아시아연구소(NARI · 신아연)를 창설한 1993년 이후이다. 신아연은 '21세기에 새로운 모습으로 자리 잡게 될 아시아의 신질서 구축에 관심을 가진 학계, 언론계, 관계에 있는 뜻있는 사람들이 모인 민간 연구단체'를 표방하는 민간 싱크탱크로서 현재 200여 명의 회원이 참가하고 있다. 계간지《新亞細亞》를 국영문으로 출간하고 있고, 주변국 주요 연구기관과 공동연구, 공동회의 등을 하고 있다. 신아연 출범 때부터 고 강영훈 전 총리, 고 김재순 전 국회의장, 공로명 전 외무부 장관, 이홍구 전 총리가 고문으로, 정구영 전 검찰총장이 이사장, 필자가 각자 대표 소장직을 맡아왔다. 현재 소장직은 현인택 전 통일부 장관이 맡고 있다.

신아연은 미국, 일본, 대만, 중국, 몽골과 정기적으로 안보회의를 열었는데, 1997년부터는 한 · 미 · 일 3국 회의를 시작했으며 한일 간에는 이른바 'K-J Shuttle(한일안보포럼)'이라는 이름으로 자주 회의를 열었다. 공 장관은 신아연 고문으로서 미국의 퍼시픽포럼(Pacific Forum)과 일본의 오카자키연구소(岡崎研究所)가 참여하는 3국 안보회의(NOP: NARI, Okazaki, Pacific Forum)를 기획하며 제임스 켈리와 자주 의견을 나눴다. 3국 회의는 3년간의 공동연구를 바탕으로 《한 · 미 · 일 관계: 실질적 동맹 관계 구축》이라는 책을 보고서로 출간했다.

신아연이 1997년부터 2000년 8월까지 14차례 가졌던 K-J Shuttle에도 공 장관은 거의 모두 참가했고, 특히 한일군사협력 영역을 모색하기 위한 한일 해군, 지상군, 공군 간의 시뮬레이션 게임(simulation game)에는 롤 플레이어(role player)로 직접 참가했다.

공 장관은 나이에 비해 젊게 산다. 그리고 무슨 일이든 열과 성을 다하는 모습은 후학들의 모범이다. 내가 한림대 총장직을 맡았을 때 공 장관을 '특임교수'로 모시고 일본학연구소장을 부탁드렸다. 공 장관은 신입생을 상대로 한국외교사를 강의했는데 동료 교수들이 감탄할 정도로 열강을 했다.

독도 활동가는 많은데, 독도 연구자는 너무 적다

이우탁

연합뉴스 편집국 에디터

공로명 장관을 처음 만난 것은 1994년 9월 도쿄에서였다. 외무부 출입기자단은 1년에 한 번씩 조를 짜서 일본을 방문하곤 했는데, 당시 주일 한국대사가 공 장관이었다.

그때나 지금이나 한일 관계는 평탄한 적이 없었다. 특히 일본군 위안부 문제가 최대 현안이었다. 외무부 기자 일행은 전날 이가라시 고조(五十嵐廣三) 일본 관방장관을 만나 이 문제를 집요하게 물었다. 하지만 "일본 정부는 피해자들에 대해 개인보상은 할 수 없다"는 답변만 들었다.

외무부 '재팬 스쿨'을 대표하는 분인 만큼 말 한마디 한마디가 남다른 무게감이 있는 공 대사의 반응이 궁금했다. 하지만 그는 "긴 안목으로 한일 관계를 생각해보자"고만 했다.

특이한 것은 주일 한국대사관 직원들이 '대사님'을 모시는 자세나 분위기였다. 거의 아버님 모시듯 했다. 학자 출신으로 김영삼 정부 첫 외무장관으로 발탁된 한승주 장관이 있는 서울 외무부 풍경과는 사뭇 달랐다. 그날 저녁 자리에서 대사관 사람들이 이구동성으로 "대사님께서 장관이 되셔야 할 텐데…"라는 말을 했다.

그해 말 공 대사가 정말 외무장관이 됐다. 자연스럽게 출입 기자로 본격적인 인연을 맺었다. 정부종합청사 8층 장관실을 아침마다 드나들면서 공 장관과 가까워졌다. 마침 그때 정보공개 시한(30년)이 돼 일반에 공개된 60년대 한일 수교협상 관련 문서를 취재하면서 확인한 '공로명 사무관'의 존재감은 묵직했다. 그래서 한일 관계가 고비를 맞을 때마다 공로명의 일거수일투족을 더 주시했다.

이 장면은 특히 잊혀지지 않는다. 1995년 11월 14일 장쩌민 중국 국가주석과 정상회담을 가진 김영삼 대통령은 기자회견에서 과거사와 관련해 일본을 비난하며 "버르장머리를 고쳐놓겠다"고 말했다. 외교무대에서는 좀처럼 들을 수 없는 원색적인 발언이었다. TV를 통해 한중 정상회담 회견을 본 뒤 8층 장관실로 올라가 공 장관의 반응을 들으려 했으나 침묵으로 일관했다.

공교롭게도 그다음 날 공 장관과 외무부 기자단 일행은 일본 오사카로 향했다. 아태경제협력체(APEC) 각료회의에 참석하기 위해서였다. 오사카 공항에 도착하자 일본 기자들이 그야말로 구름처럼 밀려들었다. 공 장관에게 김영삼 대통령의 발언에 대해 따지듯이 물었다. 한국 외교 수장으로, 그리고 한국의 '지일파'를 대표하는 인물로부터 한마디를 듣고 싶어 했다. 그때 공 장관의 굳은 표정을 잊을 수 없다. 그 후로도 오랫동안 한일 관계가 출렁일 때마다 공 장관을 찾아뵙곤 했다. 공 장관은 매우 신중했지만 뚜렷한 메시지를 던지곤 했다. 한 국가의 외교가 어떤 의미인지에 대해 고민하는 기회가 됐다.

공 장관이 2005년 10월 고려대 일민국제관계연구원의 미래국가전략 최고위과정에서 강연한 적이 있다. 그때 강연을 요약한 내용이 있다. 외교의 본질을 생각할 때마다 자주 들여다보곤 했다. 한번 음미해 보자.

"모든 것은 변해도 지리는 변하지 않는다(Everything changes but geography)". 이 문장은 군사전략을 가르치는 미국의 전쟁대학(National War College) 현관 벽에 붙어 있는데, 공 장관은 "'산천(山川)은 의구(依舊)하다'는 우리 옛말도 있다. 이웃이 밉다고 한반도를 뚝 떼어 태평양 한복판에 갖다 놓을 수는 없는 만큼, 일본과 공존해야 한다"고 강조했다. 외교의 출발이 지정학임을 아주 쉽게 전하고 있다. 공 장관은 나폴레옹의 말을 인용하면서 "한 나라의 지리를 살피면 그 나라의 대외정책을 알 수 있다. 지정학적 여건이 나라의 운명에 크게 영향을 끼쳐왔음은 역사가 말해 준다"고 설명하곤 했다. 한일관계의 숙명적 속성을 이처럼 체감 있게 압축한 것이 또 있을까. 공 장관이 2014년에 펴낸《안에서 듣고 보고 겪은 한국외교 50년: 나의 외교 노트》(가파랑)에는 이런 내용도 있다.

"아시아대륙 동북단의 반도에 속하는 우리 한국은 항상 우리보다 크고 강대한 이웃과 평화롭고 안정된 여건 하에서 어떻게 생존하는가 하는 것이 문제되어 왔다. 이러한 지정학적 제약은 시공을 초월하여 주권국가로 생존하기를 원하는 우리의 영원한 과제일 것이다."

공 장관은 "독도 활동가는 많은데 독도 연구자는 너무 적다"거나 "친일파 얘기를 많이 하는데, 냉철한 친일파는 많을수록 좋은 거다"라는 얘기를 자주 했다.

한미동맹에 대한 걱정도 많이 했다. 2019년인가 한국의 안보의 주축인 군사동맹을 유지하는데 들어가는 방위비 분담문제를 언급하면서 "국가안보를 다루면서 구두쇠가 되면 안 된다"고 강조한 것이 인상적이었다.

중국 얘기를 할 때는 "한국에서 제일 가까운 중국 대륙의 땅은 산둥성이다. 한국과 비교하면 인구(9,400만 명)로는 두 배, 땅 크기(156,000km^2)로는 1.6배나 되는데, 중국 실권자들이 한국을 어찌 보겠느냐. 산둥성의 반 정도로 보는 게 아닐까"라고 항상 중국을 경계해야 한다고 했다.

워싱턴 특파원으로 일할 때 공 장관을 만날 수 있었다. 2013년 봄 미국 워싱턴DC의 우드로윌슨 센터에서 열린 '한국과 미국의 아시아 중시정책' 주제의 세미나에 공 장관은 동아시아재단 이사장 자격으로 참석했다. 한일 관계를 넘어 흔들리는 한미동맹을 걱정스럽게 바라보는 노외교관의 고뇌를 느낄 수 있었다. 태평양을 건너는 장시간 비행과 빡빡한 일정에도 불구하고 시종 꼿꼿하게 앉아 또렷한 영어 연설을 하는 모습이 인상적이었다.

특파원을 마치고 귀국해서 정치부장으로 일하던 2015년에는 수교 50년을 맞은 한일관계가 화두였다. 한일 관계는 여전히 살얼음판이었다. 박정희의 딸 박근혜 대통령과 기시 노부스케의 외손자 아베 신조 총리 사이에 냉기류가 좀처럼 해소되지 못했다.

꽉 막힌 한일 관계를 풀기 위해 무엇이 가장 필요하냐고 묻자 공 장관은 "물꼬를 틀어야 한다"고 했다. "물의 방향을 바꿀 수 있는 것은 양국 정상이 만나서 악수하고 얘기하고 담소하는 사진이 필요하다"고 했다. 한일 양국은 2011년 12월 이후 4년째 정상회담을 개최하지 못하고 있었다. 한일 정상이 악수하는 사진, 그 한 장을 안타깝게 강조하던 공 장관의 표정을 또 잊을 수 없다.

공 장관과의 인연을 떠올릴 때마다 항상 뇌리에 떠나지 않는 장면이 있다. 지금도 어찌 된 영문인지 잘 모르겠다. 1996년 11월 6일 국회 통일외무위를 취재할 때 일이다. 외무부의 내년도 예산안을 심의하기 위해 소집했는데, 회의 시작과 함께 의원들의 질의는 그날 갑작스럽게 물러난 공로명 장관의 사임 배경에 집중됐다.

의원들은 물론이고 취재하는 기자들도 어리둥절하기는 마찬가지였다. 답변에 나선 이기주 차관이 "장관이 최근 백내장 수술을 받은 뒤 완전치 않은 상황에서 해외 출장을 가는 바람에 건강이 좋지 않았다"고 건강문제로 사임했음을 누누이 강조했지만 아무도 그 말을 믿지 않았다. 이 차관도 시종 침통한 표정이었다.

APEC 순방 등 굵직굵직한 외교 일정을 앞두고 있었는데 외무장관이 갑작스레 사표를 내버린 것이다. 건강문제라는 공식 설명은 전혀 설득력이 없었다. 사표 직전까지도 아주 건강하게 일하고 있었기 때문에…. '여의도통신'에는 한미관계를 놓고 정부 관계기관 사이의 마찰이 원인이라거나 외무부 내 비리 또는 인사 관련 잡음설, 공 장관 신상문제(과거 인민군 복무 관련) 등 여러 얘기가 쏟아져 나왔다. 필자 개인적으로는 당시 안기부 쪽에서 김영삼 대통령에게 전한 공 장관의 발언(도청으로 확보한) 때문이 아니냐는 핵심 관계자들의 전언을 들었지만, 확신은 없다.

11월 7일 공 장관은 이기주 차관이 대신 읽은 이임사에서 중국 동진시대 시인 도연명이 벼슬을 버리고 낙향할 때 읊었던 귀거래사를 인용했다. "歸去來兮 田園將蕪 胡不歸 悟已往之不諫 知來者之可追(돌아가리라. 전원이 장차 거칠어지려 하는데 어찌 돌아가지 않겠는가. 이미 지나간 것은 따질 것 없음을 깨달았으나 앞으로 올 일은 제대로 좇을 것을 알겠다)라는 심정으로 표표히 떠나고자 한다"고 말했다.

공 장관은 사표를 낸 뒤 건강진단을 이유로 서울 등촌동 국군수도병원에 입원해서 외부와의 접촉을 끊고 있었다. 때마침 김종필 자민련 총재를 취재하기 위해 국군수도병원에 들를 기회가 있었다. 거기서 만난 외무부 지인들의 어두운 표정을 지금도 잊을 수가 없다. 공 장관은 그 이후에 당시의 영문을 물어도 시원한 답을 하지 않았다.

부모님 결혼식에 참석한
공로명 3등 서기관
생전부터의 인연 이어가며
언제나 따뜻한, 언제나 배려 깊은

장제국

동서대 총장

공로명 장관과 나는 특별한 기회에 만나게 된 것이 아니라 생의 여러 장면에서 우연찮은 인연으로 이어진 관계이다. 대개 사람은 업무나 혈연 지연 학연 등으로 만나게 되는데, 가만히 따져보면 장관과 나는 그런 접점이 전혀 없다. 그런데도 공 장관과의 관계는 오랜 기간 이어졌고, 후에 우리 대학 석좌교수를 역임하게 된다. 요즘도 내가 신문에 글을 쓴다든지, 인터뷰 기사가 나면 한 번도 빠짐없이 전화나 문자로 격려해 준다. 2015년 작고한 나의 아버지는 장관과 같은 1932년생이신데, 살아생전 아버지가 해 주던 그 '격려'의 역할을 지금은 공 장관이 해주고 계신 것이다. 공 장관의 문자를 받으면 아버지가 그리워지곤 한다.

이 글은 결코 우연이라고 할 수 없는 공 장관과의 인연에 대한 기록이다. 비록 이 책자의 기획 의도 중 하나인 외교 비사 같은 것은 없다고 하더라도 공로명 장관을 이해하는 데 꼭 필요한 '일상'을 남긴다는 데 의미를 부여하고자 한다.

태어나기도 전부터의 만남

나의 부모님은 1963년 미국 오하이오주 신시내티에서 유학 중이었다. 이모부(김운용 전 IOC 부위원장)가 당시 주미대사관 참사관으로 근무하고 있어서, 그해 12월 워싱턴의 한인감리교회(황재경 목사 시무)에서 결혼식을 올렸다(역경의 열매; 장성만, "결혼 예물은 1달러짜리 시계 반지하 아파트에 신방", 국민일보 2009년 4월 15일 자). 당시 미국에는 한국인들이 많지 않아 한국인이 결혼식을 올리면 대사관 직원들까지 하객으로 참석했다고 한다. 그 결혼식에 공로명 당시 3등 서기관도 참석했다. 먼 훗날 장관과 아버지가 만나 그때 일을 추억하면서 파안대소하던 기억이 지금도 생생하다. 장관과 나의 인연은 내가 태어나기도 전부터 시작된 셈이다.

도쿄에서의 만남

공로명 장관은 1993년 주일대사로 부임했다. 1994년 나는 사회 초년생으로서 일본의 종합상사인 이토추(伊藤忠) 상사의 도쿄 아오야마 본사에서 근무하게 되었다. 사장실 직속 정치경제연구소 소속으로 사장 보좌역을 맡고 있었는데, 당시 북한의 핵문제가 심각한 국제문제로 떠올랐다. 북한은 일방적으로 핵확산금지조약(NPT)을 탈퇴한다고 선언했고, 사상 처음으로 "서울을 불바다로 만들겠다"는 협박도 했다. 한반도는 위기상황으로 치닫기 시작했고, 서울 소재 외국기업들의 철수설까지 난무했다. 이토추 상사는 종합상사답게 한반도 상황을 예의 주시하면서, 나에게 북한 핵문제에 대한 분석보고서를 작성하라고 지시했다.

아직 어렸던 나는 보고서를 준비하면서 정통한 인적 네트워크의 부족을 실감했다. 미국의 로스쿨을 마치고 곧바로 일본으로 건너온 나로서는 일본에 아는 사람이 있을 리 만무했다. 그렇다고 관심이 높은 보고서를 신문 잡지에 나온 기사를 적당히 정리해서 만들 수는 없는 노릇이었다. 그래서 주일대사관에 알만 한 분이 없을까 하고 알아보니 공로명 장관이 주일대사로 와 계신 것이 아닌가. 기쁜 마음이었지만, 직접 아는 분도 아니어서 일단 팩스로 면담요청을 했다. 인연이라곤 워싱턴에서 열린 부모님 결혼식에 하객으로 오셨다는 이야기를 들은 것이 전부였다. 팩스에는 아스라한 그 인연을 내세울 수밖에 없었다. 그러곤 며칠 후, 회사로 (당시에는 휴대폰이 없었다) 대사관에서 전화 한 통이 걸려왔다. 대사 비서실의 전화였는데, 공 대사가 만나주시겠다는 전언이었다. 일면식도 없었지만, 그 인연 하나가 주효한 것이다.

부모님 결혼식 이후 30년 만의 재회(?)가 대사실에서 이루어졌다. 공 대사는 생면부지의 나를 아주 반갑게 맞아주었다. 북한 핵문제에 대한 한국의 입장 등을 자세하게 설명해 주었다. 예정했던 30분을 훌쩍 넘기면서 새파란 청년의 '아마추어 같은' 질문에 일일이 대답해 주었다. 지금 생각하면 초점이 맞지 않은 질문도 많이 한 것 같은데, 말을 끊지 않고 끝까지 들어주었다. 그러면서, 일본 전문가들도 만나보라고 했다. 그때 얼핏 언급한 분이 바로 게이오대의 한반도문제 전문가인 오코노기 마사오(小此木政夫) 교수였다. 주일대사라는 신분이라 직접 오코노기 교수를 만나게 해주지는 않았지만, '오코노기'라는 이름을 처음으로 나에게 언급해 준 분이 바로 공로명 대사이다. 며칠 후 오코노기 교수에게 무작정 팩스를 보냈는데 그것이 훗날 내가 게이오대의 정치학 박사과정에 진학해 오코노기 교수의 제자가 된 계기가 되었다. 참 묘한 일이다.

공로명 대사를 처음 만난 날, 내 노트에는 다음과 같이 적혀있다. "공로명 대사, 진지하게 나의 말을 경청. 질문 준비 부족했던 느낌. 얼굴 화끈. 그럼에도 진지하게 답변해 주심. 더 공부하고 분발해야."

"혹시 일본 학생입니까?"

나는 2003년 3월, 10년간의 일본 생활을 마치고 귀국했다. 동서대 국제관계학과 교수로서 한국에서의 새로운 삶을 시작했다. 부산에 있는 동서대가 서울에 있는 대학과 차별화할 수 있는 분야가 무엇일까를 두고 깊은 생각에 빠졌다. 결론은 일본연구였다. 당시에도 서울대에는 일본학과가 없었다(서울대가 학과가 아니고 지역종합연구소 내에 일본연구실을 만든 게 1995년, 일본연구소를 만든 게 2004년이다). 일본의 식민통치를 경험한 한국 최고의 대학에 일본 관련 학과를 두는 것은 바람직하지 않다는 생각에서일 것이다. 그에 비해 우리 대학은 사립대학이고, 부산은 일본에서 가장 가까운 곳이니 일본연구를 하기에 안성맞춤이라는 생각이 들었다. 그래서 설립한 것이 동서대 일본연구센터이다.

그렇지만 일본연구센터를 설립했다고 해서 누가 당장 알아주는 것도 아니었다. 출중한 연구업적을 축적하고, 다양한 연구대회를 통해 정보를 발신해야 비로소 연구소다운 연구소로 인정받을 수 있는 것이다. 또 한일관계 현장에서 직접 활동했던 분들과의 연계를 통한 네트워크의 확충도 중요했다. 전자의 경우는 열심히 연구실적을 쌓을 수밖에 없고, 후자는 정통한 분을 모시는 것이 방법이다.

이런 고민을 하고 있는데 2005년 박철희 서울대 교수로부터 한일 양국의 정계 재계 학계 언론계 인사가 참여하는 민간협력기구인 한일포럼에 초청하겠다는 전화를 받았다. 한일포럼에 가 보니 한국 측 회장은 공로명 장관, 간사는 오래전부터 잘 알고 지내던 정구종 전 동아일보 편집국장(당시 동아닷컴 사장)이었다. 정구종 사장에게 동서대 일본연구센터의 네트워크 확충 방법에 대해 의논을 드리니, 공로명 장관을 동서대 석좌교수로 모시는 것이 어떻겠냐고 했다. 그렇게 하여 공로명 장관님은 2007년 우리 대학의 석좌교수가 된다.

공 장관은 매 학기 부산으로 오셔서 특강을 했다. 학부 학생들을 대상으로 열정적으로 강의를 했다. 국제관계에 대한 설명만이 아니라 젊은이들이 꿈을 꾸도록 인생론에 대해서도 많은 이야기를 했다. 학부 강의인데도 대강 준비를 하는 게 아니라, 늘 긴 원고를 직접 작성해서 오는 모습이 감동적이었다. 강의가 끝나고 학생들의 질문이 이어지면 하나도 빠트리지 않고 정성껏 대답해 주었다.

일본연구센터는 매년 '한일차세대학술포럼'을 열고 있는데, 한국과 일본의 대학원생들이 자신의 연구 내용을 국제학회에서 발표할 수 있는 기회를 제공하기 위해 2004년에 만든 포럼이다. 매년 한국과 일본을 번갈아 오가며 개최하고 있고, 현재까지 포럼을 거쳐 간 차세대 연구자는 5000명에 이른다. 2009년 6월 일본 규슈대에서 개최한 제6회 포럼은 공로명 석좌교수가 기조강연자로 참석해 '한일해협권에서 본 동아시아'라는 주제로 특강을 했다. 이 연설에서 공 교수는 "일본은 역사에 대해 겸허한 자세를, 한국은 너그러운 자세를 가져야 한다"고 주장했다. 악화일로에 있는 작금의 한일관계를 생각할 때 공 장관이 주창한 이런 자세야말로 얽히고설킨 실타래를 푸는 데 유효한 해법이 아닐 수 없다.

특강이 끝나고 질의 응답시간에 한 경상도 학생이 매우 심한 사투리로 질문을 했다. 부산사람인 나조차도 알아듣기 힘든 사투리였다. 한참을 듣고 있던 공 장관이 "혹시 日本人ですか(일본사람입니까?)"라고 물어서 장내가 웃음으로 가득 찬 일이 있었다.

언제나 따뜻한, 언제나 배려 깊은

나에게 있어 공 장관의 이미지는 '따뜻함'이다. 2015년 12월 아버지가 세상을 떠나셨을 때, 장관이 부산으로 조문을 왔다. 사모님을 잃으신 지 얼마 되지 않은 때였는데, 직접 온 것이다. 내 손을 꼭 잡더니 함께 울어주었다. 너무도 큰 위로가 됐다. 그때의 고마움을 아직도 잊을 수 없다.

공로명 장관이 대한민국 외교관으로서 국위선양과 국익을 지키기 위해 공헌한 업적은 참으로 크다. 그 업적은 개인 공로명의 인간미, 따뜻함, 남을 위한 배려 정신으로 더욱 빛이 난다.

올해 6월 제주포럼에서 카랑카랑하신 목소리로 연설하는 모습을 보고 방향 잃고 표류하는 작금의 대한민국에 대한 안타까움과 절절한 애국심을 다시 한 번 느낄 수 있었다. 존경할 만한 어른이 없는 우리 사회에서 공로명 장관이야말로 나라의 큰 어른으로서 여전히 할 일이 많이 남아있다고 굳게 믿는다.

'우연'에서 '필연'으로 이어진 사사(師事) 40년

정구종

한일문화교류회의 위원장

나는 외교관이나 공직경험자가 아닌데도 공로명 장관님을 오랫동안 가까이 모시고 한일관계를 배울 수 있는 은혜를 입었다.

공 장관을 처음 뵌 것은 동아일보 도쿄지사장으로 있던 1993년 7월 일본기자클럽의 주일대사 초청 오찬 기자회견 때였다. 내외신의 전현직 언론인들과 외교관 출신들이 모여 미래지향적 한일관계 구축의 필요성을 역설하는 공 대사의 스피치를 경청했다.

공 장관과의 '인연'은 그보다 10년 전인 1983년 5월 중국 민항기가 춘천의 미군 비행장에 불시착한 사건 때로 거슬러 올라간다. 공 장관은 한국 측 수석대표로 나서, 선투(沈圖) 민항국장 등 중국대표단과의 협상에서 승객 및 피랍여객기 반환과 납치 범인들에 대한 국제법상, 국내법상의 조치에 탁월한 외교수완을 발휘해 중국 측에 은공(恩功)을 입힘으로써 한중수교의 기반을 굳힌 일은 잘 알려져 있다.

당시 동아일보 도쿄특파원으로 있던 나는 도쿄의 중국민항 주일지구(駐日地區) 사무실에 전화를 걸어 중국 측의 동정을 탐문했다. 당시만 해도 '중공'은 비수교 적성국가로서 전화하기도 조심스러웠는데 상대방은 유창한 일본어로 대화에 적극 응해왔다. 리페이쥬(李珮玖) 주임이라는 사람이 "남조선에 있는 우리 비행기와 승객들의 상황을 알려 달라"고 묻기에 나는 "승객들도 기체도 다 잘 있다"고 알려줬다. 중국민항 측은 한국과의 대화통로가 없었고, 양측 대표단 회담을 시작하기 전이었다.

중국민항의 런창즈(任長志) 주일지구 총경리 및 리 주임과의 정보교환 등 비공식 대화는 약 2년 동안 계속됐다. 내가 그들과의 대화 내용을 정리해 본사에 보고하면 이는 곧바로 외무부에도 전달되었다. 중국 측 주장 중에 납치범들의 신병처리가 있었는데 "중국으로 보내라"고 요구하다 마지막에는 "제3국으로 보내 달라"는 것이었다. 이는 한국이 납치범들이 원하는 대로 바로 타이완으로 보내는 최악의 사태만은 피하려 한 때문으로 보인다. 내가 보낸 중국 측의 이 마지막 요청은 협상테이블에도 전달됐다고 들었다. 결국 납치범들은 강제퇴거 형식으로 추방하되 행선지를 자유선택하도록 하는 정부의 인도적인 조치로 출국해 최종적으로는 타이완으로 갔다. 결과적으로 한국 정부는 납치범들을 직접 타이완에 보내지 않고 '추방'했고, 중국 측도 한국 측이 범인들을 '추방'해 '제3국'으로 가게 됐으므로 자기네의 요청이 받아들여진 셈이다. 중국민항 측은 이 같은 결말에 크게 만족했다.

공 장관은 국내에서 중국이 고마움을 느낄 수 있도록 협상을 성공적으로 이끌었고, 나는 도쿄의 비공식 대화 채널을 통해 중국 민항기 사건 해결에 일조했다는 '우연'이 내가 40년 가깝게 공 장관을 따라가게 된 인연이 된 것이 아닐까 생각한다.

공 장관은 내가 1994년 1월 도쿄지사장 임기를 마치고 귀국에 앞서 일본의 지인들이 마련한 환송회에서 축사를 해주었다. 내가 6개월간 파견 근무를 했던 아사히신문의 하코시마 신이치(箱島信一) 편집국장, 1년간 게이오대 방문연구원으로 받아준 오코노기 마사오(小此木政夫) 교수 등이 발기인이 돼서 마련한 환송회는 도쿄의 일본프레스센터 국제회의장에서 열렸다. 이 자리에는 일본의 언론계, 학계, 정계 인사를 비롯해 도쿄의 외신기자클럽에서 교류한 뉴욕타임스의 데이비드 샌저 특파원, 타스통신의 고로 뷔닌 지국장, 인민일보의 장궈청(張國成) 지국장 등 약 9년간의 일본 근무에서 사귄 200여 명이 참석했다. 나의 환송회라기보다는 도쿄를 무대로 한 민간교류의 장이 되었으며 공 대사는 중후하고 격조 높은 스피치로 참석자들을 사로잡았다.

그해 말에 공 대사는 외무부 장관으로 영전해 귀국했고, 나도 본사 복귀 후의 험한 일과에 묻혀 공 장관을 뵐 기회가 좀처럼 없었다. 다시 장관을 만나게 된 것은 10년 후인 2003년 한일포럼에서였다. 포럼 운영위는 제3기 회장으로 공 장관을 추대했고 대표 간사도 안병준 연세대 교수로부터 내가 바통을 이어받았다. 그런데 예산지원기관인 국제교류재단을 통하여 후임 회장 선임을 외무부에 '통고'한 지 두 달이 가까워도 '양해' 신호가 없다고 이인호 국제교류재단 이사장이 의문을 제기해서 이 이사장, 안병준 대표 간사와 나, 이렇게 셋이서 윤영관 외무장관을 방문했다. 외무부가 후임 회장 취임에 브레이크를 건 자세한 까닭은 알 수 없으나 우리의 뜻을 전해 듣고 몇 차례 독촉까지 받은 박준우 심의관이 청와대의 반기문 외교안보보좌관에 보고해서 노무현 대통령의 승인도 받아 문제를 해결했다.

공 장관은 10년 동안 한일포럼 회장으로서 회의분위기를 잡아주셨고 나는 운영위원들과 함께 포럼 초청자, 주제별 발표자 선정 및 일정 조정 등의 뒷바라지를 해왔다. 해마다 포럼이 열리면 장관은 시작 15분 전에 이미 좌정하여 오전, 오후 6시간여에 걸친 발표와 토론을 연사흘씩 지켜주셨다. 또 운영위원인 조석래 효성그룹 회장이 항상 스폰서를 하고 박철희 서울대 교수가 야간포럼 간사를 맡은 '밤의 한일포럼'에도 내내 참석해서 일본 측 포럼멤버들과 대화를 나눴다.

공 장관에게 개인적인 일로도 폐를 끼친 적이 있다. 2007년 10월 딸애의 결혼을 앞두고 주례를 부탁드리자 "외무부의 후배들 자녀 결혼 때도 주례를 안 했는데…" 하고 망설이다가 승낙했다. 예식장에서 공 장관은 우리를 또 한 번 놀라게 했다. 까만 연미복 차림으로 나타난 거였다. 이런 주례를 본 적이 없는 하객들과 양가 가족은 존경과 경외의 눈빛으로 주례사를 경청했고, 장관은 정중한 프로토콜과 따뜻한 주례사로 결혼식의 격조를 한층 더 높여주었다.

장제국 동서대 총장은 일본연구센터를 설립하고 한일차세대학술포럼을 시작하는 한편, 조선통신사 기록물을 한일공동으로 유네스코 세계문화유산에 등재하기 위한 추진위원장을 맡는 등 한일교류 네트워크 구축과 연구 거점마련 등에 앞장서고 있다. 2007년에는 공 장관을 석좌교수로 모시고 한일관계 특강을 통해 젊은 세대에게 한일관계의 중요성을 인식시켰다. 2009년에는 나를 동서대 교수 겸 일본연구센터 소장으로 영입해 서울 광화문에 50여 평의 연구센터 서울사무소도 열어주었다.

장 총장과 나는 2009년 한일의 지식인들이 허심탄회하게 대화와 토론을 할 수 있는 토론방을 만들자는 데 뜻을 같이해 〈한일지식인세미나-동서사랑방〉을 시작했다. 한일 양측의 전 현직 외교관, 주한 일본특파원 등 언론인, 교수 등 학자들이 참여하는 동서사랑방이 열릴 때마다 공 장관은 최서면 국제한국연구원장, 유명환 전 외교통상부장관, 남시욱 화정평화재단 이사장 등과 함께 거의 한 차례도 빠짐없이 참석했다. 더욱이 두 차례나 기조강연을 했고, 질의와 토론을 통해 한일의 후학들에게 미래지향적 한일관계의 진로와 방향을 가르쳐주었다. 2009년 이래 매달 평균 한 차례씩 열고 있는 동서사랑방은 2021년 올해 안에 100회를 맞는다.

공 장관은 동서대 일본연구센터가 주최하는 한중일 국제회의에서도 기조강연 및 토론 등에 적극 참여해 회의의 무게를 더해 주었다. 장 총장이 2008년 발족한 한중일 국제세미나는 중국 사회과학원 한반도연구중심, 일본 게이오대 현대한국연구센터와 공동으로 해마다 3국을 돌며 심포지엄을 열고 있다. 공 장관은 2008년 창립기념 세미나의 기조연설을 비롯해 중국과 일본 등에서의 회의에도 젊은 학자들과 함께 계속 참석해 주었다. 동서대 일본연구센터가 한일협력위원회와 공동으로 2010년부터 시작한 한중일 국제심포지움에서도 기조강연 또는 축사를 통해 3국 학자들을 격려해 주었다.

내가 공 장관을 모시고 있는 또 하나의 모임이 있다. 동아시아 민간교류 네트워크인 한중일 문화교류포럼이다. 이 포럼은 1998년 김대중 대통령과 오부치 게이조(小渕恵三) 일본 총리의 '21세기 한일신시대 파트너십 공동선언'에 따라 발족한 한일문화교류회의의 부설 민간교류 채널이다. 한일문화교류회의는 초대 지명관, 2대 김용운 위원장에 이어 내가 제3대 위원장을 맡으면서 2010년 공 장관과 권병현 전 주중대사를 코어위원으로 모셨다. 일본 측은 오구라 가즈오(小倉和夫) 전 주한 일본대사가, 중국 측은 리샤오린(李小林), 린쑹텐(林松添) 등 역대 인민대외우호협회 회장이 좌장을 맡아오면서 한중일 3국에서 번갈아 가며 문화전문가 포럼을 열고 있다.

일본에서는 주일대사와 외무장관을 지낸 공 장관의 한일관계 견인 역할을 높이 평가하고 있고, 중국에서는 "공자의 79대손으로 본관은 곡부(曲阜)"라는 장관의 말씀에 존경의 염을 감추지 않는다. 2013년 제9회 포럼은 일본 니카타의 사도섬에서 열렸다. 이 섬에는 중국 정부가 일중국교정상화 때 우정의 상징으로 기증한 따오기 20마리가 번식해서 무리를 이루고 있다. 이 포럼에서 일본 측 부위원장인 미야타 료헤이(宮田亮平) 동경예대총장(후에 문화청장관)이 한중일 3국 어린이들이 미래를 향해 함께 나아가자는 내용의 '우리들은 미래'라는 동요를 처음으로 소개했다. 30여 명의 일본 현지 소학교 어린이합창단이 한중일 3개 국어로 불렀는데 그 후에 개회식 때마다 현지의 어린이합창단이 이 노래를 불러 포럼의 주제곡이 되었다. 공 장관을 비롯한 3국의 포럼 참석자들은 이 노래를 따라 부르면서 미래를 향한 어린이들의 염원에 성원을 보탰다.

공 장관은 공직 퇴임 후에도 각종 민간교류 네트워크와 포럼 참석, 교류 및 세미나 발표, 미디어 인터뷰 등을 통하여 동아시아 3국의 안정과 밝은 미래를 향한 소신을 후학들에게 전수하고 있는 '현역'이다. 한일관계가 위기를 맞을 때마다 현인회의 등에 직접 참석해서 양국 정부에 정상화를 촉구하는 제언을 하고 있다. 지속적인 한일관계의 안정을 향한 공 장관의 신념은 한결같다. "역사 앞에서 일본은 보다 겸허해야 하며, 한국은 이제 관용의 여유를 갖고" 갈등해소에 서로 힘을 합칠 것을 강조해 왔다. 공 장관의 흔들림 없는 철학과 교훈을 기록에 남겨서 한일의 후세에 전해야 할 책무가 우리에게 있다.

한미동맹은 말로 하면 안 되고 관리를 해야 한다

현인택

고려대 명예교수(전 통일부 장관)

공로명 장관은 평생 정통 외교 관료로 지냈지만 학자 출신 못지않은 전문성과 이론적 식견으로 외교 · 안보 · 국제정치를 진단하고 처방하는 한국 외교계의 몇 안 되는 선구자 중 한 분이다. 국제적인 토론의 장에서도 높은 식견과 품격 있는 발언으로 외국 참석자들에게 존경과 칭송을 받는다. 공 장관과 필자는 그런 곳에서 만났고, 필자는 공 장관의 식견으로부터 많은 가르침을 받았다.

공 장관은 퇴임 후 언론과도 자주 소통했는데, 그중에 필자와 아주 의미 있는 대담을 한 적이 있다. 2004년 5월 25일 〈매일경제〉의 "한미동맹 큰 틀 바뀐다"라는 특집의 일부였다. 당시 노무현 정부가 주한미군 재배치를 예고하면서 갈등을 빚던 한미동맹이 재조정 국면으로 들어가는 시점에서 마련한 대담이었다. 공 장관은 "한미동맹은 말로 해서는 안 된다. 관리를 해야 한다. 미국이 한미관계에 서운함을 느끼고, 동맹 궤도에서 벗어난 것은 부단한 정책조정을 통해 바로 잡아야 한다"며 고언을 아끼지 않았다. 동시에 "이라크 파병을 철회하면 한미동맹은 깨진다"거나 "미국과 자유무역협정(FTA) 체결도 추진하고, 투자보장협정도 맺어야 한다"며 당시 노무현 정부의 분위기에서 공개적으로 하기 어려운 말씀을 과감하게 했다. 결과적으로 노무현 정부는 어떤 방식으로든 이라크 파병을 추진했고, 한미FTA도 마찬가지였다. 공 장관의 정책적 혜안과 눈치 보지 않는 올곧은 성품이 고스란히 드러난 사례가 아닌가 싶다.

공 장관은 자타가 공인하는 일본통이기도 하다. 한일관계는 다른 국가보다 민간 채널의 영향력이 크다. 한일의 민간 채널이 양국의 관계 개선에 중요한 역할을 하고 있는 대표적 사례가 바로 1993년 양국 정상의 합의로 출범한 '한일포럼'이다. 공 장관은 2013년부터 한일포럼의 한국 측 회장을 맡아 한일관계 개선에 지대한 공헌을 했다. 물론 공 장관은 그 이전부터 이 포럼의 멤버로서 한일의 지식인들을 선도하는 역할을 했다. 필자도 몇 차례 이 포럼의 멤버로 참석해 한일문제에 관여했다. 특히 필자는 1993년 이 포럼이 출범할 때 한국 측 참가자 겸 사무국을 총괄하는 일을 맡은 적이 있다. 당시 필자는 30대 후반이었으니 젊은 나이에 큰일을 맡은 것이다.

한일포럼은 초대 고 배재식 서울대 법대 교수에서 시작해 고 최광수 전 외무부 장관, 공로명 전 외무부 장관, 유명환 전 외교통상부 장관으로 이어지는 회장 계보만 보더라도 기라성 같은 분들이 이 포럼을 이끌었다. 일본 측도 초대 오와다 히사시 대사(小和田恆 · 후에 국제사법재판소장, 현 천황의 장인), 모기 유자부로(茂木友三郎) 깃코만 회장, 이오키베 마코토(五百旗頭真) 전 방위대 교장 등 외교, 경제, 학계의 거물들이 회장을 맡았다. 일본도 이 포럼에 얼마나 신경을 쓰는지 알 수 있다. 한일포럼은 1995년 제3회 포럼에서 2002년 월드컵을 한일 공동으로 개최하자고 제안해 성사시켰고, 월드컵이 열린 2002년에는 월드컵 한일 공동개최의 정신을 이어가자는 소위 '가나자와 선언'을 내놓기도 했다. 이런 제언과 선언 뒤에는 공 장관의 숨은 역할이 있다.

한일관계를 매개로 한 공 장관과 필자의 인연은 다른 곳에서도 이어졌다. 1997년부터 수년간 진행한 'Korea-Japan Shuttle(K-J 셔틀)'이 그것이다. 한국 측은 신아시아연구소의 이상우 전 한림대 총장이 이끌었고, 일본 측은 오카자키연구소의 고 오카자키 히사히코(岡崎久彦) 전 대사가 리더였다. 공로명 장관은 한국 측의 고문 격으로 참가했다. 고 오키자키 대사는 후에 아베의 책사와 스승으로 알려진 대표적인 일본의 우익 전략가이다. 그러나 다른 우익 인사들과는 달리 한일관계에 대해서는 매우 전향적인 자세를 갖고 있었다. 한일포럼은 1년에 한번 씩 여는데 반해 K-J 셔틀은 대략 3개월에 한번 씩 한국과 일본을 오가며 밀도있게 열렸다. 특히 안보문제에 많은 관심을 기울였다. 일본 측은 일본의 주요 육상, 해상, 항공자위대의 기지들을 K-J 셔틀 참가자들에게 개방했다. 이는 매우 이례적인 일이다. 특히 한국 인사들에게는 거의 보여주지 않던 일본의 오래된 해상기지인 히로시마현

구레(吳) 해상자위대 총감부까지 개방했다. 공로명 장관과 필자도 이 기지를 함께 방문했다. 그리고 육상자위대 기지와 오키나와의 항공자위대도 방문할 기회가 있었다. 한국 측도 이에 상응해 진해 해군사령부를 일본 측 참가자들에게 보여주는 등 매우 진지한 자세로 임했다. 회의 주제는 한일 간의 통상적인 이슈를 넘어 매우 전문적인 안보 문제를 택했다. 한일 간 폴밀 게임(Pol/Mil game)도 심도 있게 진행했고, 실제로 그러한 상황이 나중에 현실에서 일어나기도 했다. K-J 셔틀은 여느 한일 회의와 마찬가지로 회의 중에, 또는 사석에서 역사문제를 놓고 치열하게 토론하기도 했지만, 외교 · 안보 문제에 대해서는 양국이 투명성을 강화하면 미래지향적 발전을 이룩할 수 있다는 공감대를 갖고 있었다. 여기서도 공 장관은 역사문제, 외교 · 안보 문제에서 한일이 무엇을 지향해야 하는지를 제시하면서 항상 큰 어른으로서 회의를 이끌었다.

공 장관과 필자와의 인연은 한일관계에 머무르지 않고 한미관계로도 이어졌다. 신아시아연구소와 미국의 Pacific Forum CSIS(소장 랄프 코사)가 공동으로 1998년부터 2007년까지 매해 하와이에서 한미 · 한미일 회의를 열었다. 이 회의에는 미국의 한국 및 동아시아 전문가들이 대부분 참석했다. 이들은 워싱턴의 보수, 진보 싱크탱크와 대학의 전문가, 학자들로서 미국 행정부에 정책 조언을 하는 핵심 인사들이어서 이 회의는 한국 측의 입장을 미국 조야에 전달하는 매우 소중한 채널이었다. 더욱이 일회성이 아니라 오랫동안 의견교환을 함으로써 상대의 의중을 정확히 이해하고, 제대로 전달할 수 있기 때문에 양국의 정권이 바뀌더라도 한미 정부의 대미, 대한, 대북 정책을 진단하는 데 큰 도움을 줬다. 또 일본과 중국 참가자들도 불러 논의함으로써 동북아시아의 외교 · 안보 문제를 광범위하게 다뤘다. 이 논의의 결과 중 하나가 《U.S.-Korea-Japan Relations: Building Toward a "Virtual Alliance"》(Edited by Ralph A. Cossa/Forward by Ro-Myung Gong, the CSIS

Press, 1999)란 책이다. 공로명 장관은 서문에서 그간의 Pacific Forum CSIS와 진행한 한미일의 미래에 대한 전문가 회의를 회고하면서 21세기 동아시아의 안정과 평화를 위해서는 삼국의 노력이 중요하다고 강조했다. 특히 한일 간 안보 대화의 중요성을 역설하면서 한미동맹 강화와 주한 미군의 계속 주둔, 북핵문제 해결을 위한 6자회담의 필요성을 지적했다. 공 장관님의 지적은 너무나 적절했으며, 지금도 여전히 유효하다.

공로명 장관과의 오랜 여정을 회고해 보면, 시간이 흐르면 흐를수록 공 장관의 식견과 품격과 경험의 무게가 범접하기 어려운 경지에 올라있는 분이란 걸 실감하게 된다. 필자도 짧은 시간이나마 정부에 참여해 정책 결정을 하는 자리를 경험하고 난 후에는 더더욱 공 장관의 전문성, 균형감, 소탈함이 인생의 귀감으로 다가온다.

3장

일본 외교관의 무례한 발언에
자리 박차고 나가…
그 뒷모습에서 봤던 엄숙함과
뜨거운 애국심

오구라 가즈오

(小倉和夫)

전 주한 일본대사

돌이켜보면 공로명 씨와는 그가 외교부에서 국장, 차관보, 장관 등의 요직에서 근무할 때와 그 후 학회, 재단 관계 등의 일을 할 때도, 국제회의와 외교교섭, 일한관계 세미나 등에서 함께 할 기회가 여러 번 있었다. 한국 사람과 이렇게 오랫동안, 더욱이 다양한 기회에 만난 사람은 거의 없다고 해도 좋을 정도이다. 이처럼 오래 만나는 동안 공 장관은 시종 냉정하면서도 마음속의 온정을 느끼게 만드는 태도를 지녔던 것으로 뇌리에 깊이 남아 있다.

한국에서 소위 일본통으로 불리는 사람 중에는 "나는 자칫 친일파로 몰리기 쉬워서 오히려 공공연하게 일본을 이해하는 태도를 취하기가 힘들다"라는 취지로 속내를 털어놓거나, "나는 그렇게 생각하지 않지만, 아무래도 한국의 국내여론이 엄중해서"라고 하는 등 고충을 털어놓는 사람도 적지 않다. 아무래도 한국에는 일한관계에 대해 엄중한 태도를 취하기 쉬운 정계나 언론계가 존재하기에, 일본통이라는 사람들이 겪어야 할 곤란함과 쓰라림은 잘 이해할 수 있다.

하지만 공 장관은 나와 오랫동안 알고 지내는 동안에 단 한 차례도 그런 '푸념'이라고나 할까, '고충'을 입에 올린 적이 없다.

물론 공 장관은 언제나 한국의 주장을 당당하게 얘기했다. 그러나 결코 감정적이거나, 더욱이 공격적인 적은 없었다.

그렇기는커녕 오히려 일본 측이 감정적이 되거나, 외교적으로 상당히 예의에 어긋난 말을 뱉어도 담담하게 있었다.

공 장관이 차관보였을 무렵, 일한 간에 100억 달러(나중에 40억 달러)에 이르는 경제협력 문제를 놓고 팽팽하게 협상을 하고 있을 때의 일이다.

어느 내부 저녁 모임에서, 일본 측의 주최자인 외무성 간부가

"한국은 안전보장상 다대한 공헌을 하고 있으므로 (일본 측은) 그 빚을 갚았으면 좋겠다고 한국 측은 얘기하고 있지만, 그렇다면 경제협력이 아니라 군사협력이 되는 것이므로, 그런 구실로는 얘기가 진

척이 안 될 테니 그 점은 한국 측도 잘 생각해줬으면 좋겠다"고 강조했다. 그러자 공 장관은

"하지만 한국의 안전은 일본의 안전보장에도 중요하다는 것은 명백한 이치이므로, 그 점을 감안해주면 좋겠다고 하는 것은 당연하지 않느냐"

라는 취지로 담담하게 말했다.

그런데 장소가 술자리여서 그러기도 했겠지만, 일본 측 간부는 화를 내면서

"언제까지나 그런 말을 한다면 대화를 계속할 수 없다. 빨리 귀국하는 게 좋을 것이다"

라고 꽤나 강한 어조로 몰아붙였다.

그때 공 장관은 일순 상대방의 얼굴을 가만히 쳐다보더니, 천천히 일어서서 침착한 발걸음으로 방을 나가 버렸다.

공 장관을 수행해서 참석하고 있던 한국 외무부의 과장은 공 장관의 뒤를 따라 나갔다가 곧바로 돌아와서는

"이것은 공 차관보의 선물입니다"

라고 낮은 목소리로 나폴레옹 코냑을 내놓고는 곧바로 방을 나갔다.

눈 깜짝할 사이에 벌어진 일이어서, 이쪽에서 말참견을 할 여유조차 없을 정도였다.

그때의 공 장관의 뒷모습이랄까, 나가는 모습에 들어있는 냉정함이랄까, 그러면서도 어딘가 타오르는 애국의 불꽃을 숨긴 듯한 그 엄숙함은 지금까지도 눈에 선하다.

생각해 보면 35년에 걸친 일본 식민지 시대는 물론이고, 그 후에도 한국인의 마음속에는 분노와 원통함, 분함이 바닥에 깔려있다고 해도 이상한 일이 아니다. 그것이 간헐천처럼 지금도 때때로 분출한다고 해서 일본인은 화를 내거나 뿌리치지 말고 냉정하게, 그러나 엄숙하면서도 어딘가 관용하는 마음으로 수용해야 하는 것은 아닐까.

또 공 장관처럼 한국의 귀중한 일본통들이 일본통이라는 이유 때문에 겪은 신산(辛酸)을, 일본의 한국통이라고 불리는 사람들은 과연 정말로 체험해 왔을까를 생각하면 공 장관의 업적과 공적을 새삼 상기해 볼 필요가 있는 것은 아닐까.

공 장관에 대해서는 말하고 싶은 것이 수없이 많지만, 그것은 소중하게 가슴에 담아둠으로써 오히려 추억을 더 또렷하게 간직하고자 한다.

孔魯明氏のお人柄と日韓関係

小倉和夫 元駐韓日本大使

思い返せば、孔魯明氏とは、同氏が外交部において、局長、次官補、長官といった要職を勤められていた時、また、その後学会や財団関係の仕事をされていた時も、国際会議、外交交渉、日韓関係のセミナーなどでご一緒する機会が数多く存在した。韓国の方で、これほど長く、またいろいろな機会にお会いした方はほとんどないと言ってよいくらいである。こうした長いお付き合いの期間を通じ、孔氏は、終始冷静であると同時に、心のうちに暖かい温情を感じさせる態度を取っておられたことが、脳裏に深く刻まれている。

韓国のいわゆる日本通とされる方々の中には、「自分はとかく親日派とみなされやすいので、かえって表向き、日本に対して理解ある態度を取りにくい」といった趣旨の内輪話をされたり、「自分はそうは思わないが、なにせ韓国国内世論が厳しくて」云々と、苦衷を打ち明けられる方も少なくない。とかく日韓関係について厳しい態度を取りがちな韓国の政界や言論界の存在する中で、日本通とされる方々の困難や苦汁はよく理解できるところである。

ところが、自分との長いお付き合いの中で、孔氏はただの一遍もそうした「愚痴」というか、「苦言」を口にされたことはなかった。

もちろん、孔氏は、いつも韓国の主張は堂々と述べられた。しかし、決して感情的であったり、ことさら攻撃的であることはなかった。

それどころか、日本側が感情的になり、相当外交的には失礼な言辞を吐いても、淡々としておられた。

孔氏が次官補であった頃、日韓の間で、百億ドル（のちに四十億ドル）に上る経済協力についての厳しい折衝が行われていた頃のことである。

ある内輪の夕食会の席上、日本側の主人役の外務省幹部の人が、

「韓国は、安全保障の上で多大の貢献をしているのだから、その付けを払って欲しいと韓国側は言うが、それでは、経済協力ではなく軍事協力になり、そういう理屈では話し合いは進められないので、そこは韓国側もよく考えてほしい」と強調したところ、孔氏は、

「しかし、韓国の安全は、日本の安全保障にとっても重要であることは、自明の理であり、そこを勘案して欲しいというのは当然でしょう」との趣旨を淡々と述べた。

ところが、場所が酒席であったことも手伝って、日本側の幹部は業を煮やし、

「いつまでもそんなことを言っていては、話し合いを続けられない。さっさと帰国された方がよかろう」

と、かなり強い口調で詰め寄った。

その時、孔氏は、一瞬日本の相手方の顔をじっと見つめると、ゆっくり立ち上がり、落ち着いた足取りで部屋を出て行ってしまった。

孔氏に同行して参席していた韓国外務部の課長は、孔氏の後を追って出て行ったが、すぐ戻ってくると、

「これは、孔次官補のお土産です」

とささやくと、ナポレオン銘のコニャックを差し出して、部屋を足早に去っていった。

あっという間の出来事で、こちらが口を挟む暇もないほどだった。

あの時の孔氏の後ろ姿というか、退き方に込められた冷然とした、それでいてどこか燃え盛る愛国の炎を秘めたような厳粛さは、今もって眼の底に焼き付いている。

思えば、三五年にわたる日本の植民地時代はもちろん、その後においても、韓国人の心の中には、怒りや無念さや悔しさが沈殿していたとしても不思議ではない。それが間欠泉のように、今でも時として噴き出したとしても、日本人は怒ったり投げやりになったりせず、冷然と、しかし厳粛、かつどこか寛容な心で受け止めるべきではあるまいか。

また、孔氏のような、韓国における貴重な日本通の人々が、それ故にこそ体験してきた苦汁を、日本の韓国通と言われる人々が果たして本当に体験してきたであろうか、と考える時、孔氏の事跡と功績をあらためて思い浮かべる必要があるのではなかろうか。

孔氏について語りたいことは他にも幾多あるが、それを大事に胸に祕めることで、逆に思い出を固く残しておきたい気持ちである。

末尾ながら、孔魯明氏のご健康と安寧を切に祈念するものである。

二〇二一年七月吉日

주일대사 시절의 꿈, ‘한일포럼’ 설립으로 실현

오코노기 마사오 (小此木政夫)

게이오대 명예교수(일한포럼 회장)

공로명 장관은 내가 가장 존경하고 경애하는 한국의 외교관이자, 지식인 중 한 명이다. 지적인 성실함과 인간적인 따뜻함, 그리고 한국인으로서의 긍지라는 세 가지를 겸비하고 있다. 그것을 가장 잘 보여준 것이 '일한 · 한일포럼'의 설립이다.

공 장관이 내 기억에 선명하게 등장하는 것은 김영삼 대통령 시절인 1993년 5월에 주일 한국대사로 도쿄에 부임하고 나서의 일이다. 그 전에 외교안보연구원장으로 근무했던 짧은 기간에도 외교안보연구원과 일본국제문제연구소의 학술교류의 일환으로 만났던 것으로 생각한다. 그때까지는 초대 주소련 대사나 남북핵통제공동위원회의 남측 위원장으로 활약하는 것을 신문기사로만 알고 있을 뿐이었다.

김영삼 대통령이 1994년 3월에 도쿄를 방문했을 때의 일은 잘 기억하고 있다. 대통령 방일 스케줄을 검토하는 과정에서 공 대사가 게이오기주쿠대학(慶應義塾大学)을 방문해서 내가 미타(三田) 캠퍼스를 안내했다. 하지만 아쉽게도 김영삼 대통령의 게이오대 방문은 실현되지 못했다. 야당 정치인 시절부터 이미 게이오대 지역연구센터에서 강의를 했고 이시카와 다다오(石川忠雄) 총장과도 간담한 적이 있어서인지, 김 대통령은 이번에는 와세다대를 방문해 강연한 것이다. 이것은 나의 씁쓸한 '외교적 실책'의 기억이다.

그건 농담으로 치고, 공 장관이 한국대사로서 일본에 부임한 것은 김 대통령의 방일 전해인 1993년 5월이다. 한국에서는 민주화투쟁의 기수였던 김영삼 씨가 2월에 대통령에 취임해서 '신한국 창조'에 착수했다. 곧바로 정치군인들을 숙정하고, 문민통제를 철저히 해서 국민적 지지를 얻었다. 공 대사가 주일대사가 된 것은 정권 발족 초기, 대일외교를 중시한 김영삼 대통령과 한승주 외무부 장관의 의향이 반영된 것으로 추측할 수 있다.

그러나 그 시기에는 일본에서도 전후사(戰後史)에 남을 대정변이 진행되고 있었다. 6월에 미야자와 기이치(宮澤喜一) 내각의 불신임안이

가결되고 7월 총선거를 통해 8월 초에 호소카와 모리히로(細川護熙) 총리가 이끄는 '비자민(非自民) 연립' 정권이 탄생한 것이다. 호소카와 총리는 8월 10일 첫 기자회견에서 (일본이) 과거에 벌인 전쟁(제2차 세계대전 - 번역자)에 대해 "나 자신은 침략전쟁이었다고, 잘못된 전쟁이었다고 인식하고 있다"고 솔직하게 발언해 큰 파문을 일으켰다.

이러한 일본과 한국의 두 개혁형 지도자는 1993년 11월 한국의 고도 경주에서 처음으로 회담하며 의기투합했다. 회담 후의 기자회견에서 호소카와 총리가 한 발언을 자주 인용하는데 "(조선반도 사람들이) 모국어교육 기회를 빼앗기고, 자신의 이름을 일본식으로 개명당했다"는 부분만 클로즈업되었다. 그건 그것대로 획기적인 것이지만, 역사적으로는 이 호소카와 발언이 2년 후의 무라야마 도미이치(村山富市) 총리의 전후 50년 담화나 5년 후 김대중 대통령과 오부치 게이조(小渕惠三) 총리의 새로운 한일파트너십 공동선언의 원형이 됐다는 것이 중요하다. 호소카와 발언을 조금 길게 인용하면 그 의미를 명료하게 이해할 것이다.

> "일한 양국은 자유, 민주주의, 시장경제라는 기본적 가치를 공유하는 이웃국가로서, 양국 관계의 발전은 쌍방에게 우선적인 과제입니다. 나는 여기에서 우선 과거에 우리나라의 식민지 지배에 의해 조선반도의 사람들이 학교에서 모국어 교육의 기회를 빼앗기고, 자신의 이름을 일본식으로 개명 당하는 등 여러 가지 형태로 견디기 힘든 고통과 슬픔을 경험한 것에 마음으로부터 깊게 반성과 사죄의 마음을 말씀드리고자 합니다. 그리고 이러한 과거를 솔직하게 직시하고, 역사의 교훈을 늘 살려 나가면서 일한의 귀중한 파트너십을 미래를 향해 확고히 하려는 노력을 쌓아나가고자 합니다."

물론 호소카와의 발언이 가능하도록 조건을 다진 것은 미야자와 내각의 고노 요헤이(河野洋平) 관방장관의 성의에 가득한 노력이었다. 미야자와 내각이 총사직하기 전날인 1993년 8월 4일이라는 아슬아슬한 타이밍에서, 고노 관방장관은 한일 간 현안이던 종군위안부에 대한 보고서를 마무리 짓고 소위 '고노담화'를 발표한 것이다. 고노 관방장관은 종군위안부가 "당시 군의 관여 하에 다수 여성의 명예와 존엄에 깊이 상처를 입힌 문제"라고 인정하고 "몸과 마음에 걸쳐 치유하기 힘든 상처를 입은 모든 분에 대해 마음으로부터 사과와 반성의 마음을 말씀드린다"고 공식 사죄했다.

별로 얘기를 하지 않지만, 그 후 경주에서 열린 한일외교의 브레이크스루(돌파구)는 공로명 대사의 적극적인 대일외교의 성과였다. 그에 따라 한일의 외교적 콜라보레이션이 가능해진 것이다. 사실, 5월에 부임한 공 대사는 김 대통령의 신임과 일본의 정계개편을 배경으로 11월의 경주회담을 위해 의욕적인 외교를 전개했다.

지금 내 앞에는 1993년 7월 14일 일본기자클럽의 기자회견에서 공 대사가 발언한 기록이 있다. '새로운 단계에 들어선 한일'이라는 제목의 강연과 질의응답의 기록이다. 신임대사의 공식 회견에서 공 대사는 김영삼 정권의 '신외교'에 대해 충분히 얘기했다. 탈냉전이라는 환경 하에서 한국의 신정권은 (1) 자유민주주의, 복지, 인권 등 보편적 가치와 도덕성에 기초해 적극적인 외교를 전개할 것, (2) 북한정책은 점진적이고 평화적인 한반도통일과 핵문제 해결을 지향할 것, (3) 경제 개방과 국제화를 추진할 것을 강조하고, 각 분야의 관점에서 한일관계에 대해 언급했다.

그러나 공 대사가 제일 강조한 것은 일본 측의 의식개혁의 필요성이었다. 일본 정부보다도 일본 국민에 대해 선입견이나 고정관념을 버리고, 한일관계를 양자 간의 좁은 시야에서 해방시켜 국제적인 협력의 틀 속에 두도록 호소한 것이다. 공 대사는 "한일관계를 발전시키기 위해서는 정부 차원의 노력만으로는 한계가 있고, 무엇보다도 국민 레벨의 상호이해와 신뢰가 없으면 그것은 사상누각이 될 우려가 있다"고 강조했다.

발언 중에 역사 인식 문제가 들어가 있는 것은 두말할 필요가 없다. 이미 보았듯 종군위안부 문제에 대해 한국 측은 일본 정부의 조사가 끝나는 것을 기다리는 상태였다. 질의응답 장면에서 공 대사는 한국의 요구에 대해 솔직하게 설명했다. 위안부의 명예회복을 위해 강제성을 인정할 것, 위안부 문제의 전체적인 진상을 밝힐 것, 그리고 그것을 역사의 교훈으로 삼을 것 등 3가지였다. 다만, 강제성의 인정에 대해서는 "너무 어렵게 생각할 필요가 없을 것"이라고 덧붙였다. 나아가 한국 측은 '금전적인 보상'을 요구하고 있는 것이 아니라고 명언했다. 이러한 외교적 설득작업이 고노담화를 추동했을 것이다.

하나 흥미 깊은 것은 그러한 한국 측의 인식을 토대로 그즈음에 한일 지식인포럼이 구상되고 있었다는 것이다. 그해 12월 서울에서 '한일 · 일한포럼'으로 실현된 것이 그것이다. 7월의 기자회견에서도 공 대사는 "지금 그럴 만한 사람들 사이에서 조용하게 어떤 식의 포럼 같은 것을 결성하려고 생각하고 있습니다. 미일 간의 시모다(下田)회의 같은 대화의 장을 만들면 어떨까 하는 것을 얘기하고 있습니다"라고 말했다.

이 포럼 구상은 김영삼 정권 초기 대일외교의 핵심 중 하나였다. 아마도 일본에 부임하기 전에 공 대사는 김 대통령이나 한 장관과 충분히 검토했을 것이다. "그럴 만한 사람"이라는 것은 시모다회의의 일본 측 사무국을 담당하면서 한 교수가 장관에 취임하기 전부터 친교가 있던 일본국제교류센터의 야마모토 다다시(山本正) 이사장이나 초대 일본 측 회장을 맡았던 오와다 히사시(小和田恒) 전 외무차관이었을 것으로 생각한다.

김영삼 · 호소카와 경주회담 후 '한일 · 일한포럼'의 발족은 신속했다. 불과 1개월 후인 12월 초에 서울에서 첫 모임을 개최한 것이다.

한국 측은 김영삼 대통령과 고교, 대학 동창인 배재식 서울대 법대 교수가 회장에 취임하고 안병준 연세대 교수가 간사를 맡았다. 그밖에 조석래, 최종현, 구평회 등 경제인, 김수한, 김윤환, 이부영 등 정치가, 남시욱, 유근일 등 유력신문의 논설실장 클래스, 최상용 등 대학교수가 이름을 올렸다. 쟁쟁한 면면이었다.

일본 측에서도 가토 고이치(加藤紘一), 마치무라 노부타카(町村信孝), 히노 이치로(日野市朗), 마쓰다 이와오(松田岩夫) 등 각당 국회의원, 유력 기업인과 전 경제관료, 와카미야 요시부미(若宮啓文) 등 각 신문 논설위원, 소네 야스노리(曽根泰教) 등 대학교수가 참가했다. 그러나 무엇보다 한국 측을 감동시키고 일본 측의 열의를 증명한 것은 일본 측 회장에 오와다 히사시 씨가 취임한 것이었다. 그 이유는 말할 필요도 없을 것이다(오와다 히사시 씨는 1993년 일한포럼 회장 취임 당시 황태자(현 천황)의 장인이었다-번역자). 국무총리나 외상의 축사만 있던 것이 아니라 참가자는 청와대로 김영삼 대통령을 예방할 수 있었다.

공로명 씨는 1994년부터 외무장관에 취임하는 바람에 그 후 잠시 본인은 민간 포럼인 한일포럼에 직접적으로 간여할 수 없었다. 1996년 외무부를 퇴임한 이후 포럼의 유력한 멤버가 되었고, 2003년 회장에 취임했다. 주일대사 시대에 역설한 '국민 레벨의 상호 이해와 신뢰'를 위해 노력하라는 천명(天命)이라도 있던 것일까. 창립 때부터 오늘에 이르기까지 '일한 · 한일포럼'은 공로명 씨와 함께 했다.

孔魯明外交と「日韓・韓日フォーラム」の創立

小此木政夫　慶應義塾大学名誉教授・日韓フォーラム会長

孔魯明長官は私が最も尊敬し、敬愛する韓国の外交官であり、知識人の一人である。知的な誠実さと人間的な温かみ、そして韓国人としての矜持の三つを備えている。そのことを最もよく示したのが、「日韓・韓日フォーラム」の設立であった。

孔魯明長官が私の記憶に鮮明に登場するのは、金泳三大統領時代の1993年5月に駐日韓国大使として東京に赴任されてからのことである。しかし、その前に外交安保研究院長を務められた短い時期にも、同研究院と日本国際問題研究所との学術交流の一環としてお会いしたように思う。それまでは、初代駐ソ連大使や南北共同核統制委員会の南側委員長としての活躍を新聞記事で知るのみであった。

金泳三大統領が1994年3月に東京を訪問したときのことはよく覚えている。大統領訪日のスケジュールを検討する過程で、孔魯明大使が慶應義塾大学を訪問され、私が三田キャンパスを案内した。しかし、残念ながら、金泳三大統領の慶大訪問は実現しなかった。野党政治家であった時期にすでに慶大地域研究センターで講演され、石川忠雄塾長とも懇談したことがあったためか、金大統領は早稲田大学を訪問して講演されたのである。これは私のほろ苦い「外交的失点」の記憶である。

それは冗談として、孔魯明氏が韓国大使として日本に着任したのは、その前年1993年5月のことであった。韓国では、民主化闘争の旗手であった金泳三氏が2月に大統領に就任して、「新韓国の創造」に着手していた。真っ先に政治軍人たちを粛清し、文民統制を徹底して国民的支持を獲得していた。孔魯明大使の実現には、政権発足当初、対日外交を重視した金泳三大統領と韓昇州外相の意向が反映されたものと推察する。

しかし、その時期には、日本でも戦後史に残る大政変が進行していた。6月に宮澤内閣の不信任案が可決され、7月の総選挙を通じて8月初めに細川護熙「非自民」政権が誕生したのである。その細川首相は8月10日の初めての記者会見で、先の戦争について「私自身は侵略戦争であった、間違った戦争であったと認識している」と率直に発言して、大きな波紋を投げかけた。

そのような日韓の２人の改革型指導者は、1993年11月に韓国の古都慶州で初めて会談して意気投合した。会談後の記者会見での細川首相の発言がよく引用されるが、「（朝鮮半島の人々が）母国語教育の機会を奪われ、自分の姓名を日本式に改名させられた」との部分だけがクローズアップされている。それはそれで画期的であったが、歴史的には、この細川発言が２年後の村山富市首相の戦後５０年談話や５年後の金大中大統領と小渕首相の日韓パートナーシップ共同宣言の原型になったことが重要である。細川発言を少し長く引用すれば、そのことが明瞭に理解されるだろう。

「日韓両国は、自由、民主主義、市場経済という基本的価値を共有する隣国であり、両国関係の発展は双方にとっての優先的な課題であります。私は、ここで先ず、過去の我が国の植民地支配により、朝鮮半島の人々が、学校における母国語教育の機会を奪われ、自分の姓名を日本式に改名させられる等、様々な形で耐え難い苦しみと悲しみを経験されたことに、心より深く反省とお詫びの気持ちを申し述べたいと思います。そして、このような過去を率直に直視し、歴史の教訓を常に生かしながら、日韓の貴重なパートナーシップを未来に向かって確固たるものにするように努力を積み重ねていきたいと思います。」

もちろん、細川発言を可能にする条件を整えたのは、宮澤喜一内閣の河野洋平官房長官の誠意溢れる努力であった。宮澤内閣が総辞職する前日の8月4日というギリギリのタイミングで、河野氏は日韓の懸案であった従軍慰安婦についての報告書を取りまとめ、いわゆる「河野談話」を発表したのである。河野氏はそれが「当時の軍の関与の下に、多数の女性の名誉と尊厳を深く傷つけた問題である」ことを認めて、「心身にわたり癒やしがたい傷を負われたすべての方々に対し、心からのお詫びと反省の気持ちを申し上げる」と公式に謝罪した。

あまり語られていないが、その後の慶州での日韓外交のブレイクスルーは、孔魯明大使の積極的な対日外交の成果であった。それによって、日韓の外交的なコラボレーションが可能になったのである。事実、5月に赴任した孔魯明大使は、金泳三大統領の信任と日本の政変を背景にして、11月の慶州首脳会談のために意欲的な外交を展開した。

いま、私の手元には、1993年7月14日に日本記者クラブでなされた孔魯明大使の記者会見の記録がある。「新しい段階に達した日韓」と題する講演と質疑応答の議事録である。新任大使の公式記者会見で孔魯明氏は金泳三政権の「新外交」について十分に語った。脱冷戦という環境の下で、韓国の新政権が(1)自由民主主義、福祉、人権などの普遍的価値や道徳性に基づく積極的な外交を展開すること、(2)北朝鮮政策としては、漸進的で平和的な韓半島統一と核問題の解決を目指すこと、そして(3)経済の開放と国際化を推進することを強調し、それぞれの観点から日韓関係について言及したのである。

しかし、孔魯明大使がもっとも強調したのは、日本側の意識改革の必要性であった。日本政府よりも日本国民に対して、先入観や固定観念を捨てて、日韓関係を二国間の狭い視野から解放し、国際的な協力の枠組みのなかに置くように訴えたのである。孔大使は「日韓関係を発展させるためには、政府次元の努力だけでは限界があり、何よりも国民レベルの相互理解と信頼がなければ、それは砂上の楼閣になる恐れがあります」と強調した。

そのなかに歴史認識の問題が含まれていたことは言うまでもない。すでに見たように、従軍慰安婦問題について、韓国側は日本政府の調査終了を待つ状態にあった。質疑応答の場面で、孔魯明大使は韓国側の要求について率直に説明した。慰安婦の名誉回復のために強制性を認めること、慰安婦問題の全体的な真相を明らかにすること、そしてそれを歴史の教訓とすることの三点であった。ただし、強制性の認定については、「あまり難しく考える必要はないだろう」と付け加えた。さらに、韓国側は「金銭的な補償」を求めているわけないと明言した。そのような外交的な説得作業が河野談話を促したのだろう。

いま一つ興味深いのは、そのような韓国側の認識を土台にして、この頃までに日韓の知識人フォーラムが構想されていたことである。この年の12月にソウルで「日韓・韓日フォーラム」として実現したものがそれである。7月の記者会見でも、孔大使は「いま、然るべき人々の間で、静かにある種のフォーラム的なものの結成が考えられています。日米間の下田会議のような対話の場を設けてはどうか、ということが話されております」と語っていた。

このフォーラム構想は金泳三政権初期の対日外交の一つの目玉であった。おそらく日本に赴任する前に、孔大使は金大統領や韓外相と充分に検討したのだろう。「然るべき人」とは、下田会議の日本側事務局を担当し、外相就任前から韓昇州教授と親交があった日本国際交流センターの山本正理事長であり、初代の日本側会長を務めた元外務次官の小和田恒氏だったと思われる。

金泳三・細川慶州会談後の「日韓・韓日フォーラム」の発足は迅速であった。わずか一か月後の12月初めには、ソウルで最初の会合が開催されたのである。韓国側は金泳三大統領の大学時代の友人である裵載湜ソウル大学教授が会長に就任し、安秉俊延世大学教授が幹事役を務めた。その他に、趙錫来、崔鍾賢、具平會などの財界人、金守漢、金潤煥、李富栄などの政治家、南時旭、柳根一などの有力紙の論説委員長クラス、崔相龍などの大学教授が名前を連ねていた。錚々たる顔ぶれであった。

日本側からも、加藤紘一、町村信孝、日野市朗、松田岩夫などの各党国会議員、有力企業人や元経済官僚、若宮啓文などの各紙論説委員、曽根泰教などの大学教授が参加した。しかし、よりも韓国側を感激させ、日本側の熱意を証明したのは、日本側会長に小和田恒氏が就任したことであった。その理由を述べる必要はないだろう。国務総理や外相の祝辞があっただけでなく、参加者は大統領官邸に金泳三大統領を表敬訪問することができた。

1994年から外務部長官を務めたために、その後もしばらくの間、孔魯明氏自身は発足した民間フォーラムに直接的に係ることができなかった。1997年に外務部を退任した後、フォーラムの有力メンバーとなり、2003年に韓日フォーラム会長に就任したのである。駐日大使時代に力説した「国民レベルの相互理解と信頼」のために努力しろとの天命があったのだろう。創立から今日に至るまで、「日韓・韓日フォーラム」は孔魯明氏と共にあった。

현실 · 애정 · 신념을 바탕으로
한일관계 청사진 제시

오다가와 고
(小田川興)

전 아사히신문 서울지국장

공로명 선생의 졸수를 마음으로부터 축하드린다.

한일관계는 국교정상화 교섭을 시작할 때부터 '과거청산' 문제로 전혀 의사가 맞지를 않았다 – 공로명 장관이 아래에서 밝힌 일화는 한일 간에 지금까지 계속되는 갈등을 암시했다.

한일 국교정상화 40주년인 2005년, 내가 사회를 맡았던 세이가쿠인대(聖学院大) 국제심포지엄 '동아시아의 평화와 민주주의'에서 있던 일이다. 외무부 장관을 마치고 한림대 일본학연구소장으로 있던 공 장관은 대한민국헌법을 기초한 유진오 박사의 회고록을 인용하면서 이렇게 말했다.

> 1951년 10월 20일, 도쿄의 연합군총사령부에서 열린 제1회 한일회담 예비교섭에서 먼저 한국의 수석대표인 양유찬 주미대사가 이승만 대통령이 친히 쓴 연설문을 낭독했습니다. 그 말 중에 '앞으로 한일 양국은 화해합시다(Let us bury the hatchets)'라고 했습니다. 'hatchets'라는 것은 미국 원주민이 가지고 있는 손도끼입니다. '손도끼를 묻는다'는 것은 화해한다는 의미입니다.
>
> 하지만 일본 측의 교체 수석대표였던 지바 고(千葉皓) 외무심의관은 이렇게 응수했습니다. '도대체 무엇을 화해한다는 말입니까(What are hatchets to bury?).'
>
> 교섭의 사회였던 총사령부의 시볼트 외교국장은 개회 인사에서 '이 회의는 역사적인 순간'이라고 했지만, (회의 분위기는) 이런 형편이어서 쌍방의 얘기는 서로 이가 맞지를 않았다. 이 응수는 '14년간의 길고도 대단히 험난한 교섭의 앞날을 시사하는 서곡이었다'고 유 박사는 쓰고 있습니다.

나는 이 기록을 다시 읽으며, 지금 진흙탕 속에 빠진 듯한 일한관계의 연원을 곰곰이 생각해 본다. 극히 유감스럽지만 그중 하나가 일본의 많은 보수정치가에게서 한국을 '위에서 아래로 내려다보는 시선'

을 느낀다는 것이다. 그것은 아시아에서 일찍이 근대화를 이룩한 '제국일본'을 과시하는 메이지 이래의 '조선멸시관'을 변함없이 투영하고 있는 것 같다.

공로명 장관은 서기관이던 65년, 한일교섭에 관여하면서 "한일은 반드시 서로 돕지 않으면 안 된다"는 신념에서 "철야도 아무렇지 않게 생각했다"고 한다. 그러나 마음 씀씀이가 깊었던 만큼 일본의 '역사인식'에 대해서는 냉정한 눈으로 보아왔다.

공 장관은 주일대사로 부임해서 얼마 되지 않은 1993년 7월, 일본기자클럽 회견에서 '종군위안부'에 대한 질문을 받고 해결을 위한 3가지 포인트를 제시했다. 일본 측은 ① 강제성을 인정하고 ② 전체적인 진상을 밝히며 ③ 앞으로 새로운 한일관계의 '역사적 교훈'으로 받아들이길 바란다는 것이었다. 그리고 한국 측이 원하는 것은 금전적 보상이 아니라, 위안부의 명예를 회복할 수 있는 조치라고 했다. 거기에 더해 한일은 "독일과 프랑스처럼 정말로 신뢰에 기반한 우호 협력관계를 수립하지 않으면 안 된다"면서 일본 측에 "역사에 대한 바른 인식을 희망한다"고 딱 잘라 주문했다.

다만, 공 장관은 "한국은 냉정한 대일인식을 가져야 한다"면서 자국에 대해서도 균형 잡힌 조언을 잊지 않았다.

나는 한국인 피폭자를 취재하면서 한국문제에 입문했고, 일한의 우여곡절을 반세기 이상 보아온 입장에서 양국관계를 회복하는 제1보는 공 장관의 직언을 일본 측이 정면에서 수용하는 자세가 필요하다고 생각한다.

북한문제에 대한 현실 중시 어프로치

냉전 종식과 함께 한반도에서 해빙이 시작한 가운데 북한 핵문제가 급부상했다. 공 장관은 92년에 출범한 남북핵통제공동위원회의 한국 측 위원장으로서, 또 남북고위급회담 멤버로서, 정면에서 난제를 지켜보며 해결책을 모색하는 자세로 일관했다.

같은 해 5월, 환태평양문제연구소와 아사히신문사의 주최로 도쿄에서 개최한 '한반도 통일문제에 관한 국제학술심포지엄'에서는 북한 핵문제가 최대의 초점이었다. 여기에 나중에 북핵문제 6자회담을 구성하는 미일중러와 남북한 정부 관계자와 학자가 참석했다. 특히 공 위원장과 북한의 최우진 대표가 동석해서 크게 주목을 받았다.

사실은 나는 아사히신문 특파원으로서 서울에서 핵통제위원회가 열릴 때마다 최 대표에게 도쿄에서 보낸 심포지엄 참가요청문을 직접 전달했다. 남북 핵교섭의 책임자들이 일본에서 열리는 민간레벨의 국제토론회에 모두 참가하는 보기 드문 기회를 만드는 데 다리를 놓은 것이다.

심포지엄에서 최 대표는 "평화 목적의 플루토늄 추출"과 "비핵화 의사"를 강조했다. 이에 대해 공 위원장은 북한의 지하군사시설에 대한 사찰을 주장하면서 핵개발 포기를 강하게 요구했다. 회의장 밖에서 최 대표와 개인적으로 주고받은 의견을 반영한 주장이었다.

심포지엄에는 미국의 켈리 전 대통령 특별보좌관도 평양에서 김용순 조선노동당 서기를 만나고 나서 바로 참가해서 핵의혹 해소가 미북관계 정상화의 전제라고 강조했다.

북한이 2006년 핵실험을 강행하면서 동아시아정세는 급변한다. 공 위원장이 도쿄 심포지엄에서 보여준, 엄중하게 현실을 직시하는 태도는 북핵문제에 관해 앞으로도 매우 중요하다고 본다.

이와 함께, 공 장관은 94년 3월 나와의 인터뷰에서 "북한은 북미간에 합의한 사안을 현실적으로 적극적으로 추진하는 것이 중요하다. 미국과 너무 게임을 계속한다면, 미국 측의 인내심이 바닥이 날 수도 있다는 것도 북한은 충분히 고려해야 한다"고 말했다. 노련한 외교관의 충고인데, 함경북도 출신으로서 남북회담 때문에 종종 북한을 방문한 경험에서 나온, '동포를 위한 설득'을 해보려는 발언이기도 했다.

늘 웃는 얼굴로 '이(理)'와 '정(情)'의 외교 관철

공 장관은 품이 넓고, 얼굴에서는 웃음이 사라지지 않는다. 냉정한 판단력의 소유자인 동시에 부하들로부터는 '보스기질이 있다'는 말을 들으며 깊은 신뢰를 받았다.

그는 외교관으로서 '이(理)'만이 아니라 '정(情)'도 깊다는 평을 나는 아사히신문의 동료에게서 들었다.

공 장관은 90년 전격적인 한소 국교수립의 파이프 역할을 하면서, 초대 소련대사로서 모스크바에 부임했다. 그 당시 깊이 교유했던 아사히신문 모스크바 지국장은 말하길, "집에서 만든 김치를 자주 보내줬다"고 했다. 소련 붕괴 전후로 식량난이 상당히 심각했던 시기에 특파원들은 특대 식량저장고를 준비해놓고 있었는데 야채 부족은 정말로 심각했다. 그런 시기에 다른 이도 아닌, 한국대사가 보내 준 김치는 각별한 선물이었다. 동료는 "정말로 고마웠다"며 감사를 담아 회고한다.

젊은 세대에 맡기는 '미래'

앞에서 얘기한 내 인터뷰에서 공 장관은 "역사의 잘못을 반복하지 않으려면, 역사교육이 중요하다"면서, "편향되지 않은 역사교과서"를 편찬하기 위해 한일의 협력체제를 주창했다. 그러려면 한일이 "동아시아, 그리고 세계의 공존공영에 공헌하기 위해 자유민주주의와 시장경제라는 공통의 가치를 가진" 사이로서, "미래지향적으로 어떻게 협력할 것인가"라는 시각이 필요하다고 했다. 그중에서도 한일의 차세대에 대해 큰 기대를 언급했다.

그 점에서 공 장관이 앞서 일본기자클럽 회견에서 한 말은 무겁다. 공 장관은 이렇게 말했다.

당시, 신주쿠에서 열린 '731부대전'을 일본의 젊은이들이 중심이 돼서 준비했다는 것을 TV방송을 통해 봤습니다. 일본의 젊은 세대가 과거사의 진실을 추구하는 자세에 대해 경의를 표합니다. 일본이 과거에 대한 인식과 미래에 대한 결의를 밝히고, 한국을 비롯한 아시아 여러 나라가 갖고 있는 일본에 대한 불신감을 불식함으로써, 새로운 시대의 구축을 위한 길을 열어줄 것을 마음으로부터 기대합니다. 그리고 한일관계를 발전시키기 위해서는 정부 차원의 노력만으로는 한계가 있기에 무엇보다 국민 레벨, 즉 '풀뿌리 레벨의 상호이해와 신뢰'가 없으면 이는 사상누각이 될 우려가 있습니다.

공 장관은 공통의 가치관을 가진 한일의 '잠재력'을 동아시아의 평화와 발전에 활용해야 한다면서, 양국의 지식인 모임인 '현인회의' 구상을 제창했다. 일본과 미국의 '시모다(下田)회의'를 염두에 둔 새로운 민간포럼으로서, '미래지향의 한일 관계'를 구체화하겠다는 목적이었다. 그 전제는 '전후처리현안'의 조기수습이었으나 '위안부' '징용공' 문제가 벽이 되면서 아직은 갈 길이 멀다.

전후(한반도 해방) 76년, 한일 국교정상화로부터 56년. 앞에서 소개한 한일 교섭의 일화로 돌아가자면, 우리는 서로 이사 갈 수 없는 이웃인데도 언제가 돼야 손도끼를 묻을(bury the hatchets) 수 있을 것인가.

한일 관계 회복은 쉬운 일부터 시작하자. 나는 2009년부터 한일의 대학생이 역사현장을 걸으며 '핵과 인간'을 생각하는 스터디투어를 운영하고 있다. 에도시대의 '조선통신사'에서 교훈을 얻자는 프로젝트로서, 지금까지 지원한 시민까지 포함해서 약 2000명이 참가했다. '한일의 미래를 열어가는 세대'의 작은 교류가 뿌리를 내리고 있음을 보고드리고 싶다.

歴史踏まえて日韓関係に率直な指針示す

小田川 興 元朝日新聞ソウル支局長・編集委員

孔魯明先生が卒寿を迎えられたことに心よりお祝いを申し上げます。

日韓関係は国交正常化交渉の冒頭から「過去清算」問題においてまったく噛み合わなかった—。孔魯明さんが以下、明かした逸話は、日韓の今に続く葛藤を暗示していた。

日韓国交正常化40周年の2005年、私が司会を務めた聖学院大学国際シンポジウム「東アジアの平和と民主主義」でのこと。外務部長官を終えて翰林大学日本学研究所長を務めておられた孔さんは、大韓民国憲法の起草者、兪鎮午博士の回顧録を引きながらこう語った。

「1951年10月20日、東京の連合国軍総司令部で開かれた第1回日韓会談予備交渉で、まず韓国首席代表の梁裕燦駐米大使が、李承晩大統領が手ずから書いた演説文を読み上げました。その中で『これから韓日両国は和解しましょう(Let us bury the hatchets)』と言ったのです。hatchetsとはアメリカ先住民が持つ手斧です。『手斧を埋める』とは和睦するという意味です。

ところが、日本側の交替首席代表だった千葉皓外務審議官はこう返したのです。『いったい何を和解すべきですか(What are hatchets to bury?)』。

交渉を司会した総司令部のシーボルト外交局長は開会の挨拶で『この会議は歴史的瞬間である』と述べたのですが、こういう具合で、双方の話し合いは噛み合いませんでした。このやりとりは『14年間の長く、非常に険難な交渉の前途を示唆するような序曲だった』と兪博士は書いています」。

私はこの記録を読み返し、いま泥沼のような状況に陥った日韓関係の淵源につくづくと思いを巡らせている。その一つとして極めて残念ながら、日本の多くの保守政治家に韓国への「上から目線」を感じる。そこにはアジアで逸早く近代化を成し遂げた「帝国日本」を誇示する明治以来の「朝鮮蔑視」が変わらず投影されているようだ。

孔魯明さんは書記官当時の65年、日韓交渉に携わり、「日韓はぜひ助け合わねばならない」という信念から「徹夜も平気だった」という。しかし思い入れが深いだけ、日本の「歴史認識」には厳しい目を向けてきたのだ。

孔さんは駐日大使に赴任して間もない93年7月、日本記者クラブでの会見で、「従軍慰安婦」問題についての質問に対して、解決への3つのポイントを示した。日本側は①強制性を認める②全体的な真相を明らかにする③今後の新しい日韓関係の「歴史のレッスン」として受け止めてほしい。そして韓国側が求めるのは金銭的補償ではなく、元慰安婦の名誉回復的な措置である——と。そのうえで、日韓は「ドイツ、フランスのように本当に信頼に基づいた友好協力関係を樹立していかなければならない」として、日本側に「歴史に対する正しい認識が望ましい」ときっぱり注文をつけた。

ただし、孔さんは「韓国は冷静な対日認識を」と話し、自国に対してもバランスのとれた助言を忘れなかった。私は韓国人被爆者の取材から朝鮮問題に入門し、日韓の紆余曲折を半世紀以上見てきた立場から、両国関係を修復する第一歩として、日本側が孔魯明さんの直言を正面から受け止める姿勢が必要だと思う。

北朝鮮核問題で現実重視のアプローチ

冷戦終結とともに朝鮮半島の雪解けが始まるなか、北朝鮮核問題が急浮上したが、孔魯明さんは92年から始まった南北朝鮮核統制共同委員会の韓国側委員長として、また南北首相会談メンバーとして難題を真正面から見据えて解決策を探る姿勢を貫いた。

同年5月、環太平洋問題研究所・朝日新聞社主催で、東京で開かれた「朝鮮半島統一問題に関する国際学術シンポジウム」は北朝鮮核問題が最大の焦点だった。ここに、やがて北核問題6者協議を構成する米日中ロと南北朝鮮の政府関係者や学者が参加した。とくに孔委員長と北朝鮮側委員長の崔禹鎮氏が同席したことは大きな注目を集めた。

実は、私は朝日新聞特派員として、ソウルで核統制委員会が開かれた際に、崔委員長に東京から届いたシンポジウムへの参加要請文を直接手渡した。南北核交渉の責任者が、日本での民間レベルの国際討論会に顔をそろえるという稀有な機会をつくる橋渡し役を果たした。

シンポジウムでは、崔氏が「平和目的のプルトニウム抽出」と「非核化の意思」を強調した。これに対して孔魯明さんは北朝鮮の地下軍事施設への査察を主張し、核開発放棄を強く求めた。会場外で個人的に、崔氏と行った意見交換を踏まえての主張だった。

シンポジウムには、米国のケリー元大統領特別補佐官も平壌で金容淳朝鮮労働党書記と会ったその足で参加し、核疑惑の解消が米朝関係正常化の前提であると強調した。

北朝鮮は2006年、核実験を強行し、東アジア情勢は急転回するが、孔魯明さんが東京シンポジウムで示した現実を厳しく見究める態度は、北朝鮮核問題に関して今後とも極めて重要である。

それと同時に、孔さんは94年3月、私のインタビューに応えて、北朝鮮は米朝間で合意した事柄の実現に積極的に取り組むことが肝要だ。米国とあまりゲームを続けていると米国側の忍耐が尽きてくることも、北は十分に考えるべきだ——と語った。老練な外交官としての忠告だが、咸鏡北道出身で南北会談のため北をたびたび訪問した経験から、「同族への説得」を試みる発言でもあった。

笑顔絶やさず「理」と「情」の外交貫く

孔魯明さんは懐が深く、笑顔を絶やさない。冷静な判断力の持ち主であると同時に、部下たちからは「親分肌」と評され、厚い信頼を得ていた。

外交官として「理」だけでなく「情」にも厚いとの評を、私は朝日新聞の同僚から聞いていた。

孔さんは90年の電撃的な韓国・ソ連国交樹立のパイプ役を果たし、初代ソ連大使としてモスクワへ赴任した。そのころ親交を深めた朝日新聞モスクワ支局長いわく、「自家製キムチをよく届けてくれました」。ソ連崩壊前後の非常に厳しい食糧難の時期、特派員たちは特大の食糧貯蔵庫を備えていたが、野菜不足は実に深刻だった。そこに何と、韓国大使から届いたキムチは格別のプレゼントだった。同僚は「本当に有難かった」と感謝を込めて振り返る。

若い世代に託す「未来」

先の私のインタビューで、孔魯明さんは「歴史の過ちを繰り返さないためには、歴史教育が重要だ」として、「偏りのない歴史教科書」を編さんするため、日韓の協力体制を提唱した。そこでは、日韓が「東アジア、そして世界の共存共栄に貢献するため、自由民主主義と市場経済という共通の価値を持つ」間柄として、「未来志向でどう協力すべきか」という視点が求められると語った。とりわけ日韓の次世代に対する大きな期待を述べた。

その点で、孔さんの先述の日本記者クラブ会見での言葉は重い。

孔さんはこう語った——。当時、新宿で開かれた「731部隊展」を日本の若者たちが中心になって準備したということをテレビ放送で見ました。日本の若い世代が過去の歴史の真実を追求する姿に対して、敬意を表します。日本が過去に関する認識と未来に対する決意を明らかにして、韓国をはじめアジア諸国の日本に対する不信感を払い、新しい時代の協力関係の構築に道筋をつけてくれることを心から期待します。そして、日韓関係を発展させるためには政府次元の努力だけでは限界があり、何よりも国民的レベル、つまり「草の根レベルの相互理解と信頼」がなければ、それは砂上の楼閣になる恐れがあります——と。

孔魯明さんは、共通の価値観を持つ日韓の「潜在力」を東アジアの平和と発展に活かすべきだと説き、両国の有識者による「賢人会議」構想を提唱した。日米の「下田会議」を念頭に置いた新たな民間フォーラムで、「未来志向の日韓関係」具体化を担う狙いだった。その前提は「戦後処理懸案」の早期収拾だったが、「慰安婦」「徴用工」問題が壁になって、いまなお決着は遠い。

戦後（朝鮮半島解放）76年。日韓国交正常化から56年。冒頭の日韓交渉の逸話に戻るなら、私たちは互いに引っ越しができない隣人同士なのに、いつになれば、手斧を埋める（bury the hatchets）ことができるのだろうか。

日韓修復については、まず隗より始めよ——。私は2009年から日韓の大学生が歴史の現場を歩き、「核と人間」を考えるスタディツアーを運営している。江戸時代の「朝鮮通信使」に学ぶプロジェクトで、これまでに支援の市民も含めて約2000名が参加した。「日韓の未来を拓く世代」の小さな交流が根づいていますと、ご報告したい。

냉철, 객관, 국제감각…
'제2의 공로명'은 어디에 있는가

구로다 가쓰히로
(黑田勝弘)

산케이신문 객원논설위원

서울 주재 일본인 기자에게 '공로명(孔魯明)'이란 이름이 인상 깊게 남은 것은 1983년 5월에 일어난 중국민항기 망명사건이 계기였다. 대만으로 망명하려던 중국인 승객이 납치한 중국 여객기가 남북 군사분계선을 넘어 춘천의 (미군기지) 비행장에 불시착한 것이다. 당시 한국과 중국은 미수교 상태였기에 이 사건의 처리를 둘러싸고 양국은 어려운 외교협상을 해야 했다. 그때 한국 측 협상 대표로 활약한 사람이 당시 외무부 제1차관보였던 공로명 씨였다.

한국과 중국은 그때까지 6 · 25전쟁 등을 거치며 오랜 기간 적대관계에 있었다. 따라서 한국은 공산주의 국가인 중국과의 외교협상이 처음이었다. 이 협상에서 양국은 처음으로 서로를 '대한민국'과 '중화인민공화국'이라는 정식 국가명으로 불렀다. 이 사건이 중국의 서울올림픽(1988년) 참가를 거쳐 국교 수립(1992년)으로까지 이어졌는데, 이때 공로명 씨는 매스컴의 각광을 받으며 강인한 협상가로 국내외에 이름을 떨쳤다. 우리 일본인 기자들은 매일 협상 장소인 신라호텔로 몰려갔고 일본 신문엔 날마다 그의 이름이 등장했다.

필자는 당시 교도통신(共同通信)의 기자였다. 1978, 79년에 서울에서 어학연수를 하고 일단 일본으로 귀국했다. 1979년 10월의 '10 · 26 사건' 때 고 박정희 대통령의 국장에 참석한 기시 노부스케(岸信介) 조문 특사와 동행해 서울에 왔고, 그 김에 약 2개월간 머물렀다. 머무는 동안 '12 · 12 사태'를 겪었다. 이듬해인 1980년 5월엔 광주민주화운동에 관한 보도로 교도통신 서울지국이 폐쇄되었다. 3개월 후인 1980년 9월에 한국 정부와의 관계회복을 위해 서울에 파견되었고 1981년 4월 서울지국은 다시 문을 열었다.

필자가 상주기자로서 서울에 체재한 1980년 9월부터 40여 년의 세월이 흘렀다. 되돌아보니 공로명 씨의 존재를 처음 알게 된 것이 1983년이고, 그 해는 대단한 격동의 해였다.

5월에 있던 중국 민항기 망명사건에 관해서는 이미 언급했고, 새해

벽두인 1월엔 일본 수상으로는 사상 처음으로 나카소네 야스히로(中曽根康弘) 수상이 한국을 방문했다. 11월엔 로널드 레이건 미국 대통령도 한국을 방문해 미국 대통령으로는 처음으로 비무장지대(DMZ)를 시찰했다. 이듬해에는 이 또한 사상 처음으로 전두환 대통령이 일본을 방문함으로써 당시 국제사회는 이 관계를 '레이건 · 나카소네 · 전두환 시대'라 불렀으며 한일관계와 한미일 3국 관계는 가장 안정된 시기였다.

그런데 1983년 9월 대한항공 여객기가 사할린 상공에서 소련 공군의 전투기에 격추되는 비극적인 사건이 일어났다. 이어서 10월에는 버마(현 미얀마)를 공식 방문 중이던 전두환 대통령 일행이 수도 랑군(현 양곤)의 아웅산묘소에서 북한의 폭탄 테러를 당한다. 비서실장과 외무부 장관 등 각료 4명을 포함해 17명이 희생된 대참극이었다. 필자는 당시 한국 공군 내에서 평양을 보복 폭격하자는 주장이 있던 것을 기억한다.

아웅산묘소 테러 사건에서 희생된 주요 인사 중에선 이범석 외무부 장관이 인상 깊다. 이북 출신으로 성격이 활달해 기자들 사이에서 인기가 높아 그의 죽음을 마음 아파하는 사람이 많았다. 그러고 보니 공로명 씨도 이북 출신인데, 한국 외교관 중엔 '이북인맥'이라는 게 있던 것일까. 예를 들면 필자가 만난 인물 중에서 주 프랑스 대사, 주 미국 대사, 외무부 장관을 거쳐 국무총리에까지 오른 박정희 시대의 정일권 씨도 그랬고, 이범석 씨의 전임 외무부 장관으로 후에 총리가 된 노신영 씨도 이북 출신이었다. 외국인 기자로서 한국 사회의 '이북인맥'은 흥미롭게 느껴지는데, 외교관 등의 국제통에는 그런 인물이 많았던 듯하다.

그 전형적인 인물로 기억에 남는 사람이 박동선 씨이다. 잘 알려진 바와 같이 1970년대 미국 의회를 무대로 소위 '코리아게이트'(박동선사건)를 일으켰던 주인공이자 대미 로비스트로 유명한 사람이다. 필자는 1990년대에 서울에서 그를 직접 만나 보고 놀랐다. 코리아게이트는 정치적으로 미국을 뒤흔든 뇌물스캔들이고, 그는 범죄자까지 되었기에 마피아 같은 이미지일 것이라는 선입견이 있었다. 그러나 실제 만나 본 그는 완전히 달랐다. 세계를 무대로 활동하는 세련되고 지적인 엘리트로서 대단히 매력적인 인물이었다. 그는 평양 출신으로 아버지는 유명한 실업가(미룡상사)였다. 그는 정일권 씨의 후원으로 미 명문 조지타운대에 유학하고 그 실력을 인정받아 40대에 한국 정부의 대미 로비스트로 기용된 것이다.

따라서 필자에게는 한국에서 이북 출신 엘리트는 '자유롭고 활달한 성격으로 당파성이 없고 넓은 시야를 가진 국제파'라는 이미지가 있다. 공로명 씨도 아마 비슷한 이미지의 인물이지 않았을까 싶다.

외교관으로서의 공로명 씨는 일본과 인연이 깊다. 1960년대 도쿄 근무를 시작으로, 70년대에는 일본과장, 아주국 심의관, 아주국장을 지냈다. 80년대에 차관보를 거쳐 1993년에는 주일본 대사가 되었고 1994년에는 외무부 장관에 취임했다. 그는 주일본 대사에 앞서 1990년에는 구소련과 국교를 수립하면서 초대 주소련 대사를 맡기도 했다. 앞서 언급한 한중 교섭도 그렇지만 한국으로선 공산권 국가와의 외교는 처음 해보는 일로서, 이런 큰 무대를 다루는 외교관은 강인함과 굳은 의지 외에 유연함과 원만함도 필요하다. 공로명 씨를 기용한 것은 그러한 배경도 있었을 것이다.

공로명 씨와 한일 관계에 대해 언급하기 전에, 한국의 대외관계에 대전환을 가져온 1980~90년대의 대 공산권 문호개방정책을 돌아보자. 필자는 예전부터 한국에서 노태우 정권에 대한 평가가 너무나도 낮은 것이 대단히 불만이다. 노태우 정권하의 대 공산권 문호개방정책과 그 결과로 동서양이 한자리에 모인 88서울올림픽은, 그 후의 공산권 붕괴와 동서 냉전 종식으로 이어지는 세계사에 길이 남을 외교적 성과였기 때문이다.

서울올림픽에 앞서 열린 1984년의 로스앤젤레스 올림픽과 1980년의 모스크바 올림픽은 동서 양 진영이 서로 보이콧을 하는 바람에 둘 다 반쪽짜리 대회였다. 그러나 서울올림픽은 한국이 애쓴 덕에 중국과 소련을 비롯한 공산권 국가들(북한, 쿠바는 불참)까지 참가해서 세계가 한자리에 모일 수 있었다. 이러한 동서 진영의 자유로운 만남은 그 후의 공산권 국가들에 커다란 변화, 즉 자유화를 가져왔다. 그 시절 공로명 씨를 비롯해 한국의 외교는 세계사의 대전환에 큰 기여를 한 것이다. 한국이 세계사에 공헌한 것은 한국 역사상 처음이라 할 만하다. 이를 평가하지 않을 수 없다.

공로명 씨는 한국외교사에서 재팬스쿨의 대부 같은 존재이며 지일파로 유명하다. 그는 김영삼 정권 시절에 주 일본 대사와 외무부 장관을 지냈는데, 당시 한일관계를 뒤흔들어온 위안부 문제와 관련하여 일본 정부는 유명한 '고노(河野)담화'를 발표한다(1993년 8월 4일).

공로명 씨는 담화를 발표하기 약 한 달 전에 주일 대사 자격으로 도쿄의 일본 기자클럽에서 기자회견을 하고 위안부 문제의 해결책으로 일본 정부가 '강제성'을 인정해야 한다고 강조했다. 그는 강제성에 관해 "전쟁이라는 큰 거시적 입장에서 보면 그것을 인정하는 것은 어려운 일이 아니다"라고 말했다. 그 결과 고노 담화는 "(위안부들은) 강제적인 상황하"에 있었다고 했으며 일본 정부는 한국 정부의 요구를 받아들여 강제성을 인정하고 사죄와 반성의 뜻을 밝혔다. 한국 정부는 이를 평가하고 일본에 대해 보상은 요구하지 않겠다고 했다. 공로명 씨를 비롯하여 한일 양국의 외교적 노력에 의해 외교적으로 내린 결론이었다.

고노 담화를 발표하고 그 이튿날인 8월 5일에 조선일보는 사설에서 다음과 같이 호소했다. "우리가 일본에 나라를 빼앗겨 자기국민의 온전함을 지켜주지 못한 도덕적 정치적 책임은 그것을 유린한 자들의 범죄와는 별개의 문제로 우리 스스로에게 있는 것이라는 관점도 있는 것이다. … 종군위안부 문제는 그 성격상으로도 유쾌한 일이 아니다. 일본 정부의 사과를 계기로 우리가 보상을 맡고 이 수치스러운 과거의 장은 이제 닫는 것이 어떨까?" 지금으로부터 약 30년 전의 사설이다. 당시는 한국의 매스컴에서도 위안부 문제를 '우리 스스로의 수치'라고 여기는 논조가 있었다. 그 후 현재에 이르기까지 위안부 문제의 역사를 보면 '격세지감'을 느끼지 않을 수 없다.

공로명 씨는 지일파 외교관으로서 과거를 둘러싼 일본과의 보상 문제는 국가 차원에서는 이미 해결되었다는 원칙을 유지해온 듯하다. 공개석상에서도 '보상이 필요하면 한국 정부가 하길 바란다'고 발언했고 필자는 그걸 기사화한 적도 있다. 현재 한일간의 초미의 현안인 징용공 문제에 관해서도 같은 생각일 것이다.

그러나 그 후 한국의 대일 외교에서는 '외교'는 후퇴하고 국가 간 약속이라는 외교를 무시하고 일본을 규탄하는 정치운동만이 두드러지게 되었다. 한국 외교계에서 지일파가 후퇴함과 동시에 국제적 관점을 결여한 국내지향적인 사법판단이 외교를 농단하게 되었다. 과거 한국 외교에 큰 영향을 주던 공로명 씨를 비롯한 '이북 인맥'의 국제감각은 지금의 대일 외교에선 볼 수 없게 된 듯하다.

앞서 소개한 30년 전의 일본 기자클럽에서의 회견에서 공로명 대사는 한일관계가 새로운 시대를 열어가는 데 있어 양국의 새 세대에 기대를 걸고 있다고 했다. 그에 대해 일본 기자들은 한국에서의 반일교육에 대해 심각하게 우려하는 질문을 했다. 이때 공로명 씨는 "(그것은) 반일 교육이라기보다 과거를 잊지 않기 위해 상기하는 것"이라고 답하며 일본 측에 '올바른 역사인식'을 가져야 한다고 촉구하고 "한국도 일본에 대해 더 제대로 공부해야 한다, 더 객관적이고 냉정하게 인식해야 한다는 사고가 퍼지고 있다"라고 말했다.

그로부터 30년. 한국은 더 크고 강한 나라가 되었다. 국제적 위상도 높아졌다. 국민의 생활도 풍요로워지고 모든 면에서 자신과 여유가 생겼다. 그럼에도 불구하고 반일감정은 여전히 심하며 일본에 대한 부정적인 논의는 지금도 계속되고 있다. 아니, 오히려 '반일 퍼포먼스'는 더 강해지고 있는 듯하다. 그것이 일본인의 감정을 자극하고, 일본 사회에 '반한 · 혐한 감정'이라는 과거엔 없던 여론이 퍼지고 있다. 한일 관계는 비상사태이다.

지금 한국의 대일 외교에서 결여한 것은 일본에 대한 '객관적이고 냉정한 사고'이다. 그리고 스스로의 국제적인 위상에 맞는 국제적인 상식과 국제적인 기준, 국제적인 감각으로 일본을 생각하는 자세가 필요하다. '공로명 외교'는 바로 그런 것을 가르치고 있다고 생각한다.

黒田勝弘 · 産経新聞ソウル駐在客員論説委員

ソウル駐在日本人記者に"孔魯明"の名前が印象付けられたのは、1983年5月の中国民航機亡命事件の時だった。台湾への亡命を計画した中国人乗客にハイジャックされた中国の旅客機が、南北境界線を越え春川の飛行場に着陸してきた。この事件処理をめぐって国交がない韓国と中国の間で困難な外交交渉が行われたのだが、その交渉の韓国側代表として活躍したのが当時、外務次官補だった孔魯明氏だった。

韓国と中国はそれまで、625韓国戦争を経て長く敵対関係にあった。したがって韓国にとって共産中国との外交交渉は初めてだった。この交渉を通じ両国は初めてお互いを"大韓民国""中華人民共和国"と正式国名で呼び合った。これが中国のソウル · オリンピック参加（1988年）を経て国交樹立（1992年）につながるのだが、この時、孔魯明氏はメディアの脚光を浴び、タフなハード · ネゴシエイターとして内外にその名を知られた。われわれ日本人記者は交渉の現場になった新羅ホテルに連日、詰めかけた。日本の新聞には毎日のようにその名前が登場した。

筆者は当時、共同通信の記者だった。1978—9年にソウル語学留学を終えていったん帰国。1979年10月の"1026"の時は、朴正煕大統領国葬に参列する岸信介弔問特使に同行しソウルを訪問し、そのまま約2カ月滞在した。その時に"1212"に出くわした。翌1980年5月、光州事態に関する報道で共同通信ソウル支局が閉鎖された後、3カ月後の80年9月、韓国当局との関係修復のためソウルに派遣され、81年4月に支局は再開された。

常駐記者として筆者のソウル滞在は1980年9月以来、約40年になる。振り返れば孔魯明氏の存在に初めて接した1983年は大変な激動の年だった。

5月の中国民航機亡命事件についてはすでに言及したが、年初の1月には日本首相としては史上初めて中曽根首相が韓国を訪問した。11月にはレーガン米大統領も韓国を訪問し、米大統領としては初めて南北非武装地帯を視察した。翌年にはこれまた史上初めてだった全斗煥大統領の日本訪問もあったが、この当時、国際的には“レーガン・中曽根・全斗煥時代”といわれ、日韓および日米韓3国関係は最も安定していた時代だった。

しかし1983年はさらに9月、大韓航空機がサハリン上空でソ連空軍機によって撃墜されるという悲惨な事件が起きた。次いで10月にはビルマ（現在ミヤンマー）を公式訪問中だった全斗煥大統領一行が首都ラングーン（現在ヤンゴン）のアウンサン廟で北韓による爆弾テロに遭遇した。秘書室長や外相ら閣僚4人を含む17人が犠牲になる大惨事だった。筆者は当時、韓国空軍内部において平壌に対する報復爆撃論があったことを記憶している。

アウンサン・テロ事件で犠牲になった要人では、李範錫外務部長官が印象深い。以北出身の闊達な人品で知られ記者たちの間で人気があり、その死を悼む声が多かった。そういえば孔魯明氏も以北出身だが、韓国の外交官には”以北人脈“というのがあったのだろうか。たとえば筆者が会った人物のなかでは、駐仏、駐米大使、外相を経て国務総理（首相）までなった朴正熙時代の丁一権氏がそうだったし、李範錫氏の前任外相で後に首相になった盧信永氏も以北出身だった。外国人記者には韓国社会における”以北人脈“は興味深いが、外交官など国際通にはそうした人物が多かったように思う。

その典型的人物として記憶に残るのが朴東宣氏である。周知のように1970年代、米国議会を舞台にしたいわゆる“コリア・ゲート”（朴東宣事件）の主人公で、対米ロビストとして有名だった。筆者は1990年代にソウルで彼に会って驚いた。事件は政治的に米国を揺るがせたマネー・スキャンダルであり、彼は犯罪者にまでなったということなどから、先入観として彼についてはマフィアのようなイメージを抱いていたのだが、実際は全く違った。洗練された国際的な知的エリートで、実に魅力的な人物だった。彼は平壌出身で父は有名な実業家（美隆商事）だった。丁一権氏の支援で米国の名門ジョージタウン大に留学し、その実力を評価され40代で韓国政府の対米ロビストに起用されたのだった。

したがって筆者にとって韓国における以北出身エリートというのは、"自由闊達な性格で党派性がなく幅広い視野を持った国際派"というイメージである。孔魯明氏もおそらくその流れに位置する人物ではなかっただろうか。

外交官として孔魯明氏は日本との関係が深い。１９６０年代の東京勤務にはじまり、７０年代の日本課長、亜州局審議官、亜州局長、８０年代の次官補を経て９３年に駐日大使になった。その後、９４年には外務部長官に就任したが、駐日大使に先立ち１９９０年には旧ソ連との国交樹立で初代駐ソ連大使に任命されている。先の韓中交渉もそうだが、韓国にとって初めての対共産圏外交の難しい大舞台というのは、タフやハードさとともに柔軟性や円満さがもとめられる。孔魯明氏の起用にはそうした背景もあったのだろう。

孔魯明氏の日韓関係に言及する前に、韓国の対外関係に大転換をもたらした８０—９０年代の対共産圏門戸開放政策を振り返ってみる。筆者はかねてから韓国において盧泰愚政権に対する評価があまりにも低いことに強い不満がある。盧泰愚政権下の対共産圏門戸開放政策とその結果として東西勢ぞろいした８８年ソウル・オリンピック開催は、その後の共産圏崩壊と東西冷戦終結につながる世界史的な外交成果だったからだ。

オリンピックをめぐっては、ソウル大会に先立つ１９８４年のロサンゼルス大会と１９８０年のモスクワ大会が東西両陣営によるボイコットでいずれも不完全な大会だった。しかしソウル・オリンピックは韓国の努力で中ソをはじめ共産圏諸国（北韓とキューバは不参加）の参加が実現し、世界が一堂に会することができた。このような東西陣営の自由な出会いが、その後の共産圏に大きな変化つまり自由化をもたらした。あの時代、孔魯明氏をはじめ韓国外交は、世界史の大転換に大いに寄与したのである。韓国の世界史への貢献は民族史上初めてのことといっていい。これを評価しない法はない。

孔魯明氏は韓国外交界ではジャパン・スクールのゴッド・ファーザー的存在であり、知日派として知られた。駐日大使および外務部長官を務めたのは金泳三政権時代だったが、この時、日韓関係を揺るがせてきた慰安婦問題に関し有名な“河野談話”が日本政府から発表されている（1993年8月4日）。

彼は談話が発表されるひと月ほど前、駐日大使として東京の日本記者クラブで記者会見し、慰安婦問題の解決策として日本政府がその“強制性”を認めることを強調した。その際、強制性については「戦争という大きなマクロ的立場からみてそれを認めることは難しいことではない」と語った。その結果、河野談話は「（慰安婦たちは）強制的な状況下」にあったとし、日本政府は韓国政府の要求を受け入れ強制性を認め謝罪と反省を表明した。韓国政府はこれを評価し、日本に対する補償は要求しないとした。孔魯明氏をはじめ日韓双方の外交努力による外交的決着だった。

河野談話が発表された翌日、8月5日の朝鮮日報は社説で次のように訴えた。「われわれが日本に国を奪われ、自国民の安全を守れなかった道徳的、政治的責任は、彼らの犯罪とは別途の問題としてわれわれ自身にあるという観点も可能だ。…慰安婦問題はその性格上からも愉快なことではない。日本政府の謝罪をきっかけにわれわれが補償を引き受け、この“恥ずべき過去”の扉はもう閉じてはどうだろうか」—。今から約30年前のことである。当時は韓国言論にも慰安婦問題を”自らの恥“と考える論調があった。その後、現在にまでいたる慰安婦問題の歴史を見ると”隔世之感“である。

孔魯明氏は知日派外交官として、日本との過去をめぐる補償問題は国家としては解決済みという原則を維持してきたように思う。公開の場でも「補償が必要なら韓国政府にしてほしい」と発言し、筆者はそれを記事にしたこともある。現在、日韓間の焦眉の懸案になっている徴用工問題についても同じ考えだろう。

しかしその後、韓国の対日外交からは”外交“が後退し、国家間の約束という外交を無視した日本糾弾という政治運動だけが目立つようになった。韓国外交界から知日派が後退するとともに、国際的観点を欠いた国内志向的な司法判断が外交を壟断するようになった。過去、韓国外交に大きな影響を与えた孔魯明氏をはじめとする”以北人脈“の国際感覚は、今や対日外交には見当たらなくなったようだ。

先に紹介した30年前の日本記者クラブでの会見で孔魯明大使は、日韓関係の新しい時代について双方の新しい世代に期待を表明した。これに対し日本の記者からは、韓国における反日教育を強く憂慮する質問が出された。この時、孔魯明氏は「(それは) 反日教育というより過去を忘れないようにするというリマインダーである」とし、日本側に「正しい歴史認識」を訴えたうえで「韓国でももっとしっかり日本を勉強しよう、もっと客観的でクールなとらえ方をしなければならないという考え方が強まっている」と語っている。

あれから30年。韓国はもっと大きく強い国になった。国際的位相も高まった。国民も豊かになり、すべての面で自信と余裕が生まれた。にもかかわらず反日感情は依然、強く日本に対する否定的な議論だけは今も続いている。いや、むしろ"反日パフォーマンス"は強まっているように見える。それが日本人の感情を刺激し、日本社会に"反韓・嫌韓感情"という過去にはなかったような世論が広がった。日韓関係は非常事態である。

今、韓国の対日外交に欠けているのは日本に対する「客観的でクールなとらえ方」である。そして自らの国際的な位相に合った国際的な常識や国際的な基準、国際感覚で日本を考える姿勢が必要である。"孔魯明外交"はそれを教えているように思う。

일본의 월드컵 단독개최가 당연하던 때,
공동개최의 가능성을 믿었던
공로명 대사

고노 요헤이

(河野洋平)

전 중의원 의장

공로명 선생은 1994년부터 김영삼 정권의 외무부 장관으로 일했습니다. 나는 당시 무라야마 도미이치(村山富市) 내각의 외무대신이어서 카운터파트 사이였습니다.

돌이켜 보면, 그 시기 공로명 선생과 만나면서 가장 인상 깊던 것은 그가 외무부 장관이 되기 직전, 주일대사로 있을 때의 일입니다. 1994년 10월 공 장관의 전임인 한승주 장관이 일본에 와서 10월 4일 도쿄의 외무성 이쿠라공관에서 나와 외상회담을 할 때 공 선생이 주일대사로서 배석했을 때의 일입니다.

당시 세계는 꽤 혼란스러운 상황이었습니다. 1989년 베를린 장벽의 붕괴가 상징하듯 미소 냉전이 끝나고 세계의 구조가 크게 바뀐 지 몇 년이 안 된 시기였습니다. 동북아시아에서는 90년대 초부터 북한의 핵위기로 미국의 클린턴 정권이 전쟁도 불사하겠다며 벼랑 끝까지 갔기 때문에 도쿄도 강한 긴장감에 휩싸일 때가 있었습니다. 북핵 위기는 카터 전 대통령의 북한방문으로 일단 진정됐지만, 얼마 안 있어 김일성 주석이 돌연 사망했습니다. 이것이 1994년 지금 이야기하려는 한일 외상회담이 있기 3개월 전의 일이었습니다.

공 장관은 1990년 한소 국교정상화로 모스크바에 처음 설치한 대사관의 초대 주소 대사로 부임했고, 나중에 북한과 핵문제를 조정하는 남북핵통제공동위원회의 한국 측 위원장으로서 고생을 했습니다. 그러니 1992년 일본 대사로 부임하기 직전까지 빈말이 아니라 한국 외교에서 계속해서 가장 중요한 과제를 담당해온 셈입니다.

나로 말하면 1992년 4월 공로명 선생이 주일대사로 부임하고 얼마 안 된 그해 여름, 내가 관방장관으로 있던 미야자와 기이치(宮澤喜一) 내각은 선거구 제도 개혁 문제로 제출한 내각불신임안이 가결되는 쓰라림을 맛봤고, 이후 총선거에서 탈당한 사람들의 의석을 만회하지 못하고 하야를 해야 하는 경험을 했습니다. 즉 '고노 담화'로 불리는 위안부문제에 대한 미야자와 내각의 관방장관 담화는 공로명 주일대사가 도쿄에 근무할 때의 일입니다. 상당히 어수선한 때였지만, 당시 상황에서 내 나름대로 한일관계의 장래를 위해 지금 하지 않으면 안 되는 것이 무엇인지를 골똘히 생각한 끝에 단행한 일이었습니다(미야자와 내각의 퇴진이 1992년 8월 5일이고, '고노 담화' 발표는 8월 4일이었다. 내각이 퇴진하기 바로 전날이지만 한일관계의 장래를 위해 담화를 발표했다는 뜻이다-번역자).

그 후 정권을 잃고 야당이 된 자민당 총재선거에서 내가 신임 총재로 선출되었습니다. 공 선생이 주일 대사로 재임한 2년간의 대부분을 나는 야당 당수로서 소위 정쟁으로 밤낮을 지새우게 됩니다. 그리고 공 대사의 임기가 끝나기 전에 사회당의 무라야마 도미이치(村山富市) 위원장을 수상으로 옹립하고 자민당, 사회당, 사키가케 3당이 연립정권을 세웠습니다. 미야자와 총리에서 사회당 총리로 바뀐 정권에서는 미국이 불안해하니, 아무래도 당신이 외무대신을 맡아야 한다고 해서 외무대신에 취임했던 것입니다.

한승주 장관과는 7월 방콕에서 열린 아세안 확대외상회담을 기회로 외상회담을 했기 때문에 10월 4일 이쿠라공관 회담은 2번째 회담이었습니다. 저녁 식사를 하면서 주요 의제를 마무리 지은 후 내가 어떤 화제를 꺼내 한승주 장관을 깜짝 놀라게 합니다. 그것은 축구 월드컵대회 유치에 관한 것이었습니다.

내가 얘기한 것은 위안부 문제가 재연하는 등 한일관계가 다시 어려운 상황에 빠졌는데 두 나라 사이의 문제를 잘 다루는 것도 물론 중요하지만, 동시에 두 나라가 서로 머리를 들이대거나 서로 노려만 보지 말고 두 나라가 힘을 합쳐 두 나라 밖의 테마를 놓고 함께 매달려보는 것도 한일 양국민의 마음을 접근시키는 데 도움이 되지 않겠는가, 하는 것이었습니다. 예를 들어 지금 2002년 월드컵 유치를 위해 양국이 각각 입후보하고 있는데, 이는 전적으로 내 개인의 아이디어 차원으로서 누구하고 상의해서 꺼낸 얘기는 아니지만, 월드컵을 공동으로 개최해서 함께 매달려보는 것은 할 수 없는 일인지, 라는 것이었습니다.

내가 이 외상회담에서 그런 말을 꺼낸 것은 결코 즉석에서 갑자기 떠오른 발상은 아닙니다. 나는 미야자와 내각의 관방장관이 되기 조금 전에 미소 냉전이 종언을 고하고 걸프전쟁이 발발했을 때, 파벌 회장인 미야자와 씨의 의향으로 자민당 외교조사회장으로서 공부할 기회를 얻었습니다. 호소카와(細川) 정권, 하타(羽田) 정권 때는 야당인 자민당 총재로서 대표질문에 나섰고, 연립정권 측과 외교논쟁을 벌이기도 했습니다. 그런 일을 통해 '냉전 후'라는 세계정치의 대정국(大政局) 속에서 앞으로의 일본 외교를 구상할 때 미국과의 관계를 기축으로 하면서도, 뭐니 뭐니 해도 지금까지 이상으로 한국과 중국 등 근린 제국과의 관계를 강화하지 않으면 안 된다고 생각했습니다. 이는 정치가가 선거에서 우선 이웃을 소중하게 생각하지 않으면 안 된다는 것과 마찬가지 아닌가 하는 생각을 굳히고 있었습니다.

그를 위해서는 우선, 가깝고도 먼 나라라고 불리는 한국과의 관계를 개선하지 않으면 안 된다고 생각했습니다. 이런 생각의 근저에는 내가 정치가가 되고 나서 몇 년 지나지 않은 시기에, 대선에서 박정희 대통령에게 도전해 접전 끝에 패한 후 일본에 와 있던 김대중 씨를 만나 마음으로부터 존경할 수 있는 정치가로 사숙하면서 둘 다 어려운 상황에 처하더라도 연락을 끊지 않고 서로를 격려해온 것이 영향을 주었을지도 모릅니다.

아무튼 호소카와 정권, 하타 정권 시절에 일본은 월드컵 유치에 나섰습니다. 유치 운동의 중심에서 깃발을 흔들고 있는 정치가들은 얼마 전까지 자민당에 있다가 탈당해서 미야자와 내각을 무너뜨린 사람들이고, 내가 보기엔 건설업계와의 관계가 강한, 소위 스포츠대회를 토목예산을 따낼 기회로 생각하는 부류의 사람들이었습니다. 그렇지만, 일본 축구는 멕시코올림픽에서 은메달을 딴 적이 있다고는 하나 월드컵에서는 예선을 통과한 적도 없는데 한국은 몇 번이나 예선을 돌파해서 본선에 출전했습니다. 또 한국에서 축구는 국기(國技)나 마찬가지로 인기가 있고 월드컵 유치에 상당히 공을 들이고 있다는 사실을 일본 측이 그렇게 널리 인식하고 있지도 않은 것 같다는 느낌도 신경이 쓰였습니다. 역사적 경위를 따져보면 유치경쟁의 상대방이 일본이라는 사실이 한국의 국민감정을 과열시킬 것이라는 점도 쉽게 상상할 수 있습니다. 당시, 지금보다 상대적으로 앞서가고 있던 경제력으로 한국을 찍어누르게 된다면 큰 원한을 사게 될 것임에 틀림없습니다.

한승주 장관은 돌발적인 이 '제안'에 상당히 놀란 모습이었고, 동석한 공로명 대사에게 설명을 구했습니다. 이 문제는 역시 외무부 내에서 최고의 일본통인 공 대사의 의견을 구하는 것이 좋겠다고 생각했겠지요.

그때, 공로명 대사는 월드컵 유치에 먼저 손을 든 것은 일본이라는 점을 포함해 일련의 경위를 설명하면서 "유치 결과가 어떻게 될지는 우리나라나 마찬가지로 일본 국민도 강한 관심을 보이고 있다. 결론이 어떻게 나느냐에 따라서는 양국의 국민감정이 크게 움직일 가능성도 있다"는 분석을 말했습니다. 그리고 일본 측은 대체로 단독유치에 자신만만하고, 특히 그 단계에서 정계에서는 공동개최론 따위는 찾아볼 수 없다는 것을 잘 알고 있었을 텐데도 "그러나 일본 측이 공동개최를 수용할 개연성은 지금으로서는 전혀 보이지 않습니다"라고 말하지 않고, 또 "고노 대신은 실제 (공동유치의) 실현가능성은 얼마나 있다고 생각하십니까"라고 캐묻지도 않고, 단지 "고노 대신의 제안은 하나의 방안입니다"라고 말했습니다. 이 발언에 영향을 받았는지 한승주 장관도 "검토해 봅시다"라고 말했던 것입니다.

나 자신은 그 후, 사부인 미야자와 전 총리가 일본유치의원연맹의 회장으로서 단독유치 입장을 취했기 때문에 공공연하게 공동개최의 깃발을 흔들지는 않았지만, 그 일한 외상회담에서 내가 한 발언이 한국 측에 일본 정계가 공동개최를 수용할 가능성이 있다는 느낌을 주는 최초의 기회였다고 한다면, 그것은 공동개최를 향한 중요한 일석을 던진 것이었다고 생각합니다. 그리고 그것은 공 선생의 한마디로 인해 살아있는 일석이 됐으니, 즉 공 선생은 2002 한일공동개최 월드컵을 탄생시킨 주인공 중 한 명이라고 생각하고 있습니다.

공로명 선생과의 추억을 하나 더 꼽자면, 내가 중의원 의장이던 2008년 5월 자민당 내 그룹으로서 내가 회장을 맡고 있던 아시아·아프리카연구회(AA硏)에 강사로 모셔 일한관계의 전망에 대해 강의를 들은 일입니다.

공 선생은 AA연의 발기인이 우쓰노미야 도쿠마(宇都宮德馬) 중의원 의원(나중에 참의원 의원)이라는 사실을 언급하며, 본인이 1992년 남북회담 대표의 일원으로 북한을 방문했을 때 농어과의 담수어이자 고급 어종인 쏘가리 사시미를 대접받았다고 했습니다. 이때 김일성 주석이 "이 고기는 우쓰노미야 선생이 좋아하는 것인데 오시면 언제나 큰 접시로 또 달라고 하신다"고 말한 에피소드를 소개했습니다. 그러면서 "우쓰노미야 선생은 대단히 이색적인 분으로, 보수정권인 자민당 국회의원으로서 우리의 원수인 북한의 김일성과 친하게 지내고 있기 때문에 상당히 관심의 표적이 되고 있습니다"라고 장난끼를 띠고 웃었습니다(이상의 세 문장은 원래 한 문장으로서 매우 길기 때문에 나눠서 번역했다 - 번역자). 나는 그 말을 들으면서 한국 정관계 보수파의 메인스트림을 걸어온 공 선생과, 우쓰노미야 의원과 친하게 지내온 나는, 내력으로는 좀더 거리를 둬도 이상하지 않을 두 사람이지만 보다 나은 일한관계를 지향한다는 공동의 목적을 위해 힘을 합칠 수 있었다는 사실을 대단히 기쁘게 생각합니다. 이는 공로명 선생이 인간으로서의 폭이 넓기 때문에 가능했던 것은 아니었을까요.

공 선생이 오랫동안 일한관계에 관여하면서, 또 관찰을 하는 중에 "다음 정권은 한일관계를 잘 다루겠지" 하고 기대를 하면 양국 간에 내셔널리즘을 자극하는 문제가 부상해서 기대가 어긋나는 일이 반복되고 있는 것은 아닐까 생각합니다. 2년 전에 서울에서 강연하는 모습을 뵐 기회가 있었는데, 그때의 강연 내용도 양국 수뇌가 좀 더 빨리 귀를 기울였으면 좋았을 텐데, 하고 생각했습니다.

AA연의 강연에서 공 선생은 당시 치열하게 대립했던 다케시마문제(독도문제)에 대해 역사적 경위를 씹어서 먹여주듯 상세하게 해설해주었습니다. 그것은 일본 정부의 입장과는 다른 것이었지만, 듣고 있던 자민당 의원들은 한국의 시각을 알 수 있게 됨으로써, 공 대사가 자국의 입장을 솔직하게 얘기해준 데 대해 고맙게 생각했음에 틀림없다고 생각합니다.

그러면서 선생은 "우리는 살아있는 역사를 가슴에 안고 앞으로 나아간다는 사실을 끊임없이 인식하는 것이 중요하다고 생각합니다. 동아시아 국가들에는 정도의 차이는 있지만, 각자 표면화한 내셔널리즘이 존재한다는 것이 이 지역의 특징이고, 그 내셔널리즘이 우리가 외교정책을 수행하는 데 중대한 영향을 미치는 것을 종종 보아왔습니다. 그래서 역사인식 문제나 영토문제 등에 대해서는 상당히 신중한 어프로치가 요구된다는 것은 아무리 강조해도 지나치지 않습니다"라고 말했습니다.

나는 공로명 선생의 이 말에 크게 공감하는 동시에, 이는 양국의 정치가와 외교관만이 아니라 모든 사람이 마음에 새겨야 할 말이라고 생각하고 있습니다.

孔魯明先生と歩んだ韓日関係

河野洋平 元衆議院議長

孔魯明先生は１９９４年から金泳三政権の外務部長官を務められました。私は当時、村山富市内閣の外務大臣でしたのでカウンターパートの間柄だったのです。

ふり返りますと、その頃の孔魯明先生との関わりでいちばん印象深いのは外務部長官になられる直前、駐日大使でいらした時の出来事です。それは１９９４年１０月に孔長官の前任者である韓昇洲外相が来日され、１０月４日に東京の外務省飯倉公館で私との日韓外相会談に臨んだときに孔先生が駐日大使として陪席された時のことでした。

当時の世界はなかなか慌ただしい状況で、１９８９年のベルリンの壁崩壊に象徴される米ソ冷戦が終わりで世界の構造が大きく変わってから何年にもならない時期でしたし、北東アジアでは９０年代初めからの北朝鮮による核危機に対してアメリカのクリントン政権が戦端を開く瀬戸際までいき、東京も強い緊張感に包まれるということもありました。それはカーター元大統領の訪朝でいったんおさまったわけですが、ほどなく金日成主席が突然死去。これは１９９４年のいま話題にしようとしている日韓外相会談の3か月前のことでした。

思えば孔長官は１９９０年に韓ソ国交正常化により初めてモスクワに設けられた大使館に初代・駐ソ連大使として赴任され、ついで北と核問題を調整する南北共同核統制委員会の韓国側委員長としてご苦労されたわけですから、１９９２年に日本に大使として赴任される直前まで、次々とお世辞抜きに韓国外交の最重要課題を担当されていたわけです。

私はと申しますと１９９２年4月に孔魯明先生が駐日大使として赴任されて

ほどないその年の夏、官房長官を務めていた宮沢内閣が選挙区制度の改革をめぐり提出された内閣不信任案可決が可決されるという憂き目に遭い、解散総選挙で離党した人々の議席を回復することができずに下野するという体験をしていました。つまり河野談話と呼ばれる、慰安婦問題に関する宮沢内閣の官房長官談話の発出は孔魯明駐日大使の東京在勤中のことだったことになるわけです。非常に慌ただしい中でしたが、当時の状況において私なりに日韓関係の将来のために今やっておかなければならないことは何かを突き詰めて考えた結果踏み切ったことでした。

その後、下野した野党・自民党の総裁選挙で私が新総裁に選ばれるという展開になりましたので、孔魯明先生が駐日大使に在任された２年間の大半、私は野党の党首としていわば政争に明け暮れていたことになるわけです。そして孔大使の任期が終わるのを前に社会党の村山富市氏を首班に担ぎ出して自民党・社会党・さきがけ３党による連立内閣を樹立し、宮沢前総理から社会党首班政権ではアメリカが不安だからどうしてもあなたが外務大臣を引き受けなければいけませんと言われ、外務大臣に就任したのです。

韓昇洲長官とは７月のバンコクにおけるＡＳＥＡN拡大外相会議の機会に外相会談を持っていたので１０月４日の飯倉公館における会談は２回目でしたが、夕食を共にしながら主な議題が一段落したあと、私はある話題を持ち出して韓昇洲長官を驚かせることになります。それはサッカーのワールドカップ大会招致に関するものでした。

私が申し上げたのは、慰安婦問題が再燃するなど日韓関係が再び難しい状況において２国間の問題にきちんと向き合うことはもちろん大事ですが、同時に２国間で角突き合わせたり見つめ合ったりするばかりではなく、両国で力を合わせ両国の外のテーマに一緒に取り組むことも日韓両国民の気持ちを近づけるのに役に立つのではないでしょうか。たとえばいま二００二年のサッカーワールドカップ招致について両国がそれぞれ名乗りを上げていますが、これはまったく私個人のアイデアのレベルで誰と相談して申し上げるというのではないけれど、これを共同で開催して一緒に取り組むといったことはできないでしょうかといったことでした。

私がこの外相会談でこう切り出したのは、決してその場での思いつきばかりではありません。私は宮沢内閣の官房長官になる少し前の米ソ冷戦終焉、ペルシャ湾岸戦争といった時期には、派閥の会長である宮沢さんの意向で自民党外交調査会長として勉強させてもらいました。細川政権、羽田政権の時期には野党自民党総裁として代表質問に立ち、連立政権側と外交論を戦わせることになりました。そうしたことを通じて冷戦後という世界政治の大政局の中にあって今後の日本外交を構想するとき、アメリカとの関係を基軸としつつも、なんといってもこれまで以上に韓国、中国などの近隣諸国との関係を強化しなければならない。これは政治家が選挙でまず隣近所を大事にしなければならないのと同じことではないかとの考えを強めていたのです。

そのためにはまず、近くて遠い国と言われた韓国との関係を改善しなければならない。この考えの根底には、まだ政治家になって何年にもならない時期に、朴正熙大統領に大統領選挙で挑戦し接戦で敗れたあと来日されていた金大中さんと出会い、心から尊敬できる政治家と私淑して、お互い難しい状況にあるときも連絡を絶やさず励まし合ってきたことが影響しているかもしれません。

とにかく、細川政権、羽田政権だった時期に日本がワールドカップの招致に名乗りを上げる。招致の中心になって旗を振っている政治家たちは、この前まで自民党にいたのに離党して宮沢内閣を倒した人々であり、私から見れば土建業界との結びつきが強い、いわばスポーツ大会を土木予算獲得の機会と考えるタイプの人々でした。一方、日本サッカーはメキシコオリンピックで銀メダルをとったことがあるとはいえ、ワールドカップでは予選を突破したことすらなかったのに対し、韓国は何度も予選を突破し本大会に出場している。韓国ではサッカーは国技のように人気もあり、力を入れられているということが、必ずしも日本側で広く認識されていないように感じられていたことも気にかかりました。歴史的ないきさつを考えれば、招致競争の相手が日本では韓国の国民感情が過熱することは容易に想像がつく。当時、いまより相対的にリードしていた経済力でねじ伏せるようなことになれば大きな恨みを買うに違いない。

韓昇洲長官は突然の「提案」にずいぶん驚いた様子で、同席していた孔魯明大使に説明を求めました。ここはやはり外務部きっての日本通である孔大使の意見を求めたいと思われたのでしょう。

その時、孔魯明大使は、はじめに招致の名乗りを上げたのは日本であることなどを含め、一連のいきさつを説明しつつ「招致の行方がどうなるかということには、わが国同様に日本国民も強い関心を寄せています。決着の仕方によっては両国の国民感情が大きく動く可能性があります」と分析を述べられました。そして日本側の大方は単独招致に自信満々で、特に政界ではあの段階で共同開催論などどこを探しても見当たらないことをご存じだったに違いないのに「しかし、日本側が共同開催を受け入れる蓋然性は今のところ皆無に見えます」とはおっしゃらず、また「河野大臣は、実際の実現可能性はどれくらいあるとお考えですか」と深追いすることもせず、ただ「河野大臣の提案は１つの考え方です」とおっしゃいました。この発言に促されるように韓昇洲長官も「検討してみましょう」とおっしゃることになったのです。

私自身はその後、師匠である宮沢喜一元総理が日本招致議員連盟の会長として単独招致の立場をとられたので、表立って共同開催の旗を振ることはしませんでしたが、あの日韓外相会談での私の発言が韓国側に日本の政界が共同開催を受け入れる可能性があるとの感触を与える最初の機会になったのだとすれば、それは共同開催への重要な一石となったのだと思います。そしてそれは、孔魯明先生のひと言によって生きた一石である、つまり孔魯明先生は日韓共催ワールドカップ二００二の生みの親の一人であると考えております。

孔魯明先生との思い出をもう一つあげるとすれば、それは私が衆議院議長だった２００８年５月に自民党内グループで私が会長を務めていたアジア・

アフリカ研究会(ＡＡ研)に講師としてお迎えし、日韓関係の展望についてのお話をうかがったことです。

孔先生はＡＡ研の発起人が宇都宮徳馬代議士(のち参院議員)だったことに触れ、ご自身が１９９２年の南北会談の代表の一人として訪朝した際に高級魚とされるスズキ科の川魚・コウライケツギョ(쏘가리)の刺身を振る舞われ、金日成主席から「これは宇都宮先生が非常に好物にしておられ、来られるといつも大皿でおかわりされる」と聞かされたエピソードに触れながら「宇都宮先生という方は非常に異色の方で、保守政権の自民党の国会議員として、われわれが仇敵とする北朝鮮の金日成と懇意にしておられるということで、非常に関心の的になっていた方です」といたずらっぽく微笑まれました。私はそのお話をうかがいながら、韓国政官界の保守派のメインストリームを歩んでこられた孔魯明先生と、宇都宮代議士と親しくしてきた私という、来歴からはもっと距離があってもおかしくない二人が、より良い日韓関係をめざすという共通の目的のために力を合わせることができたことをたいへん嬉しく感じました。これは孔魯明先生の人間としての幅の広さがもたらしてくれたものではないでしょうか。

孔先生が長く日韓関係に関わり、また観察する中において「こんどの政権は日韓関係をうまくやるだろう」と期待すると、両国間にナショナリズムを刺激する問題が持ち上がって期待外れになるということが繰り返されているのではないかと思います。2年前にソウルで講演されるご様子を拝見する機会がありましたが、あの時のお話にも両国の首脳がもっと早く耳を傾けていれば良かったのにと思います。

ＡＡ研での講演で孔先生は、当時、強烈な対立の焦点になっていた竹島問題について歴史的いきさつを噛んで含めるように詳しく解説して下さいました。それは日本政府の立場とは違うものでしたが、聴講した自民党の議員たちには韓国からの視点を知ることが出来、自国の立場を率直にお話し下さったことに感謝したに違いないと思います。

そして先生は「われわれは生きた歴史を抱えて進んでいるという事実を絶えず認識していくことが重要ではないかと思います。東アジアの国々は程度の差はあれ、それぞれ顕在化したナショナリズムが存在するのがこの地域の特徴で、そのナショナリズムがわれわれの外交政策の遂行に重大な影響を及ぼすことをたびたび見てきました。

それが故に、歴史認識の問題とか、領土の問題とかに対しては非常に慎重なアプローチが要求されることは、いかに強調しても強調しきれない」と述べられました。私はこの孔魯明先生のことばに大いに共感すると共に、これは両国の政治家や外交官のみならず全ての人々が心に刻むべきことばであると考えます。

願わくば共に長生きし、両国の若い世代が孔魯明先生の教えを守り、われわれが骨折った時代には想像できなかった日韓関係を見ることができたと一緒に喜び合いたいものだと思っております。

한일은 과거만으로도, 미래만으로도 안 됩니다

하코다 데쓰야
(箱田哲也)

아사히신문 논설위원

"전 후, 언제나 아시아가 질서와 균형을 유지하도록 하는 역할을 맡아온 미국은 지금, 해외주둔 미군을 전선배치에서 재배치하고 축소하는 과정에 있다. 그것이 안보문제를 변화시킬 수 있는 변수가 된다… 또 하나의 주역은 중국. 중국의 정치와 경제, 군사정책이 바뀐다면 아시아의 분위기가 바뀔 것이다. 특히 미국과의 관계가 위험해지면, 동북아시아 전체에 긴장이 생길 것이다… 한국도 일본도 미중 간에 틈이 생기면, 그 사이에 서서 양자에게 적극적으로 대처하지 않으면 안 된다."

이것은 최근 한국과 일본을 둘러싼 미중관계에 대해 전문가가 해설한 것이 아닙니다. 2003년 10월, 공로명 장관이 아사히신문의 아시아네트(AAN) 회장에 취임한 것을 계기로 지면에 게재한 인터뷰 기사입니다. 18년 전의 지적이 전혀 퇴색하지 않은 것은 물론이고, 정확하게 현재의 국제정세를 알아맞히고 있습니다. 공로명 장관이 얼마나 뛰어난 현실주의자이며, 깊은 통찰력을 갖추고, 언제나 큰 시점에서 한국과 일본 그리고 동북아시아지역 전체의 장래를 주시하고 있는지를 잘 알 수 있습니다.

이는 뉴욕총영사, 초대 소련 대사, 주일 대사, 그리고 외무부 장관과 현장의 제일선에서 활약해온 풍부한 경험에 기반한 것으로 생각합니다.

이번 기회에 아사히신문에 공 장관의 기사가 얼마나 실렸는지를 데이터베이스로 조사해 봤더니, 275건의 기사가 나왔습니다. 가장 처음에 나온 것은 1990년 2월 20일 자로, 소련과 국교수립을 하기 위해 주 모스크바 영사부장(사실상 대사)으로 부임하기 전의 기자회견을 당시 아사히신문의 서울지국장인 오다가와 고(小田川興) 씨가 보도하고 있습니다.

그 후 주일대사와 외무부 장관 시절의 기사가 많은 것은 당연한데, 한반도 담당 기자의 한 명인 내가 게재를 고대하고 있던 것은 앞서 말한 AAN회장이 된 공로명 장관이 수개월에 한 번꼴로 아사히신문에 기고하는 '세계의 창'이라는 칼럼이었습니다.

칼럼의 테마는 한일관계에 머물지 않고, 중국을 포함한 한일중 3국관계나 북한정세 등 다양했습니다. 그중에서도 내게 특히 인상 깊던 것은 "'평화국가'야말로 일본의 역할"이라는 제목의 기사였습니다. "동아시아의 뜨거운 여름은 역사의 계절이기도 하다"는 말로 시작해 각국에서 내셔널리즘이 고조하는 가운데 일본에서 헌법개정 움직임이 활발해지고 있는 것을 언급하면서, 전후 '평화국가'로서 비핵3원칙과 전수방위를 지켜가며 쌓아온 소프트파워야말로 다른 '보통국가'와는 다른 군계일학이라고 할 만하지 않은가라고 지적했습니다. 대단히 설득력 있고, 차분한 논고에 역시나 하고 감명을 받은 기억이 있습니다.

공로명 장관의 기사를 검색하면서 다른 두 가지 사실을 알게 됐습니다.

그 하나는 주일 대사 시절, 일본 총리를 자주 만났다는 것입니다. 일본의 신문은 한국과 달리 전날에 총리가 몇 시에 누구와 얼마 정도 만났는지를 상세하게 보도합니다. 그러한 총리 동정에 공 장관은 몇 번이나 등장합니다. 미야자와 기이치, 호소카와 모리히로, 무라야마 도미이치 총리를 관저로 방문했습니다. 일본 정부가 이웃나라 한국과의 관계를 얼마나 중시했는지, 또 과거사라는 민감한 문제를 안고 있는 만큼 서로가 배려하고 소통을 쌓아감으로써 양국 관계를 잘 관리하려는 정치의 지혜를 강하게 느낍니다. 올 1월에 부임한 강창일 주일 대사가 9개월이 지난 지금까지도 스가 요시히데(菅義偉), 기시다 후미오(岸田文雄) 총리는커녕, 모테기 도시미쓰(茂木敏充) 외상과도 만나지 못하고 있는 상황을 생각해 보면, 정말로 격세지감을 느낍니다.

또 하나는 일본 각지에서 개최하는 강연회나 심포지엄 등에 적극적으로 참가했다는 것입니다. 1996년 11월에 외무부 장관이라는 큰 짐을 내려놓은 후, 그 다음 해에는 후쿠오카시 등이 주최한 대규모 심포지엄에서 강연했는가 하면, 오키나와 G7 정상회담 직전에 나하에서 발언을 하거나 와세다 대학 등에서 강연을 한 기사가 남아 있습니다. 가장 가까운 이웃이라고는 해도 바쁜 가운데 시간을 내느라 힘이 들었을 것으로 생각합니다. 그렇지만 있는 그대로의 한국을 일본인들에게 이해시키고, 또 혼미한 국제정세 속에서 한일 양국은 어떻게 함께 걸어가야 하는지를 직접 말하려고 귀찮은 내색 없이 일본을 방문한 것이겠지요.

이야기를 들을 때 항상 놀라는 것은, 상당히 시간이 지나간 옛날 문제를 물어봐도 마치 최근의 일처럼 이야기하는 발군의 기억력입니다.

그중에서도 2014년 8월 아사히신문이 이틀에 걸쳐 특집으로 다룬 위안부문제 검증기사와 관련해서는, 1993년 당시 고노 요헤이 관방장관이 '고노담화'를 발표할 즈음의 한국 정부의 생각이나 그 후 김영삼 정권의 행동 등에 대해 상세하고도 솔직한 얘기를 들었습니다. 일본의 일부, 특히 역사수정주의라고 불리는 그룹 측이 고노담화는 한국 정부의 의견을 전면적으로 수용해 사실을 왜곡했다는 등의 비판을 하고 있습니다. 그러나 실제로는 전혀 그런 사실이 없고, 한국 정부의 생각을 참고해서 일본 정부가 종합적으로 판단했다는 것을 다시 한 번 확인했습니다. 이는 사실을 왜곡했다는 등등이 아니라 한국과 일본이 서로 의사소통을 해서 신뢰관계를 구축하고 있었다는, 즉 정상적인 외교를 가동하고 있었다는 것이라고 생각합니다.

또, 2010년은 일본이 한국을 병합한지 100년이 되는 꺾어지는 해였습니다. 이때 공로명 장관에게 양국관계에 대한 코멘트를 취재하던 때라고 기억합니다만, 매우 시사적인 얘기를 많이 한 후에 막 헤어지려고 할 때 작은 목소리로 이렇게 속삭였습니다.

"한일은 과거만으로도, 미래만으로도 안 됩니다……"

나에게는 국교정상화로부터 반세기 가깝게 흐른 지금, 한일의 정치 관계가 아무리 해도 잘 나가지 않는 최대의 이유는, 실로 이 한 마디에 응축되어있는 것처럼 들려왔습니다. 지금이야 한일 쌍방이 높이 평가하는 1998년 김대중 대통령과 오부치 게이조(小渕恵三) 총리의 한일공동선언(21세기를 향한 새로운 한일 파트너십)에도 "양국은 과거를 직시하고 상호이해와 신뢰에 기반한 관계를 발전시켜나가는 것이 중요하다는 것에 의견의 일치를 봤다"고 되어 있습니다.

하지만 일본 측은 소위 전제가 되는 '과거의 직시'를 건너뛰고 미래지향적 관계구축에만 비중을 두는 반면, 한국 측은 완전히 그 반대로 너무 '과거'에만 주목하는 경향이 있는 바람에 서로 '약속위반'이라고 상대방을 비난하는 것처럼, 첫 단추를 잘못 끼운 것이 불신감을 증폭시켜버리고 말았습니다. 실로 과거만으로도, 미래만으로도 충분하지 않고, 차의 두 바퀴처럼 양쪽이 모두 균형을 잡지 않으면 안 됩니다.

그렇지만 현재의 양국관계는 어떤가요. 과거사 앞에서 제자리걸음만 하기는커녕, 시간이 흐를수록 후퇴를 하는 것 같은 상황입니다. 공로명 장관이 대사나 장관으로 있던 시절의 '원점'을 우리는 다시 한 번 재검토할 필요가 있는 것이 아닐까 하고 생각하게 됩니다.

내가 공로명 장관에 대한 이런 얘기를 가장 자주 했던 사람은 2016년 4월에 출장 중이던 베이징에서 돌연사한 와카미야 요시부미(若宮啓文) 전 아사히신문 주필이었습니다. 와카미야 씨는 사설이나 칼럼을 쓸 때, 늘 "부드러운 머리로 따끔하게" 써야 한다고 했습니다. 이는 실로 공로명 장관이 상징하는 스타일로서, 어려운 문제를 만나더라도 처음부터 싸우려 하지 말고 서로의 마음이 통하도록 하고 나서, 중요한 것은 참을성 있게 다소 시간이 걸리더라도 쌍방이 납득할 수 있는 접점을 찾아 나가는 것, 바로 그것이 아닐까 생각합니다.

와카미야 씨를 추도하는 모임을 그가 타계하고 나서 4개월 후에 도쿄에서 열었을 때, 공로명 장관은 일부러 서울에서 와서 "진정한 의미에서의 아시아인이었다. 내셔널리즘을 넘어 화해의 길을 걸음으로써 평화의 바다, 우호의 섬이 되길 희망했다"고, 고별사를 해주었습니다. 원래 와카미야 씨와 함께 공로명 장관의 졸수를 축하해야 마땅하나, 이제는 그조차 할 수 없음이 안타까울 뿐입니다.

生涯のプロフェッショナル外交官

箱田哲也 朝日新聞論説委員

「戦後、常にアジアの秩序の均衡を保つ役目を担ってきた米国は今、在外米軍の前線配置から再配備・縮小への過程にある。それが安保問題を変える変数になる……もう一人の主役は中国。中国の政治や経済、軍事政策が変更されれば、アジアのムードが変わる。特に米国との関係が危うくなった場合、北東アジア全体に緊張が生まれる……韓国も日本も、米中間に溝ができた時には間に立って両者に積極的に働きかけなければならない」これは最近の韓国と日本をとりまく米中関係を専門家が解説されたものではありません。２００３年１０月、孔魯明長官が朝日新聞のアジアネットワーク（ＡＡＮ）の会長に就任されたことを受け、紙面に掲載したインタビュー記事です。１８年前のご指摘がまったく色あせないどころか、正確に現在の国際情勢を言い当てていらっしゃいます。孔魯明長官がいかに優れたリアリストであり、深い洞察力を備えながら、常に大きな視点で韓国、日本そして東北アジア地域全体の将来を見すえていらしたのかが、よくわかります。

それはニューヨーク総領事、初代ソビエト大使、東京、そして外相と、現場の第一線で活躍して来られた豊富な経験に基づいているのだと思います。

この機会に朝日新聞でどのぐらいの本数の記事が出ているのか、データベースで調べてみたところ、２７５本の記事が出てきました。一番初めは１９９０年2月２０日付で、ソ連との国交樹立にあたり、駐モスクワ領事部長（実質的には大使）として赴任する前の記者会見を、当時の朝日新聞ソウル支局長の小田川興さんが書いています。

その後、駐日大使や外相時代の記事が多いのは当然ですが、韓半島を担当する記者の１人である私が、掲載を心待ちにしたのは、先のＡＡＮ会長になられた孔魯明長官が数カ月に１度のペースで、朝日新聞に寄稿された「世界の窓」というコラムでした。

コラムのテーマは韓日関係にとどまらず、中国を加えた韓日中３国関係や北朝鮮情勢など多岐にわたりました。その中でも私が特に印象深いのが、「『平和国家』こそ日本の役割」というタイトルの記事です。「東アジアの炎暑の夏は歴史の季節」でもある、と書き出し、各国でナショナリズムが高まる中、日本で憲法改正の動きが活発化していることを踏まえ、「平和国家」として戦後、非核三原則と専守防衛を保持しながら築いてきた日本のソフトパワーこそ、他の「普通の国」とは異なる鶏群の一鶴 (군계일학) であることに資するのではないか、と指摘されました。大変説得力のある、落ち着いた論考に、まさに我が意を得たりと感銘を受けた記憶があります。

孔魯明長官の記事を検索していて、ほかに2点、気がついたことがあります。

その一つは駐日大使時代、日本首相と頻繁に面会されていることです。日本の新聞は、韓国と異なり、前日の首相が何時に誰と、どのぐらいの時間会ったのかを詳しく報道します。その首相動静に孔魯明長官は何度も登場されます。宮沢喜一、細川護熙、村山富市の各首相を官邸に訪ねておられました。日本政府が、隣国・韓国との関係をいかに重視し、また過去史という敏感な問題を抱えているだけにお互いが配慮し、疎通を重ねることで、うまく管理しようとしていた政治の知恵が強く感じられます。今年１月に赴任した現在の姜昌一・駐日大使は、半年が過ぎても菅義偉首相どころか、茂木敏充外相とも面会していない現状を考えると、何とも隔世の感があります。

もう一つは、日本各地で開催された講演会やシンポジウムなどに積極的に参加されたことです。外相の大役を１９９６年１１月に終えられた後、翌年には福岡市などが主催する大きなシンポジウムで講演されたほか、沖縄サミット直前に那覇でお話をされたり、早稲田などの大学でも講演されたりした記事が残っています。最も近い隣国といっても、ご多忙のなかで時間を作られるのは苦労されたことと察します。それでも、等身大の韓国についての理解を日本の人々に伝え、また混迷する国際情勢の中で、韓日両国はいかに一緒に歩んでいくべきかを直接語りかけようと、面倒くさがられることなく日本を訪問してくださったことでしょう。

私自身もソウル特派員生活の中で、また日本に帰国後、出張で韓国におじゃました際にも孔魯明長官にお目にかかり、そのたびごとに貴重なお話をうかがうことができました。大変お世話になりました。

お話をお聞きする中で、いつも驚かされるのは、かなり時間が経過した昔の問題をお尋ねしても、つい最近のように語られる抜群の記憶力です。

とりわけ、２０１４年8月に朝日新聞が２日間にわたって特集を組んだ慰安婦問題の検証記事に関しては、１９９３年の当時の河野洋平官房長官による「河野談話」が発表される際の韓国政府の考え方や、その後の金泳三政権の行動などについて、詳細かつ率直にお話をうかがいました。日本の一部、とりわけ歴史修正主義といわれるようなグループの側が、河野談話は韓国政府の意見を全面的に採用して、事実をねじ曲げたなどと批判しています。しかし実際はまったくそんな事実はなく、韓国政府の考えを踏まえた上で、日本政府が総合的に判断をしたのだということが改めて確認されました。それは事実の歪曲などではなく、韓国と日本がお互いの意思疎通により信頼関係を作り上げていた、つまりは正常な外交を機能させていたということだと思います。

また、２０１０年は日本が韓国を併合して１００年という節目の年でした。この時、孔魯明長官に両国関係についてのお言葉を取材した際だと記憶しますが、示唆に富むお話をたくさんしていただいた後、別れ際に小さな声で、こうつぶやかれました。

「韓日は過去だけでも、未来だけでもダメなんですよ……」

私は、国交正常化から半世紀近くも経た韓日の政治関係が、どうしてもうまくいかない最大の理由は、まさにこの一言に凝縮されているようにお聞きしました。いまや韓日双方が高く評価する１９９８年の金大中大統領と小渕恵三首相による韓日共同宣言（２１世紀に向けた新たな韓日パートナーシップ）にも「両国が過去を直視し相互理解と信頼に基づいた関係を発展させていくことが重要であることにつき意見の一致をみた」とあります。

ですが、日本側は、いわば前提となる「過去の直視」を読み飛ばし、未来志向の関係構築にばかり比重を置く一方、韓国側はまったくその反対で「過去」に注目しすぎる傾向があり、互いに「約束違反だ」と相手を非難するという、ボタンの掛け違いが不信感を増幅させてしまっています。まさに過去だけでも、未来だけでも十分ではなく、車の両輪のようにどちらもバランスをとって動かさねばなりません。

ところが現在の両国関係はどうでしょうか。過去史の問題の前に足踏みするどころか、時間が経つごとに後退しているような現状です。孔魯明長官が大使や長官をされていたころの「原点」を、我々はいま一度、見つめ直す必要があるのではないかと思わざるをえません。

私が孔魯明長官についてのそんな話を最もよくしたのは、2016年4月に出張先の北京で急逝した若宮啓文・元朝日新聞主筆でした。若宮さんは社説やコラムを書くとき、いつも「柔らかい頭で、とんがろう（※鋭く切り込むという意味です）」と話していました。それはまさに孔魯明長官に象徴されるスタイルで、難しい問題にあたっても、初めからケンカの姿勢ではなく、お互いの心を通わせてから、重要なことは忍耐強く、多少の時間がかかっても双方が納得できる接点を探していく、ということではないかと思います。

若宮さんを追悼する会が、死去から4カ月後に東京で開かれた際、孔魯明長官はわざわざソウルから駆けつけてくださり、「真の意味でのアジア人だった。ナショナリズムを乗り越え、和解の道を歩むことで平和の海、友好の島となることを望んでいた」と、離別のお言葉をくださいました。本来ならば、若宮さんと一緒に、孔魯明長官の卒寿をお祝いしたいところでしたが、今はそれもかないません。

どうか孔魯明長官におかれましては、生涯を通したプロフェッショナルの外交官として、これからもご活躍いただき、また私たち後輩をご指導いただければと願うばかりです。

호텔 나서던 차 세우고
“벳쇼 과장, 못 봐서 미안합니다”

벳쇼 고로
(別所浩郎)

전 주한 일본대사

공로명 장관의 졸수기념문집 발간을 축하드립니다.

나는 공로명 장관보다 한참 나이가 어리지만 공 장관을 알게 돼 따뜻한 인품을 접할 기회를 얻고, 또 일하는 모습을 존경하는 마음으로 지켜본 후배 외교관으로서 매우 기쁘게 생각합니다. 외무장관 시절을 포함해 공 장관의 공적이나 활동은 잘 알려져 있기에 내가 더 드릴 말씀은 없습니다. 다만, 내가 무엇보다도 강하게 느끼고 있는 것은 공 장관이 몸으로 실천해온 프로 정신입니다. 이는 국적과 관계없이 모든 외교관의 귀감이라고 할만합니다. 공 장관의 큰 족적을 후세에 남기는 것은 국제관계가 점점 더 복잡해지는 요즘, 매우 의미있는 시도라고 생각합니다.

나는 공 장관보다 22살이나 어리기 때문에 카운터파트로서 직접 만나 일을 한 적은 없습니다. 내가 일본 외무성에서 한국을 담당하는 북동아시아 과장에 내정되었을 때, 공 장관은 마침 주일 한국대사로 계셨습니다. 대사와 과장이라는 격의 차이는 있었지만, 고명한 공로명 장관과 함께 일을 할 수 있게 된 것이 대단히 기뻤습니다. 아쉽게도 공 대사는 내가 과장에 취임하기 직전인 1994년 12월, 외교부 장관으로 발탁돼 한국으로 돌아가게 됐습니다. 영전을 축하하면서도 직접 만나 뵐 기회가 사라져 아쉽게 생각했던 것을 잘 기억하고 있습니다.

하지만 그 인품을 접할 기회는 생각지도 않은 방식으로 일찍 찾아왔습니다. 공 장관이 일본을 떠난 후 얼마 안 있어 외무장관이라는 새로운 입장에서 일본을 방문했을 때였습니다. 공 장관이 바쁜 일정을 마치고 귀국하는 날, 나는 담당과장으로서 의전상 배웅을 하기 위해 숙소를 찾았습니다. 특별히 세리머니가 있던 것도 아니어서 공 장관은 엘리베이터에서 내려 곧바로 차로 향했습니다. 차들이 움직이는 것을 보고 나서, 내가 한국대사관 직원들과 막 작별인사를 하고 있던 바로 그때, 갑자기 차들이 멈춰 섰습니다. 무슨 일인가 하고 주위가 조금 웅성거릴 때, 공 장관이 차에서 내려 아, 글쎄 나를 향해 곧바로 걸어오는 것이 아니겠습니까. 조금 긴장해서 기다리고 있으니 공 장관은 싱글벙글 웃으면서 내게 손을 내밀더니 "차가 떠날 때까지 벳쇼 과장의 모습을 보지 못해 실례를 했다"고 말했습니다. 의전을 넘어 한 세대 정도 차이가 나는 후배에게도 따뜻한 마음으로 곧바로 접한다는 것을 마음속 깊이 느낀 순간이었습니다.

일본과 한국은 자칫 힘든 관계가 되기 쉽습니다. 공로명 장관이 외무장관에 취임한 이후에도 안타깝지만 그 점은 변하지 않았습니다. 그래서 언제나 공 장관의 웃는 얼굴만 본 것은 아니고, 굳은 표정을 한 경우도 종종 있었습니다. 그러나 언제나 변함이 없는 것은 외교관으로서의 긍지를 가지고 있었다는 것입니다.

앞에 쓴 프로 정신이라는 말로도 표현할 수 있을지 모릅니다. 국제관계를 다루는 일에 종사하다 보면 누구나 내심 초조하거나 무력감을 느낄 때가 종종 있습니다. 그때 감정에 휩쓸리지 않고 굳은 표정을 지으면서도 현실적, 건설적인 해결책을 추구하는, 그런 일관된 자세가 '전선에서 대치하는' 수밖에 없는 외교관들에게 요구됩니다. 이 프로 정신이 있기 때문이야말로 비록 정치 상황에 흔들리더라도 앞을 향해 나아갈 수 있는 여지가 생깁니다.

북동아시아 과장을 마치고 15년 후, 나는 대사로서 한국에 부임하게 되었습니다. 서울에서 일본 대사로서 보낸 3년 8개월은 결코 평온한 날들이 아니었습니다만, 외교관으로서는 실로 과분할 정도로 고마운 경험이었습니다. 어려운 상황이긴 했습니다만 한국의 정부, 국회 관계자와의 교섭만이 아니라 지방에 계신 분들과의 교류, 학생들을 상대로 한 강연, 매스컴과의 대화, 문화 교류 등 내 나름 열심히 노력했습니다. 공로명 장관은 외교관으로서는 이미 제일선을 떠나계셨지만, 지식인으로서 몇 번이나 뵐 기회가 있었습니다.

현실 외교의 세계에서는 노력한다고 해서 반드시 성과로 보답을 받는 것도 아닙니다. 그렇지만 계속해서 노력하자는 마음을 유지할 수 있는 것은 선의를 갖고 남모르게 노력하고 계신 일반인들과 만날 기회가 있고, 한일 양쪽에 프로로서 애쓰고 있는 사람들이 있다는 확신 덕분입니다. 공로명 장관과 젊은 동료들, 제자들이라고 할 만한 분들에게서 나는 큰 에너지를 받았습니다. 마음으로부터 감사드립니다.

別所浩郎 元駐韓日本大使

孔魯明長官の卒寿記念文集発刊おめでとうございます。

私は孔魯明さんよりかなり年下ではありますが，孔魯明さんと知遇を得て温かいお人柄に触れる機会に恵まれ，またお仕事振りを敬意とともに拝見してきた後輩外交官として誠にうれしい限りです。韓国の外交部長官時代を始め孔魯明さんの功績なり活動実績はよく知られていますので，私から申すまでもありません。しかし，私が何よりも強く感じているのは，孔魯明さんが体現しておられたプロフェッショナリズムです。それは国籍に関係なくすべての外交官の鏡ともいうべきものでした。孔長官の大きな足跡を後世に伝えることは国際関係がますます複雑化する中，大変有意義な試みであると思います。

私は孔長官の22歳も年下なので、直接カウンターパートとしてお付き合いしたことはありません。私が日本外務省で韓国を担当する北東アジア課長に就任するとの内示を受けた時、孔長官は、ちょうど駐日韓国大使をしておられました。大使と課長という格の違いはあれ，ご高名の孔魯明さんとご一緒に仕事できることは大変楽しみでした。残念ながら，孔大使は、私が着任する直前の1994年12月に外交部長官に抜擢されて韓国に帰国されることになりました。ご栄転をお祝いする一方，直接お会いする機会がなくなり，残念に思ったのを良く覚えています。

しかし，そのお人柄に触れる機会は思いがけない形で早期に現れました。孔長官が日本を離任後しばらくしてから，外交部長官という新しいお立場で日本を訪問された時のことです。お忙しい日程を終えて孔長官が帰国される日，私は担当課長として儀礼上宿舎までお見送りに参りました。特に何か式典があったわけでもないので、孔長官はエレベーターから降りてまっすぐ車に向かわれました。車列が動き始めたところを見届けて，私が韓国大使館の人たちに別れを告げかけたその時、車列が急に止まったのです。何事かと思ってその場が少しざわついたところ、孔長官は車を降りて，何とまっすぐ私の方に向かって歩いてこられたのです。ちょっと緊張しながら待っていると、孔長官はニコニコしながら手を差し伸べられ「車が動き出すまで別所課長の姿が目に入らなかったので失礼した」とおっしゃるのです。儀礼を越えて、一世代ほど違う後輩にも温かい気持ちで正面から接しておられることをしみじみと感じた一瞬でした。

日本と韓国は、とかく難しい関係になりがちです。孔魯明さんが外交部長官に就任された後もその点は残念ながら変わりませんでした。従って、いつも孔長官の笑顔を拝見していたわけではなく、厳しい表情をされていることもしばしばありました。しかし、いつも変わらないのは、外交官としての矜持を常にお持ちだったことです。

先に書きましたプロフェッショナリズムという言葉でも表現できるかもしれません。国際関係の仕事に従事すると、誰しも内心いらだちや無力感を覚えることがしばしばあります。その時感情に流されることなく，厳しい顔をしつつも現実的・建設的な解決を求めていく，そのような一貫した姿勢が，「前線で対峙し合う」ことを余儀なくされる外交官達に求められています。このプロフェッショナリズムがあってこそ，たとえ政治情勢に翻弄されたとしても前を向いて進む余地が生じます。

北東アジア課長を卒業してから１５年後，私は、大使として韓国に赴任することになりました。ソウルで日本大使として過ごした3年８ヶ月は，決して平穏な日々ではありませんでしたが，まさに外交官冥利に尽きる経験でした。難しい状況の中ではありましたが，韓国の政府，議会関係者との交渉のみならず，地方の方々との交流，学生達への講演，メディアとの対話，文化交流など自分なりに懸命に努力してきました。孔魯明さんは，外交官としてはすでに第一線を退いておられましたが，有識者として何度もお目にかかりました。

現実の外交の世界では，努力が必ずしも成果となって報われるわけではありません。それでも努力を続ける気持ちを維持できるのは，人知れず善意をもって努力しておられる一般の方々に出会う機会があることと共に，日韓双方にプロフェッショナルとして頑張っている人達がいるという確信のおかげです。孔魯明さんと若い仲間達，弟子達ともいうべき方々から私は大きなエネルギーをいただきました。心から感謝しております。

孔魯明さんがこれからもお元気に韓国そしてアジアの外交に良い影響を与え続けてくださることを心から期待しております。

온화하되 논리적인 신사,
20년 전 인상 지금도 여전히

모기 유자부로
(茂木友三郎)

깃코만 명예회장
(전 일한포럼 회장)

공로명 선생이 졸수를 맞은 것을 진심으로 축하하고, 마음으로부터 경하드립니다.

내가 공로명 선생을 처음으로 만난 것은 2003년의 한일 · 일한포럼 의장회의였습니다. 나보다 3살 위인 공 선생은 온화하되 냉정하고, 논리적인 신사라는 첫인상을 받았습니다. 그 인상은 이후에도 변하지 않았고, 한일 · 일한포럼의 공동의장으로서 약 10년간 대단히 의미있는 시간을 함께 공유했다고 생각합니다.

한일 · 일한포럼은 1993년 11월에 개최한 김영삼 대통령과 호소카와 모리히로(細川護熙) 총리가 정상회담 합의에 따라 설립한 것으로, 장기적이고 미래지향적인 새로운 일한관계의 모습을 찾으려는 민간대화 포럼입니다. 한국 측은 배재식 서울대 교수, 일본 측은 오와다(小和田) 전 외무성 사무차관을 공동의장으로 해서 시작했습니다. 한일 양국에서 지도적 입장에 있는 정치가, 경제인, 학자, 저널리스트, 민간연구와 교류기관 등의 관계자들이 참가해서 지금도 매년 개최하고 있습니다.

포럼이 발족하던 1993년의 5월, 공 선생은 주일대사로 일본에 부임했습니다. 당시 일본기자클럽 점심모임에서 공 선생이 얘기한 내용이 기록으로 남아있습니다. 김영삼 대통령의 외교정책을 설명하는 동시에, "한국과 일본은 미래지향적인 양국관계를 이성적으로 구축하는 것이 중요하다"고 호소하면서, "과거의 고정관념을 버리고 서로를 객관적으로 보면서 이해하려는 노력이 중요하고, 그를 위해 양국의 지식인은 선도적인 역할을 해야 할 필요가 있다"고 말했습니다. 얼마 안 있어 한일 · 일한포럼을 설립해 지식인의 민간대화 채널 중 하나가 움직이기 시작했습니다.

이처럼 긴 역사를 지닌 한일 · 일한포럼의 성과 중 하나가 2002년 월드컵대회를 한일 두 나라가 공동개최하자고 제안한 것입니다. 1995년 제주도에서 열린 제3회 한일 · 일한포럼을 끝내며 참석자들은 '제주도 성명'을 발표하고 "월드컵대회를 양국이 공동으로 개최한다면 새로운 시대의 양국 협력관계에 획기적인 진전으로 이어질 것"이라고 강조해 월드컵 공동개최를 향한 여론형성에 큰 영향을 미쳤습니다. 월드컵 공동개최를 실현함으로써 한국과 일본의 스포츠, 영화, TV 등 대중문화 교류에 새로운 전기를 마련했다고 할 수 있습니다.

포럼 설립 10년 후인 2003년, 공 선생은 한일포럼의 의장에, 나는 일한포럼의 의장에 취임했습니다. 그리고 앞서 얘기한 대로 공동의장으로서 공 선생과 처음으로 만나게 됩니다. 2020년 한일 · 일한포럼은 코로나의 영향으로 원격회의를 한 것 같은데, 공 선생과 내가 공동의장을 맡았을 때는 연 1회 한국과 일본을 상호 방문해서 포럼을 개최했습니다. 개최장소는 서울과 도쿄에 머물지 않고, 한국에서는 제주도나 부산, 일본에서는 시모노세키나 아와지시마에서 열기도 했습니다. 포럼을 한국에서 열 경우에는 수개월 전부터 사전협의를 위한 의장회의를 도쿄에서 열었고, 일본에서 열 경우에는 의장회의를 서울에서 여는 방식을 계속해왔기 때문에, 나는 적어도 연 1회 한국을 방문했고, 연 2회 공 선생을 만났습니다.

공 선생과 내가 공동의장으로 취임한 2003년은 도저히 피할 수 없는 선약이 있어서 나는 한국 경주에서 열린 제11회 한일 · 일한포럼에는 참가하지 못했습니다. 다음 해인 2004년 야마구치현(山口縣) 시모노세키시(下關市)에서 개최한 제12회 포럼부터 공 선생과 처음으로 공동의장을 맡았습니다. 시모노세키시는 1976년부터 부산광역시와 자매도시이고, 이 교류는 일한 우호촉진의 일익을 담당하고 있습니다. 그 전해인 2003년, 한국 드라마 '겨울연가'가 일본에서 방영돼 엄청난 반향을 일으키면서 일본의 한류붐에 불을 붙였습니다. 한국과 일본 국민이 서로의 나라에 대해 관심을 깊게 하는 반면, 한일관계에서는 과거사에 뿌리를 둔 이런저런 과제와 경제 문제, 여기에 더해 북한에 관한 과제 등 복잡한 여러 가지 문제가 있었습니다.

일본 측에서는 나중에 총리가 되는 후쿠다 야스오(福田康夫) 중의원 의원을 시작으로, 여당에서는 야마구치현을 지역구로 두고 있는 하야시 요시마사(林芳正) 참의원 의원, 시오자키 야스히사(塩崎恭久) 중의원 의원, 다케미 게이조(武見敬三) 참의원 의원, 야당에서는 후쿠야마 데쓰로(福山哲郎) 참의원 의원, 곤도 쇼이치(近藤昭一) 중의원 의원, 마쓰모토 다케아키(松本剛明) 중의원 의원, 그리고 미디어 관계자, 대학교수, 기업경영자 등이 모였습니다. 한국에서도 국회의원을 시작으로 미디어 관계자, 대학교수, 연구자, 기업경영자 등이 일본에 와서 총 50명이 3일간 숙박을 하면서 토론을 벌였습니다.

양국의 정치 · 경제, 사회정세, 동아시아의 안전보장, 양국의 협력관계, 문화교류 등에 관해 논의했는데, 참가자는 모두 전문분야에 깊은 지식을 가진 논객으로서 때로는 격하게 토론을 벌이기도 했습니다. 나는 그때까지 여러 국제회의에 참가한 경험이 있지만, 이처럼 솔직하고 기탄없는 발언을 들을 수 있고, 그러면서도 감정적으로 흐르지 않는 대단히 이성적인 회의는 별로 없다고 느꼈고, 이처럼 솔직하게 논의하는 전통은 매년 계속됐습니다. 공 선생과 나는 테마에 따라 교대로 의장을 맡았는데, 공 선생은 시종일관 온화하되 냉정하면서, 그리고 논리적이어서 회의가 혼란해진 적이 없습니다.

낮의 회의와는 별도로 포럼에 참가하는 즐거움이 또 있었습니다. 그것은 저녁식사와 '밤의 한일 · 일한포럼'이라고 우리가 이름 붙인 2차 모임과 노래방 대회입니다. 저녁식사는 매년 개최국의 요리를 맛보면서 편하게 간담을 나누는데, 시모노세키 포럼에서는 지역특산인 복요리와 일본술을 즐겼습니다. 또 공 선생이 특히 그렇지만 한국에서 온 참가자는 일본어를 아주 잘 하는 사람이 많고, 일본 참가자도 한국 노래를 부를 수 있는 사람이 있어 '밤의 한일 · 일한포럼'에서는 한국과 일본의 노래가 오가고, 때로는 대합창이 되는 등 대단히 재미있던 시간으로 기억하고 있습니다. 저녁식사와 '밤의 한일 · 일한포럼'

에서 양국의 참가자가 함께 식사를 하고, 술을 마시고, 노래를 부르며, 개인적으로 친목을 돈독히 하는 것은 친구의 폭을 넓혀 서로를 이해하는 데도 매우 중요한 일이었다고 생각합니다.

일한 국교정상화 40주년을 맞은 2005년, 제13회 한일 · 일한 포럼은 한국 제주도에서 열렸습니다. 솔직하고 기탄없는 논의를 거쳐 공 선생과 나는 '제주도 성명'을 마련했습니다. 양국의 지도자는 과거의 역사를 직시하면서 미래지향적인 관계구축에 노력해야 하며, 우호적이고 협렵적인 양국관계는 한일만이 아니라 동아시아의 평화와 번영을 위해서도 매우 중요하다는 인식을 공유하면서 성명을 발표했습니다. 이 성명 중에 양국은 21세기형의 새로운 공동체 만들기를 지향할 필요가 있고, 그 한 예로써 양국 간의 비자면제를 제안했습니다.

그 후 실제로 2005년 아이치(愛知) EXPO를 계기로 한국인 단기여행자에게만 인정해주던 기간 한정 비자면제조치를 2006년에는 무기한 연장해주게 됐고, 한국 정부도 일본인 여행자에 대한 비자를 면제해줬습니다.

공 선생이 마지막으로 한국 측 의장을 맡았던 2012년까지 약 10년 동안 한국에서도 일본에서도 여러 일이 발생했습니다. 한국에서는 2003년에 노무현 대통령이, 2008년에는 이명박 대통령이 취임했습니다. 일본에서도 창당 이후 집권여당을 견지해온 자민당이 2009년 중의원 총선거에서 패하면서 야당이 됐고, 민주당이 단독 과반수를 얻어 정권교체를 이뤘습니다. 또 양국 사이에는 위안부문제, 영토문제 등의 마찰과 일한경제연대협정(EPA) 교섭문제 등도 있었습니다. 그러나 정권이 바뀌어도, 여러 가지 문제가 부상해도, 일한관계의 중요성을 강하게 인식하고 있는 사람들이 두 정부 내에는 많이 있었습니다.

서울에서 포럼이 열릴 때는 외교통상부장관의 공관에 초대를 받았고, 나중에 공 선생의 후임으로서 한일포럼 의장에 취임한 유명환 외교통상부장관이 만찬을 베푼 적도 있습니다. 도쿄에서 열린 2008년에는, 시모노세키 포럼에 참가했고 2007년에 수상에 취임한 후쿠다 야스오 수상을 수상관저로 예방했으며, 이쿠라 공관에서 고무라 마사히코(高村正彦) 외상이 저녁식사를 내기도 했습니다. 일본에서 정권 교체를 이룬 2010년의 포럼에서는 센고쿠 요시토(仙谷由人) 관방장관을 예방했습니다. 일본의 국회의원으로는 앞에서 언급한 분들 외에 자민당의 고사카 겐지(小坂憲次) 참의원 의원, 민주당의 마에하라 세이지(前原誠司), 오카다 가쓰야(岡田克也) 중의원 의원은 일한관계를 상당히 중요하게 여겨 여러 번 포럼에 참가했습니다.

포럼에는 일한 양국의 미디어 관계자, 대학교수, 연구자, 재계인사도 다수 참가해 매년 의미 있는 토론을 통해 상호이해를 깊게 해왔습니다. 그중에서도 한국과 일본 포럼의 대표간사가 포럼의 성공을 위해 노력한 공헌은 매우 컸다고 생각합니다. 회의 테마 설정에서부터 참가자, 발표자의 선정, 운영 사무, 밤의 포럼 준비까지, 공 선생과 나를 지원해서 포럼 전반을 매끄럽게 관리운영한 한국 측 대표간사 정구종 씨와 일본 측 대표간사 야마모토 다다시(山本正) 씨에게 대단히 감사하고 있습니다. 2012년 봄에 타계한 야마모토 씨는 한국뿐 아니라 여러 외국과 일본 간의 국제교류의 진전에 다대한 공헌을 했습니다. 아직 할 일이 많은 것을 생각하면 안타깝게 생각하지만, 야마모토 씨가 국제교류와 국제협력에 쏟아온 의지는 앞으로도 계승될 것이라고 생각합니다.

마지막으로 공 선생은 2500년 전 중국 춘추시대의 사상가이자 철학자인 공자의 자손이라고 들었습니다. 공자의 자손은 지금도 중국이나 한반도에 많은 분이 계신다고 하는데, 네트워크를 유지하면서 교류를 이어가고 있다고 합니다. 공 선생과 처음 만난 이후, 그가 변함없이 온화하면서도 냉정한 모습과 훌륭한 리더십을 보여주고 있는 것은 실로 공자의 피를 물려받았기 때문이라고 감탄하는 동시에, 역시나 하는 마음으로 납득하고 있습니다.

キッコーマン(株) 取締役名誉会長·取締役会議長

茂木友三郎

孔魯明さんが卒寿をお迎えになられましたこと、誠におめでとうございます。心よりお慶び申し上げます。

私が孔さんに初めてお会いしたのは２００３年の韓日・日韓フォーラムの議長会議でした。私より３歳年上である孔さんには、穏やかで冷静、そして論理的な紳士という第一印象を持ちました。その印象はその後も変わることなく、韓日・日韓フォーラムの共同議長としてご一緒した約１０年間、たいへん有意義な時間を共有させていただいたと感じています。

韓日・日韓フォーラムは、１９９３年１１月に開催された金泳三大統領と細川護熙総理大臣との首脳会談での合意により設置された、長期的かつ未来志向の新しい日韓関係のあり方を検討する民間対話フォーラムです。韓国側は裵載湜ソウル大学校教授、日本側は小和田元外務事務次官を共同議長として始まりました。日韓両国の指導的立場にある政治家、経済人、学者、ジャーナリスト、民間研究・交流機関等の関係者の参加を得て、今も毎年実施されています。

その１９９３年の5月、孔さんは駐日大使として日本に着任されました。当時、日本記者クラブの昼食会で孔さんが話された内容が記録に残っています。金大統領の外交政策を説明されると共に、「韓国と日本は未来志向の二国間関係を理性的に構築することが重要である」と訴え、「過去の固定観念を捨て、お互いを客観的に見て理解し合う努力が大切で、そのために両国の識者は先導的役割を果たす必要がある」と述べておられます。ほどなく韓日・日韓フォーラムが設立され、有識者による民間対話の１つが動き出しました。

このように長い歴史を持つ韓日・日韓フォーラムの成果の１つとして、２００２年のサッカーワールドカップ大会２か国共同開催があります。１９９５年に済州島で開かれた第3回韓日・日韓フォーラム終了時に「済州島ステートメント」を発出し、「サッカーワールドカップ大会を両国の共同事業として開催されれば、新しい時代の両国の協力関係の画期的な進展につながるであろう」と強調し、ワールドカップ大会の共催に向けた世論形成に大きな影響を及ぼしました。この共催の実現により、韓国と日本の間のスポーツ、映画、テレビなどの大衆文化の交流に新しい転機をもたらしたと言えます。

フォーラム設立から10年後の2003年、孔さんは韓日フォーラムの議長に、私は日韓フォーラムの議長に就任しました。そして前述の通り私と孔さんは共同議長として初対面することになりました。2020年の韓日・日韓フォーラムは新型コロナ禍の影響でテレビ会議となったようですが、孔さんと私が共同議長の時代は、年1回韓国と日本を交互に訪問しフォーラムを開催しました。開催場所はソウルと東京に限らず、韓国では済州島や釜山、日本では下関や淡路島でも行いました。フォーラムを韓国で行う場合、その数か月前に打ち合わせの議長会議を東京で行い、フォーラムが日本の場合は議長会議をソウルで行うというパターンを繰り返していましたので、私は少なくとも年1回韓国を訪問し、年2回孔さんにお目にかかっていました。

孔さんと私が共同議長に就任した2003年は、どうしても外せない先約があり、私は韓国慶州で行われた第11回韓日・日韓フォーラムに参加できませんでした。翌2004年に山口県下関市で開催された第12回フォーラムから私は初めて孔さんと共同議長を務めました。下関市は1976年から釜山広域市と姉妹都市の関係にあり、この交流は日韓友好促進の一翼を担っています。前年の2003年、韓国のドラマ「冬のソナタ」が日本で放映されて大反響を呼び、日本での韓流ブームに火が付きました。韓国と日本の国民がお互いの国についての関心を深める一方、日韓関係には過去の歴史に根ざすさまざまな課題や経済的な課題、さらに北朝鮮に関する課題など多くの複雑な問題がありました。

日本側からは後に内閣総理大臣に就任される福田康夫衆議院議員をはじめ、与党からは山口県を選挙区とする林芳正参議院議員、塩崎恭久衆議院議員、武見敬三参議院議員、そして野党からも福山哲郎参議院議員、近藤昭一衆議院議員、松本剛明衆議院議員、さらにメディア関係者、大学教授、企業経営者等が集まりました。韓国側からも、国会議員をはじめメディア関係者、大学教授、研究者、企業経営者等が来日され、総勢約50名が3日間にわたり泊まり込みで議論を行いました。

両国の政治・経済・社会情勢、東アジアの安全保障、両国の協力関係、文化交流などについて議論したのですが、参加者はいずれも専門分野で深い知識をお持ちの論客で、時に激しい議論となりました。私はそれまで色々な国際会議に参加したことがありますが、これほど率直で忌憚のない発言を聞き、しかも非常に理性的で感情に流されることのない会議はあまりないと感じましたし、この率直な議論の伝統はその後も毎年繰り返されました。孔さんと私はテーマ毎に交代で議長を務めたのですが、孔さんは終始穏やかで冷静、そして論理的であり、会議が混乱することはありませんでした。

日中の議論とは別にフォーラムに参加する楽しみがありました。それは夕食会と「夜の韓日・日韓フォーラム」と我々が称した二次会・カラオケ大会です。毎年開催国の料理を楽しみながらくつろいで懇談できる夕食会だったのですが、下関のフォーラムでは地元ならではの河豚料理や日本酒も楽しみました。また、孔さんは特にそうなのですが、韓国からの参加者には日本語が非常に上手な方が多く、日本の参加者も韓国語の歌を歌える人がいて、「夜の韓日・日韓フォーラム」では韓国と日本の歌が飛び交い、時に大合唱となるたいへん楽しい時間だったことを覚えています。夕食会や「夜の韓日・日韓フォーラム」で両国の参加者が一緒に食事をとり、お酒を飲み、歌を歌い、個人的な親睦を深めることは、友人の輪を広げお互いを理解する上でとても重要であったと感じています。

日韓国交正常化40周年を迎えた2005年、第13回韓日・日韓フォーラムは韓国済州島で開催されました。率直で忌憚のない議論を経て、孔さんと私は「済州島ステートメント」をまとめました。両国の指導者は過去の歴史を直視しつつ未来志向的な関係構築に努力すべきであり、友好的で協力的な両国関係は日韓のみならず東アジアの平和と繁栄のためにも極めて重要であるとの認識を共有し、発表しました。この声明の中で、両国は21世紀型の新しい共同体作りを目指す必要があり、その1例として両国間のビザ免除を提案しました。

その後実際、2005年の愛知万博を機に韓国人短期旅行者へ認められていた期限付きのビザ免除措置は2006年に無期限延長されることになり、韓国政府も日本人旅行者に対するビザ免除を実施しました。

孔さんが最後に韓国側議長を務められた2012年までの約10年の間に、韓国でも日本でもさまざまなことが起こりました。韓国の政治では2003年に盧武鉉氏が大統領に就任し、2008年には李明博氏が大統領に就任しました。日本でも、結党以来政権与党を堅持していた自民党が2009年の衆議院総選挙で敗退して野党になり、民主党が単独過半数を獲得して政権が交代しました。また、両国間では、慰安婦問題、領土問題などの摩擦や日韓経済連携協定交渉問題などもありました。しかし、政権が変わっても、さまざまな問題が浮上しても、日韓関係の重要性を強く認識されている方々が両政府内に多くおられました。

ソウルでフォーラムが開催された際、外交通商部公邸へお招きいただき、後に孔さんの後任として韓日フォーラム議長に就任される柳明桓外交通商部長官に晩餐会を主催していただいたこともあります。東京で開催した2008年には、下関市のフォーラムでご一緒し、2007年に首相に就任された福田康夫首相を首相官邸に表敬訪問し、また、飯倉公館にて高村正彦外務大臣主催の夕食会を開いていただきました。日本で政権が変わった後の2010年のフォーラムでは、仙谷由人内閣官房長官を表敬訪問しました。日本の国会議員としては、先に述べた方々に加え、自民党の小坂憲次参議院議員、民主党の前原誠司衆議院議員や岡田克也衆議院議員は日韓関係を非常に重要視され、幾度となくフォーラムに参加していただきました。

日韓両国のメディア関係者、大学教授、研究者、財界人も多数フォーラムに参加していただき、毎年意義ある議論を行い、相互理解を深めましたが、中でも韓国と日本それぞれの運営委員会代表幹事によるフォーラム完遂への貢献は大きかったと思います。会議のテーマ設定から参加者・発表者の選定、運営事務、夜のフォーラムの設営まで、孔さんと私を支えてフォーラム全般を見事に管理運営していただいた韓国側代表幹事の鄭求宗さん、そして日本側代表幹事の山本正さんにはたいへん感謝しています。２０１２年の春に他界された山本さんは、韓国のみならず諸外国と日本の国際交流の進展に多大なる貢献をされました。まだまだ道半ばであったのだろうと思うと残念でなりませんが、山本さんの国際交流、国際協力にかけておられた意志は今後も引き継がれて行くと思います。

最後に、孔さんは２５００年以上前の春秋時代の中国の思想家・哲学者である孔子の子孫であると伺いました。孔子の子孫は今も中国や韓半島に多くおられるそうで、そのネットワークを維持し、交流を続けておられると聞いています。初めて孔さんとお会いして以来、常に変わらぬ穏やかで冷静なたたずまいや素晴らしいリーダーシップは、まさに孔子の血を引き継いでおられるのだと感嘆すると共に、なるほどと得心しています。

孔さんには引き続きご健勝に過ごされ、またいつの日かお互いに元気で再会する機会があることを願っています。

4장

특별기고

해양국가와 대륙국가
- 한미일 연대의 본질에 관한 하나의 시론

스기야마 신스케
(杉山晋輔)

전 외무성 사무차관
(전 주미 일본대사)

서언

한국의 외무장관과 주일대사 등 여러 요직을 역임하고 지금도 외교계의 원로로서 활약하고 있는 공로명 선생의 90세 졸수기념문집을 발간하면서 여러 석학과 함께 풋내기인 필자에게도 글을 하나 써달라는 부탁이 왔다. 공로명 선생이라고 하면 한국과 일본 외교계만이 아니라 국제사회 전체로부터 큰 존경과 경애를 받는 세계의 지적 거인이다. 그런 분을 축하하는 간행물에 과연 나 같은 사람이 글을 써도 되는지 망설임도 있었으나 필자로서는 이런 영광은 없다. 그래서 수락하긴 했으나 필자가 과연 선생의 졸수기념문집의 일부를 차지할 만한 글을 쓸 수 있을지 상당히 고민했다. 그러다 마음을 굳히고 필자가 평소 생각하고 있던 한일관계의 하나의 본질, 나아가 왜 한미일의 연대가 그토록 중요한지 하는 원점에 대해 하나의 시론(試論)을 대담하게 써보자는 생각에 이르렀다.

공로명 선생을 처음 뵙게 된 것은 아마도 주일대사로 활약하던 선생이 사이토 구니히코(斉藤邦彦) 당시 외무차관과 종종 만날 때, 필자는 젊은 비서관으로서 사이토 차관을 모시고 나갔을 때라고 기억하고 있다. 사이토 차관이 공로명 대사만큼 훌륭한 외교관은, 아니 훌륭한 지식인은 그리 쉽게 만날 수 있는 게 아니니 잘 봐 두라고 했던 말을 결코 잊을 수 없다.

그 후 필자는 연이 있어 서울의 주한 일본대사관 정치공사로 부임해서, 한국에 근무하는 동안 (공로명 선생으로부터) 줄곧 여러 국면, 과제, 생활까지 직접 피붙이처럼 보살핌도 받고, 지도도 받으면서 외교관으로서, 아니 인간으로서 행동거지를 어떻게 해야 할지를 배웠다는 느낌이 든다.

안타깝게도 지금의 한일관계는 아무리 생각해도 아주 좋지 않다고 말할 수밖에 없다. 필자는 본인과 가족이 한국 근무를 통해 공로명 선생을 비롯해 수많은 평생의 지인들에게 말로는 표현할 수 없는 두터운 정을 받았기에, 이런 상황을 마음으로부터 걱정하며 슬퍼하고 있다. 또 구체적인 문제에 대해 내 나름의 굳은 생각과 법적 분석도 갖고 있다. 그래서 현실문제에서 눈을 돌리고 해결 노력을 하지 않아도 된다고는 절대 생각하지 않는다.

그러나 본고에서는 그 하나하나의 논점을 분석하는 것이 아니라 그 안에 있는, 어떤 의미에서는 보다 본질적일지도 모른다고 필자가 오래전부터 생각해온 논점을 천학비재(浅学非才)임을 무릅쓰고 공로명 선생의 졸수에 기대어 집필해 보고자 한다. 완전히 시론에 불과한 것이어서 많은 비판이 있을 것임은 각오하는 바이다.

1. 결론 = 해양국가 미국과 그 동맹국 일본, 한국

1) 아메리카합중국은 북미대륙의 정중앙에 있는 큰 '합중국'이다. 동해안에서 서해안까지 비행기로 6시간이 걸리고, 시차가 3시간이다. 엄청난 대륙이다. 그러나 미국을 '대륙국가'로만 생각하는 사람은 없다고 해도 과언이 아니다. 그것은 미국이 대륙만이 아니고 섬도 많이 영유하고 있어서 그런 것만은 아니다. 미국은 북쪽의 캐나다, 남쪽의 멕시코 등 중요한 이웃 국가와 접하고 있다. 하지만 지정학적으로 동쪽으로는 대서양, 서쪽으로는 태평양과 면하고 있고, 세계에서 공모(空母) 기동부대를 3개의 대양에, 아마도 각각의 대양에 3개의 타격군을 전개할 수 있을 정도의 '외양해군(blue waternavy)'을 보유하고 있는 유일한 국가이다. 물론 전 미군의 병력은 육군, 해군, 공군, 해병대, 우주군에 더해, 유사시엔 군대로 전환하는 해안경비대의 6개군으로 구성돼 있고, 전 병력에서 점하는 숫자는 육군이 많다. 이는 광대한 영역방위 등을 고려하면 당연한 것이지만, 국제적 시점에서 보면 바다에 관한 병력이 중요하다고 할 수 있다. 따라서 미국은 해양국가인 것이다.

2) 일본은 아무래도 해양국가라는 것에 이론이 없을 것이다. 자위대의 병력구성으로 보면 일본도 미국과 마찬가지로 육상자위대의 수가 많지만, 이는 일본의 영역방위라는 관점에서 보면 당연한 것이다. 동시에 국제적으로 보면 일본은 해양의 자유, 항행의 자유라는 국제법의 대원칙에 바탕을 두고 자유무역으로 국가의 존립을 꾀하고 있으므로 해양국가의 전형이라고 할 만하다. 자위대의 구성과 병력을 어떻게 하든 간에, 일본은 이 원점을 잊어서는 안 될 것이다.

3) 한국은 어떤가.

① 단순하게 지리적으로 보면 한국은 광대한 유라시아 대륙의 맨 동쪽에 존재하는 반도의 끝에 있다. 장래 북한을 통일해서 한반도가 어떤 형태로든 하나의 국가가 된다면, 그 국가는 아시아의 대륙과 지리적으로 직접 접하게 된다. 하지만 지금은 아쉽게도 한반도는 통일이 안 되어 있기 때문에 실질적으로 한국의 시정(施政)이 미치는 지역이 광대한 아시아대륙과 땅으로 연결되어 있는 것은 아니다. 다만, 어떻든 현재의 한국이 반도에 위치하는 국가라는 사실은 의심할 여지가 없다.

② 그렇다면 한국은 미국, 일본에 대해 살펴본 관점에서 본다면 해양국가로 규정할 수 있을 것인가. 반도 전체를 고려했을 때는 해양국가라기보다는 대륙국가로 자리매김하는 것이 적절하거나 현실적인가. 사견으로 이 질문에 대한 답을 단순하고 과감하게 말한다면, 답은 '아니다'이다. 원래 미국도 그렇고 일본도 그렇고, 그 국가의 성격 규정을 어떻게 할 것인지는 본질적으로는 각각의 국가와 국민이 규정하는 것이고, 다른 나라가 이러쿵저러쿵 얘기할 게 못 된다는 원칙론은 당연히 존재한다. 그러나 미국을 자리매김할 때 자연스럽게 대체적인 견해라는 것이 있게 마련이고, 또 일본을 해양국가로 성격규정을 해도 괜찮다고 하는 것은 적지 않은 지식인이 찬성할 것으로 생각하기 때문이다. 이와 마찬가지로 한반도, 또는 현재의 한국에 대해서도 대체적인 견해, 소위 커먼센스로 파악하는 방법이 있다고 해도 이상할

것이 없다. 다만, 한국의 지리적, 혹은 지정학적 위치로 볼 때 미국과 일본만큼 한국을 해양국가라고 당연시하는 정도는 적을지도 모른다.

③ 그러한 기술 위에서 필자의 굳은 생각은 한반도 전체, 실제로는 여기서 고찰하고 있는 현재의 한국은, 대륙국가라기보다는 해양국가로서의 성격이 훨씬 강하다는 것이, 어떤 의미에서 한국이 객관적으로 서 있는 위치에 가까운 것이 아닐까 하는 것이다. 원래 한국도 해양의 자유, 항행의 자유라는 국제법의 대원칙에 따라 자유무역으로 국가 존립의 기초를 만들었다는 점에서 일본이 서 있는 위치와 가깝지 않은가. 그리고 현실적으로 그런 정책으로 방향설정을 해왔기 때문이야말로 지금 한국이 세계에서 중요한 경제력을 지닌 민주국가로 성공한 것이 아니겠는가. 한국은 해양국가라는 기본적 자리매김에 입각해서 같은 해양국가인 미국과의 동맹관계를 유지, 발전시키고, 또 역시 같은 해양국가로서 미국과 동맹관계인 일본과의 관계를 규정하는 것이 합리적인 동시에 각자의 이익에도 부합하고, 더욱이 지역의 안정, 아니 국제사회 전체의 평화와 발전에 이바지한다고 말할 수 있지 않겠는가.

모두(冒頭)에서 기술했듯 현재의 한일관계는 정말로 마음이 아플 수밖에 없는 심각한 과제를 안고 있고, 필자는 이들 문제에 대해 분명한 생각도 물론 갖고 있다. 또 반복해서 지적하지만 그런 문제들로부터 눈을 돌리고는 한일관계, 혹은 한미일 전체를 얘기한다는 것은 불가능하다. 그렇기는 해도 본고에서는 현안의 중요성을 거듭 지적하면서도 그 안에 있는 기본적인 한미일 연대의 본질에 대해 시론을 제시하는 것이 문제의 본질에서 눈을 돌리기는커녕, 약간은 방법이 다르기는 하지만 사안의 원점에 다가가는 방법이 아닐까 하는 것이 필자의 확신이다.

④ 만약 그런 생각을 기본으로 삼을 수 있다면 한미일 연대의 근본은, 같은 해양국가로서 미일동맹, 한미동맹에 기초해 미국을 소위 '피

벗(Pivot)'으로 삼아 강력한 연대관계를 구성하는 것은 극히 자연스러우며, 또한 각각의 국가, 나아가 지역과 국제사회의 안정에 이바지하는 기본적인 형태이지 않겠는가.

⑤ 이것이 본고의 결론이다.■

2. 해양국가, 미국

(1) 이미 언급했듯 미국의 군사적 포스튜어(posture)는 전체 숫자로 보면 압도적으로 육군이 많다. 펜타곤이나 플로리다 탬파(Tampa)의 중앙군(USCENTCOM)도 웨스트포인트 출신을 중심으로 하는 육군이 숫자상으로는 많다. 덧붙이자면 현재 합참의장도 우연이긴 하지만 마크 밀리 육군대장이다.

그러나 1990년대 초반까지 냉전구조에 있던 유럽 전역(戰域)의 역사가 어떠했는지는 차치하고라도 현재의 국제환경 속에서는 아무래도 압도적으로 아시아태평양 혹은 인도태평양이라는, 트랜스아틀란틱이 아니라 트랜스퍼시픽이라는 관점이 점점 중요해지고 있는 것이 아닐까. 그렇다면 미국에서 봐도 일본의 요코스카(横須賀)를 모항으로 하고 있고, 이곳에 '가족거주계획'을 가지고 있는 하와이의 인도태평양 사령부(INDOPACOM) 산하의 제7함대와, 인도양에 특정한 '모항(母港)'을 두고 있지 않은 제5함대를 배치하고 있는 현실을 고려하면, 인도태평

■ 최근 해양국가 대 대륙국가라는 대립축을 활용해서 본래 대륙국가인 중국, 러시아 등과 본질적으로는 해양국가인 미국, 일본, 영국에 프랑스도 넣을 수 있을지 모르지만, 이 국가들을 전제주의적 국가 대 민주주의적 국가라는 다이코토미(dichotomy · 이분법)로 대비하는 논의가 일부 지식인 사이에서 이뤄지고 있는 듯하다. 미국의 바이든 대통령이 3월 6일 발표한 '국가안전보장전략 잠정지침' 중에 나오는 "democracies vs. autocracies"라는 용어를 인용해서 이것을 전통적인 대륙국가와 전통적인 해양국가의 대립이라고 하는 논지인 것 같다. 하지만 본고에서 필자가 문제를 제기하려는 논점은 이것과 완전히 관계가 없다고는 할 수 없으나, 다른 논점이다. 오해가 없도록 이 점을 분명히 해두고자 한다.

양을 중시하는 미국의 자세는 점점 강해지는 일은 있어도 가까운 장래에 약해지는 일은 없을 것이다.

이는 필경 어떤 면에서 미국의 본질인 것이다.

(2) 그러나 미국은 최근까지도, 아무리 그럴듯하게 둘러대려고 하지만, 이 본질을 조금 뒤로 감춰두고 있었다. 미국은 국제관계의 최우선 순위를 트랜스아틀란틱 국가, 즉 소련, 러시아, 그리고 그 관계를 중심으로 한 유럽 전역(戰域)에, 다음으로 중동, 그리고 자국 바로 옆에 있는 라틴아메리카에 두어 왔다. 아시아는 경제적으로도 크게 부상하므로 물론 중요하긴 하지만 아무래도 (앞서 언급한 국가들의) 그 다음이라고 하는 것이 본심이라고 한다면 너무 단순화했는지는 모르겠으나 그것을 일면의 진실로 보고 있다. 미소 냉전이라는 한 시대의 커다란 골격이 미국으로 하여금 그렇게 만든 요소가 크다. 특히 제2차 세계대전 후 소련이 붕괴할 때까지는 자유, 민주주의, 시장경제라는 개념에 정면으로 대립하는 특정 개념인 공산주의로 인해 세계는 둘로 나뉘었고, 거칠게 얘기하면 거의 동등하게 대량의 핵무기를 가진 두 그룹으로 인해 이러한 이데올로기 대립이 현실적인 국제정치의 주요 과제가 되면서 국제사회의 양대 대립축을 만든 것이다. 따라서 미국 대외정책의 가장 중요한 축은 대소(對蘇) 냉전에 대응하는 것에 둘 수밖에 없었다. 물론 실제로 약 3만7천 명 이상의 전사자를 낸 한국전쟁이 있긴 하지만, 이것도 대소 냉전이 '열전'으로 바뀐 측면이 있다. 또 아시아태평양지역에는 한국과 일본에 호주라는 동맹국까지 있으므로 동맹관계가 그저 NATO(북대서양조약기구)만 있던 것도 아니지만, 미국의 대외정책은 아무래도 유럽방면을 중심으로 해서 그곳에서 발생하는 여러 국제문제를 다룰 수밖에 없던 것으로 보인다.

(3) 그러한 미국의 대외정책 구조가 모두 바뀌었다고까지는 할 수 없지만, 미소 냉전이 끝나면서 크게 바뀌었다고, 아니 지금까지 보아온 논의에서 보자면 해양국가를 기축으로 하는 본래의 대외정책으로

돌아갔다고 말할 수 있지 않겠는가. 물론 미국과 어깨를 나란히 할 정도의 핵무기를 보유했던 소련과의 대립보다도 현대 국제관계사상 예를 찾아볼 수 없을 만큼 (더 중요한 국가가 있다). 핵무기를 포함한 군사력, 현재 세계 GDP의 16~17%를 점하고 있는 경제력, 첨단기술력, 14억이라는 인구, 수천 년에 걸친 역사와 문화, 이들을 기초로 한 정치적, 경제적, 문화적, 사회적 영향력을 세계 각 지역에서 증대시키고 있는 중국의 현저한 대두를 빼고는 국제정세를 말할 수는 없으므로, 미국 대외정책의 큰 '시프트'도 중국 요소를 논하지 않고는 분석할 수 없다. 다만 그보다 더 안쪽에 있는 미국 대외정책의 본질은 지금 보아온 것에 있지는 않을까. 이것이 미국의 대외관계에 관한 필자의 개인적 '피부감각'에서 나오는 분석으로, 미국은 본래 가지고 있던 해양국가로서의 성격으로 돌아오고 있다는 것이다. 원래 일본이 주도한 '자유롭고 열린 인도태평양'이라는 개념을 미국이 적극적으로 주도하게 된 것도 단순히 트럼프 정권이 어떻다든가 바이든 정권이 어떻다든가 하는 단기 현상으로 파악하기보다는 해양국가로서의 미국의 본질을 다시 보여주기 시작했다고 봐야 하지 않을까. 반복하지만 3개의 대양에 3개의 항모 기동타격력을 보유하고 있는 '외양해군' 국가가 해양의 자유, 항행의 자유라는 국제법의 대원칙을 스스로 유지하려고 하는 것은 해양국가 미국에 극히 본질에 부합하는 것이기 때문에 (미국이 해양국가로서의 성격으로 돌아오고 있는 것은) 당연한 귀결이라고 할 것이다.

3. 미일동맹의 본질

(1) 미일동맹은 미일안보조약을 중심으로 한 미일안보체제를 기초로 하고 있다. 미일안보체제의 중핵인 미일안보조약은 태평양전쟁을 국제법적으로 종료시킨 샌프란시스코 평화조약을 서명하던 그 날인

1951년 9월 8일, 평화조약과는 다른 장소에서 일본 측 요시다 시게루(吉田茂)와 미국 측 딘 애치슨, 존 덜레스 등이 서명해 샌프란시스코 평화조약과 같은 날인 1952년 4월 28일에 발효한 구 안보조약이 그 시작이다. 즉, 미일동맹은 태평양전쟁 종료와 함께, 일본 점령군의 대부분을 차지했던 일본 주둔군이 미일안보조약 하의 주일미군으로 법적 지위가 바뀌는 것에서 출발하고 있다. 때마침 1950년 6월 25일 아침에 북한이 남한을 침략하면서 소위 '한국연합군' 창설(7월 7일), 인천상륙작전(9월 15일), 소위 중공의용군 개입(10월 25일), 그리고 1953년 7월 27일 판문점에서 열린 휴전협정 체결 등 북동아시아의 국제정세가 한창 격동하고 있을 때의 일이었다.

이 구 안보협약에서는 미국이 일본에 주둔하는 권리를 명기하고, 주일미군은 "외부로부터의 무력공격에 대해 일본국의 안전에 기여하기 위해 사용할 수 있다"고 되어 있고, 그것은 일본에서의 대규모 내란 및 소요를 진압하기 위한 지원도 포함하고 있는 것으로 본다(조약 제1조). 나아가 같은 조항에서 주일미군은 극동의 평화와 안전 유지에 기여하기 위해서도 사용할 수 있다고 규정하고 있다.

즉, 샌프란시스코 평화조약과 동시에 체결한 구 미일안보조약에서 미국은 미군을 일본에 주둔시키는 권리를 얻었지만, 주일미군을 일본의 안전이나 극동의 평화와 안전을 위해 사용할 수 있다고 규정했을 뿐이다. 즉 일본에 대한 무력공격이 발생했을 경우의 의무, 소위 대일 방위의무는 명기하지 않고, 오히려 일본 국내의 내란진압 조항이 들어있는 등 상호방위라는 의미에서의 안보조약으로는 결코 쌍무성이 있는 조약이라고는 말할 수 없는 것이었다.

(2) 이 점을 시정하기 위해 미일 간 교섭을 했고, 그 결과로 만든 것이 구 안보조약을 개정해 1960년 1월 19일에 서명하고 같은 해 6월 23일에 발효한 현행 미일안보조약이다. 그 포인트는 다음과 같다.

— 신 안보조약의 제5조는 "일본국 시정(施政) 하에 있는 영역에서"

발생하는 일본에 대한 무력공격에 대해서는 "공통의 위험에 대처하는 것처럼 행동하기로 선언한다"고 명기했다. 이는 나중에 언급하는 한미상호방위조약의 규정이나 미국의 다른 동맹조약의 예를 보더라도 미국의 대일 방위의무를 명확하게 규정했다는 것이 확립된 조약해석이며, 그 점에 대해서는 조금도 의심할 여지가 없다. 이것이 구 안보조약 제1조의 규정과 결정적인 차이점이다.

— 두 번째로 중요한 포인트는 현행 안보조약 제6조는 일본의 안전에만 기여하기 위해서가 아니라 극동의 국제 평화와 안전 유지에 기여하기 위해 주일 미군기지를, 조약상의 용어로는 미국의 육군, 공군, 해군의 일본에 있는 시설 및 구역을, 사용할 수 있도록 인정한다고 규정하고 있다. 원래부터 주일미군의 구체적 사용이나 지위는 소위 별도의 지위협정에 따른다고 제6조의 후단(後段)에 규정해 놓고 있기 때문에 미국이 일본 국내의 미군기지를 무한정으로 사용할 수 있는 것은 아니다. 또 현행 안보조약에서는 이 제6조의 실시에 관한 교환공문을 체결하고, 일본에 미군을 배치하는 데 있어서의 중요한 변경, 장비에 있어서의 중요한 변경, 일본에서 벌어지는 전투작전행동을 위한 기지로서의 주일 미군기지의 사용 등 이 세 가지에 대해서는 미국은 일본과 사전 협의를 해야만 하는데, 사안의 성격상 일본의 동의가 필요하다고 보는 해석이 확립되어 있다. 덧붙여 이 세 가지 사전 협의의 대상이 되는 사항에 대해서는 교환공문을 보충하는 구두양해로서 '후지야마(藤山)-맥아더 양해각서'가 있는데, 이 양해각서는 명확하게 법적 약속으로서 (위 세 가지) 내용에 대해 합의하고 있다.

이처럼 미일안보체제는 단순히 대일 방위만을 위한 것이 아니라 지역의 평화와 안전을 위한 것임을 명기하고 있다는 점에서 특필할 만한 성격을 갖고 있다.

또 이것이 극동 범위의 명확화와 사전협의제도의 법률화를 통해 상당히 정밀화했고, 지금까지도 미일안보조약의 원점이 되어있는 것은 대단히 중요한 의미를 지닌다고 필자는 확신하고 있다.

이미 기술했듯 원래 구 안보조약 제1조에도 지역의 평화와 안전에 기여한다는 기술은 있었으므로 미일안보체제는 발족 당시부터 지역성을 지닌 미일동맹이었다고 말할 수는 있으나, 현행 안보조약 제6조만큼은 명확하지 않았다는 사실은 이미 언급한 것처럼 분명하다.

미일안보제체를 볼 때는 이 두 가지가 원점(기둥)인데, 그 중요성은 1960년 현행 안보조약을 체결하고 지난해 60주년을 맞은 현재까지도 기본적 부분은 전혀 변하지 않았다.

(3) 그렇다면 미일동맹관계의 근간을 이루는 안보체제의 조약적 의의를 살펴본 뒤 해양국가 미국과, 같은 해양국가인 일본이 동맹관계를 실제로 전개하는 중요한 포인트를 살펴보기로 하자.

— 현행 안보조약으로 개정한 이후의 미일안보체제와 미일동맹의 기본은 변하지 않았다는 필자의 확신은 이미 기술한 대로이다. 그러나 1960년 현행 안보조약 개정 이후 안보체제의 운영이나 구체적인 의미 규정은, 그때그때의 동아시아, 아시아태평양, 혹은 인도태평양 지역, 나아가 국제정세 전반에 걸친 상황에 따라 능동적으로 변하고 발전하며 심화해 왔다는 것은 오히려 당연한 얘기이다. 조약에 규정한 법적 구조의 골격은 불변하지만, 그 구체적 적용이나 운영 모습이 국제정세의 변화나 진전에 맞춰 능동적으로 대응하는 것은 오히려 자연스럽고 당연한 일이다. 그런 가운데 현행 안보체제에서 대체로 일관되게 중요한 역할을 할 것으로 기대를 하고 있고, 또 실제로 그렇게 운용하고 있는 점이 있다. 그것은 결국 크게 봐서 미일쌍방은 해양국가라는 것이고, (이런 공동의식이) 해양국가끼리 70년 가까이 강한 동맹관계를 전체적인 면에서 성공적으로 관리할 수 있게 만든 최대의 요인이었다는 사실을 다시 한 번 의식해도 좋다고 생각한다.

— 조약상의 구조를 위에서처럼 명확히 한 후에 다시 한 번 대담하게 단순화를 시도해 보고자 한다. 미일안보관계의 큰 포인트는 다음

의 세 가지 점이다. ① 가나가와현(神奈川県) 요코스카의 해군 관련 기지. 요코스카는 특히 1967년 이후 가족거주계획에 따라 많은 미군 관계 가족이 거주하면서 지원해온 공모기동부대를 포함한 제7함대의 모항이다 ② 오키나와. 일본에 있는 미군의 시설과 구역의 70% 이상이 몰려 있고 기지문제와 더욱더 씨름하지 않으면 안 되는 곳으로 주일 미군, 특히 해병대의 주둔지이다. ③ 아오모리현(青森県) 미사와(三沢) 기지를 중심으로 한 미 공군의 F16 전개 등이 그것이다. 원래 이렇게 단순화할 수는 없지만, 이 세 가지가 미일안보체제의 중요한 부분이라고는 할 수 있다.

—그렇다면 전부는 아니겠지만 함께 해양국가인 미일동맹의, 중요한 측면이 분명해질 것이다. 특정한 '모항'을 갖지 않고 본국이 운용하면서 인도양에서 전개하고 있는 제5해군과 비교할 것도 없이, 미일안보체제에 하나의 커다란 억지력을 부여하는 것이 요코스카의 미 해군, 특히 제7함대에 의해 이뤄지고 있다■는 것은 미일, 아니 동아시아, 인도태평양, 그리고 국제사회 전체에 있어서 측정할 수 없을 정도의 중요성을 지닌다. 미소 냉전을 종료시킨 군사적 중요 요소는 SS-20의 세계적 전개(극동배치를 포함해서)와 SDI(레이건 정권의 속칭 스타워즈계획)에 더해 미사와기지에 배치한 미 공군 F16이라는 말이 있지만, 보다 장기적 시야에서 본다면 주일미군과 관련해서는 요코스카에 전개하고 있는 제7함대가 매우 큰 의미를 지녀왔다고 해도 과언이 아니다. 따라서 미국의 '외양해군'으로서의 역할을 적어도 아시아태평양 지역에서는 미일안보조약이 지탱해왔다고 할 수 있는 것이다.

그러므로 미일동맹은 아주 거칠게 말해 두 해양국가의 동맹이며, 정치(精緻)하게 규정한 안보체제의 법적 구조도 동맹을 지탱해온 것이다.

■ 안보조약 상 가족거주계획에 따라 제7함대가 요코스카를 모항으로 삼고 있다고는 해도 안보조약 상으로는 7함대의 미군 군함이 일본 영역을 떠나면 해군 함선의 성격 상 그 활동은 이미 주일미군의 활동이 아니다.

4. 한미동맹의 본질

(1) 이러한 미일동맹의 본질에 비춰 한미동맹은 유사한 점도 있지만, 만들어진 경위나 기능으로 보면 크게 다른 점이 있다.

— 미일안보체제와는 전혀 다르게 한미안보체제는 한국전쟁이 판문점에서 서명한 휴전협정에 따라 전투를 종료한 1953년 7월 27일 직후, 같은 해 10월 1일 워싱턴에서 서명하고 다음 해인 1954년 11월 17일에 발효한 것이다. 태평양전쟁의 전투가 끝나고 점령군의 대부분을 차지하는 군대로서 일본에 주둔하고 있던 미군이 미일안보체제 성립과 함께 안보조약 상의 주일미군이 된 것과는 달리. 주한미군은 한국전쟁에서 소위 연합군의 주요병력으로서 한국에 주둔하고 있던 미군이 연합군으로서 법적, 실체적 역할을 계속해 나가는 동시에 한미안보체제에 따른 주한미군으로서의 입장도 갖게 된 것이다. 유사한 점이 없다고는 할 수 없지만, 본질적으로 그 경위는 전혀 다르다.

— 이처럼 성립 경위가 달라서 그렇기도 하지만, 한미안보체제는 미일안보체제와는 근본적으로 다른 부분이 있다. 한미상호방위조약은 이미 말한 것처럼 한국전쟁의 휴전협정을 한 직후에 체결했기 때문에 그 기본적 성격은 북한으로부터의 군사적 위협에 대응하는 것이었다. 한미안보 조약 제3조를 대체로 생략하고 포인트만을 기술하면, 한미 양 체결국가의 행정적 관리 하에 있는 영역에 대한 무력공격에 대해서는 공통의 위험으로 대처해서 행동하도록 선언함으로써 한미의 공동방위, 미국의 한국방위 의무를 명기하고 있다. 집단방위를 의미 그대로 규정할 수 있던 것은 일본의 경우와는 달리 한국에는 헌법상 집단자위권 행사를 인정할 것인지 어떤지 하는 문제가 존재하지 않았기 때문이다. 미일안보 제5조와 한미안보 제3조는 그밖의 다른 점도 있지만, 미국의 (대한, 대일) 방위의무를 조약에 명기하고 있는 점에서는 같다.

— 그러나 한미안보에는 미일안보 제6조에 해당하는 조항이 없다. 즉 독립한 '극동조항'이라는, 지역성을 정면으로 규정한 독립 조항은 없다. 이는 일본의 경우 일본국 헌법상 집단적 자위권의 행사를 어떻게 하면 인정할 수 있는지, 어떻게 하면 인정할 수 없는지 하는 문제가 있고, 제5조의 공동방위의 대상지역을 "일본의 시정(施政) 하에 있는 지역"으로 한정할 수밖에 없는 것과 관련이 있다. 그러나 헌법상 집단적 자위권 문제가 없는 한미안보에서도 제3조에서 "태평양지역에서의" 무력공격에 대응한다는 지역성을 규정하고 있는데, 이것의 법적 의미는 일반적으로 태평양의 하와이 서쪽의 태평양지역이라고 해석하고 있다고 한다. 다만, 여기서 중요한 것은 그 해석이 맞느냐 아니냐 하는 것이 아니다. 한미안보체제는 그 성립 경위로 보면 원래 오로지 북한의 군사적 위협에 대응하려고 발족했고, 오늘날에 이르러서도 그 기본적인 군사적 성격에는 변화가 없음에도 불구하고, 한미안보조약에 "태평양지역에서의 무력공격"이라는, 한반도를 넘어선 지역적 개념을 명확하게 규정하고 있다는 점이야말로 필자가 강조하고 싶은 것이다.

— 반복해서 보고 있듯 조약상의 규정이 그렇다고 해도, 실제 한미동맹의 운용은 북한의 위협에 대응하는 것이 주임무이고, 주한미군의 구성도 한국에서는 대규모 해군기지로 쓸 수 있을 만큼 충분한 수심을 가진 항만은 물리적으로 발견하기 어렵고, 북한의 군사적 위협에 대응하려면 우선은 육군병력, 이어서 공군병력이 필요한 데다 최근에는 주로 미사일방어를 해야만 하기 때문에 해군병력은 주류가 되기 힘들다는 등의 현실은 존재한다. 필자는 이를 부정하는 것이 아니다. 다만, 한미상호방위조약을 다시 살펴보면 거기에는 "태평양지역"이라는 지리적 개념을 명기하고 있고, 본래 한미동맹도 반도에서 육군병력만을 고려한 것이 아니라 태평양이라는, 해양을 중심으로 한 동맹관계도 염두에 두고 규정을 했다는 점을 지적하고 싶을 뿐이다.

(2) 한미동맹의 태평양지역에서의 협력이라는 이러한 문제의식은 한국과 미국에도 상당히 민감한 문제였을 터이지만 한미안보체제를 발족한 지 얼마 지나지 않았을 때부터 제대로 논의해 온 것으로 보인다.

— 조금 전을 되돌아보면, 필자가 기억하는 한으로는, 예를 들어 2006년 1월 19일에 미국의 수도 워싱턴DC에서 열린 제1회 한미동맹협의■에서 반기문 한국 외교부 장관과 콘돌리자 라이스 미 국무장관이 각료급으로는 첫 성과문서를 발표했다. 이 문서 제5문단은 "전략적 유연성"이라는 단어를 사용해 한국은 미국의 새로운 군사전력의 이행(移行)과정에서 주한 미군의 "전략적 유연성"이 필요하다는 사실을 존중하고, 동시에 미국은 어떠한 지역적 대립에 있어서도 한국민의 의사에 반해 한국을 끌어들이지 않는다는 한국의 입장을 존중한다고 명기했다. "전략적 유연성"이라는 표현은 조금 이해하기가 어렵지만, 필자는 "전략적 유연성"을 통해 한미동맹, 구체적으로 말하면 주한미군의 지역적 역할을 명확하게 확인하고, 나아가 미국이 그처럼 한반도 방위를 넘어서는 지역적 역할을 수행할 때는 한국 정부와 충분히 협의하며, 한국민의 의사에 반하는 행동을 취하지 않는다는 것을, 정치적 문서이긴 하지만 분명하게 약속했다는 점에 큰 의의가 있다고 보고 있다.

미일안보에는 거듭 보아왔듯 대일방위를 규정한 제5조와 독립적으

■ 덧붙이자면, 이에 앞서 미국과 일본의 외상과 방위상이 참석하는 소위 2+2 협의에서는 이미 대만에 대해 언급하고 있고, 한미정상회담보다 먼저 열린 미일정상회담의 공명성명은 보다 명확한 형태로 대만을 둘러싼 평화와 안정이 중요하다는 인식을 명기했다(공동성명의 서문 다음에 '자유롭고 열린 인도태평양을 형성하기 위한 미일동맹'이라는 항목의 세 번째 문단). 또 이를 받아들여 2021년 6월 13일 영국의 콘월 커비스베이에서 열린 G7 정상 코뮤니케도 "(G7정상은) 대만해협의 평화와 안정의 중요성을 강조하고, 양안문제의 평화적 해결을 촉구한다"고 했다(60번 째 문단). G7의 정상선언에서 이처럼 대만 관련 언급을 한 것은 40회 이상 열린 G7정상회담에서 처음 있는 일이다.

로 지역성을 명기한 제6조가 있고, 그에 따른 사전협의제도를 법적 틀로 확립하고 있다. 특정한 미국의 중요한 군사적 행동에 대해서는 일본 측의 동의가 필요하다는 메커니즘이 있으므로, 한미의 이 성과 문서는 법적으로 일본의 그것과 완전히 같다고는 할 수 없으나 그것에 가까운 한미합의를 성립시켰다고 평가할 수 있을 것이다.

— 하나만 더, 아주 최근의 사례를 들고자 한다. 그것은 2021년 5월 21일 워싱턴DC에서 문재인 대통령과 조 바이든 대통령이 한미정상회담의 결과로서 발표한 한미정상 공동성명의 일부이다. 이 한미정상회담 공동성명에는 한국의 미사일 방위능력과 미국의 확대억지를 비롯한 안보와 군사면 뿐만 아니라 폭넓은 한미관계에 대해 잘 규정하고 있다. 다만, 여기서는 그 문서의 일부로서 아마도 이런 류의 한미 공식문서에서는 처음으로 한국과 미국의 양국 대통령이 "대만해협에서의 평화와 안정 유지의 중요성을 강조했다"고 명기한 것에 주목하고 싶다.■ 넓은 의미에서의 한미동맹이 한반도 문제를 넘어 매우 적절하게 "태평양지역"의 과제인 대만 문제를 언급했다는 의미에서 2006년의 "전략적 유연성"을 명기한 것보다 한층 동맹의 지역적 중요성을 분명하게 보여준 것이라고 평가할 수 있을지도 모르겠다.

5. 결어

이상(의 논의를 종합하면), 미국은 기본적으로는 강대한 해양국가라는 점, 미일동맹의 대단히 중요한 점으로 미일안보체제가 원래 지역의 평화와 안전을 하나의 목적으로 하고 있고, 주일미군의 전개도 제7함대의 요코스카 전개가 보여주듯 해양국가인 일본과의 동맹이라

■ 한미정상 공동성명에서 서문의 다음에 나오는 '한미동맹의 새로운 장을 열며'의 다섯 번째 문단으로, 포용적이고 자유롭고 개방적인 인도·태평양 지역을 유지할 것을 약속했다고 명확히 밝힌 다음에 양 정상이 합의한 대목이다.

는 측면이 강하다는 점, 나아가 한반도 특히 한국이나 한미동맹 그리고 주한미군으로 눈을 돌리면 해당 사안의 성격상 육군이 주체가 된 협력이긴 하나 한미동맹을 잘 살펴보면 거기에는 조약상 "태평양지역"이라는 지역성을 명기하고 있고, 한국 자신도 해양의 자유와 항행의 자유라는 국제법의 대원칙에 따라 무역입국이자 민주적 공업국으로서 세계에서 중요한 지위를 점하고 있음을 고려하면 한미동맹 또한 해양국가인 미국과 역시 해양국가로서의 성격을 강하게 지닌 한국과의 동맹이라는 측면이 강하다는 점, 이러한 점들이 부상하지 않겠는가.

필자는 이글 모두(冒頭)의 결론 부분에서 기술한 것처럼, 한미일 간에 본래 중요한 요소는 미국도 한국도 일본도 기본적으로는 해양국가로서의 공통항을 갖고 있고, 그렇기 때문에 연대를 하고, 협력해야 할 위치에 있다는 점이라고 개인적으로 생각하고 있다. 조금은 대담할지도 모를 이 시론에 대해 많은 비판을 앙청하면서 졸고를 마치고자 한다.■ (2021년 8월 8일 탈고)

■ 본고에서 의견과 관련한 부분은 필자 개인의 것으로서, 어떠한 의미에서도 예외는 없다.

海洋国家と大陸国家
－日韓米の連帯の本質に関する一つの試論

杉山晋輔

<序>

韓国の外務長官や駐日大使など、数々の要職を歴任され現在も外交界の長老として活躍されている孔魯明先生の９０歳の卒壽の記念文集が刊行される運びとなり、若輩者の筆者にも多くの碩学にならんで一文執筆されることが依頼された。孔魯明先生といえば、韓国や日韓の外交界だけでなく、国際社会全体から、強く尊敬され、また、敬愛されている世界の知的巨人である。そのお祝いの刊行物に、果たして私のようなものが一文執筆してよいものか、迷いはあったが、筆者にしてみれば、これほどの光栄は、ない。そこで、お引き受けすることにしたが、果たして筆者に、先生の卒寿の記念文集の一部をなす文章が書けるものか、随分悩んだが、意を決して、日ごろから考えてきた、日韓関係の一つの本質、更には、なぜ日韓米の連帯がきわめて重要かの原点、についての一つの試論を大胆にも書いてみようかと考えるに至った。

孔魯明先生に初めてお目にかかったのは、おそらく、駐日大使として活躍していた先生が斉藤邦彦外務次官（当時）としばしばお会いしていた時、筆者は若い次官秘書官だったので斉藤次官のお供でお目にかかった時だった、と記憶している。斉藤次官から、孔魯明大使ほど立派な外交官、いや、知識人には、そうそうお目にかかれるものではないので、よくよく目に焼き付けておきなさい、といわれたことは、決して、忘れられない。

その後、筆者は縁あってソウルの駐韓日本大使館の政治公使として赴任し、韓国在勤中ずっと、あらゆる局面、課題、生活まで、直接、親身にお世話になり、ご指導をいただき、外交官として、いや、人としての立ち居振る舞いの在り方を学んだ気がする。

残年ながら、今の日韓関係は、少なくいっても極めて良くない、といわざるをえまい。筆者は、本人及びその家族が韓国在勤を通じて、孔魯明先生をはじめとする大勢の生涯の友人たちから、言葉では表せない御厚情をいただいたので、そのような状況を心から憂慮し、悲しんでいる。また、その具体的課題についての、私なりの、強い考えや法的分析もある。そのようなことから、目をそらし、現実の課題を解決する努力をしなくてよいとは、決して思わない。

しかし、本稿では、その一つ一つの論点を分析するのではなく、その奥にある、ある意味でより本質的かもしれないと筆者がつとに思ってきた論点を、浅学菲才の身を顧みずに、孔魯明先生の卒寿に免じて執筆したいと思う。全くの試論で、多くのご批判があるだろうことを承知のうえである。

1. 結論＝海洋国家米国とその同盟国日本、韓国

1)アメリカ合衆国は、北米大陸の真中にある大きな"合衆国"である。東海岸から西海岸まで、飛行機でも約6時間、時差も3時間。立派な大陸である。しかし、米国のことを、"大陸国家"だけと考える人は、いないといってよい。それは、米国が大陸だけではなく、多くの島々も領有しているという事だけではない。北のカナダ、南のメキシコなどの重要な隣国を抱えてはいるが、地政学的に、東は大西洋、西は太平洋に面し、世界で唯一空母機動部隊を3の大洋におそらくそれぞれに3打撃軍を展開できるくらいの"外洋海軍 (blue waternavy) "を有する唯一の国家である。もちろん、全米軍の兵力は、陸、海、空、海兵隊、宇宙軍に加えて、有事には兵力となる沿岸警備隊の六軍からなっていて、全兵力に占める数値は、陸軍が大きい。それは、広大な領域防衛などから当然であろうが、国際的視点から見れば、海に関する兵力が重要といってよい。だから、アメリカは、海洋国家である。

2)日本は、どう見ても、海洋国家であることに、異論はあるまい。自衛隊の戦力構成から見ると、これも米国と同様、陸上自衛隊の数値が大きいが、これは日

本の領域防衛という観点からすれば当然である。同時に、国際的にみれば、日本は海洋の自由、航行の自由という国際法の大原則に基礎をおいて自由貿易により国家の存立を図るわけであるから、海洋国家の典型といってよい。自衛隊の構成、兵力をどうするかにかかわらず、日本はこの原点を忘れてはいけない。

3) 韓国は、どうか。

①単純に地理的にみれば、韓国は広大なユーラシア大陸の一番東に存在する半島の先端にある。将来北朝鮮を統一して韓半島が何らかの形で一つの国家となれば、その全体は、アジアの大陸地域と直接地理的に接することになる。残年ながら、今は韓半島の統一がなされてはいないので、韓国の実際の施政の及ぶ地域は、広大なアジア大陸と地続きというわけではない。ただ、いずれにせよ、現在の韓国が、半島に位置する国家であることは、疑いが、ない。

②それでは、韓国は、米国、日本についてみてきたような観点からすると、海洋国家と規定しうるか。半島全体を考えたときには、海洋国家というより、大陸国家という位置づけの方が適切、ないし現実的か私見によりその答えを大胆に単純化して言えば、答えは、否、である。もとより、米国にしても、また日本にしても、その国家としての性格付けをどうするかは、本質的には、それぞれの国家、国民が規定づけるべき事であって、他国がとやかく言うべきことではない、という原則論は、当然存在する。しかし、米国の位置づけに、おのずと大方の見方というのがあり、また、日本についても、海洋国家であるとの性格付けがと良いというのは、少なからずの識者が賛成すると思われる、というように、韓半島、あるいは現在の韓国について、大方の見方、いわば、コモンセンスのようなとらえ方があっても、おかしくはない。ただ、その地理的、あるいは地政学的位置からして、米国と日本ほど、当然視される度合いは、少ないのかもしれない。

③そのように記述したうえで、筆者の強い考えは、韓半島全体、実際にここでの考察の対象である現在の韓国は、大陸国家というよりは、海洋国家としての性格付けの方が、はるかに強いというのが、ある意味での客観的な立ち位置ではあるまいか，というものである。そもそも韓国も、海洋の自由、航行の自由と

いう国際法の大原則にのっとり自由貿易により国の存立の基礎を形作るという点において、日本の立ち位置に近いのではないか。そして現実にそのような政策の方向付けを行ってきたからこそ、今の韓国が世界のなかで主要な経済力を持った民主国家として成功してきたのではあるまいか。韓国は、海洋国家であるとの基本的位置づけに立脚して、同じ海洋国家である米国との同盟関係を維持、発展させ、また、やはり同じ海洋国家として米国と同盟関係にある日本との関係を規定するというのが、合理的、かつ、それぞれの利益にも合致し、そのうえで地域の安定、いや、国際社会全体の平和と発展に資するといえまいか。

冒頭記したように、現在の日韓関係には、本当に心を痛めざるを得ない深刻な課題があり、それらの問題についての筆者の強い考えは、勿論あるし、繰り返して指摘すれば、それらから目をそらして日韓関係、あるいは日韓米の全体を語ることなど、できない。それでもなお、本稿でその重要性を繰り返し指摘したうえで、その奥にある基本的な日韓米の連帯の本質についての試論を提供することは、問題の本質から目をそらすどころか、やや異なる、かつ事柄の原点に迫ることではないか、というのが、筆者の確信である。

④もしこう考えることを基本にできるなら、日韓米の連帯の根本は、同じ海洋国家として、日米同盟、韓米同盟に基づき、米国を、いわば”ピボット“として強い連帯関係を構成する、というのがきわめて自然であり、かつ、それぞれの国、更には地域、国際社会の安定に資する基本的な形ではないか。

⑤これが、本稿の結論、である（注１）。

2. 海洋国家、米国

(1)すでに述べたとおり、米国の軍事的ポスチュアは、全体の数値で見ると、圧倒的に陸軍が多い。ペンタゴンやタンパの中央軍においても、ウェストポイント出身者を中核とする陸軍が数の上では、大きい。因みに、現在の統合本部幕僚議長は、たまたまではあるが、ミリー陸軍大将である。

しかし、１９９０年代初めまでの冷戦構造にあった欧州シアターの歴史がどうであったかはともかく、現在の国際環境の中では、おそらく圧倒的に、アジア太平洋、あるいはインド太平洋という、トランスアトランテックではない、トランスパシフイックの観点の重要性が増しているのではあるまいか。そうなれば、米国から見ても、日本の横須賀に"家族居住計画"を持つハワイのINDOPACOMのもとの第7艦隊、インド洋で特定の"母港"を持たない第5艦隊を置いているという現実を考えると、米国の、インド太平洋重視の姿勢は、増大することはあっても、近い将来に減じることは、ないのではあるまいか。

これは、おそらく、ある部分の、米国の本質、である。

(2)しかし、米国は最近まで、どうきれいごとを言おうと、この米国の本質を、やや影に隠れさせていた。米国は、トランスアトランテックの国家、国際関係の第一は、ソ連、ロシア、そしてその関係を中心とする欧州シアター、次が中東、そしてすぐ近くのラテンアメリカ。アジアは経済的にも台頭著しいから、勿論重要だけれど、まあ、これらの次です、というのが、本音であった、というとやや単純化しすぎかもしれないが、一面の真理とみてきている。米ソ冷戦という、一時代の大きな骨格が、米国をしてそのようにさせざるを得なかった要素が大きい。特に第二次世界大戦後、ソ連が崩壊するまでは、自由、民主主義、市場経済という概念に正面から対立する特定の概念である共産主義によって世界を二分し、そのようなイデオロギー対立が、おおざっぱに言えばほぼ同等の大量の核兵力によって現実の国際政治の主要課題となり、国際社会の二大対立軸を形成することになった。だから、米国の対外政策の最重要の軸は、対ソ冷戦に対応するところに置かざるを得なかった。勿論、実際、約3万7千人以上の戦死者を出した朝鮮動乱、韓国戦争があるが、これも対ソ冷戦が"熱戦"に転化した側面もあったわけで、アジア太平洋地域には、韓国、日本に豪州という同盟国がいるから、同盟関係は何もNATOだけではずっとなかった

としても、米国の対外政策は、どうしても欧州方面を中心として、そこから発生するものとして様々な国際問題をとらえざるを得なかった、とみられる。

(3)そのような米国の対外政策の構造は、すべて変わったとまではいえな

いにせよ、米ソ冷戦の終了により大きく変化、いや、これまで見てきた議論からすれば、本来の海洋国家を基軸とする対外政策に戻った、といえるのではないか。勿論、米国に肩を並べる核兵力を持ったソ連との対立よりも、現代国際関係史上例をみないほど、核兵力を含む軍事力、そして今や世界のGDP の16－17％を占めるに至った経済力、先端技術の力、14億人ともいわれる人口、何千年にわたる歴史と文化、それらを基礎とした大きな政治的、経済的、文化的、社会的影響力を、世界の各地で増大させている中国の際立った台頭という事を抜きに今の国際情勢は語れないのであるから、米国の対外政策の大きな”シフト“もその要素を論ずることなしには、分析はできない。ただ、更にそのもっと奥にある米国の対外政策の本質は、今見てきたところにありはしまいか。これが、米国の対外関係に関する個人的“皮膚感覚“からする、米国は本来の海洋国家としての性格に回帰してきている、という点である。もともと日本が主導した概念であった”自由で開かれたインド太平洋“という考え方を積極的に主導するように米国がなってきたのも、単にトランプ政権がどうとか、バイデン政権がどうとかといった短期の現象ととらえるよりも、米国の海洋国家

としての本質が顕在化を再びし始めた、とみるべきではないか。繰り返すが、3つの大洋に3空母機動打撃力を保持する外洋海軍国家が、海洋の自由、航行の自由という国際法の大原則を自ら維持しようとするのは、海洋国家米国として、きわめてその本質にかなっているから、当然の成り行きとも考えられよう。

3. 日米同盟の本質

(1) 日米同盟は、日米安保条約を中心とする日米安保体制を基礎としている。その中核である日米安保条約は、太平洋戦争を国際法上終了させたサンフランシスコ平和条約の署名と同日に、1951年9月8日に平和条約とは異なる場所で日本側吉田茂、米国側デイーンアチソン、ジョンフオスターダレスなどとの間で署名され、サンフランシスコ平和条約と同日の1952年4月28日に

発効した旧安保条約に始まる。つまり、日米同盟は、太平洋戦争終了と同時に、戦争後の占領軍の大半であった日本国内の駐留米軍が、日米安保条約のもとの在日米軍に法的立場を変えるところから出発している。時あたかも、１９５０年6月２５日早朝の北朝鮮による韓国侵略、いわゆる"朝鮮国連軍"創設（7月7日）、その仁川上陸（9月１５日）、いわゆる中国義勇軍介入（１０月２５日）、そして１９５３年7月２７日の板門店での休戦協定締結、という、北東アジアでの激動する国際情勢のただなかでのことであった。

この旧安保条約では、米軍の日本における駐留の権利を明記し、その在日米軍は、"外部からの武力攻撃に対する日本国の安全に寄与するために使用することができる"とされ、また、それは、日本国における大規模内乱及び騒擾を鎮圧するための援助も含む、ともされた(同条約第1条)。さらに、同じ条項で、在日米軍は、極東における平和と安全の維持に寄与するためにも使用することができる、と規定されている。

つまり、サンフランシスコ平和約と同時に締結された旧日米安保条約では、米国は米軍を日本に駐留させる権利を与えられたが、それを日本の安全や極東の平和と安全のために使用することができると規定されただけで、日本に対する武力攻撃が発生した時の、いわゆる対日防衛義務は条約上明記されず、かえって日本国内の内乱鎮圧条項が挿入されるなど、相互防衛という意味での安保条約からすれば、決して双務性のあるものとは言えなかったのである。

(2)この点を改めようとして日米間で交渉が行われその結果成立したのが、１９６０年1月１９日に署名され、同6月２３日に発効した、旧安保条約の改正の現行日米安保条約である。そのポイントは、以下にある。

—新安保条約の第５条では、"日本国の施政の下にある領域における"日米に対する武力攻撃に対しては、"共通の危険に対処するように行動することを宣言する"、と明記した。これは、のちに述べる韓米相互安全保障条約の規定ぶりや、その他の米国の同盟条約の例からしても、米国の対日防衛義務が明確に規定されたというのが、確立した条約解釈であって、その点については一つの疑いもない。これが、旧安保第１条の規定との、決定的な違いである。

一第２の重要なポイントは、現行安保条約では、その第6条で、日本国の安全に寄与するためだけではなくて、極東における国際の平和と安全の維持に寄与するために、在日米軍基地、条約上の用語では米国の陸軍、空軍、海軍の日本における施設及び区域、を使用することが認められる、と規定されたことである。もとより、その具体的使用や在日米軍の地位は、別途のいわゆる地位協定によることも同条後段で規定されていて、米国は無限定に日本国内の米軍基地を使用する事ができるわけでは、ない。また、現行安保条約では、この第６条の実施に関する交換公文が締結され、米軍の日本国への配置における重要な変更、装備における重要な変更、日本国から行われる戦闘作戦行動のための基地としての在日米軍基地の使用、この3点については、米国は日本と事前に協議をしなければならず、それは事柄の性格上、日本の同意が必要とされているとの解釈が、確定している。因みに、この3点の事前協議の対象となる事項については、この交換公文を補足する口頭了解としての“藤山―マッカーサー了解”で明確に法的約束として内容が合意されている。

このような、日米安保体制は、単に対日防衛だけのためではなくて、地域の平和と安全のためにあることが明記されている点で、特筆されるべき性格がある。

かつそれが、極東の範囲の明確化や、事前協議制度の法律化によって、かなり精密化され、日米安保協力の原点に今でもなっていることは、大変重要な意義を持つ、と筆者は確信している。

もとより、既述で見たように、旧安保条約第１条にも地域の平和と安全に寄与するという記述はあったわけであるから、日米安保体制は、その発足の当初から地域性を持った日米同盟であったという事はいえるわけであるが、現行安保条約第６条ほどの明確さではなかったことは、既述の通りはっきりしている。

日米安保体制を見るときには、この２点が原点で、その重要性は、１９６０年に現行安保条約が締結されて、昨年で６０周年を迎えた現在でも、基本的部分は全く不変である。

(3)さて、日米同盟関係の根幹をなす安保体制の条約的意義のおさらいをしたうえで、海洋国家たる米国と、同じく海洋国家である日本の同盟関係の実際の展開の重要ポイントを見てみることにする。

—現行安保条約に改正されて以来の日米安保体制、日米同盟の基本は、変わっていないとの筆者の確信は、既述の通りである。しかし、１９６０年の現行安保条約の改正以来、安保体制の運用や具体的意味付けは、当然のことながら、その時々の東アジア、アジア太平洋あるいはインド太平洋地域、ひいては国際情勢全般にわたる状況により、動態的に変化、進展、深化してきているのは、むしろ当然である。条約に規定された法的枠組みの骨格は不変でありながら、その具体的適用、運用ぶりが、国際情勢の変化や進展に即して動態的に対応されてくる、というのは、むしろ自然かつ当然のことである。そのような中で、現行安保体制について、大体一貫して重要な役割が期待され、かつ、実際にそのような運用がなされている点がある。それが、結局のところ、大きく見て、日米双方は海洋国家であり、海洋国家同士の７０年近い強い同盟関係を全体において成功裏にマネッジしてくることができた、最大の要因であることは、今一度意識されてよいと思われる。

—条約上の仕組みを以上のように明確にさせたうえで、もう一度、大胆な単純化を試みる。日米安保関係の大きなポイントは、次の3点である。1.横須賀の海軍関連基地、特に１９６７年以来の家族居住計画に基く多くの米軍関係家族在住に支えられた、空母機動部隊を含む第7艦隊の"母港"、2.沖縄、日本に所在する米軍の施設・区域の７０％以上が集中していて基地問題に更に取り組まなければいけない沖縄の、特に海兵隊の駐留、3、三沢基地を中心とする米空軍のF-１６の展開。もとよりこれだけに単純化はできないにしても、この3点が、日米安保体制の重要な部分であることはいえそうである。

—であれば、ともに海洋国家である日米同盟の、すべてではありえないが、重要な側面が明らかになろう。特定の“母港“を持たず運用を本国から行っているインド洋に展開する第5海軍に比べるまでもなく、日米安保体制の一つの大きな抑止力の付与が、横須賀の米海軍、特に第7艦隊によってなされている（注2）ことは、日米、いや東アジア、インド太平洋、そして国際社会全体にとって、計り知れない重要性を持つ。米ソ冷戦を終了させた軍事的重要要素は、SS-２０　の世界的展開（極東配備を含む）、SDI（俗称スターウオーズ計画、レーガン政権）に加え、三沢基地に配備された米空軍のF—１６とも言われているが、より長期視点からすれば在日米軍の関係では、横須賀に展開されている第7艦隊がきわめて大きな意味を持ってきたといってよい。つまり、米国の”外洋海軍”としての役割を、少なくともアジア太平洋地域では、日米安保体制が支えてきた、といいうるのである。だから、日米同盟は、ごくおおざっぱに言って、二つの海洋国家の同盟であり、精緻に規定された安保体制の法的枠組みも、これを支えてきたのである。

4. 韓米同盟の本質

(1)このような日米同盟の本質に照らして、韓米同盟は、類似した性格もあるが、その成り立ちや実際のフアンクションからして、大きく異なるところがある。

—日米安保体制とは全く異なって、韓米安保体制は、朝鮮動乱、韓国戦争が板門店での休戦協定によってその戦闘が終了した１９５３年7月２７日の直後の、同年１０月1日にワシントンで署名され、翌１９５４年１１月１７日に発効したものである。太平洋戦争の戦闘は終結して占領軍の大宗を占める軍として日本に駐留していた米軍が日米安保体制成立とともに安保条約上の在日米軍になったのに対して、朝鮮動乱におけるいわゆる朝鮮国連軍の主要兵力として韓国に駐留していた米軍が、朝鮮国連軍としての法的、実体的役割を担い続けながら、同時に韓米安保体制による在韓米軍の立場にも立つことになったのである。類似する点がないとは言えないが、本質的にその経緯は、全く異なっている。

—このように成立の経緯が異なっているからでもあるが、韓米安保体制は、日米安保体制とは、根本的に異なる部分がある。韓米相互防衛条約は既述のごとく朝鮮動乱の休戦協定成立の直後に締結されたわけだから、その基本的性格は、北朝鮮からの軍事的脅威に対応することにあった。韓米安保においても、条約第3条で、やや省略してポイントのみを記せば、韓米両締約国の行政的管理の下にある領域に対する武力攻撃に対しては、共通の危険に対処するよう行動することを宣言する、として、米韓の共同防衛、米国の韓国防衛義務が明記されている。集団防衛をそのまま規定できたのは、日本の場合と異なって、韓国には憲法上集団的自衛権の行使が認められるかどうかの問題が存在しなかったからである。日米安保第5条と韓米安保第3条では、それ以外の異なる点もあるけれど、米国の防衛義務を条約上明記しているという点については、同じである。

—しかし、韓米安保には、日米安保の第6条にあたる条項がない。つまり、独立した"極東条項"、地域性を正面から規定した独立の条項はない。それは、日本の場合、日本国憲法上集団的自衛権の行使がどのように認められるか認められないか、という問題があり、第5条の共同防衛の対象地域を"日本国の施政の下にある地域"に限定しなければならなったという事と関係もしている。しかし、と同時に、そのような集団的自衛権の憲法上の問題を持たない韓米安保でも、第3条で、"太平洋地域における"武力攻撃に対応するという地域性が規定され、その法的意味は、一般に太平洋のハワイより西の太平洋地域であると解釈されている、といわれている。ただ、ここで重要なことはその解釈が当たっているかどうかには、ない。韓米安保体制が、その成立の経緯からして、本来的には専ら北朝鮮の軍事的脅威に対応するものとして発足し、現在にいたるもなおその基本的な軍事的性格には変更がないにも関わらず、韓米安保条約には"太平洋地域における武力攻撃"という、韓半島を超えた地域的概念が明確に規定されていた、という点にこそ、筆者が強調したい点がある。

—繰り返し見ているように、条約上の規定がそうであったとしても、実際の韓米同盟の運用は、北朝鮮からの脅威対応が主であり、在韓米軍の構成も、韓国では大規模海軍の基地となしうる充分な水深を持った港湾が物理的に見つけにくいとか、北朝鮮からの軍事的脅威への対抗には、まず陸軍兵力、そして空軍兵力、最近ではミサイル防衛が主とならざるを得ないから、海軍兵力は主流になりにくい、とかという実態は、ある。筆者は、それを否定しているのではない。ただ、韓米相互防衛条約を改めてみると、そこには”太平洋地域“という地理的概念が明記されていて、本来韓米同盟も、半島における陸軍兵力だけを考えていたわけではなく、太平洋という、海洋を中心とした同盟関係をも念頭に置いた規定をしていた、という事を指摘したいだけ、である。

(2)このような韓米同盟の太平洋地域における協力という問題意識は、韓米においても、かなり敏感な問題ではあったとしても、韓米安保体制発足からしばらくして、きちんと議論されてきたように見られる。

—少し前を振り返れば、筆者の記憶する限りでは、例えば、２００６年1月19日に米国の首都ワシントンDCで開催された第１回韓米同盟協議（注3）は、バンキムン韓国外交長官とコンデイライス米国務長官との間で行われ、閣僚レベルで初めての成果文書が発表されたがその第5パラで、”戦力的柔軟性“という言葉が採用され、韓国は米国の新たな軍事戦力の移行過程で在韓米軍の“戦略的柔軟性”が必要であることを尊重する、同時に米国は、いかなる地域的対立においても韓国民の意思に反して韓国は巻き込まれないとの韓国の立場を尊重する、と明記された。“戦略的柔軟性”という表現はややわかりにくいが、筆者は、これにより韓米同盟、具体的に言えば在韓米軍による明確な地域的役割が確認され、かつ、米国がそのように韓半島防衛を超えた地域的役割を果たすときには、韓国政府と十分協議して、韓国民の意に反する行動をとらないことを、政治的文書ではあるが明らかに約束したところに多いなる意義があった、とみている。

日米安保には、繰り返し見た通り、対日防衛を規定した第5条と独立して地域性を明記した第6条があり、その下での事前協議制度が、法的枠組みとして確立していて、特定の重要な米国による軍事的行動については，日本側の同意が必要とされているメカニズムがあることから、この成果文書は法的にはそれと完全に同じものという事は出来ないが、これに近い米韓合意を成立させたと評価しうるもの、と考えている。

—もう一つだけごく最近の例を挙げたい。それは、去る２０２１年5月２１日のワシントンDCでのムンジェイン韓国大統領とジョーバイデン米国大統領との間の韓米首脳会談の結果として発表された韓米首脳共同声明の一部、である。この韓米首脳共同声明では、韓国のミサイル防衛能力、米国の拡大抑止をはじめとする安保、軍事面だけでなく、幅広い米韓関係について、よく規定がなされている。ただ、ここではその一部で、おそらくこの種の韓米の公式文書では初めて、韓米の両国大統領はが"台湾海峡の平和と安定を重視することの重要性を強調した"と、明記されたことに注目したい（注４）。広い意味での韓米同盟が、韓半島の問題を超えていみじくも"太平洋地域"の課題である台湾問題に言及したという意味で、２００６年の"戦略的柔軟性"の明記より更に同盟の地域的重要性をはっきりと示したものであったと評価しうるかもしれない。

5. 結語

以上、米国が基本的には強大な海洋国家であること、日米同盟の大変重要な点に、日米安保体制がもともと地域の平和と安全を一つの目的にしており、在日米軍の展開も、第７艦隊の横須賀展開に示されるように、海洋国家である日本との同盟という側面が強いこと、さらに、韓半島、特に韓国や米韓同盟、そして在韓米軍に目を向けると、当然事柄の性格上陸軍兵力主体の協力ではあるが、よく韓米同盟を見ていくとき、そこには条約上"太平洋地域"という地域性が明記されており、韓国自身も、海洋の自由、航行の自由という国際法の大原則にのっとり貿易立国として民主的工業国家として世界に重要な地位を占めるに至っていることも考えると、韓米同盟もまた、海洋国家米国と、やはり海洋国家としての性格を強く持っている韓国との同盟という側面が強いこと、これらが浮かび上がっては来ないだろうか。

筆者は、本稿冒頭結論部分で記述した様に、日韓米の本来の重要な要素は、米国も、韓国も、日本も、基本的には海洋国家としての共通項を持ち、それがゆえに連帯し、協力すべき立ち位置に立っている、という点にあると個人的には考えている。この、やや大胆かも知れない試論に対する、多くのご批判を仰ぎたいことを記して、稚拙な本稿を了することとしたい（注5）。

２０２１年8月8日脱稿）

（注1）最近、海洋国家対大陸国家という対立軸を用いて、本来大陸国家であった中国、ロシアなどと、本質的には海洋国家である米、日、英、それに仏も入れるのかもしれない、とを、専制主義的国家対民主主義的国家とのダイコトミーとして対比する議論が、一部識者の中で行われているようである。米国のバイデン大統領が３月６日に発表した"国家安全保障戦略の暫定指針"の中で、"democracies vs. autocracies"という言い方をしたのを引用して、これが伝統的な大陸国家と海洋国家の対立である、という論旨のようであるが、本稿で筆者が問題提起しようとしている論点は、これと全く無関係とまでは言わないが、異なる論点である。誤解のないように、この点は明確にしておきたい。

（注2）安保条約上、家族居住計画に基づき第７艦隊が横須賀を"母港"としているからといって、安保条約上は第７艦隊の米軍艦船が日本の領域を離れれば、海軍艦船の性格上、その活動は、もはや在日米軍の活動ではない。

（注3）因みに、これに先立ち、日米の外務、防衛閣僚によるいわゆる２＋２の協議では、すでにこのような台湾への言及が行われているし、米韓首脳会談に先駆けて行われた日米首脳会談の共同声明では、より明確な形で台湾をめぐる平和と安定が重要との認識が明記(同共同声明の、序文のあとの、「自由で開かれたインド太平洋を形作る日米同盟」の項目の、第３パラ)され、更に、これらを受けて２０２１年6月１３日の英国コーンウオールサミットでのG７カービスベイ首脳コミュニケでも、"（G７首脳は）台湾海峡平和と安定の重要性を

強調し、両岸問題の平和的解決を促す”（第６０パラ）とされた。G７サミットの首脳宣言でこのような台湾についての言及がなされたのは、４０回以上を数えるG ７サミットでは、はじめてのことである。

(注4) 韓米首脳共同声明の序文のあとの「同盟：新たなチャプターの始まり」の項目の第5パラで、包摂的で自由で開かれたインド太平洋へのコミットメントを明確にしたうえでの、両首脳の合意部分。

(注5) 本稿で、意見にかかわる部分は筆者個人のものであって、いかなる意味でもそれ以外のものではない。

인명 색인

용어 색인

공로명과 나

초판 1쇄 인쇄 2021년 11월 15일
초판 1쇄 발행 2021년 11월 25일

엮은이 공로명 장관 구순기념문집 편찬위원회
펴낸이 박성복
펴낸곳 도서출판 월인
주소 01047 서울특별시 강북구 노해로25길 61
등록 1998년 5월 4일 제6-0364호
전화 (02) 912-5000
팩스 (02) 900-5036
홈페이지 www.worin.net
전자우편 worinnet@hanmail.net

ISBN 978-89-8477-710-1 03340

값은 뒤표지에 있습니다.